I0820595

LE NOM ET LA CHOSE

DU MÊME AUTEUR

Chair et corps. Sur la phénoménologie de Husserl, Paris, Éditions de Minuit, 1981

Heidegger et le problème de l'espace, Paris, Éditions de Minuit, 1986

Nietzsche et l'ombre de Dieu, « Épiméthée », Paris, P.U.F., 1998

Dramatique des phénomènes, « Épiméthée », Paris, P.U.F., 2001

Heidegger et le christianisme. L'explication silencieuse, « Épiméthée », Paris, P.U.F., 2004

L'un-pour-l'autre. Levinas et la signification, « Épiméthée », Paris, P.U.F., 2008

BIBLIOTHÈQUE D'HISTOIRE DE LA PHILOSOPHIE

NOUVELLE SÉRIE

Fondateur : Henri GOUHIER Directeur : Emmanuel CATTIN

LE NOM ET LA CHOSE
LANGUE ET VÉRITÉ CHEZ HEIDEGGER

par

Didier FRANCK

PARIS

LIBRAIRIE PHILOSOPHIQUE J. VRIN

6, Place de la Sorbonne, V[e]

2022

Imprimé en France
ISSN 0249-7980

ISBN 978-2-7116-2784-4

www.vrin.fr

Pour Anne et Emmanuel

« Tout est langue »

§ 1. ÊTRE ET PAROLE

« L'être se donne initialement dans la parole. » Et pour laisser ressortir la portée de ce rapport incomparable à tout autre, Heidegger propose aussitôt de récapituler l'histoire essentielle de l'Occident sous trois titres : être et parole, être et *ratio*, être et temps. Le premier est celui du commencement grec, le deuxième vaut pour la métaphysique de Platon à Nietzsche et, dans le troisième, *temps* est « le prénom de l'essence (*Wesen*) plus originaire de l'ἀλήθεια et nomme le fondement d'essence de la *ratio*, de tout penser et de tout dire. Aussi étrange que cela puisse paraître, ajoute-t-il, "temps", dans "être et temps", est le prénom du *fondement* initial de la parole. "Être et parole", le commencement de l'histoire essentielle de l'Occident, est éprouvé de façon plus originaire »[1].

Ces titres n'ont alors pas tant pour fonction de désigner, fût-ce de manière provisoire, les moments déterminants de l'histoire de l'être, que de laisser entrevoir le domaine depuis lequel histoire de l'être il y a, le domaine de l'ἀλήθεια. Et si le temps est lié à la vérité de l'être, n'est-ce pas en partant de celui-là que nous pourrons atteindre celle-ci dans son rapport à la parole, à la langue ?

Prénom de la vérité de l'être – et le prénom n'est pas aussi propre que le nom –, le temps se distingue de la temporalité ekstatique. Une chose est le sens de l'étant à l'être duquel il appartient de comprendre l'être, une autre le sens de l'être lui-même. Cette distinction n'est pas absente d'*Être et temps* puisque, après avoir établi que la temporalité (*Zeitlichkeit*) ekstatique constitue le sens ontologique du *Dasein*, Heidegger se proposait de

1. *Parmenides*, Gesamtausgabe [désormais abrégé GA], Frankfurt am Main, Klostermann, 1975 *sq.*, Bd. 54, p. 113. *Cf.* « Einleitung zu: "Was ist Metaphysik" », in *Wegmarken*, GA, Bd. 9, p. 376-377. Le mot *Wesen* que nous traduirons toujours par *essence*, peut avoir une signification éidétique et nominale ou, pris en un sens verbal, signifier l'être lui-même. Le contexte permet à chaque fois de faire la différence.

donner « la réponse concrète à la question du sens de l'être en élaborant la *temporalité* (Temporalität) *de l'être*»[1]. L'exposition de celle-ci devait prendre place dans la troisième section de la première partie, section intitulée *Temps et être*, et au seuil de laquelle l'entreprise s'interrompit.

Cette interruption signifie négativement qu'il est impossible d'accéder à la temporalité de l'être depuis celle du *Dasein* et, positivement, que pour atteindre le domaine de la vérité de l'être, il faut partir de ce qui, initialement, lie l'être *et* le temps pour remonter au fondement de leur solidarité, au tenant de leur rapport, à ce depuis quoi être *et* temps il y a, à ce qui donne être *et* temps, temps *et* être. Emprunter un tel chemin, ne sera-ce pas alors comprendre à quel titre le temps peut être le prénom de la vérité de l'être, voire le fondement de la parole et, du même coup, en quel sens l'être s'y donne initialement ?

§ 2. ÊTRE *ET* TEMPS, TEMPS *ET* ÊTRE

Être *et* temps, temps *et* être, pourquoi les conjoindre sinon parce que, dès le commencement grec, être, εἶναι, signifie : παρουσία, *Anwesen*, présance. De cette conjonction, remarque Heidegger en reprenant un verset du livre de *Qohélet* passé dans la langue quotidienne, nous continuons à faire l'expérience « lorsque nous disons : chaque chose a son temps. Cela signifie : tout ce qui à chaque fois est, chaque étant, vient et va au moment qui convient, demeure un certain temps, durant le temps qui lui revient »[2]. Mais s'il est un temps pour chaque chose ou si chaque chose vient en son temps, l'être que détermine le temps n'est pas plus une chose qu'un étant intra-temporel. Ce qui est dans le temps y naît et y périt, passe. Ne cessant de passer, le temps quant à lui demeure sans changer. « Le temps où doit être pensé tout changement des phénomènes demeure et ne change pas »[3] – et demeurer-sans-changer, c'est l'être même.

L'être n'est donc pas un étant dans le temps mais il est déterminé par lui. Le temps, au sein duquel les étants ne cessent de changer, demeure sans changer et, à ce titre, est déterminé par l'être. L'être et le temps qui ne sont ni l'un ni l'autre des étants, sont néanmoins déterminés l'un par l'autre. « Être et temps se déterminent réciproquement de telle sorte que celui-là

1. *Sein und Zeit*, § 5, GA, Bd. 2, p. 26. *Cf.* § 8.
2. « Zeit und Sein », in *Zur Sache des Denkens*, GA, Bd. 14, p. 6. Cf. *Qohélet*, III, 1.
3. Kant, *Kritik der reinen Vernunft*, B 225.

– l'être – ne peut pas plus être dit chose-temporelle que celui-ci – le temps – ne peut être dit étant »[1].

Comment penser alors cette détermination réciproque ? Cette question en suppose une autre : le rapport entre être et temps doit-il être recherché dans une unité supérieure à l'un et à l'autre ou *être-et-temps* désigne-t-il la dimension à partir de laquelle être et temps il y a ? Le rapport entre être et temps est-il postérieur aux termes qu'il met en rapport ou « être *et* temps nomme [t-il] un état-de-choses (*Sachverhalt*) dont résultent d'abord aussi bien l'être que le temps »[2] ? L'examen de la seconde possibilité doit précéder celui de la première car si *être-et-temps* devait constituer un tel état-de-chose, il deviendrait vain d'en rechercher ailleurs l'unité.

Parler de *Sachverhalt*, d'état-de-chose, n'est-ce pas toutefois tenir l'être et le temps pour des choses (*Sachen*) et donc pour des étants ? Selon son ancienne signification, *Sache* désigne le litige, la cause, l'affaire au sens juridique. Tenir l'être et le temps pour des *Sachen*, c'est alors et avant toute autre détermination, les tenir pour ce qu'il y a de plus litigieux, car si le premier n'est rien d'étant et le second rien de temporel, il reste que le temps luit dans l'être, l'être dans le temps, l'un et l'autre en tout étant. « Être – une affaire, et présumons-le, *l'*affaire de la pensée. Temps – une affaire, et présumons-le, *l'*affaire de la pensée si tant est que, dans l'être en tant que présance, parle quelque chose comme le temps. Être *et* temps, temps *et* être nomment le *rapport* (*Verhältnis*) des deux affaires, le *tenant* de l'état-de-chose (*Sachver*halt) qui *tient* (hält) l'une à l'autre les deux affaires et sou*tient* (*aus*hält) leur rapport. Méditer cet état-de-chose est donné à la pensée, à supposer qu'elle demeure disposée à rester auprès de son affaire »[3].

Il faut y insister tant est grande notre négligence, l'affaire de la pensée, ce n'est ni l'être d'un côté ni le temps de l'autre mais le *et* qui les rapporte l'un à l'autre en les précédant et qui, ce faisant, relève d'une dimension que ni l'un ni l'autre ne peuvent définir. Ainsi entr'apercevons-nous un domaine qui, s'il n'est pas celui auquel s'en tient *Être et temps*, est celui dans lequel se tient *Être et temps*, du moins dans son projet sinon dans l'exécution partielle de celui-ci. C'est pourquoi la conférence *Temps et être* dont le titre figure déjà dans *Être et temps* ne saurait y être « rattachée »[4] puisque, au regard de la chose même, la dimension où se déploie *Temps et être* précède celle où se situe *Être et temps*. À l'inverse, *Être et temps* peut

1. « Zeit und Sein », in *Zur Sache des Denkens*, GA, Bd. 14, p. 7.
2. *Ibid.*, p. 8.
3. *Ibid.*
4. *Zur Sache des Denkens*, GA, Bd. 14, p. 103.

et doit être rattaché à *Temps et être*. Consentant à distinguer au seul regard de ce qui est en question « Heidegger I » et « Heidegger II », ce dernier ne dit rien d'autre, qui précise en outre : « c'est seulement depuis ce qui est pensé sous I que devient d'abord accessible ce qui est à penser sous II. Mais I n'est possible que s'il est contenu en II »[1].

Il ne s'agit pas là d'une réinterprétation tardive. En 1930, au moment où il prononçait la conférence sur l'essence de la vérité, dans un cours consacré à celle de la liberté humaine, après avoir expliqué que, à la différence de la question directrice de la métaphysique qui porte sur l'étant en tant qu'étant, la question fondamentale de la philosophie s'enquiert de la conjonction de coordination qui, liant être *et* temps, « *est le titre d'une co-appartenance originelle de l'être et du temps à partir du fondement de leur essence* »[2], à ce moment donc, Heidegger disait déjà que « *l'essence de la liberté n'est proprement vue que si nous la recherchons comme fondement de la possibilité du* Dasein, comme ce qui précède *être et temps* »[3]. Se tourner ainsi vers ce qui précède être *et* temps, n'était-ce pas déjà se détourner d'*Être et temps* ?

Quel point de départ et quel chemin prendre pour accéder à l'état-de-chose *être-et-temps*, au tenant de leur rapport qui, à ce titre, n'est ni être ni temps, mais ce d'où résultent l'un et l'autre, ce qui donne être et temps, ce à partir de quoi être et temps il y a ? Si la formule « *Es gibt Sein und es gibt Zeit*, il y a [littéralement : il donne] être et temps »[4], explicite d'une certaine façon ledit état-de-chose, elle montre le chemin : élucider d'abord ce que signifie proprement *être* et proprement *temps*, décrire ensuite le mode sur lequel s'accomplit le donner de l'être et celui du temps, pour parvenir enfin au Il qui donne être et temps et qui, pour cette raison au moins, est passible d'une majuscule. Heidegger trace lui-même l'épure de ce mouvement qui, d'une certaine façon, « répète » celui de sa pensée ou mieux de ce qu'il a été appelé à penser : « La conférence intitulée "Temps et être" interroge d'abord le propre de l'être, puis le propre du temps. Il en ressort que l'être aussi bien que le temps *ne sont pas*. C'est ainsi qu'on gagne le passage au *Il donne*. Le *Il donne* est d'abord expliqué en regard du donner et, ensuite, en regard du Il qui donne. Ce Il est interprété comme *Ereignis*.

1. « Ein Vorwort. Brief an Pater William J. Richardson (1962) », in *Identität und Differenz*, GA, Bd. 11, p. 152. Cette lettre est contemporaine de la conférence *Temps et être*.

2. *Vom Wesen der menschlichen Freiheit*, GA, Bd. 31, p. 118.

3. *Ibid.*, p. 134.

4. « Zeit und Sein », in *Zur Sache des Denkens*, GA, Bd. 14, p. 9.

Bref : la conférence passe de “Être et temps” au propre de “Temps et être”, s’achemine vers le Il qui donne et de celui-ci à l’*Ereignis* »[1].

N’est-ce pas alors en réaccomplissant le mouvement ainsi indiqué que nous pourrons comprendre en quel sens le temps est le prénom du fondement initial de la parole, le prénom de la vérité de l’être[2], en quel sens l’être se donne initialement dans la parole, en quel sens la langue et l’*Ereignis* ont partie liée ? Et n’est-ce pas ainsi que nous pourrons accéder à l’*Ereignis* ?

§ 3. Il donne

Avant de s’enquérir du propre de l’être et de celui du temps, il est nécessaire d’indiquer ce qu’il convient d’entendre, provisoirement au moins, par « propre ». En marge de la conférence sur *Le principe d’identité*, après avoir traduit la thèse de Parménide selon laquelle τὸ γὰρ αὐτὸ νοεῖν ἐστίν τε καὶ εἶναι par : « le même en effet est penser aussi bien qu’être », après avoir affirmé que « la question du sens de ce même est la question de l’essence de l’identité », Heidegger notait : « mutation de “essence” en propriété (*Eigentümlichkeit*) [*Ereignis*] »[3]. Dès lors, le « propre » est à la vérité de l’être, à l’*Ereignis*, ce que « l’essence » est à l’être comme être *de* l’étant et si *le propre est ce qui revient à quoi que ce soit pour autant qu’il repose dans la vérité de l’être*, le sens de celui-là ne manquera pas de se préciser en parcourant le domaine de celle-ci.

L’être, la présance (*Anwesen*), est ce par quoi l’étant, le présant (*Anwesende*), est ou paraît. Vu depuis le présant, la présance laisse venir dans le non-retrait. Dès lors, « laisser-venir-en-présance signifie : déceler,

1. « Protokoll zu einem Seminar über “Zeit und Sein” », in *Zur Sache des Denkens*, GA, Bd. 14, p. 35.

2. Cf. *Ibid.*, p. 36.

3. « Der Satz der Identität », in *Identität und Differenz*, GA, Bd. 11, p. 47-48, n. 95. Dicté par l’*Ereignis*, ce choix fait néanmoins écho à la détermination aristotélicienne du propre (τὸ ἴδιον) qui peut signifier l’essence : Ἐπεὶ δὲ τοῦ ἰδίου τὸ μὲν τὸ τί ἦν εἶναι σημαίνει, τὸ δ´ οὐ σημαίνει, διῃρήσθω τὸ ἴδιον εἰς ἄμφω τὰ προειρημένα μέρη, καὶ καλείσθω τὸ μὲν τὸ τί ἦν εἶναι σημαῖνον ὅρος, τὸ δὲ λοιπὸν κατὰ τὴν κοινὴν περὶ αὐτῶν ἀποδοθεῖσαν ὀνομασίαν προσαγορευέσθω ἴδιον, « mais, puisqu’il arrive parfois à un propre d’exprimer l’essentiel de l’essence de son sujet, et parfois de ne pas l’exprimer, divisons le propre en deux parties correspondantes, et appelons “définition” celui qui exprime l’essentiel de l’essence ; quant à l’autre, réservons pour lui ce nom de “propre” que l’on donne indifféremment aux deux », *Topiques*, I, 5, 101 *b* 20-23. Nous citons l’édition et la traduction de J. Brunschwig qui rend τὸ τί ἦν εἶναι par *l’essentiel de l’essence* ; cf. *Topiques,* Paris, Les Belles Lettres, 1957 et 2007, t. 1, livres I-IV, n. 3 p. 119-120 et t. 2, livres V-VIII, n. 2 p. 138.

porter dans l'ouvert » et, « dans le déceler, joue un donner, à savoir celui qui, dans le *laisser*-venir-en-présance, donne la présance, c'est-à-dire l'être »[1]. Porter ainsi l'accent sur le décèlement, c'est détourner le regard de l'être comme fondement de l'étant, pour le tourner vers le donner propre au décèlement et vers le Il qui donne. Mais cette conversion du regard où s'accomplit la question de la vérité de l'être, ne relève pas de notre initiative, elle répond à une mutation de ce dernier. Quelle est-elle ? Pensée depuis le présant, la présance s'avère un laisser-venir-en-présance. Celui-ci est susceptible d'un double sens, mieux d'un double déploiement : il est laisser-*être* ou *laisser*-être. Dans le premier cas, l'*être* donne lieu à l'étant, est l'être *de* l'étant et c'est le règne de la différence ontologique, dans le second cas, l'être est donné – laissé – par le Il, qui ne relève pas de l'être puisqu'Il le donne. Le laisser-*être* reçoit donc sa possibilité du *laisser*-être et, depuis ce dernier, l'être se montre comme le donné du *Il donne*. « En tant que laisser-venir-en-présance, l'être demeure retenu dans le donner comme son donné. L'être n'*est* pas. Être Il donne en tant que le déceler de la présance »[2].

Ce qui précède n'est-il pas toutefois entaché d'arbitraire, car « d'où tirons-nous le droit de caractériser l'être comme παρουσία, *Anwesen*, présance »[3] ? Une fois encore, de ce qui nous est transmis et destiné sous le nom de philosophie et à quoi, plus ou moins fidèlement, plus ou moins amplement, nous ne cessons de répondre en fonction et à la mesure de l'entente que nous en avons. Si la pensée grecque est originairement vouée à l'étant et à l'être, la question n'est-elle pas alors, et avant tout, de rendre visible ce que disent initialement les mots εἶναι et ὄν, d'en justifier la traduction et la compréhension par *Anwesen* et *Anwesende*, présance et présant ? Le mot *anwesen* est alors pris comme verbe et non comme substantif. Or « le mot "*wesen*" employé en tant que verbe est le vieil haut-allemand "*wesan*". C'est le même mot que "*währen*" et signifie : demeurer. *Wesan* appartient à la racine du vieil-indien *vãsati*, c.-à-d. il habite, il séjourne. L'habité s'appelle la maisonnée (*Hauswesen*). Le verbe *wesan* veut dire : séjourner à demeure. Partant, pourquoi traduisons-nous le grec εἶναι et ἐόν par pré-sance (*an-wesen*) ? Parce que dans le grec εἶναι sont

1. « Zeit und Sein », in *Zur Sache des Denkens*, GA, Bd. 14, p. 9.

2. *Ibid.*, p. 10; *cf.* « Protokoll zu einem Seminar über "Zeit und Sein" », *ibid.* p. 45-46.

3. *Ibid.*

toujours simultanément pensés et dits : παρεῖναι et ἀπεῖναι. παρά signifie auprès…, ἀπό au loin… »[1].

En quoi cela rend-il visible la présance du massif montagneux qui s'étend là-devant ? Rendue à son sens verbal, celle-ci est d'abord une arrivée dans le non-retrait depuis le retrait, ensuite, séjournant et demeurant dans le non-retrait, le massif y paraît de manière à laisser paraître la mer qui l'entoure, les maisons bâties sur ses flancs et ce qui est proche. Enfin, susceptible d'être recouvert par des nuages ou enveloppé par la nuit, ce même massif peut disparaître d'un instant à l'autre, s'éloigner. Passage du retrait au non-retrait, la présance rassemblante où repose chaque présant, se déploie donc contre le retrait et l'absance, en sorte que, « partout où la pensée des Grecs prend en considération la présance du présant, lesdits traits de la présance peuvent être énoncés : le non-retrait, l'émerger à partir de lui, l'entrée en lui, l'auprès… et le au-loin…, le séjour, le rassemblement, le paraître, le repos, la soudaineté celée de l'absance possible »[2]. Descriptivement dégagés au long cours de l'interprétation de la pensée grecque initiale, ces traits solidaires qui sont autant de rapports et que condense le seul mot d'*Anwesen*, ressortissent à l'être tel que les Grecs en firent l'épreuve sans les penser en propre, être qu'il s'agit de reconduire à sa vérité, à ce Il qui donne *être-et-temps*.

Que la détermination de l'être comme présance soit descriptivement assurée, n'atteste cependant pas la nécessité de penser l'être depuis le *Il donne*. Pour être établie, celle-ci doit sourdre de l'expérience initiale de l'être, de l'expérience initialement grecque. Or, « au commencement du décèlement de l'être, l'être, εἶναι, ἐόν, est certes pensé mais pas le “Il donne”. À la place, Parménide dit ἔστι γὰρ εἶναι, “il est en effet être” »[3]. Ces mots du fragment VI laissent-ils affleurer le *Il donne* ? « Il est être » ne pouvant signifier que l'être est un étant et ἔστι suivi d'un infinitif pouvant signifier *il est capable*, ἔστι γὰρ εἶναι peut être traduit par *il est capable de l'être*, énoncé où luit le *Il donne*. Le ἔστι recelant ce dernier, il est alors possible d'affirmer « qu'au commencement de la pensée occidentale, l'être est pensé mais pas le “il donne” comme tel. Celui-ci se retire en faveur du donné [*Gabe, donum* : ce qui est donné] qu'il donne, donné qui, à l'avenir, sera exclusivement pensé et conçu comme être en regard de l'étant »[4].

1. *Was heißt Denken ?*, GA, Bd. 8, p. 239-240. *Cf.* « Einleitung zu : “Was ist Metaphysik” », in *Wegmarken*, GA, Bd. 9, p. 376 ; « Das Wesen der Sprache », in *Unterwegs zur Sprache*, GA, Bd. 12, p. 190.

2. *Ibid.*, p. 241.

3. « Zeit und Sein », in *Zur Sache des Denkens*, GA, Bd. 14, p. 12.

4. *Ibid.*

Ainsi comprise la parole de Parménide « abrite le secret initial de toute pensée »[1]. D'une part en effet, la détermination initiale de l'être comme présance règne sur toutes les déterminations ultérieures de l'être dont elle ouvre l'histoire, d'autre part, penser l'être *lui-même*, sa vérité, c'est-à-dire le Il qui donne *être-et-temps*, est requis par cela même qui nous a été destiné, à la condition bien entendu que nous l'ayons proprement reçu[2]. Aussi avons-nous pour tâche de remonter au commencement grec pour en penser l'essence proprement initiale qui, *en tant que telle*, n'est plus ou pas encore grecque.

De quelle manière l'être est-il donné, comment le donner s'accomplit-il lorsque ce qui est donné est l'être ? Nous venons de le dire, le *Il donne* se retire au profit de l'être. « Un donner qui ne donne que son donné cependant qu'il se retient et se soustrait lui-même, un tel donner nous le nommons le destiner. Selon le donner pensé en ce sens, l'être qu'il donne est le destiné. Chacun de ses changement est destiné de cette manière. L'historicité de l'histoire de l'être se détermine à partir du caractère destinal d'un destiner, et non à partir d'un historier en un sens indéterminé »[3].

Recevant son historicité de ce dont elle est l'histoire *et de rien d'autre*, celle de l'être déploie le donner comme destiner, en sorte que le Il qui donne ou destine ou envoie se retire devant cela même qui est destiné : l'être. L'histoire de celui-ci étant celle de son retrait, toute destination de l'être retient en elle le Il qui destine. Et si retenir ou se retenir se dit en grec ἐπέχειν, d'où vient le substantif ἐποχή, alors toute destination de l'être est une époque de son destin, époque désignant ici le mode d'accomplissement d'un destiner se réservant, se retirant, au profit de ce qu'Il destine.

Cette détermination de l'histoire destinale de l'être procédant *exclusivement* du Il qui donne *et que nulle histoire de la philosophie ne saurait par ailleurs remettre en cause* sauf à vouloir, pour reprendre un mot indûment prêté à Augustin, tenter de vider la mer avec un coquillage, cette détermination fournit une indication sur la voie à suivre pour accéder au commencement grec et à la vérité de l'être. Si les époques de l'être s'intriquent les unes dans les autres sans suivre un ordre purement linéaire – « le destinal avance en soi à chaque fois vers un instant remarquable qui le destine à un autre destin où cependant il ne disparaît ni se perd purement et

1. « Brief über den "Humanismus" », in *Wegmarken*, GA, Bd. 9, p. 334.

2. *Cf.* « Protokoll zu einem Seminar über "Zeit und Sein" », in *Zur Sache des Denkens*, GA, Bd. 14, p. 52.

3. « Zeit und Sein », in *Zur Sache des Denkens*, GA, Bd. 14, p. 12-13. Sur le sens de la destination (*Geschick*) de l'être, cf. *Der Satz vom Grund*, GA, Bd. 10, p. 90 *sq.*

simplement »[1] – il demeure que leur séquence et leur solidarité ne peuvent manquer de porter la trace de ce qui, donnant lieu à toutes les destinations, est de plus en plus recouvert par elles[2]. Aussi faut-il traverser l'histoire de l'ontologie pour « revenir à la philosophie grecque, à *Aristote*, afin de voir comment un originaire déterminé a été rejeté et recouvert, afin de voir que nous nous tenons dans ce *rejet* »[3]. Autrement dit, « la destruction de la doctrine ontologique de l'être de l'étant »[4], de la métaphysique, serait impossible si le destin de l'être ne tirait pas son origine du Il qui donne. Le retour à Aristote d'abord, à Anaximandre, Héraclite et Parménide ensuite et surtout, bref l'interprétation de ce qui est initialement grec, doit alors nous acheminer à la vérité de l'être en nous permettant du même coup de comprendre pourquoi elle reçoit le nom d'*Ereignis*. Toutes les déterminations de l'être, de l'ἰδέα platonicienne à l'Idée absolue et à la volonté de puissance telles que Heidegger les interprète, doivent donc être entendues « comme des réponses à une adresse qui parle dans le destiner se celant lui-même, dans le "Il donne être". À chaque fois retenu dans la destination d'elle-même en retrait, l'être se décèle à la pensée dans la plénitude épochale de sa mutation. La pensée demeure liée à la tradition des époques du destin de l'être, là et précisément là même où elle se souvient d'où et de comment, à chaque fois, l'être reçoit la détermination qui lui est propre, à savoir du : Il donne être. Le donner s'est montré comme destiner »[5].

Assignée au *Il donne* d'où provient le destin de l'être et qui n'en relève pas, la pensée ne cesse néanmoins d'être liée à l'histoire de l'être. Comment cela et que peut être un rapport à la métaphysique qui ne soit pas lui-même métaphysique ? À cette question, Heidegger ne répond-il pas en expliquant que si le regard suscité par le Il, par l'*Ereignis* qui nomme l'essence de la vérité de l'être, « est, à sa manière, grec », ce qu'il voit « ne l'est plus, jamais plus »[6] ou en précisant que, si ce qui est pensé avec l'*Ereignis* n'est plus grec, « le plus étonnant est que le grec conserve encore sa signification essentielle et *simultanément* ne parvient plus du tout à parler comme langue »[7].

1. « Die Kehre », in *Identität und Differenz*, GA, Bd. 11, p. 115.
2. Cf. *Der Satz vom Grund*, GA, Bd. 10, p. 135.
3. *Ontologie* (*Hermeneutik der Faktizität*) [1923], GA, Bd. 63, p. 76.
4. « Zeit und Sein », in *Zur Sache des Denkens*, GA, Bd. 14, p. 13.
5. *Ibid.*, p. 13-14.
6. « Aus einem Gespräch von der Sprache », in *Unterwegs zur Sprache*, GA, Bd. 12, p. 127.
7. « Seminar in Le Thor 1969 », in *Seminare*, GA, Bd. 15, p. 366-367.

§ 4. Du temps à l'ouvert

Quel chemin avons-nous parcouru, et dans quelle direction devons-nous le poursuivre ? Après avoir déterminé le propre de l'être, propre auquel l'être appartient et qui « n'est rien du genre de l'être »[1], après avoir décrit le mode selon lequel être Il donne, c'est-à-dire destine, ne devons-nous pas désormais nous tourner vers le Il lui-même, vers le *Es* du *Es gibt Sein* ? Et si l'être en tant que présance et laisser-venir-en présance porte l'empreinte du temps, n'est-ce pas alors dans le temps qu'il convient de rechercher le Il ? Et comment le faire sans élucider le temps en ce qui lui est propre ?

Par temps, nous entendons l'unité du présent, du passé et du futur, le présent étant déterminé comme un maintenant (*Jetzt*) qui est, le passé comme un maintenant qui n'est plus, et le futur comme un maintenant qui n'est pas encore. Si le temps ainsi compris gravite autour du présent (*Gegenwart*) en tant que maintenant, faut-il alors y reconduire la présance et tenir celui-là pour le sens temporel de celle-ci : de l'être ? En aucun cas, puisque le maintenant qui n'est plus et celui qui n'est pas encore ne sont pas absolument rien et, à leur manière, viennent en présance : sont. « Aristote dit que ce qui du temps *est*, c.-à-d. vient en présance, est le maintenant de chaque fois. Passé et futur sont un μὴ ὄν τι : quelque chose de non-étant qui n'est certes pas purement et simplement rien mais un présant auquel il manque quelque chose, manque que nomment le "ne plus" et le "pas encore" maintenant »[2].

Que la présance soit irréductible au seul présent en tant que maintenant n'empêche nullement que le second appartienne à la première. À suivre le dictionnaire, *Anwesen* et *Gegenwart* ont le même équivalent latin : *praesentia*[3], et on peut dire dans le même sens : en présance de tel et tel, ou tel et tel étant présents. Que signifie alors le présent quand il cesse d'être rapporté au maintenant pour l'être à la présance ou, plus précisément, le présent et avec lui le temps dont il relève se laissent-ils penser depuis la présance, comme traits de l'être ?

Revenons à celui-ci et à lui seul. L'être, a-t-il été dit, est présance et laisser-venir en présance : décèlement. En d'autres termes et selon une formule dont chaque mot, chaque préposition, possède une portée descriptive, « présance (*Anwesen*) signifie : hors du cèlement, demeurer

1. « Zeit und Sein », in *Zur Sache des Denkens*, GA, Bd. 14, p. 14.

2. *Ibid.*, p. 15. Cf. *Physique*, IV, 11, 215 *a* 11.

3. *Cf.* J. u. W. Grimm, *Deutsches Wörterbuch*, *s. v.*

devant dans le décèlement (*aus der Verbergung her in die Entbergung vor währen*), et c'est pour cela que l'éclaircir décelant-abritant concerne la présance des présants »[1]. Ce demeurer ne doit pas être compris comme une durée ou persistance remplissant l'intervalle entre des maintenants séparés, mais comme un *séjour* dans le non-retrait. Pourquoi ? Au cours de l'élucidation du sens initial des ἐόντα au fil conducteur d'un vers où Homère nomme successivement τά τ'ἐόντα, le seulement-étant, τά τ'ἐσσόμενα, l'étant-advenant et πρό τ'ἐόντα, l'autrefois-étant, Heidegger explique que *les différences entre ces trois modes de l'étant doivent être pensées en fonction de l'essence des ἐόντα*, car ce qui est passé et ce qui est à venir *sont* aussi des étants. « Les deux sont un mode du présant, à savoir du présant non-présent (*ungegenwärtig Anwesenden*). Le présant présent (*gegenwärtig Anwesende*), les Grecs le nomment explicitement τὰ παρεόντα ; παρά signifie "auprès", à savoir arrivé auprès dans le non-retrait. Le "*gegen*" dans *gegenwärtig* [présent] ne signifie pas le vis-à-vis (*Gegenüber*) d'un sujet, mais la contrée (*Gegend*) ouverte du non-retrait où pénètre et séjourne-à-demeure ce qui est arrivé auprès. Par conséquent, *gegenwärtig* en tant que caractère des ἐόντα signifie quelque chose comme : venu au séjour au sein de la contrée du non-retrait »[2].

Reconduire l'être, la présance, au présent (*Gegenwart*) après en avoir bouleversé la signification pour le comprendre comme la contrée (*Gegend*) d'où vient ce qui nous fait encontre *en tant que* présants présents, présants passés et présants futurs, c'est reconduire leurs différences à des différences de rapport à ladite contrée, à l'ἀλήθεια. Et *dès l'instant où le présant – l'étant – peut être hors de la contrée du non-retrait, il n'y est pas rivé* mais y transite, y *séjourne*, y demeure en séjour. Droit est alors pleinement rendu au caractère verbal de l'être. Mais comment le présant, l'étant, peut-il *être* hors de cette contrée si être ou présance veut dire : s'avancer hors du retrait pour demeurer dans la contrée du non-retrait ? Passés ou futurs, les présants sont des présants non-présents, des absants (*Abwesende*) qui, pour *être* absants, appartiennent au non-retrait et qui pour être *absants* n'y appartiennent pas. C'est ainsi que les morts sont, à leur manière, en tant qu'absants, des présants. « L'absant aussi est présant et, *en tant qu*'absant

1. « Aletheia (Heraklit, fragment 16) », in *Vorträge und Aufsätze*, GA, Bd. 7, p. 284 ; *cf.* p. 267 : « le non-retrait est le caractère fondamental de ce qui est déjà apparu et a laissé le retrait derrière soi » ; p. 270 : « le caractère fondamental de la présance elle-même est déterminé par le retrait et le non-retrait » et « Hegel und die Griechen », in *Wegmarken*, GA, Bd. 9, p. 441. Le mot "décèlement" a été formé par Heidegger, cf. *Parmenides*, GA, Bd. 54, p. 17.

2. « Der Spruch des Anaximander », in *Holzwege*, GA, Bd. 5, p. 346 ; cf. *Iliade*, I, v. 70.

du non-retrait, il y vient en présance »[1], *il est dans la contrée* en tant que *n'y étant pas*. La présance ne se confond donc nullement avec le présent puisque passé et avenir y ressortissent.

Le non-retrait où viennent en présance les présants présents ou non-présents, est une contrée à laquelle par essence nous appartenons, puisque c'est par nous que la présance paraît *en tant que* telle, est dite. Celle-ci est donc un venir-auprès, une occurence si *occuro* signifie venir à l'encontre. Dissociant présent (*Gegenwart*) et maintenant (*Jetzt*) en prenant à la lettre le mot *Gegenwart* – et, ici comme ailleurs, la lettre livre accès à une dimension descriptive plus originaire –, portant l'accent sur la préposition *an* qui marque une proximité, une approche, Heidegger peut alors écrire : *Anwesen geht uns an, Gegenwart heißt : uns entgegenweilen, uns – den Menschen*, « la présance nous concerne, présent veut dire : séjourner à notre encontre, nous – les hommes »[2]. Toutefois nous ne sommes pas homme d'abord et concerné par la présance ensuite, mais nous sommes concerné par la présance en sorte d'être ce présant qui, *en tant que tel*, se rapporte à tout présant comme à tout absant *en tant que tels*, rapport qui est notre être même. Ainsi concernés, approchés, nous ne cessons de recevoir la présance que donne et destine le Il. « Si l'homme n'était pas l'incessant destinataire du don (*Gabe*) issu du "Il donne présance", si l'homme n'était pas atteint (*erreichte*) par ce qui lui est tendu (*Gereichte*) dans le don, alors faute de celui-ci, l'être ne serait pas seulement celé voire fermé mais l'homme demeurerait exclu de l'ample portée (*Reichweite*) du : Il donne être. L'homme ne serait pas l'homme »[3].

Telle qu'elle vient d'être explicitée, la présance des présants est « l'incessant demeurer-en-séjour (*Verweilen*) qui concerne l'homme, qui l'atteint et lui est tendu »[4]. Sur quels modes cette offrande d'être a-t-elle lieu ? D'une façon ou d'une autre, nous nous rapportons toujours à des étants présents et non-présents. Que se passe-t-il dans le cas de l'étant passé ? « Ce qui n'est plus présent vient immédiatement en présance dans son absance (*west in seinem Abwesen unmittelbar an*), à savoir sur le mode de l'ayant-été nous concernant »[5]. *Immédiatement*, l'adverbe est essentiel car il ne s'agit pas d'une quelconque forme de reproduction ou de mémoire – la leçon de Husserl a été retenue – mais de la venue en présance, de l'être, de l'ayant-été *en tant que tel*. Bref, « dans l'ayant-été, la présance est

1. « Der Spruch des Anaximander », in *Holzwege*, GA, Bd. 5, p. 347.
2. « Zeit und Sein », in *Zur Sache des Denkens*, GA, Bd. 14, p. 16.
3. *Ibid.*, p. 16-17.
4. *Ibid.*, p. 17.
5. *Ibid.*

tendue »[1]. Et ce qui vaut de l'étant passé, vaut pour l'étant à-venir et pour l'étant présent, si bien que passé, avenir et présent sont autant de modes sur lesquels la présance nous est tendue, offerte. Au double sens du génitif, le temps est l'offrande de l'être. Derechef, le présent ne recouvre pas la présance – « chose étrange, présance (*Anwesen*) n'est pas nécessairement présent (*Gegenwart*) »[2] – puisque l'absence vient elle-même en présance *en tant qu'*absance, vient à notre encontre dans la contrée ouverte du non-retrait.

Mais que veut dire ici « tendre » ? La question est double. Elle porte d'abord sur la signification que revêt ce verbe qui traduit l'allemand *reichen*, et dont l'équivalent latin est *porrigo* : étendre sur toute sa longueur, par exemple le bras, tendre la main, présenter, offrir. Elle porte ensuite sur la manière dont ce tendre doit être déterminé. « Repose-t-il en ceci qu'il nous atteint (*erreicht*) ou nous atteint-il parce qu'il est en soi un tendre ? »[3]. Dès l'instant où nous ne saurions être atteint par quoi que ce *soit* sans que cela nous ait été préalablement tendu, d'une manière ou d'une autre offert, l'alternative est tranchée et il reste à préciser la manière dont se déploie ce tendre offrant l'être. Si passé, avenir et présent sont les modes sur lesquels la présance nous est tendue-offerte, alors « l'avenir, en tant que pas-encore présent, tend et apporte simultanément ce qui n'est plus présent, l'ayant-été, et inversement, celui-ci, l'ayant-été, se tend l'avenir. Leur rapport réciproque tend et apporte simultanément le présent. "Simultanément" disons-nous, attribuant ainsi un caractère de temps au se-tendre-l'un-à-l'autre de l'avenir, de l'ayant-été et du présent, c.-à-d. à leur unité propre »[4].

Est-ce à bon droit si l'unité du se-tendre-l'un-à-l'autre des trois modes selon lesquels s'offre la présance, doit recevoir le nom de temps ? Non, car si le temps n'est rien de temporel au sens d'intra-temporel, la simultanéité ne saurait en constituer l'unité. Où rechercher alors cette dernière sinon dans ce que les modes du tendre s'offrent les uns aux autres ? Et que se tendent-ils ou s'offrent-ils les uns aux autres sinon eux-mêmes, c'est-à-dire la présance qui est en eux et par eux tendue, offerte ? « Par là s'éclaircit ce que nous nommons l'espace-temps »[5]. Celui-ci, pour reprendre une distinction newtonienne à laquelle renvoyait tacitement le § 81 d'*Être et temps*, n'est ni l'espace-temps mathématique ni l'espace-temps vulgaire

1. *Ibid.*
2. *Ibid.*, p. 18.
3. *Ibid.*
4. *Ibid.*
5. *Ibid.*

mais, et c'est évidemment tout autre chose, « le tendre éclaircissant comme lequel l'advenir apporte l'ayant-été, celui-ci celui-là, et leur relation réciproque, l'éclaircie de l'ouvert »[1].

Ouvert, qu'est-ce à dire ? Se tendant les uns aux autres, avenir, passé et présent se rapportent les uns aux autres, et ne sauraient le faire sans être ouverts les uns aux autres. En tant qu'il n'est plus présent, le passé est de part en part ouvert sur le présent, en tant qu'il n'est pas encore présent, l'avenir est de part en part ouvert sur le présent, et celui-ci est ouvert sur le passé et l'avenir puisque chacune de ces absances vient en présance dans le présent. Mais *dans un présent* (Gegenwart) *qui, dissocié du maintenant* (Jetzt)*, est la contrée où séjournent à notre encontre les présants et les absants*. Avenir, passé et présent se traversent ainsi les uns les autres de part en part, et de telle sorte « qu'au temps propre et à lui seul appartient ce que nous nommons de manière aisément mécompréhensible la dimension (*Durchmessung*, la mesure-transversale ou mesure-de-part-en-part). » Aussi, « pensé depuis ce triple tendre, le temps propre s'avère-t-il tridimensionnel », à condition bien entendu de ne pas penser ici la dimension comme « le domaine d'une métrique possible » mais « comme le s'étendre-de-part-en-part, comme le tendre éclaircissant »[2].

Récapitulons. Après avoir fait, tout en dépend, du présent (*Gegenwart*) un caractère essentiel des ἐόντα, un trait de la présance de tous les présants, passés, présents ou à venir, et ce à rebours de la tradition qui comprend la présance depuis le maintenant-présent, nous avons décrit les deux autres modes sur lesquels la présance nous est tendue et offerte : avenir et ayant-été. Les modes par lesquels la présance s'éclaircit sont liés les uns aux autres comme les trois dimensions du temps, voire de l'espace-temps si ce mot « nomme maintenant l'ouvert qui s'éclaircit dans le se-tendre-les-uns-aux-autres de l'avenir, de l'ayant-été et du présent »[3], – énoncé où avenir, passé et présent ne désignent plus des formes temporelles mais des modes d'être de l'étant.

Chaque étant possède son temps ou, pour le redire en un sens quelque peu différent, toute chose vient en son temps. Or, comment venir en son temps sans venir, sans apparaître, avec et par le temps. Cette proposition

1. « Zeit und Sein », in *Zur Sache des Denkens*, GA, Bd. 14, p. 19. *Cf.* I. Newton, *Philosophiae Naturalis Principia Mathematica*, assembled and edited by A. Koyré and I. Bernard Cohen with the assistance of A. Whitman, Cambridge (Mass.), Harvard University Press, 1972, *Definitiones, Scholium*, t. 1, p. 46. Sur le sens de cet espace-temps, cf. *Beiträge zur Philosophie*, GA, Bd. 65, p. 371 *sq.*

2. « Zeit und Sein », in *Zur Sache des Denkens*, GA, Bd. 14, p. 19.

3. *Ibid.*

fait écho à une parole de Sophocle à laquelle tout ce qui vient d'être dit sur le temps est essentiellement lié, puisqu'elle est « la parole grecque sur le temps »[1], celle où s'affirme l'expérience initiale de celui-ci. Ἅπανθ' ὁ μακρὸς κἀναρίθμητος χρόνος φύει τ' ἄδηλα καὶ φανέντα κρύπτεται, « c'est toutes choses que le temps vaste et qui échappe au compte laisse émerger, ce qui n'est pas manifeste – tout comme il cèle (de nouveau) en lui-même ce qui est apparu »[2], dit Ajax. Ayant son propre temps comme il a son lieu propre, tout étant apparaît et disparaît en son temps et non au sein d'une suite indifférenciée de maintenants dont le nombre serait le commun dénominateur. Le temps décèle (φύει) et cèle (κρύπτεται) ce qu'il a décelé. Sophocle, remarque alors Heidegger, ne prononce pas le mot ἀλήθεια, « ne dit pas non plus du temps, φύει τὰ λαθόντα, qu'il laisse émerger ce qui est celé, mais dit : φύει τὰ ἄδηλα – le temps laisse s'avancer dans l'apparaître ce qui est destiné à apparaître mais n'est pas encore δῆλον; ἄ-δηλον, le non-manifeste (*Un-offenbare*) »[3]. Disant τὰ ἄδηλα et non τὰ λαθόντα, Sophocle ne dit pas moins mais plus que l'ἀλήθεια car il en suggère l'essence. En effet, « répondant au non-manifeste en tant que celé, le non-celé est le manifeste (*Offenbare*), c.-à-d. ce qui s'est avancé dans l'ouvert (*Offene*) et est apparu dans l'ouverture (*Offenheit*). *Dans le non-retrait se déploie l'ouverture*. L'ouvert est ce le-plus-proche que nous visons toujours aussi dans l'essence du non-retrait mais sans lui prêter proprement attention, que nous ne considérons pas en propre et que nous pré-apercevons encore moins dans son essence propre en sorte que ce déploiement essentiel de l'ouvert puisse lui-même dispenser et guider toute expérience de l'étant »[4].

Le temps ne saurait laisser paraître et disparaître tout étant sans appartenir à la dimension au sein de laquelle présants *et* absants viennent en présance. Et puisque ce qui séjourne dans la contrée du non-retrait y est manifeste ou, pour le dire autrement, à découvert, la dimension en question peut recevoir le nom d'ouvert. Partant, ce dernier est « ce où l'espace pur, le temps ekstatique et en eux tout présant et tout absant trouvent d'abord le site qui les rassemblent et les abritent »[5]. *Dans le non-retrait se déploie l'ouverture* : soulignée, cette proposition signifie que l'ouvert d'où tout

1. *Parmenides*, GA, Bd. 54, p. 209. Nous avons souvent repris la traduction de T. Piel, *Parménide*, Paris, Gallimard, 2011, qui indique la pagination originale.

2. *Ajax*, v. 646-647.

3. *Parmenides*, GA, Bd. 54, p. 212.

4. *Ibid.*

5. « Das Ende der Philosophie und die Aufgabe des Denkens », in *Zur Sache des Denkens*, GA, Bd. 14, p. 81.

décèlement et tout cèlement tirent leur possibilité, est l'essence du non-retrait, de l'ἀλήθεια, une essence que les Grecs n'ont jamais *proprement* pensée. N'est-ce pas alors cet ouvert qui *s'*éclaircit dans le se-tendre-les-uns-aux-autres de l'avenir, de l'ayant-été et du présent, et ne commençons-nous pas à comprendre en quel sens le temps peut être le prénom de la vérité de l'être, de l'essence originaire de l'ἀλήθεια, voire du fondement de la parole puisque « λόγος en tant que discours parlé ne signifie pas moins que δηλοῦν, rendre manifeste »[1].

Mais comment l'ouvert hors duquel rien, jamais, ne pourrait paraître, apparaître, transparaître ou disparaître, pourrait-il s'éclaircir dans le se-tendre-l'une-à-l'autre si les trois dimensions du temps ne formaient pas une unité qui les ouvre les unes aux autres ? Cette unité ne saurait leur être extérieure – d'où pourrait-elle venir ? – et par conséquent « repose dans le jeu de passe de chacune à chacune. Ce jeu de passe s'avère comme le tendre proprement en jeu dans le propre du temps, donc en quelque sorte comme la quatrième dimension – non seulement en quelque sorte mais selon l'affaire en question »[2]. S'il est un instant permis de parler formellement, ici, c'est-à-dire finalement partout, le rapport entre les termes précède les termes mis en rapport. Aussi et quant à l'affaire en question, cette quatrième dimension, « le tendre qui détermine tout »[3], est-elle la première. Quel en est le mode d'accomplissement ? L'advenir, l'ayant-été, le présent qui, rappelons-le, sont des traits de l'être de l'étant, ne pourraient apporter la présance qui, à chaque fois, revient en propre aux présants présents ou non-présents, sans se tenir les uns vis-à-vis des autres. Mais qu'est un tel *l'un-vis-à-vis-de-l'autre* de l'advenir, de l'ayant-été et du présent où chacun reçoit des autres ce qui lui revient en propre sinon ce qu'on nomme proximité ? Bref, « le temps est quadri-dimensionnel » et « *la première* dimension qui rassemble tout est la *proximité* »[4]. Entendue verbalement, celle-ci est approchante dans la mesure où elle éloigne : elle tient ouvert le passé en repoussant sa venue comme présent, elle tient ouvert l'advenir en le retenant d'arriver au présent. « La proximité approchante a le caractère du repousser et du retenir »[5], et c'est finalement en elle que réside le propre du temps, le temps propre.

1. *Sein und Zeit*, GA, Bd. 2, § 7, B, p. 43.
2. « Zeit und Sein », in *Zur Sache des Denkens*, GA, Bd. 14, p. 19-20.
3. *Ibid.*, p. 20.
4. « Einleitung zu : "Was ist Metaphysik" », in *Wegmarken*, GA, Bd. 9, p. 377, note *a*.
5. « Zeit und Sein », in *Zur Sache des Denkens*, GA, Bd. 14, p. 20.

Après avoir reconnu dans le décèlement le propre de l'être, et dans le destiner le mode sur lequel s'en accomplit le donner, après avoir reconnu dans la proximité approchante le propre du temps, il est désormais et parallèlement nécessaire de déterminer le donner du temps depuis cette dernière. Si la proximité « octroie l'ouvert de l'espace-temps et garde ce qui demeure repoussé dans l'avoir-été et retenu dans l'advenir »[1] ou, pour le dire autrement, si τά τ'ἐόντα, l'étant-présent, τά τ'ἐσσόμενα, l'étant-advenant et πρό τ'ἐόντα, l'autrefois-étant, viennent en présance dans l'ouvert dont le temps est l'éclaircie, y séjournent et, à titre de séjournants, y sont abrités, alors le donner qui donne le temps propre s'accomplit comme « le tendre éclaircissant-abritant »[2], et le temps ressortit bien à un donner qui lui est propre puisque tendre signifie toujours aussi offrir.

Pensé depuis l'être comme présance, le temps ne tire donc pas son origine de l'homme. Quel est alors le rapport de l'un à l'autre ? Si « le temps propre est la proximité de la présance unifiant son triple tendre éclaircissant depuis le présent, l'ayant-été et l'avenir »[3], l'homme en a toujours déjà été atteint puisque, tenant son être de l'être, il ne peut manquer de se tenir au sein de ce triple tendre qui est l'offrande même de l'être. À nouveau, la proximité est un rapport et, dans le mot *Anwesen*, présance, la préposition *an* qui le marque est aussi importante que *wesen*.

§ 5. L'*EREIGNIS*

Sommes-nous désormais en mesure de répondre à la question de savoir si le Il se confond avec le temps ? Si le donner du *Il donne temps* se laisse penser comme le tendre quadri-dimensionnel où s'éclaircit l'ouvert au sein duquel présance il y a, n'est-on pas en droit de tenir le temps pour le Il qui donne, destine, l'être ? « Nullement. Car le temps lui-même demeure le donné d'un Il donne dont le donner garde le domaine en lequel la présance est atteinte. Le Il continue donc à demeurer indéterminé, énigmatique et nous-mêmes demeurons perplexe »[4].

Cette perplexité ne tiendrait-elle pas, fût-ce partiellement, au chemin emprunté ? Déterminant le propre de l'être puis celui du temps, nous les avons considérés séparément. Suivre la même démarche pour fixer la signification du Il qui donne l'un et l'autre, c'est rechercher le sujet du

1. *Ibid.*
2. *Ibid.*
3. *Ibid.*, p. 21.
4. *Ibid.*, p. 22.

verbe *donner* indépendamment de ce qu'Il donne et, ce faisant, s'inscrire dans l'interprétation logico-grammaticale de la langue. Or, si cette dernière ne réduit pas tout dire à une proposition, il demeure qu'elle conçoit tout dire au fil conducteur de la proposition, et la proposition comme l'attribution d'un prédicat à un sujet. Et, *sujet* (ὑποκείμενον) ne désignant pas nécessairement un Je ou une personne, des énoncés tels que *es gibt Sein*, *es gibt Zeit*, *il donne être, il donne temps* ou encore *il y a*, *il faut*, *il pleut*, etc., ont été grammaticalement compris comme des propositions impersonnelles ou sans sujet au sens large du mot[1].

La signification du Il s'en trouve-t-elle éclairée ? Dès lors que les locutions *es gibt* ou *il y a* sont des propositions *sans* sujet, le *es* et le *il* sont des sujets en tant qu'absants. Or cette absance du sujet vient elle-même en présance et, « dans le "Il" du "Il donne être", parle une venue en présance de ce qui est tel qu'il s'absante, donc d'une certaine manière un être »[2]. Mais dire que le Il est, en quelque sorte, un être, ne revient-il pas ici à dire que l'être donne l'être, voire que l'être *est*, alors que l'être *lui-même* « n'est rien du genre de l'être »[3]. Sans doute, et c'est pourquoi il faut renoncer à déterminer le Il « isolément » et « pour soi », sans pour autant perdre de vue que « le Il nomme une présance d'absance (*ein Anwesen von Abwesen*) »[4].

Renoncer à déterminer séparément le Il n'est pas renoncer à toute détermination. Or déterminer ceci ou cela comme ceci ou cela revient à en faire le sujet de prédicats, le thème d'une ou de plusieurs propositions. Par conséquent, à raison du rapport sujet-prédicat qui en constitue *ontologiquement* la structure, toute proposition porte sur l'étant dans son être, et jamais sur l'être lui-même. Aussi le *Il donne être* et le *Il donne temps* ne sont-ils pas à proprement parler des propositions et le Il ne peut donc en faire l'objet, en être le thème. Bref, le Il, l'être *lui-même* qui, en tant que *lui-même*, ne relève pas de l'être, ne saurait être proprement dit par des propositions apophantiques voire spéculatives, et requiert une mutation du dire.

Que doit-elle être ? S'il n'est pas encore possible de répondre à cette question dont, d'une certaine manière, ce qui suit ne sera jamais que le déploiement, il est néanmoins d'ores et déjà possible de rappeler que, pour Aristote encore, dire signifie principalement montrer puisque c'est à l'aune du λόγος ἀποφαντικός, du discours monstratif, qu'il comprend tout λόγος. Ne peut-on donc et pour commencer, tenter de porter un regard sur

1. *Cf.* « Die Lehre vom Urteil im Psychologismus », in *Frühe Schriften*, GA, Bd. 1, p. 185 *sq.* et *Was heißt Denken ?*, GA, Bd. 8, p. 191 *sq.*

2. « Zeit und Sein », in *Zur Sache des Denkens*, GA, Bd. 14, p. 23.

3. *Ibid.*, p. 14, déjà cité.

4. *Ibid.*, p. 23.

le « Il » qui parle dans le *Il donne être* et le *Il donne temps*. Mais comment ? « En sorte, simplement, de penser le "Il" depuis les modes du donner qui lui appartiennent : le donner comme destiner, le donner comme tendre éclaircissant. Les deux s'entr'appartiennent dans la mesure où celui-là, le destiner, repose dans celui-ci, le tendre éclaircissant »[1].

Ne peut-on alors remonter de l'entre-appartenance de l'être et du temps au Il qui y règne ? De manière générale, il y a co-appartenance entre deux termes là où ce qui est propre à l'un est propre à l'autre, lorsque le propre de l'un lui vient de l'autre. Or, « dans le destiner du destin de l'être, dans le tendre du temps, se montre un approprier (*Zueignen*), un remettre en propre (*Übereignen*), à savoir de l'être comme présance et du temps comme domaine de l'ouvert en son propre. Ce qui détermine les deux, temps et être, en ce qui leur est propre, c.-à-d. dans leur co-appartenance nous le nommons : l'appropriation (*Ereignis*) »[2]. D'entrée, l'être et le temps, le temps et l'être ne sont-ils pas apparus comme se déterminant l'un l'autre ?

Nommant l'affaire propre de la pensée, le mot *Ereignis* ne saurait garder sa signification usuelle – la pensée n'est pas soumise aux dictionnaires dont elle peut faire usage – et Heidegger n'a pas manqué d'y insister. « Nous ne pouvons plus, dit-il, représenter ce qui est nommé par le nom "*Ereignis*" au fil conducteur de la signification courante du mot ; car elle entend "*Ereignis*" au sens de ce qui arrive, de l'événement – et non depuis l'approprier comme destiner et tendre qui éclaircit et garde »[3]. Ou encore : « le mot *Ereignis* est soustrait à la langue d'aujourd'hui. *Ereignen* signifie originairement : *eräugen*, c.-à-d. saisir du regard (*erblicken*), appeler à soi du regard-qui-brille (*im Blicken zu sich rufen*), s'approprier (*aneignen*) [dans l'éclaircie]. Pensé à partir de ce qui est en cause, le mot *Ereignis* doit désormais parler comme un mot directeur au service de la pensée. En tant que mot directeur ainsi pensé, il se laisse aussi peu traduire que ces mots

1. *Ibid.*, p. 24.

2. *Ibid.* Si les verbes *zueignen* et *übereignen* signifient également dédier, dédicacer et, d'une certaine manière donner, le second désigne plus précisément le transfert de propriété.

3. *Ibid.*, p. 25-26. L'avertissement est réitéré une dizaine d'années plus tard lorsque Heidegger écrit à R. Munier, qu'il « emploie, au lieu d'*Ereignis*, le mot *Eignis* afin de tenir sa force expressive à distance de la "signification" d'*Ereignis* au sens d'*eventus* » ; lettre du 26 mai 1973, in *Cahiers de L'Herne Martin Heidegger*, Paris, 1983, p. 112. *Cf.* « Die Erinnerung in die Metaphysik », in *Nietzsche II*, GA, Bd. 6.2, p. 444 : « Rien n'advient, *l'appropriation ap-proprie* (*Nichts geschieht,* das Ereignis er-eignet) » ; *Anmerkungen I-V* (*Schwarze Hefte 1942-1948*), GA, Bd. 97, p. 382 : « Dans l'*Ereignis*, rien n'advient » – au sens où il n'y a plus de destination ; *Gedachtes*, GA, Bd. 81, p. 47, et « Der Weg zur Sprache », in *Unterwegs zur Sprache*, GA, Bd. 12, p. 247 : « l'*Ereignis* ne se laisse représenter ni comme un avènement (*Vorkommnis*) ni comme un événement (*Geschehen*). »

directeurs que sont le grec λόγος et le chinois *Tao*. Le mot *Ereignis* ne désigne plus ici ce qu'on nomme d'ordinaire événement, ce qui arrive. Le mot est dorénavant employé comme *singulare tantum* »[1].

Mais dire comment l'*Ereignis* ne doit pas être pensé est une chose, dire comment il doit l'être, une autre. Au point où nous en sommes et au regard du seul parcours accompli, l'*Ereignis* s'avère comme ce qui laisse appartenir l'un à l'autre être et temps, comme ce grâce à quoi le temps parle dans l'être et l'être dans le temps, comme le tenant de ce rapport ou état-de-chose (*Sach-Verhalt*) auquel la pensée est vouée. « L'*Ereignis* est à penser en sorte de ne pouvoir être maintenu ni comme être ni comme temps. Il est pour ainsi dire un "*neutrale tantum*", le neutre "et" dans le titre "Temps et être" »[2]. Il ne vient donc pas relier après-coup l'être au temps, le temps à l'être mais « approprie d'abord et depuis leur rapport l'être et le temps à ce qui leur est propre et ce par l'approprier qui se cèle dans le destin et le tendre éclaircissant. Partant, le Il qui donne dans le "Il donne être", dans le "Il donne temps", s'atteste comme l'*Ereignis* »[3]. Précédant les termes qu'il rapporte l'un à l'autre – l'être et le temps –, l'*Ereignis* qui « donne le donner »[4], est alors « le rapport de tous les rapports »[5], c'est-à-dire le rapport des rapports qui constituent l'être *lui-même*, en sa vérité propre. Et si Heidegger dit également de la langue qu'elle est « le rapport de tous les rapports »[6], le lien initial de l'être à la parole ne peut manquer de reconduire au rapport entre la vérité de l'être et la langue, rapport dont l'élucidation est au cœur du présent travail.

Il ne s'agit pas là d'une tâche secondaire, monographique. Tardivement, enfreignant la retenue dont s'accompagne l'exposition de sa propre pensée et surtout de ce que la pensée a de plus propre, Heidegger prévenait en note : « Aujourd'hui, alors que ce qui est à peine ou à demi pensé, est aussitôt, sous une forme quelconque, hâtivement livré à la publication, nombreux seront ceux à qui il paraîtra incroyable que, dans ses

1. « Der Satz der Identität », in *Identität und Differenz*, GA, Bd. 11, p. 45. Nous avons inséré entre crochets une addition manuscrite. *Cf.* « Die Kehre », *op. cit.*, p. 121 où l'*Ereignis* est dit « *eignende Eräugnis*, saisie du regard appropriante ». Rappelons également que « l'être est le singulier absolu dans la singularité inconditionnée », *Der Satz vom Grund*, GA, Bd. 10, p. 125.

2. « Protokoll zu einem Seminar über "Zeit und Sein" », in *Zur Sache des Denkens*, GA, Bd. 14, p. 52-53.

3. « Zeit und Sein », in *Zur Sache des Denkens*, GA, Bd. 14, p. 24.

4. *Anmerkungen I-V* (*Schwarze Hefte 1942-1948*), GA, Bd. 97, p. 376.

5. « Der Weg zur Sprache », in *Unterwegs zur Sprache*, GA, Bd. 12, p. 256; cf. *Beiträge zur Philosophie*, GA, Bd. 65, p. 470-471.

6. « Das Wesen der Sprache », in *Unterwegs zur Sprache*, GA, Bd. 12, p. 203.

manuscrits et depuis plus de vingt-cinq ans, l'auteur use du mot *Ereignis* pour l'affaire ici pensée. Si simple soit-elle, cette affaire demeure d'abord difficile à penser car la pensée doit au préalable perdre l'habitude de succomber à l'opinion selon laquelle “l'être” serait ici pensé en tant qu'*Ereignis*. Mais, plus riche que toute détermination possible de l'être, l'*Ereignis* est essentiellement autre. En revanche et quant à la provenance de son essence, l'être se laisse penser depuis l'*Ereignis* »[1]. Or, avons-nous suffisamment prêté attention à cette indication par où Heidegger désigne explicitement non pas tant le site de ce qui lui est propre que celui de ce qui est propre à l'être dont nous sommes *essentiellement* partie prenante ? En avons-nous mesuré ou seulement pressenti les conséquences prochaines et lointaines, sommes-nous prêts à remplir les obligations auxquelles la pensée de l'*Ereignis* nous astreint et, si la négligence est le contraire du recueillement, consiste à ne pas lire, n'avons-nous pas été, ne sommes-nous pas aujourd'hui encore et toujours la négligence même ? Car enfin, si c'est depuis l'*Ereignis* que l'être peut être pensé selon la vérité de son essence, avant toute détermination métaphysique dont l'essence de la technique est l'accomplissement, rien n'est plus nécessaire que d'en préparer patiemment l'expérience. Quel sens y a-t-il à délaisser, à critiquer voire à prétendre surmonter une pensée tant qu'elle n'a pas été comprise selon ce qu'elle tient pour sa tâche la plus propre ? Et, si l'être comme être de l'étant a été le thème directeur de toute la philosophie, une telle précipitation, une telle dyslexie, une telle légèreté et pour tout dire un tel bavardage, ne constituent-ils pas la seule règle d'unité des innombrables discours que nous persistons à tenir ? À l'inverse, l'accès à l'essence de l'être, à l'*Ereignis*, n'en accusera-t-il pas silencieusement l'insuffisance et l'artifice ?

§ 6. *EREIGNIS* ET LANGUE

Acheminer ainsi au seuil de l'*Ereignis*, c'est d'ores et déjà mettre en relief certains de ses traits. Destinant l'être dans le tendre éclaircissant du temps, l'*Ereignis* ne ressortit ni à l'être ni au temps, mais l'un et l'autre ressortissent à l'*Ereignis*. Si l'être s'est découvert comme « le donné de la destination de présance octroyé par le tendre du temps », et si ce donné « est la propriété de l'approprier (*Ereignen*) », alors « l'être s'évanouit dans l'*Ereignis* », car ce qui donne l'être n'en relève pas, alors, et c'est une autre manière de dire la même chose, dans la locution « être en tant

1. « Der Weg zur Sprache », in *Unterwegs zur Sprache*, GA, Bd. 12, p. 248.

qu'*Ereignis*», le *en tant que* ne marque pas une nouvelle détermination métaphysique de l'être relayant celles qui se sont succédées de Platon à Nietzsche, mais il signifie dorénavant: «être, laisser-venir-en-présance destiné dans l'approprier, temps tendu dans l'approprier.» Ou encore et pour résumer : «temps et être adviennent proprement (*ereignet*) dans l'*Ereignis*»[1].

Mais comment celui-ci advient-Il ? Dans le destiner, Il se réserve en faveur de ce qu'Il destine, et le tendre en jeu au sein du temps, la proximité approchante, possède les caractères du repousser et du retenir. La réserve propre au destiner, le repoussement et la retenue propres au tendre sont autant de modes d'un retrait qui doit appartenir à l'*Ereignis* lui-même, puisque le destiner et le tendre par lesquels Il donne être et temps reposent en lui. Dès lors, «dans l'approprier (*Ereignen*) s'annonce comme propriété ceci : il soustrait au décèlement sans limite ce qu'il a de plus propre. Pensé à partir de l'approprier, cela veut dire : il se déproprie, au sens indiqué, de soi-même. À l'appropriation (*Ereignis*) en tant que telle, appartient la dépropriation (*Enteignis*). Par cette dernière, l'*Ereignis* ne s'abandonne pas mais garde ce qui lui est propre»[2]. L'appartenance de la dépropriation à l'appropriation, appartenance à laquelle répond la détermination du Il comme présance d'absance, et sur laquelle, plus ou moins directement, nous ne cesserons de revenir, cette appartenance est le mode non-grec sur lequel s'accomplit l'unité de l'ἀλήθεια et de la λήθη, l'essence de la vérité de l'être, puisque, si «l'appropriation est en elle-même *dépropriation*», ce mot «intègre conformément à l'appropriation, la λήθη grecque initiale au sens du cèlement»[3].

Première nommée, la dépropriation n'est toutefois pas la seule propriété de l'appropriation. Dire que, dans le mot *Anwesen*, la préposition (*an*) est aussi importante que le radical (*wesen*), c'est dire que la présance *est* présance à l'homme, que celui-ci *est* rapport à celle-là qu'il «co-constitue»[4]. Plus précisément: «présance ("Être") est, en tant que présance, à chaque fois présance à l'être de l'homme (*Anwesen zum Menschenwesen*) dans la mesure où la présance est mandement qui, à chaque fois, appelle l'être de l'homme. L'être de l'homme est, en tant que tel, à l'écoute (*hörend*) parce qu'il appartient (*gehört*) au mandement qui

1. «Zeit und Sein», in *Zur Sache des Denkens*, GA, Bd. 14, p. 27.

2. *Ibid.*, p. 27-28.

3. «Protokoll zu einem Seminar über "Zeit und Sein"», in *Zur Sache des Denkens*, GA, Bd. 14, p. 50.

4. «Zur Seinsfrage», in *Wegmarken*, GA, Bd. 9, p. 407 ; cf. *Beiträge zur Philosophie*, GA, Bd. 65, p. 499-500.

l'appelle, à la présance. Ce chaque fois même, la co-appartenance de l'appel et de l'écoute, serait-il alors "l'être" ? Que dis-je ? "Être", cela ne l'est plus du tout – si nous tentons de penser pleinement "Être" tel qu'il règne de manière destinale, à savoir comme présance, seule manière dont nous pouvons correspondre à son essence destinale. Aussi devrions-nous délaisser le mot "l'Être" qui isole et sépare tout aussi décidément que le nom : "l'homme" »[1].

Mais pour quel mot délaisser les mots *être* et *homme* sinon pour *un* mot nommant l'un *et* l'autre en cessant de les opposer, le mot *Ereignis* qui désigne « le domaine en soi oscillant à travers lequel l'homme et l'être s'atteignent l'un l'autre dans leur essence, acquièrent leur essence en perdant ces déterminations que la métaphysique leur avait conférées »[2]. En effet, la présance que destine le Il ne saurait venir à nous comme ce que nous avons pour être d'entendre, sans que nous nous tenions dans le domaine du tendre éclaircissant où le Il destine la présance, sans par conséquent que nous soyons approprié à l'*Ereignis*, à l'appropriation qui donne l'être en tant que présance destinée *et* le temps quadri-dimensionnel où s'éclaircit l'ouvert au sein duquel présance il y a. « Ainsi approprié, l'homme appartient à l'*Ereignis* »[3].

Quel est alors le mode d'accomplissement de cette seconde propriété de l'*Ereignis* ou comment y sommes-nous impliqués ? La réponse a déjà été donnée : l'homme est à l'écoute de l'appel de l'être et l'appartenance de l'un à l'autre caractérise la langue dont notre essence est, d'une manière ou d'une autre, indissociable, où réside notre essence. N'est-ce pas dire que l'être lui-même – ou l'*Ereignis* qui en est le nom propre – est co-appartenance de l'appel et de l'écoute : langue ? Sans doute, mais une telle réponse qui, pour l'instant, demeure plus donnée que proprement saisie suscite aussitôt une double question dans le champ de laquelle tout ce qui suit viendra prendre place : comment penser la langue dès lors qu'elle accomplit la vérité de l'être et comment cette dernière peut-elle se dire autrement que par des propositions ?

1. « Zur Seinsfrage », in *Wegmarken*, GA, Bd. 9, p. 408.

2. « Der Satz der Identität », in *Identität und Differenz*, GA, Bd. 11, p. 46.

3. « Zeit und Sein », in *Zur Sache des Denkens*, GA, Bd. 14, p. 28; cf. *Beiträge zur Philosophie*, GA, Bd. 65, p. 487 : « le *Dasein* est l'approprié de l'appropriation. »

PREMIÈRE PARTIE

LE DOMAINE DE LA VÉRITÉ

CHAPITRE PREMIER

L'ADÉQUATION

§ 1. LA DÉDUCTION DES TRANSCENDANTAUX

L'être ne saurait se donner dans la parole si sa propre vérité ne l'y avait préalablement appelé. Aussi est-ce depuis et selon cette dernière que doit se déployer le rapport entre l'être et la langue. Mais qu'entendre par vérité de l'être, et comment y accéder, sans interroger l'être de la vérité avec quoi la vérité de l'être, c'est-à-dire de l'étant en totalité, ne peut manquer de se confondre ? Interrogation d'autant plus nécessaire dès lors que « la conférence *De l'essence de la vérité,* pensée et communiquée en 1930 mais imprimée seulement en 1943, offre un certain aperçu sur la pensée du retournement de *Être et temps* en *Temps et être* »[1], retournement à défaut duquel le domaine de la vérité de l'être demeure hors d'atteinte.

Il serait impossible de rechercher l'essence de la vérité, ce qui est commun à toute vérité en tant que telle, si nous n'en avions pas déjà une manière de compréhension. Que voulons-nous dire lorsque nous faisons couramment usage du mot *vérité*? Parlant d'une vraie souffrance, nous signifions que notre souffrance est réelle et non feinte, éprouvée et non simulée. Vrai équivaut à réel, et c'est en vertu de cette acception que nous distinguons l'or véritable de celui qui ne l'est pas. L'or faux n'est pas réellement de l'or, il n'en a que l'apparence. Mais si ce qui possède l'apparence de l'or n'est pas moins réel que l'or véritable, la réalité ne suffit pas à définir le vrai. L'or véritable n'est pas seulement réel, il est authentique, et cette authenticité signifie que « la réalité de l'or s'accorde avec ce que, par avance et toujours, nous entendons "proprement" par or. » C'est pourquoi, présumant avoir affaire à quelque chose de faux, nous disons :

1. «Brief über den "Humanismus" », in *Wegmarken*, GA, Bd. 9, p. 327-328; cf. *Sein und Zeit*, GA, Bd. 2, § 8, p. 53.

« *hier stimmt etwas nicht*, il y a là quelque chose qui ne va pas, ce n'est pas vrai ». Inversement, lorsque la chose est telle qu'elle doit être, nous disons : « *es stimmt*, c'est juste. L'*affaire* est en règle (*die* Sache *stimmt*) »[1].

Si les étants peuvent être vrais ou faux, il demeure que ce sont surtout les énoncés et les jugements dont ils sont le thème que nous qualifions de vrais ou de faux. « Un énoncé est vrai quand ce qu'il vise et ce qu'il dit s'accorde (*übereinstimmt*) avec la chose dont il parle. Ici à nouveau, nous disons : *es stimmt*. Ce n'est plus maintenant l'affaire qui est en règle, c'est la *proposition* »[2]. Bref, qu'il s'agisse des choses ou des énoncés, le vrai est le concordant (*das Stimmende*) et ce en un double sens : accord entre la chose donnée et la chose pensée, accord entre ce qui est dit de la chose et la chose dont cela est dit.

La définition traditionnelle de la vérité, dont notre conception ordinaire est une lointaine retombée, impliquait déjà ce double accord. En effet, l'adéquation de la chose et de l'intellect, *adaequatio rei et intellectus*, peut être comprise comme celle de la chose à la connaissance ou, inversement, de la connaissance à la chose. « Le plus souvent certes, on exprime cette définition essentielle par la formule : *veritas est adaequatio intellectus ad rem*. La vérité ainsi conçue, la vérité de la proposition, n'est pourtant possible que sur le fondement de la vérité de la chose, de l'*adaequatio rei ad intellectum*. Ces deux concepts de l'essence de la *veritas* visent toujours un se-régler-sur..., se-conformer-à... (*Sichrichten nach...*) et pensent ainsi la vérité comme *justesse* (Richtigkeit : conformité, rectitude) »[3].

Mais si l'adéquation est commune à ces deux concepts, les termes qu'elle relie et cette relation même n'y sont pas à chaque fois entendus de manière univoque. Il est toutefois impossible de le faire clairement apparaître sans remonter à la source de cette définition traditionnelle de la vérité, et plus précisément à la première question du *De veritate* de Thomas d'Aquin où, dit Heidegger, « ni avant ni après, le problème de la vérité n'a été déployé selon d'aussi vastes perspectives »[4], ce qui ne signifie pas, précise-t-il aussitôt, qu'il y ait été posé de façon originaire. Si l'interprétation thomiste de la vérité surpasse en amplitude celles dont nous sommes

1. « Vom Wesen der Wahrheit », in *Wegmarken*, GA, Bd. 9, p. 179.

2. *Ibid.*

3. *Ibid.*, p. 180.

4. *Geschichte der Philosophie von Thomas von Aquin bis Kant* [1926-1927], GA, Bd. 23, p. 48. En 1923-1924, Heidegger a consacré une longue analyse à cette question du *De Veritate*, analyse reprise trois ans plus tard; cf. *Einführung in die phänomenologische Forschung*, GA, Bd. 17, p. 162-194. Il y est également fait référence au § 44 *a* de *Sein und Zeit* et dans « Platons Lehre von der Wahrheit », in *Wegmarken*, GA, Bd. 9, p. 233.

redevables à Platon et Aristote, le retour à l'expérience et à la détermination originaires de la vérité n'ira donc pas sans la destruction de la plus haute, de la plus puissante, de ses déterminations métaphysiques, une détermination qui part de l'être pour aller vers la vérité, qui commence dans l'ontologie pour s'achever dans la théologie chrétienne, voire en Dieu lui-même et qui, par conséquent, n'est pas originaire de la logique.

De quelle manière Thomas répond-il à la question *quid est veritas*?, qu'est-ce que la vérité? Par quel chemin en vient-il à déterminer celle-ci comme adéquation? Il pose au commencement et comme commencement, que, « dans la recherche de ce qu'est chaque chose (*unumquodque*) comme dans ce qui est démontrable, il faut faire une réduction à des principes connus par soi de l'intellect; autrement, dans l'un et l'autre cas, on irait à l'infini et on perdrait tout à fait la science et la connaissance des choses (*rerum*); or ce que l'intellect conçoit en premier comme le plus connu et en quoi il résout toutes les conceptions est l'étant... »[1]. Celui-ci est le premier conçu et tout ce que conçoit l'intellect ne saurait donc être obtenu autrement que par addition à l'étant. Mais comment ajouter à l'étant s'il est tout ce qui est, de quelle façon est-il possible de le différencier si rien d'extérieur ne peut lui être ajouté « comme la différence est ajoutée au genre, ou l'accident au sujet »[2]? Faut-il conclure qu'on ne saurait rien dire de l'étant en tant que tel, par exemple qu'il est vrai? À l'évidence non, puisqu'il est possible d'en dire quelque chose qui ne soit pas encore exprimé par le seul mot d'*étant*. Ajouter à l'étant, c'est en dire plus que n'en dit son seul nom. « Des choses (*aliqua*) sont dites ajouter à l'étant en tant qu'elles expriment un mode de l'étant lui-même qui n'est pas exprimé par le nom d'*étant*. » C'est donc dans un cadre exclusivement ontologique que Thomas amorce l'analyse de la vérité.

Que faut-il entendre par *mode de l'étant*? Ils sont de deux sortes : le mode spécial et le mode général. Le mode spécial divise l'étant selon « divers degrés d'entité » ou d'étantité, c'est-à-dire finalement selon les catégories. C'est ainsi que « la substance n'ajoute pas à l'étant une différence qui désignerait une nature surajoutée à l'étant mais que, par le nom de substance, on exprime certain mode spécial de l'être, à savoir l'étant par soi, et il en va de même dans les autres genres. » À la différence du mode spécial qui exprime donc ce qui vaut pour l'étantité de tel ou tel genre d'étant, le mode général exprime ce qui accompagne tout étant en tant que

1. Thomas d'Aquin, *De veritate*, Q. 1, art. 1, resp. Nous citons en la modifiant parfois la traduction de C. Brouwer et M. Peeters qui, accompagnée du texte de l'édition Léonine, a été publiée à Paris en 2002 à la librairie Vrin sous le titre *La Vérité*; soit ici, p. 51.

2. *Ibid.*

tel, ce qui, littéralement, lui est «consécutif», bref ces caractères ontologiques de l'étant qu'on a nommé les transcendantaux parce qu'ils transcendent toute détermination catégoriale ou générique.

À son tour, le mode général «peut être entendu de deux façons : soit il est consécutif à chaque étant en soi, soit il est consécutif à un étant dans son ordonnancement à un autre»[1]. Relativement à chaque étant en soi, il y a deux possibilités : quelque chose peut être exprimé affirmativement ou négativement. «Il ne se trouve pas quelque chose (*aliquid*), dit affirmativement et dans l'absolu, qui puisse être admis dans tout étant sinon son essence selon laquelle il est dit être, et c'est ainsi que le nom de *chose* (res) lui est imposé. Il diffère de *étant* selon Avicenne au commencement de sa *Métaphysique*, en ce que *étant* est pris de l'acte d'être, tandis que le nom de *chose* exprime la quiddité ou l'essence de l'étant»[2]. Quant à la négation qui accompagne chaque étant en soi pris absolument, il s'agit de son indivision qu'exprime le nom *un* «car l'un n'est rien d'autre que l'étant non-divisé»[3]. Tout étant est donc chose (*res*), tout étant est donc un (*unum*).

Le mode général consécutif à un étant dans son ordonnancement à un autre étant offre, lui aussi, une double possibilité. En effet, cet ordonnancement est soit division de l'un par l'autre, soit convenance de l'un à l'autre. Dans le premier cas, l'étant indivisible par lui-même mais divisible par un autre est nommé *quelque chose :* «en effet *quelque chose* (aliquid) se dit pour *quelque autre chose* (aliud quid); par conséquent, de même que l'étant est dit *un* en tant qu'il est en soi indivisé, de même il est dit *quelque chose* en tant qu'il est séparé des autres (*ab aliis divisum*)»[4]. Quant à la seconde possibilité, la convenance d'un étant à un autre étant, elle est impossible s'il n'est pas admis «qu'un *quelque chose* est de nature à convenir à tout étant»[5]. Or, comme le dit Aristote, «l'âme est d'une certaine manière toutes choses»[6]. Mais si l'âme convient à tout étant – et pour ce faire, il lui faut ici, contrairement au *Dasein*, avoir le mode d'être d'un *aliquid*, c'est-à-dire d'une chose (*res*) à l'instar de toutes les autres –, cette convenance diffère selon ses pouvoirs. «Il y a dans l'âme des pouvoirs cognitif et appétitif; le nom *bien* exprime donc la convenance de l'étant à l'appétition, et c'est pourquoi il est dit au début de l'*Ethique* que

1. *De veritate*, *op. cit.*, Q. 1, art. 1, resp., p. 51.
2. *Ibid.*, p. 53.
3. *Ibid.*
4. *Ibid.*
5. *Ibid.*
6. *Ibid.* Cf. *De l'âme*, III, 8, 431 *b* 21.

"le bien est ce à quoi tendent toutes choses (*omnia*)" ; quant au nom *vrai*, il exprime la convenance de l'étant à l'intellect »[1].

Au terme de cette déduction des transcendantaux, dans le cadre purement ontologique d'une élucidation des déterminations qui reviennent à l'étant pris en tant que tel, et que le seul nom d'*étant* n'exprime pas, le vrai est donc défini comme mode de l'étant et plus précisément comme convenance de l'étant à l'intellect. Mais que faut-il entendre par *convenance*? Elle n'a évidemment pas le même sens selon qu'il s'agit du bien ou du vrai. Si celui-là est ce à quoi tend l'appétition, celui-ci est ce à quoi tend l'intellect ou la connaissance. Dans le premier cas, « le terme de l'appétition, qui est le bien, est dans la chose dont il y a appétition », dans le second, « le terme de la connaissance, qui est le vrai, est dans l'intellect lui-même »[2]. Il est alors possible d'affirmer que « toute cognition s'accomplit par l'assimilation du connaissant à la chose connue », que « le rapport premier de l'étant à l'intellect est que l'étant concorde avec l'intellect, laquelle concordance est dite adéquation de l'intellect et de la chose, *adaequatio intellectus et rei* »[3].

Le vrai ajoute donc à l'étant la conformité de l'intellect et de la chose, *chose* signifiant la quiddité de l'étant. Qu'est-ce à dire sinon d'abord que l'étantité de la chose précède la vérité, sinon ensuite que celle-ci s'accomplit formellement comme adéquation, sinon enfin que la connaissance en est la conséquence. Dès lors, la vérité ou le vrai peuvent être définis de trois façons en sorte de reprendre par voie d'intégration les thèses traditionnelles ayant servi de point de départ à la dérivation du vrai comme transcendantal. 1) « Selon ce qui précède la raison de vérité et en quoi le vrai est fondé, ainsi que le définit Augustin dans le livre des *Soliloques*, "le vrai est ce qui est" » ; 2) « selon ce en quoi la raison de vrai s'accomplit formellement », la vérité est, formule d'Isaac Israeli proprement déduite ou construite par Thomas, « adéquation de la chose et de l'intellect »; 3) selon l'effet consécutif, et comme le dit Hilaire de Poitiers, « le vrai est ce qui manifeste et déclare l'être »[4].

1. *De veritate*, *op. cit.*, Q. 1, art. 1, resp., p. 53.Cf. *Éthique à Nicomaque*, 1094 *a* 1.
2. *Somme théologique*, I, Q. 16, art. 1, resp.
3. *De veritate*, Q. 1, art. 1, resp., *op. cit.*, p. 53.
4. *Ibid.*, p. 55. Toutes les références sont indiquées p. 54.

§ 2. La vérité de Dieu

La définition du vrai comme adéquation de la chose et de l'intellect soulève toutefois la question suivante : où réside originairement la vérité, est-ce dans la chose ou dans l'intellect ? Il ne s'agit pas de savoir si, selon l'ordre du temps, la vérité est ici avant d'être là, mais de déterminer le lieu propre du vrai qui, qualifiant ceci ou cela, est commun à de multiples choses. Or, « dans ce qui se dit de nombreuses choses (*de multis*) par antériorité et postériorité, ce n'est pas ce qui est comme la cause des autres choses (*aliorum*) mais bien ce en quoi est en premier la raison complète de ce qui est commun, qui doit recevoir antérieurement le prédicat de commun »[1]. Où est alors la raison complète de la vérité ?

La connaissance qui tend à la vérité est un mouvement qui, comme tout mouvement, atteint sa complétude dans, avec et par son terme. Or, le mouvement du connaître prend fin dans l'âme puisque « le connu est dans le connaissant sur le mode du connaissant »[2]. Et si les choses ne sont vraies que par ce rapport à l'intellect signifié par l'adéquation, alors « le vrai se trouve dans les choses par postériorité et dans l'intellect par priorité »[3]. Le rapport de la chose à l'intellect varie toutefois en fonction de la nature de ce dernier. Il faut en effet distinguer l'intellect pratique qui cause les choses et l'intellect spéculatif qui les reçoit. Le premier « est la mesure des choses qui se font par lui », le second « est, d'une certaine façon, mis en mouvement par les choses mêmes qui ainsi le mesurent lui-même »[4]. Bref, l'intellect divin cause les choses et les mesure, l'intellect humain est causé par l'intellect divin et mesuré par les choses dont ce même intellect divin est également la cause, et si l'un dépend de l'autre, « le rapport de la chose à l'intellect divin est antérieur à son rapport à l'intellect humain. C'est pourquoi, même s'il n'y avait pas d'intellect humain, les choses, dans leur ordonnancement à l'intellect divin, seraient dites vraies ; par contre, si on pensait la suppression de ces deux intellects, les choses demeurant par impossible, la raison de vérité ne demeurerait en aucune manière »[5]. Abstraction faite de la question de savoir *si*, et surtout *par qui*, les choses pourraient être *dites* et *jugées* vraies en l'absence de l'homme, abstraction faite de toute question portant sur un éventuel lien entre langage et vérité dont il est ici énigmatiquement et indirectement rendu témoignage, il reste

1. *De veritate*, Q. 1, art. 1, resp., *op. cit.*, p. 65.
2. *Ibid.*, p. 67.
3. *Ibid.*
4. *Ibid.*
5. *Ibid.*, p. 69.

que, selon Thomas, il n'y a pas de vérité hors de Dieu, il n'y a pas de vérité sans Dieu ou encore que la vérité *est* Dieu, proposition où l'être reçoit son sens de Dieu : *deus est suum esse*[1].

Intervenant entre la chose et l'intellect divin ou entre la chose et l'intellect humain, l'adéquation ne saurait par conséquent s'accomplir de manière univoque car « l'intellect angélique et l'intellect divin sont comme les choses incorruptibles qui, d'emblée et dès le principe, ont toute leur perfection. Partant, ils possèdent d'emblée la connaissance totale, parfaite, de la chose. Connaissant la quiddité de cette dernière, ils en connaissent d'un seul coup ce que nous pouvons connaître par composition, division, raisonnement. C'est pourquoi l'intellect humain connaît en composant, en divisant ainsi qu'en raisonnant. Et si les intellects divin et angélique connaissent la composition, la division et le raisonnement, ce n'est pas en composant, divisant et raisonnant mais dans l'intellection de la simple quiddité »[2]. Si l'intuition n'est pas le trait déterminant de la connaissance humaine finie à laquelle Thomas refuserait toute intuition éidétique, faut-il en conclure que, pour nous, la vérité réside dans l'intellect en tant qu'il compose et divise, avant de résider dans l'intellect en tant qu'il forme des quiddités ou, pour le dire autrement, le jugement est-il le lieu où la vérité nous est accessible ? Sans nul doute, et cela se laisse déduire de la vérité elle-même. En effet, si l'adéquation en tant que telle n'est pas un rapport à soi mais entre des choses différentes, l'adéquation de la chose et de l'intellect est impossible tant que l'intellect n'a lui-même rien en propre. « Or, l'intellect formant la quiddité des choses n'a que la similitude de la chose existant hors de l'âme, comme le sens en tant qu'il reçoit l'espèce du sensible. Mais quand l'intellect commence à juger de la chose appréhendée, son jugement même est pour lui un propre qui ne se trouve pas à l'extérieur, dans la chose ; et quand il est adéquat à ce qui est à l'extérieur, dans la chose, le jugement est dit vrai. Or, l'intellect juge de la chose appréhendée quand il dit que quelque chose (*aliquid*) est ou n'est pas, ce qui relève de l'intellect composant ou divisant »[3]. Doit-on en conclure que le vrai ne saurait résider dans notre intellect dès lors qu'il forme les quiddités des choses et conçoit leur définitions ? Nullement, car « une définition est dite vraie ou fausse en raison d'une composition vraie ou fausse »[4]. Pour la connaissance humaine, le jugement par lequel seule elle s'accomplit, est le lieu de la vérité.

1. Cf. *Somme contre les gentils*, livre I, chap. XXII.
2. *Somme théologique*, I, Q. 85, art. 5, resp.
3. *De veritate*, Q. 1, art. 3, resp., *op. cit.*, p. 75.
4. *Ibid.*

Quel est alors le rapport entre la vérité en tant qu'elle réside originairement dans l'intellect divin et la vérité en tant qu'elle se trouve dans l'intellect humain ? Nous l'avons vu, la vérité des choses résiste à l'hypothèse humaine d'une disparition de l'intellect humain mais pas à celle, impensable pour Thomas, d'une disparition de l'intellect divin. Séparable de celui-là et inséparable de celui-ci, la vérité appartient donc d'abord à une chose dans son rapport à l'intellect divin comme à sa cause puisqu'il la « produit dans l'être », en est le mesurant, et ensuite à l'intellect humain comme à son effet puisqu'il en « reçoit la science »[1], en est mesuré. Bref, « la vérité est dans l'intellect divin en premier et en propre, dans l'intellect humain certes en propre mais en second, et dans les choses improprement et secondairement parce qu'elle n'y est qu'au regard de l'une ou l'autre des deux vérités »[2]. Toute vérité se fonde alors dans la vérité de l'intellect divin, car « l'être [de Dieu] est non seulement conforme à son intellect mais encore il est son intellection elle-même ; et son intellection est mesure et cause de tout autre être comme de tout autre intellect ; et lui-même est son être et son intellection. D'où il suit que non seulement la vérité est en lui, mais encore qu'il est lui-même la vérité suprême et première elle-même »[3].

D'abord déduite de manière exclusivement ontologique, la vérité est ultimement fondée en Dieu, se confond avec lui de sorte que l'ontologie s'accomplit dans la théologie, ce qui veut dire ici dans la théologie chrétienne. Et ce qui vaut pour Thomas vaut encore *mutatis mutandis* pour Hegel puisque l'idée absolue qui est « *toute vérité* » s'accomplit comme « *personnalité pure* »[4].

1. *De veritate*, Q. 1, art. 4, resp., *op. cit.*, p. 87.

2. *Ibid.*

3. *Somme théologique*, I, Q. 16, art. 5, resp. Cf. *De veritate*, Q. 1, art. 8, dont la réponse s'achève sur ces mots : « il faut dire que dans l'absolu toute vérité vient de Dieu » *op. cit.*, p. 141.

4. *Wissenschaft der Logik, Die Lehre vom Begriff* [1816], Philosophische Bibliothek, hrsg. von H.-J. Gawoll, Hamburg, Meiner Verlag, 2003, p. 284 et p. 302.

CHAPITRE II

LA LIBERTÉ LIBRE

§ 1. DE LA CONCORDANCE À L'OUVERT

Il est désormais possible de comprendre comment se distinguent et s'articulent la vérité comme *adaequatio intellectus ad rem*, adéquation de l'intellect à la chose, et la vérité comme *adaequatio rei ad intellectum*, adéquation de la chose à l'intellect. L'intellect humain, rappelons-le, est mesuré par les choses, l'intellect divin mesure et les choses et l'intellect humain. Ce dernier se rend donc discursivement adéquat aux choses naturelles alors que l'intellect divin est toujours adéquat aux choses en tant qu'il en a l'idée. En effet, « bien que Dieu, par sa propre essence, connaisse et lui-même et les autres choses, son essence est toutefois principe opératif pour les autres choses et non pour lui-même, et c'est pourquoi elle est tenue pour idée selon qu'elle se rapporte aux autres choses et non selon qu'elle se rapporte à Dieu lui-même »[1]. Si, à titre d'étant créé, notre intellect doit être conforme à son idée en Dieu, il lui faut en conséquence se rendre discursivement, par composition et division, adéquat aux autres étants créés, et la vérité, comme adéquation de l'intellect humain aux choses créées, se fonde sur l'adéquation de celles-ci aux idées qu'en possède, préalablement à la création, l'intellect divin. Heidegger peut alors expliquer et conclure que, « si tout étant est "créé", la possibilité de la connaissance humaine se fonde sur ceci que la chose (*Sache*) et la proposition (*Satz*) semblablement réglées sur l'idée sont, pour cette raison, réglées l'une par rapport à l'autre depuis l'unité du plan divin de la création.

1. *Somme théologique*, I, Q. 15, art. 1, sol. 2.

La *veritas* comme *adaequatio rei* (*creandae*) *ad intellectum* (*divinum*) garantit la *veritas* comme *adaequatio intellectus* (*humani*) *ad rem* (*creatam*). *Veritas* signifie partout et par essence la *convenientia*, la concordance des étants entre eux comme concordance du créé et du créateur, un "accord (*Stimmen*)" selon la détermination de l'ordre de la création »[1].

Mais l'ordre du monde peut être – et a été – dissocié de la création divine pour être conçu comme le produit d'une raison qui, se donnant sa propre loi, est transparente à elle-même. Point n'est alors besoin d'établir que la vérité d'une proposition consiste dans l'accord de l'énoncé avec la chose dont il juge, ni que la vérité de la chose consiste à être conforme à son concept puisque la raison est ce à quoi se conforment et les objets et les jugements sur les objets. Kant ne dit rien d'autre quand, après avoir défini la vérité comme « concordance de la connaissance des objets avec elle-même », il explique aussitôt : « car ce que nous nommons objets ne sont que nos connaissances »[2]. Soustraite aux dimensions ontologique et théologique dont elle est originaire, la compréhension de la vérité en tant qu'adéquation peut alors être considérée comme allant de soi et libre de toute présupposition. Kant en témoigne encore qui, après avoir réduit les objets à nos connaissances, et tenant pour « reçue et présupposée » la définition de la vérité comme « accord de la connaissance et de son objet », n'a aucune raison de s'inquiéter de la possibilité d'une telle concordance et peut s'attacher exclusivement à la détermination d'un « critère universel et sûr de la vérité d'une quelconque connaissance »[3]. Or, dès l'instant où la concordance – l'adéquation – ne se fonde plus dans l'intellect divin en qui réside la vérité de toutes choses, dès l'instant où l'analyse de la connaissance est celle d'une connaissance intrinsèquement finie, dès l'instant où, pour le dire autrement, « la délimitation philosophique de l'essence doit être purifiée de toute immixtion de la théologie »[4], la vérité ne se restreint-elle pas à la seule vérité du jugement ? Ne sommes-nous pas renvoyés à

1. « Vom Wesen der Wahrheit », in *Wegmarken*, GA, Bd. 9, p. 180-181.

2. « Logik Philippi », in *Vorlesungen über Logik*, *Kant's gesammelte Schriften*, AK XXIV/1, p. 387.

3. *Critique de la raison pure*, A 58/B 82.

4. « Vom Wesen der Wahrheit », in *Wegmarken*, GA, Bd. 9, p. 182. C'est également à la fin de l'analyse existentiale de la vérité qu'est évoqué ce qui « reste de théologie chrétienne au sein de la problématique philosophique et qui est bien loin d'en avoir été radicalement expulsé », ce qui signifie au moins qu'au regard de la question de l'être, il est nécessaire de le faire. Cf. *Sein und Zeit*, GA, Bd. 2, § 44 *c*, p. 304.

Aristote qui, tenant pour « vrais les discours conformes aux choses »[1], déterminait aussi la vérité comme concordance (ὁμοίωσις) d'un énoncé (λόγος) avec une chose (πρᾶγμα) ?

Que signifie alors cette concordance elle-même et comment un énoncé peut-il être adéquat ou conforme à une chose si le mode d'être de celui-là diffère du mode d'être de celle-ci ? Intervenant entre un énoncé et une chose, la concordance doit reposer sur leur relation. Mais quelle est la nature de cette dernière ? Portant sur une chose, l'énoncé « "se" rapporte à cette chose en sorte qu'il la pose devant (*vorstellt*) et dit de ce qui est posé-devant ce qu'il en est de lui selon la perspective directrice du regard. L'énoncé qui pose devant, qui propose, dit ce qu'il dit relativement à la chose posée devant telle qu'elle est en tant qu'ainsi posée-devant. Le "tel que" concerne le poser-devant et ce qu'il pose devant »[2].

Comment un tel mouvement peut-il se produire ? Si poser une chose quelconque là-devant, la présenter, c'est la laisser surgir à l'opposite, la laisser se produire au jour, rien jamais ne saurait être ainsi mis en regard sans l'ouverture préalable de la dimension au sein de laquelle une chose peut venir faire front, se tenir en face, se montrer ou apparaître à quelqu'un. « Ce qui se tient à l'encontre doit, en tant que posé de cette manière, traverser une contrée ouverte mais aussi demeurer en soi en tant que chose, et se montrer en tant que chose stable. L'apparaître de la chose dans la traversée d'une contrée s'accomplit au sein d'un ouvert dont l'ouverture n'a pas été créé par le poser-devant mais seulement assumée par celui-ci en tant qu'un domaine de relation »[3]. Dès lors, la relation de l'énoncé à la chose par laquelle le premier propose ou présente la seconde, accomplit ce rapport à l'ouvert, rapport (*Verhältnis*) sans lequel aucun comportement (*Verhalten*, se-rapporter-à...) relatif à ce qui s'y montre ne saurait avoir lieu. « Tout comportement [tout se-rapporter-à...] est caractérisé par ceci que, se tenant dans l'ouvert, il s'en tient toujours à ce qui se-montre-ouvertement *en tant que tel*. Tôt dans la pensée occidentale, ce qui est de cette manière et au sens rigoureux ouvertement-manifeste a été éprouvé comme "le présant" et, depuis longtemps, nommé "l'étant" »[4].

1. *De l'interprétation*, IX, 19 *a*, 33-34 ; *cf.* « Vom Wesen der Wahrheit », in *Wegmarken*, GA, Bd. 9, p. 182. Cette détermination de la vérité par la concordance n'est, pour Aristote, ni la seule ni la plus haute ; à propos de *Métaphysique*, Θ, 10, cf. *Vom Wesen der menschlichen Freiheit*, GA, Bd. 31, p. 73 *sq.*

2. « Vom Wesen der Wahrheit », in *Wegmarken*, GA, Bd. 9, p. 184. D'ordinaire, *vorstellen* est traduit par *représenter*. Le *Deutsches Wörterbuch* de J. u. W. Grimm donne pour équivalents : *praesentare*, *ostendere*, *proponere*, *docere*.

3. « Vom Wesen der Wahrheit », in *Wegmarken*, GA, Bd. 9, p. 184.

4. *Ibid.*

Si chaque comportement est relatif à l'étant et s'accomplit dans un domaine d'ouverture au sein duquel il est susceptible d'être posé *en tant que tel* et dit *tel qu'*il est, c'est seulement dans et par l'énoncé ou la proposition, que l'étant est proprement posé. L'énoncé a pour fonction de dire l'étant tel qu'il est en le proposant, en le présentant. « En suivant cette directive, l'énonciation se conforme à l'étant. Le dire soumis à une telle directive est conforme [*richtig*, juste, correct] (vrai). Et ce qui est dit de cette façon est le conforme (le vrai) »[1]. L'énoncé tient donc sa conformité à l'étant de cette ouverture préalable dont chaque comportement est un mode d'accomplissement puisque c'est par elle, en elle, que se manifeste ce à quoi un énoncé peut être adéquat ou non et qui, du même coup, donne la mesure (*Richtmaß*) de l'adéquation. À l'inverse, le comportement ouvert doit assumer par avance cette mesure qui appartient à son ouverture même, faute de quoi la vérité ou adéquation serait impossible. Et « si c'est uniquement par cette ouverture du comportement [du se-rapporter-à...] que devient possible la conformité (vérité) de l'énoncé, alors ce qui rend d'abord possible la conformité doit être considéré, avec un droit plus originaire, comme l'essence de la vérité »[2]. En d'autres termes et contre Thomas, « la proposition n'est pas le site originaire de la vérité »[3].

§ 2. VÉRITÉ ET LIBERTÉ

Quel en est alors le lieu propre, comment y parvenir sans rechercher ce qui fonde l'ouverture du comportement et, du même coup, la conformité ou l'adéquation ? Faut-il le souligner, une telle recherche n'a aucun sens tant que Dieu demeure l'être et la vérité mêmes, tant que « toutes les choses sont dénommées vraies d'après l'unique vérité de l'intellect divin »[4]. Et s'il n'est plus possible de fonder l'adéquation, la conformité ou la rectitude (*Richtigkeit*) dans le seul intellect divin ou, pour le dire autrement, si la connaissance humaine finie n'est plus mesurée à celle infinie de Dieu, d'où vient alors que l'énoncé puisse se régler sur l'objet et s'y accorder en toute conformité ou comment peut être pré-donnée la règle (*Richte*) en vertu de laquelle l'énoncé se dirige sur l'objet pour s'y accorder et accomplir la vérité comme rectitude ?

1. « Vom Wesen der Wahrheit », in *Wegmarken*, GA, Bd. 9, p. 184-185.

2. *Ibid.*, p. 185.

3. *Ibid.* Cf. *Beiträge zur Philosophie*, GA, Bd. 65, p. 358 : « Que l'énoncé soit *le* lieu de la vérité est ce qu'il y a de plus surprenant dans son histoire, même si cela nous est familier. »

4. Thomas d'Aquin, *Somme théologique*, I, Q. 16, art. 6, resp.

L'énoncé ne saurait se rapporter à l'étant si la pré-donnée de cette « règle » n'avait pas déjà ouvert le domaine au sein duquel un étant peut se manifester, domaine d'ouverture qui lie donc toute proposition ou représentation. Plus précisément, le *Dasein* ne saurait se rapporter à ce qui se manifeste ouvertement sans être lui-même ouvert à l'ouverture mais en sorte de pouvoir être régulièrement lié à ce qui s'y manifeste. Or « s'ouvrir à et se libérer pour une règle contraignante n'est possible qu'en tant qu'*être-libre* à l'endroit de ce qui se manifeste ouvertement dans l'ouvert. Un tel être-libre indique l'essence encore incomprise de la liberté. En tant que possibilité interne de la rectitude, l'ouverture du comportement se fonde dans la liberté. *L'essence de la vérité,* [*entendue en tant que rectitude de l'énoncé*]*, est la liberté* »[1].

Que signifie cette thèse où, d'une part, ainsi qu'il résulte du mouvement qu'elle vient conclure, l'essence ne désigne plus la quiddité et la généralité de l'adéquation elle-même mais ce qui en fonde la possibilité et où, d'autre part, la vérité n'est plus ou pas encore celle du jugement ? Et surtout que faut-il entendre par liberté lorsqu'elle doit être conçue dans l'horizon d'une mutation des concepts d'essence et de vérité ? La proposition selon laquelle « la liberté est l'*essence* de la vérité elle-même »[2] n'est-elle pas alors une de ces très rares propositions qui bouleversent le sens des termes qui les constituent, emportant au delà ou en deçà d'elles-mêmes les significations sur lesquelles elles reposent et qu'elles n'articulent pas sans luxation ?

En quoi consiste ici le bouleversement ? Si l'ouverture du comportement se fonde dans la liberté, alors le rapport à l'étant *en tant qu'*étant, c'est-à-dire le *Dasein* lui-même, se fonde dans une liberté qui ne saurait être celle de l'homme mais à laquelle celle de l'homme en tant que *Dasein* ne peut manquer d'appartenir puisqu'elle lui octroie d'être *Dasein.* La liberté désigne ici *ce à partir de quoi* le *Dasein* se rapporte à l'étant *en tant qu'*étant, *ce à partir de quoi* être *et* compréhension de l'être il y a puisque l'être suscite la compréhension de l'être, *ce à partir de quoi* être *et* temps il y a, liberté qui ne relève ni de l'être ni du temps et qui, pour cette raison, ne saurait prendre place dans *Être et Temps* mais où *Être et temps* prend place et trouve en tout sens sa vérité, pour ne pas dire son achèvement.

1. « Vom Wesen der Wahrheit », in *Wegmarken*, GA, Bd. 9, p. 185-186. Si l'adjectif *frei* signifie libre, ouvert, patent, le substantif *das Freie* désigne ce qui est ouvert, à l'air libre. Les mots placés entre crochets sont absents des éditions de 1943 et 1949.

2. *Ibid.*

De cette nouvelle situation de la liberté consécutive à la nouvelle situation de la vérité dont elle est l'essence, de cette « nouvelle thèse »[1] où le mot *liberté* prend un sens jusqu'alors inouï, Heidegger tire aussitôt deux conséquences dont la conférence sur l'essence de la vérité est tout à la fois le déploiement et l'explication ou la justification. D'une part, et contre Kant qui tient la liberté pour un mode de la causalité, Heidegger soutient que « la liberté est au fondement de la causalité, du mouvement, de l'être en général », qu'elle « *n'est pas une chose particulière parmi d'autres* ni alignée à côté d'autres *mais pré-ordonnée de manière dominante au tout en tant que tout* »[2] – c'est-à-dire à l'être, et de ce point de vue, il est possible de dire que la liberté est liberté pour l'être, d'autre part, il affirme que ladite liberté, « fondement de la possibilité du *Dasein* », est « *elle-même, en son essence, plus originelle que l'homme.* » Celui-ci, ajoute-t-il, « n'est qu'un administrateur de la liberté, seulement quelqu'un qui peut laisser être la liberté du libre (*die Freiheit von Freien*) selon le mode de liberté qui lui échoit (*in der ihm zugefallenen Weise*) en sorte que, à travers l'homme, toute la contingence (*Zufalligkeit*) de la liberté devienne visible »[3].

Partant, la liberté n'est plus une propriété de l'homme mais, ce sera une des propositions majeures de la conférence sur l'essence de la vérité, l'homme est « *une possibilité de la liberté.* » Il ne faut donc pas entendre par liberté du libre une liberté dont l'être serait la source ou, pour parler grammaticalement, le sujet, une liberté dont l'être aurait l'initiative mais cette liberté est l'initial même, la source de l'être *dont celui-ci reçoit son essence et, du même coup, l'homme la sienne*. La liberté humaine est par suite « la liberté dans la mesure où elle perce dans l'homme et le prend sur soi, le rend ainsi possible. Si la liberté est le fondement de la possibilité du *Dasein*, la racine de l'être et du temps et par là le fondement de la possibilisation de la compréhension de l'être dans toute son amplitude et sa plénitude, alors l'homme, en son existence *se fondant dans* cette liberté, est ce site et cette occasion en et par lesquels l'étant en totalité devient ouvertement manifeste et cet étant *à travers* lequel l'étant comme tel et en totalité *parle* (*hindurchspricht*) et ainsi se *dit* (*ausspricht*) »[4]. Est-ce à dire que la liberté du libre, « la liberté libre »[5], s'accomplit comme langage et en

1. *Vom Wesen der menschlichen Freiheit* [1930], GA, Bd. 31, p. 134.

2. *Ibid.*

3. *Ibid.*, p. 134-135.

4. *Ibid.*, p. 135.

5. Rimbaud, Lettre du 2 novembre 1870 à G. Izambard, *Œuvres complètes,* éd. A. Adam, « Bibliothèque de la Pléiade », Paris, Gallimard, 1983, p. 245.

ce cas, une fois encore, comment penser la langue lorsqu'elle accomplit la vérité de l'être?

Racine de l'être et du temps, de l'être et de la compréhension de l'être que nous sommes, la liberté du libre qui les précède l'un et l'autre est la dimension de leur co-appartenance qui, originaire, ne peut manquer de se confondre avec l'éclaircir de toute éclaircie. Elle est, pour cette raison, ce que Heidegger ne cessera plus d'interroger, de décrire, de méditer ou de parcourir, bref le lieu propre de sa pensée, le lieu depuis lequel celle-ci doit être proprement réaccomplie voire questionnée et, inversement hors duquel elle demeure à jamais inintelligible. Un texte tardif en fournit, si besoin était, une preuve supplémentaire. En 1964, après avoir évoqué la manière dont Hegel conçoit la philosophie et avoir demandé : « qu'est-ce qui demeure impensé aussi bien dans l'affaire de la philosophie que dans sa méthode ? », il répond : « la dialectique spéculative est un mode sur lequel l'affaire de la philosophie vient à paraître à partir d'elle-même pour elle-même, et ainsi devient présente. Un tel paraître s'accomplit nécessairement dans une clarté. C'est à travers celle-ci seulement que l'apparaissant peut se montrer, c.-à-d. paraître. Quant à elle, cette clarté repose dans un ouvert, un champ libre (*Freien*) que, de temps en temps, ici ou là, elle peut éclairer. La clarté joue dans l'ouvert, et c'est là qu'elle lutte avec l'obscurité. Partout où un présant vient ou seulement demeure à l'encontre d'un autre présant mais là aussi où, comme chez Hegel, l'un se reflète spéculativement dans l'autre, là règne déjà l'ouverture, là est en jeu la libre contrée. Seule cette ouverture octroie à la démarche de la pensée spéculative, de passer à travers ce qu'elle pense »[1]. Ouverture, liberté du libre et libre contrée vont donc explicitement de pair, disent le même et au moment où il publiait *Vom Wesen der Wahrheit*, Heidegger déclarait : « l'essence encore voilée de l'ouvert en tant que ce qui s'ouvre initialement est la *liberté* »[2].

Nommant *Lichtung*, clairière ou éclaircie, cette ouverture qui n'est ni une pure lumière que rien ne distinguerait d'une obscurité pure, ni le fait de la lumière mais une ouverture que la lumière traverse, au sein de laquelle peuvent seulement avoir lieu l'apparaître et le disparaître, la présence et l'absence, le clair et l'obscur, la lumière et l'ombre, le jour et la nuit, bref tout phénomène quel qu'il soit, nommant donc *Lichtung* ladite ouverture, Heidegger explique : « le substantif *Lichtung* renvoie au verbe *lichten*. L'adjectif *licht* est le même mot que *leicht* [léger]. *Etwas lichten* signifie :

1. « Das Ende der Philosophie und die Aufgabe des Denkens », in *Zur Sache des Denkens*, GA, Bd. 14, p. 79-80.

2. *Parmenides* [1942-1943], GA, Bd. 54, p. 213.

alléger quelque chose, le rendre libre et ouvert, par exemple, dans une forêt, dégager un endroit des arbres qui s'y trouvent. Le champ-libre qui en résulte est la clairière »[1].

L'éclaircie où se déploie toute présance, la clairière de l'être, sa vérité, est donc comprise comme *das Freie*, le libre. La pensée n'a plus alors pour titre « être et temps » mais « clairière et présance (*Lichtung und Anwesenheit*) » et la question est désormais : « d'où et comment y a-t-il (*gibt es*) éclaircie ? » voire : « qu'est-ce qui parle dans le *Il donne* (Es gibt) »[2] ?

§ 3. La liberté comme laisser-être

Tenir la liberté, le libre, pour l'essence de la vérité en tant qu'ouverture au sein de laquelle l'étant peut ouvertement apparaître comme tel à l'étant que nous sommes, grâce à laquelle nos énoncés peuvent se régler sur lui, n'est-ce pas atteindre le domaine du rapport de l'homme à l'être et dc l'être à l'homme, le domaine unique où se déploient aussi bien l'essence de l'être que celle de l'homme, l'essence du rapport dont ils tirent leur être respectif ? Sans doute, et c'est parce qu'il appartient à la libre ouverture de l'être, au libre de l'être, à sa vérité, que l'homme dont tout l'être est d'être rapport à l'être, peut être libre. « Méditer le lien d'essence entre vérité et liberté, dit alors Heidegger, nous conduit à poursuivre la question de l'essence de l'homme selon un point de vue qui authentifie l'expérience d'un fondement celé de l'essence de l'homme (du *Dasein*), et de telle sorte que cette méditation commence par nous transporter dans le domaine originairement essencifiant (*wesenden*) de la vérité. Mais de là, il apparaît aussi que la liberté est le fondement de la possibilité interne de la conformité [rectitude] pour la seule raison qu'elle reçoit son essence propre de l'essence plus originelle de l'unique vérité essentielle »[3]. Cette indication

1. « Das Ende der Philosophie und die Aufgabe des Denkens », in *Zur Sache des Denkens*, GA, Bd. 14, p. 80. Sur la liberté de l'ouverture, *cf.* « Ἀγχιβασίη », in *Feldweg-Gespräche*, GA, Bd. 77, p. 114 *sq.* et « Aletheia (Heraklit, fragment 16) », in *Vorträge und Aufsätze*, GA, Bd. 7, p. 266 où il est dit que « le champ-libre (*das Freie*) est le domaine du non-retrait (*Unverborgenheit*). »

2. « Das Ende der Philosophie und die Aufgabe des Denkens », in *Zur Sache des Denkens*, GA, Bd. 14, p. 90.

3. « Vom Wesen der Wahrheit », in *Wegmarken*, GA, Bd. 9, p. 187. La quatrième des « 24 thèses métaphysiques » [1697] de Leibniz dit que « l'être nécessaire est *existentifiant* (*Ens necessarium est* existentificans) ». Heidegger s'est fait l'éditeur de ces thèses, cf. *Nietzsche II*, GA, Bd. 6.2, p. 414. *Mutatis mutandis*, c'est dans le même sens que nous traduisons *wesenden* par *essencifiant*.

ne signifie-t-elle pas que la détermination de l'essence de la liberté qui vient d'être explicitée introduit au libre domaine et au domaine du libre depuis lequel l'être et l'homme et donc la langue, reçoivent ensemble leur essence, au domaine de l'unique vérité originaire, et ce en permettant d'en éprouver le caractère « essencifiant » puisqu'elle confère à l'un et à l'autre en les rapportant l'un à l'autre leur essence propre et qu'ici le sens nominal de l'essence dérive de son sens verbal.

La liberté doit être pensée, nous l'avons déjà dit, à partir de ce qui se montre ouvertement dans l'ouvert. Mais la liberté vis-à-vis de l'étant auquel se rapporte notre comportement découvrant, requiert au moins et toujours que cet étant soit *en tant qu'* étant. Or, pour que l'étant soit ainsi, ne faut-il pas que nous le laissions être l'étant qu'il est ? Et si c'est uniquement par ce laisser-être-l'étant que notre libre comportement, la liberté humaine, est possible, alors ce laisser-être est lui-même mais en un sens plus originaire, liberté, car ce qui *fonde* la liberté humaine ne saurait être qu'une autre liberté, une liberté autre, plus radicalement libre : la liberté du libre à laquelle, par notre être, nous prêtons notre concours, la liberté de l'essence de l'être. « La liberté à l'égard de ce qui se manifeste ouvertement au sein de l'ouvert laisse, à chaque fois, l'étant être l'étant qu'il est. La liberté se dévoile maintenant comme le laisser-être de l'étant »[1].

Quel est ce laisser-être dont nous sommes mandataire et qui *nous* laisse-être en tant que laissant-être les autres étants, quel en est le mode d'accomplissement ? Le verbe *laisser* ne signifie pas ici ce qu'il signifie dans les locutions *laisser aller*, *laisser faire*, *laisser passer*. Il n'implique aucune indifférence mais marque le déploiement de la différence entre l'être et l'étant, de la différence ontologique. Comment ? Laisser être (*seinlassen*) l'étant *en tant qu'* étant, le laisser être dans cet ouvert dont il reçoit son être, c'est « s'engager (*Sicheinlassen*) dans l'ouvert et son ouverture où tout étant vient à se tenir et qu'il porte pour ainsi dire avec lui »[2]. Toutefois, l'ouvert n'est pas un domaine vacant où s'introduirait un étant *par ailleurs* assuré de son être car, sitôt que l'être est rendu à son sens verbal, être un étant signifie venir et se tenir dans l'ouvert, un ouvert que tout étant « porte avec lui » puisqu'il lui octroie l'être. L'ouvert constitue l'être même de

1. « Vom Wesen der Wahrheit », in *Wegmarken*, GA, Bd. 9, p. 188. La locution *es steht ihm offen zu...*, littéralement, il est ouvert à... signifie : il est libre de... Dans le cours de 1930 dont il vient d'être question, Heidegger écrit : « La liberté au sens positif *ne* signifie *pas* un écart de... (*Weg-von*) mais un aller vers... (*Hin-zu*) ; la liberté positive veut dire être-libre pour..., se tenir ouvert *pour*..., donc *se* tenir ouvert pour..., *se* laisser déterminer par..., se déterminer soi-même à... », in *Vom Wesen der menschlichen Freiheit*, GA, Bd. 31, p. 20-21.

2. *Ibid.*

l'étant. Par *étant*, il faut entendre ce qui appartient à l'ouvert, y demeure ou y séjourne à découvert, cela même que les Grecs nommèrent τὰ ἀληθέα : le hors-retrait, le non-celé. Traduire littéralement ἀλήθεια par *Unverborgenheit*, non-retrait, non-cèlement, c'est donc, en deçà de la détermination de la vérité comme conformité et adéquation, repenser la vérité verbalement en tant qu'arrachement au retrait, décèlement, et ensuite le vrai comme le décelé ou l'être-décelé.

À nouveau, comment accomplissons-nous le laisser-être lorsqu'être signifie demeurer dans l'ouvert, s'y déceler, et que tout étant reçoit son être de ce décèlement? Sur quel mode nous engageons nous dans l'ouvert? «L'engagement dans le décèlement de l'étant ne se perd pas en lui, il s'accomplit en un recul devant l'étant, afin que celui-ci se manifeste ouvertement selon ce qu'il est et tel qu'il est, afin que l'adéquation qui pose devant s'y mesure»[1]. Partant, le laisser-être en tant que liberté qui accomplit la vérité comme ce décèlement par lequel se déploie l'ouvert, le laisser-être est recul devant l'étant, recul qui prenant du champ, libérant le champ et donnant du champ libre, est exposition à l'étant comme tel, ouverture de notre comportement à l'égard de l'étant *en tant qu'*étant. Ainsi entendu, ce recul ne signifie rien moins que l'étonnement, le θαυμάζειν, en tant qu'origine de la philosophie, c'est-à-dire de l'humanité de l'homme si celle-ci est compréhension de l'être. En effet, « dans l'étonnement, nous sommes en arrêt. Nous reculons en quelque sorte devant l'étant – devant le fait qu'il est tel et pas autrement. L'étonnement ne s'épuise pas dans ce recul devant l'être de l'étant, mais, en tant que ce recul et cet arrêt, il est simultanément transporté vers et capté par ce devant quoi il recule. L'étonnement est alors la disposition dans et pour laquelle s'ouvre l'être de l'étant. L'étonnement est la disposition au sein de laquelle, pour les philosophes grecs, était octroyée la correspondance à l'être de l'étant»[2]. Si ce recul devant l'étant nous y expose et nous y lie, alors le laisser-être comme liberté est en lui-même eksistant ou, pour le dire autrement, c'est par l'engagement eksistant comme laisser-être, liberté du libre *et* philosophie, que s'ouvre l'étant et se déploie l'ouverture de l'ouvert, ouverture que signifie le *Da* du *Dasein*, le *là* de l'être-le-là.

Accédant ainsi au fondement de l'essence de l'homme, ne nous sommes-nous pas rapproché du domaine originairement *essencifiant* de la vérité qui approprie l'homme à l'être et l'être à l'homme, le domaine de l'*Ereignis*, à supposer qu'il s'agisse d'un domaine? À ce stade, comment

1. « Vom Wesen der Wahrheit », in *Wegmarken*, GA, Bd. 9, p. 188-189.
2. « Was ist das – die Philosophie ? », in *Identität und Differenz*, GA, Bd. 11, p. 23.

celui-ci peut-il être caractérisé ? Nous venons de le rappeler, en tant que recul et laisser-être, exposition à l'étant décelé ou hors-retrait, l'étonnement est à l'origine de la philosophie, et celle-ci est requise par l'être au destin duquel elle appartient. L'être ne relève pas de la philosophie comme son thème mais la philosophie ressortit à l'être comme le mode de sa manifestation, signifie la co-appartenance de l'être et de l'homme. N'est-ce pas dire que « l'eksistence de l'homme historique commence dès l'instant où, le premier penseur demandant ce qu'est l'étant, se lève, avec la question, le non-retrait de l'étant »[1] ? Toutefois, ce n'est pas la question qui rend possible l'expérience du non-retrait, de l'ἀλήθεια, mais c'est l'expérience de la vérité comme décèlement qui libère le champ de la question ou mieux, à laquelle la question vient répondre et correspondre. L'homme ne dispose donc pas de cette vérité dont l'essence est la liberté mais, inversement, c'est la liberté en tant qu'essence de la vérité qui dispose de l'homme en l'ouvrant à l'être et, du même coup, à l'étant à l'égard duquel il peut être libre.

Précisons le sens de cette dernière proposition. Eksistant, le *Dasein* laisse être l'étant en tant qu'étant, s'y expose et s'y ouvre pour autant que cet étant décelé se montre lui-même ouvertement. C'est donc grâce à la liberté du laisser-être que nous sommes en rapport avec les étants relativement auxquels s'exerce notre liberté humaine, et la seconde est un moment de la première. Mais la liberté du laisser-être-l'étant qui appartient à l'être lui-même concerne aussi l'étant que nous sommes, le *Dasein*, en sorte que, par sa liberté eksistante, celui-ci est l'administrateur de celle-là si *administrare* signifie prêter son concours. Sauf à confondre le *Dasein* et l'homme, il est alors permis de dire que celui-ci « ne "possède" pas la liberté à titre de propriété mais, tout au contraire, que la liberté, le *Dasein* décelant, eksistant, possède l'homme et de manière si originaire que seule elle octroie à une humanité la relation à l'étant comme tel et en totalité, relation sur laquelle se fonde et se distingue toute histoire »[2]. Dès lors, le domaine originairement essencifiant de la vérité est, d'une part, le domaine des domaines puisque l'ouverture de la vérité lie l'homme à la totalité de l'étant, offre celle-ci au questionnement de celui-là, interrogation avec laquelle commence la manifestation de l'être et l'histoire ou la manifestation de l'être comme histoire, et, d'autre part, il est le domaine de l'initial ou le domaine initial. « Là seulement où l'étant lui-même est proprement élevé et pris en garde dans son non-retrait, là où cette

1. « Vom Wesen der Wahrheit », in *Wegmarken*, GA, Bd. 9, p. 189.
2. *Ibid.*, p. 190.

prise en garde est comprise à partir de la question portant sur l'étant en tant que tel, là commence l'histoire. Le décèlement initial de l'étant en totalité, l'interrogation sur l'étant comme tel et le commencement de l'histoire occidentale sont une même chose, sont contemporains selon un “temps” qui, pour n'être pas lui-même mesurable, ouvre d'abord l'ouvert, c'est-à-dire l'ouverture, pour toute mesure »[1]. Laisser-être et décèlement, la liberté du libre accomplit ainsi l'ouverture propre à la vérité si celle-ci est « le décèlement de l'étant à travers lequel une ouverture se déploie (*west*) »[2], ouverture qui ne saurait se déployer si l'homme n'était pas sur le mode de l'eksistence, eksistence requise par la vérité elle-même ou liberté du libre. À nouveau, la liberté d'où l'être advient appelle ou réclame celle de l'homme.

1. « Vom Wesen der Wahrheit », in *Wegmarken*, GA, Bd. 9, p. 190.
2. *Ibid.*

CHAPITRE III

LE PAS DÉCISIF

§ 1. LA NON-ESSENCE DE LA VÉRITÉ

Une chose toutefois est de reconnaître le domaine originaire de la libre vérité depuis lequel l'homme eksistant s'ouvre à ce qui est, domaine auquel il est redevable de tous ses comportements envers l'étant, une autre d'en saisir le caractère essencifiant. Or, comment y parvenir sans revenir sur l'essence de la vérité qui est à la source de tout rapport possible à l'étant quel qu'il soit. Dès l'instant où la liberté est l'essence de la vérité comme laisser-être de l'étant, et où elle signifie ce qui ouvre tout étant à son être en déployant l'ouverture elle-même, dès cet instant, il est toujours possible que l'homme historique *ne* laisse *pas* l'étant être l'étant qu'il est, étant qui tient son être de l'être lui-même. L'étant est alors recouvert ou dissimulé, l'apparence l'emporte et, par elle, « la non-essence (*Unwesen*) de la vérité vient au jour »[1]. Qu'entendre par là, et faut-il penser que la possibilité de *ne pas* laisser l'étant être ce qu'il est appartient exclusivement à l'homme? La non-essence de la vérité ne désigne pas ici et d'abord l'erreur ou la fausseté qui, d'une manière ou d'une autre, sont toujours humaines. En effet, la non-essence de la vérité est ici celle d'une vérité dont l'essence est la liberté eksistante, liberté qui n'est plus, comme le disait Kant auquel Heidegger fait tacitement référence, « la propriété de la volonté de tout être raisonnable »[2]. Et puisqu'à l'inverse, l'homme est le bien propre de la liberté eksistante, c'est-à-dire de l'essence de la vérité, la non-essence de la

1. « Vom Wesen der Wahrheit », in *Wegmarken*, GA, Bd. 9, p. 191.

2. *Grundlegung zur Metaphysik der Sitten*, in *Kant's gesammelte Schriften*, *op. cit.*, AK IV, p. 447.

vérité ne relève plus de l'homme pris à part mais de l'essence même de la vérité. Bref, si la non-essence de la vérité n'est pas originairement et exclusivement le fait de l'homme qui reçoit son humanité de l'essence de la vérité comme liberté du libre, « la non-vérité doit au contraire provenir de l'essence de la vérité »[1]. Qu'implique alors cette proposition sinon que le domaine de l'essence de la vérité est aussi celui de sa non-essence, sinon que l'une et l'autre s'entr'appartiennent et règnent sur la liberté humaine. C'est pourquoi « l'élucidation de la non-essence de la vérité ne comble pas après-coup une lacune mais est le pas décisif pour un amorçage suffisant de la *question* de l'essence de la vérité »[2].

Décisif, ce pas l'est aussi parce que la co-appartenance de la vérité et de la non-vérité interdit de tenir Dieu pour l'origine de la vérité et pour la vérité originaire car, si Dieu est la vérité pure, toute fausseté ou non-vérité en est exclue et cette dernière est absolument séparée de la vérité absolue. Qui plus est, dire que toute vérité, la vérité de chaque chose, provient de Dieu, c'est maintenir l'absoluité de cette séparation car l'intellect divin qui fonde la vérité à laquelle peut accéder celui de l'homme, ne connaît pas seulement ce dont il est la cause mais également et adéquatement ce dont il ne l'est pas, tels les défauts, les privations ou les négations. En d'autres termes, si la vérité de ce qui ne vient pas de Dieu – défauts, privations et négations –, vient, *en tant que vérité*, de Dieu, la non-vérité n'appartient d'aucune manière à la vérité qui n'est pas sans Dieu, qui est en Dieu, qui est Dieu. « De même que la vérité consiste dans l'adéquation de la chose et de l'intellect, écrit Thomas, la fausseté consiste dans leur inégalité. La chose se rapporte à l'intellect divin et à l'intellect humain, comme on l'a dit plus haut. À l'intellect divin, elle se rapporte d'une part comme le mesuré à la mesure : cela concerne ce qui dans les choses se dit ou se trouve positivement parce que toutes les choses (*omnia*) de cette sorte proviennent de l'art de l'intellect divin ; d'autre part, comme le connu au connaissant : ainsi même les négations et les défauts sont adéquats à l'intellect divin parce que Dieu connaît toutes les choses de cette sorte, bien qu'il ne les cause pas ; il est donc clair qu'une chose, de quelque manière qu'elle se tienne, sous quelque forme, privation ou défaut qu'elle existe, est adéquate à l'intellect divin ; ainsi il est clair que toute chose est vraie dans son rapport à l'intellect divin »[3].

1. « Vom Wesen der Wahrheit », in *Wegmarken*, GA, Bd. 9, p. 191.
2. *Ibid.*
3. Thomas d'Aquin, *De veritate*, Q. 1, art. 10, resp., *op. cit.*, p. 155.

Fondée en Dieu qui est l'unique vérité où réside l'essence de la vérité, qui seul est bon par son essence, qui est la bonté même, la vérité ne saurait donc être par essence liée à la non-vérité qui, en tant que fausseté, est « le mal de l'intellect »[1]. À l'inverse, accéder au domaine où la non-essence de la vérité ressortit à son essence la plus propre requiert la destruction de l'ontologie grecque et de la théologie chrétienne, dont le caractère de théologie est aussi fondé dans la révélation chrétienne, conjonction d'où la vérité comme adéquation et rectitude a reçu, chez Thomas, sa plus ample et profonde détermination[2]. Si, après avoir écrit que « le non-retrait pourrait être quelque chose de plus initial que la vérité au sens de *veritas* » ou, plus clairement encore, que « ἀλήθεια pourrait être le mot qui donne un signe encore inexpérimenté en direction de l'essence impensée de l'*esse* »[3], si après avoir écrit cela, Heidegger a pris soin de rappeler que, pour Thomas, la *veritas* est toujours dans l'intellect, humain ou divin, n'est-ce pas pour suggérer que l'interprétation thomiste de la vérité, chrétienne et ontologique, est, à raison de sa puissance, celle qui recouvre le plus l'ἀλήθεια et, avec elle, la vérité de l'essence de l'être, celle par conséquent dont la destruction est la plus nécessaire, à supposer que l'explication avec la théologie chrétienne puisse prendre la forme d'une destruction analogue à celle dont est passible l'ontologie.

1. *De veritate*, Q. 18, art. 6, resp. : « de même que le vrai est le bien de l'intellect, le faux en est le mal (*unde sicut verum est bonum intellectus, ita falsum est malum*) ».

2. Affirmant que la question de savoir ce que sont les Idées platoniciennes n'a jamais été résolue faute d'avoir été posée de manière appropriée, Heidegger ajoutait : « étant donné la situation tout à fait confuse dans laquelle se trouve le problème le plus central de la philosophie en général, la démarche philosophique la plus valable et la plus authentique consiste aujourd'hui encore à tenir les Idées pour les pensées créatrices de l'esprit absolu, de Dieu au sens chrétien, comme chez Augustin. Certes, ce n'est pas une solution philosophique mais une élimination du problème, élimination qui répond à une authentique impulsion philosophique qui réapparaît toujours dans la grande philosophie et pour finir en un grand style chez Hegel » ; in *Vom Wesen der Wahrheit*, GA, Bd. 34, p. 72 ; cf. *Beiträge zur Philosophie*, GA, Bd. 65, p. 202-203. Plaçant les Idées en Dieu, Augustin et Thomas à sa suite ont donc obéi à une véritable impulsion philosophique. Mais d'où pouvait-elle leur venir sinon de cette théologie à laquelle pour l'un et l'autre et sur des modes différents, la philosophie est subordonnée ? Il y a donc une puissance philosophique propre à la théologie chrétienne en tant que chrétienne mais puissance fondée sur l'oubli de l'être et le corroborant. A l'inverse, poser la question de la vérité de l'être requiert pour le moins une explication avec le christianisme, voire « l'expulsion » de tout ce qui est biblique hors du domaine propre de la pensée.

3. « Einleitung zu : Was ist Metaphysik ? », in *Wegmarken*, GA, Bd. 9, p. 369 et note *c*. Cf. également *Grundfragen der Philosophie*, GA, Bd. 45, p. 100, 181-182, 220-221.

§ 2. NON-VÉRITÉ ET RETRAIT DE L'ÊTRE

Revenons à la non-vérité qui ne ressortit pas à l'être pour en être la source. Dès l'instant où l'énoncé n'est plus le lieu de la vérité, la non-vérité ne saurait tenir à l'irrectitude du jugement. Et si la non-essence de la vérité appartient à l'essence de la vérité, c'est en partant de la seconde qu'il devrait être possible de parvenir à la première. L'essence de la vérité est la liberté entendue comme laisser-être de l'étant. Sur quel mode cette liberté est-elle aux prises avec ce qui lui est adverse? Laisser-être décelant, la liberté met en accord tout comportement avec l'étant en totalité, de sorte que, par cet accord (*Stimmung*), le comportement humain est transporté dans l'étant en totalité. En d'autres termes, « le laisser-être de l'étant qui accorde-et-dispose (*stimmende*) » transit et précède tout comportement ouvert à ce vis-à-vis de quoi, à chaque fois, il se comporte. « Le comportement de l'homme est de part en part accordé à l'ouverture de l'étant en totalité »[1]. Mais, *et c'est ici que la liberté comme laisser-être décelant de l'étant devient sa propre non-essence*, dès l'instant où « tout comportement se met en branle dans le laisser-être de l'étant et se comporte à chaque fois vis-à-vis de cet étant-ci ou de cet étant-là », le décèlement de l'étant en totalité ne peut manquer de s'effacer devant celui de tel ou tel étant auquel se rapporte toujours chaque comportement singulier. « Dans le champ de vision du calcul et de l'affairement quotidiens, cet "en totalité" apparaît comme l'incalculable et l'insaisissable. Il ne se laisse jamais saisir depuis l'étant à chaque fois précisément manifeste, qu'il appartienne à la nature ou à l'histoire »[2].

La retenue ou le retrait du « en totalité », c'est-à-dire de l'être, ne résulte pas d'une négligence ou d'une défaillance humaines, sauf à admettre que l'homme *est* cette défaillance, mais elle est inscrite dans la structure même de ce rapport à l'être que nous sommes, inscrite dans le mode d'accomplissement de la différence ontologique, dans la liberté du *Dasein* en tant qu'il *est* le *là* de l'être, bref et finalement dans la liberté ou la vérité de l'être. Ce n'est pas de lui-même ou de lui seul que l'homme historique peut ne pas laisser l'étant être ce qu'il est, cette possibilité appartient d'abord à l'être et ensuite à l'homme qui est le site et le ministre de la manifestation de l'être. À propos de cet « en totalité », Heidegger dit encore : « quoiqu'il accorde constamment toutes choses, il demeure toutefois l'indéterminé, l'indéterminable, et coïncide le plus souvent avec ce qu'il y a de plus courant et de

1. « Vom Wesen der Wahrheit », in *Wegmarken*, GA, Bd. 9, p. 193.
2. *Ibid.*

plus inconsidéré. Ce qui ainsi accorde-et-dispose n'est pas rien mais un cèlement (*Verbergung*) de l'étant en totalité »[1]. En conséquence, si le décèlement de tel ou tel étant est de lui-même cèlement de l'être, la liberté est bien aux prises avec ce qui la contrarie puisque « le laisser-être est en lui-même simultanément un celer. Au sein de la liberté eksistante du *Dasein*, advient le cèlement de l'étant en totalité, *est* le retrait (*Verborgenheit*) »[2]. Comment ce retrait *est*-il ou se déploie-t-il dans le *Dasein*, c'est-à-dire dans la liberté de l'être, dans la liberté du libre auquel ce même *Dasein* appartient et en quel sens le retrait de l'être est-il propre à l'être lui-même ?

Avant d'examiner ces questions et pour fixer la direction dans laquelle elles doivent l'être, il convient de prêter attention à une note écrite par Heidegger en marge de son propre texte. La conférence *De l'essence de la vérité* est divisée en sections portant chacune un titre. La première édition de 1943 en comprend huit, suivies d'une remarque imprimée en plus petits caractères. Où intervient alors la note marginale en question ? Au terme de la cinquième section intitulée *L'essence de la vérité*, dont nous venons de reproduire les derniers mots, et au seuil de la sixième, consacrée à *La non-vérité en tant que cèlement*, Heidegger a noté ceci : « Entre 5 et 6, le saut dans (se déployant [*wesende*] dans l'*Ereignis*) le tournant »[3].

Si nous ne pouvons pas encore tout à fait comprendre ces mots où se condense le mouvement d'ensemble de la pensée de Heidegger, nous pouvons néanmoins d'ores et déjà en conclure que le pas qui conduit de la vérité à la non-vérité en tant que cèlement ou retrait, ne suppose pas la continuité d'un unique sol mais fait passer d'un plan à un autre, d'une dimension à une autre, d'une localisation de la pensée à une autre, de l'être à l'*Ereignis* qui n'en relève plus. Ne devons-nous pas alors et avant tout, tenter de mesurer la faille qui les sépare, faille qui constitue le centre dérobé, le thème retenu et réservé de cette méditation de l'essence de la vérité ?

À nouveau, comment *est*, sur quel mode s'accomplit le cèlement ou le retrait ? « Le retrait refuse à l'ἀλήθεια le déceler (*Entbergen*) et ne l'admet pas encore à titre de στέρησις (privation), mais préserve le plus propre de l'ἀλήθεια comme propriété »[4]. D'une part, Heidegger le soulignait dès *Être et temps*, ἀλήθεια désigne originairement « les choses mêmes, ce qui se montre, *l'étant dans le comment de son à-découvert* »,

1. *Ibid.*
2. *Ibid.*
3. *Ibid.*
4. *Ibid.*

d'autre part, c'est « une expression *privative* (ἀ-λήθεια) »[1]. Qu'est-ce à dire sinon que l'ouverture, le caractère manifeste ou patent, la patence, de l'étant sont en eux-mêmes « le surmontement d'un cèlement » et que « le cèlement appartient *essentiellement* au non-cèlement (*Unverborgenheit*, non-retrait) – *comme la vallée à la montagne* »[2].

Sur quel mode le cèlement, la non-vérité, et le non-cèlement, la vérité, appartiennent-ils l'un à l'autre ? Cette appartenance est polémique : le non-retrait arrache au retrait – « la vérité (le à-découvert) doit toujours d'abord être arraché à l'étant. L'étant est enlevé de force au retrait. À chaque fois, l'à-découvert factice est toujours pour ainsi dire un *rapt* »[3] – et le retrait s'accomplit comme retrait, *est* retrait en refusant cet enlèvement ou arrachement avec lequel se confond le décèlement : la vérité. Dès lors, se refusant au non-retrait, le retrait garde et abrite en lui l'essence la plus propre du non-retrait puisque celui-ci provient de celui-là. Telle est la raison pour laquelle Heidegger peut dire que, « pensé à partir de la vérité comme décèlement (*Entborgenheit*), le cèlement est le non-décèlement (*Unentborgenheit*) et ainsi la non-vérité la plus propre et proprement dite de l'essence de la vérité. » C'est dans la λήθη que réside l'essence de l'ἀλήθεια, dans l'oubli celle de l'être. « Le cèlement de l'étant en totalité ne survient pas d'abord à la suite et comme la conséquence d'une connaissance toujours partielle de l'étant. Le cèlement de l'étant en totalité, la non-vérité au sens propre, est plus vieille que toute manifestation de tel ou tel étant. Elle est également plus vieille que le laisser-être lui-même qui décelant, tient déjà celé et se rapporte au cèlement »[4].

Nous pouvons désormais commencer à pressentir d'où le pas qui va de la vérité à la non-vérité tire son caractère décisif. D'une part, comprise comme cèlement, retrait, λήθη, la non-vérité est plus ancienne que la vérité comme décèlement ou ἀλήθεια, puisque la seconde sourd de la première. L'essence de la vérité est donc en quelque manière abritée dans l'essence de la non-vérité, l'essence de la vérité, c'est-à-dire celle de l'être de l'étant ou de l'étant en totalité, est hébergée dans l'essence de la non-vérité, c'est-à-dire dans l'essence du retrait de l'être lui-même, retrait au sein duquel

1. *Sein und Zeit*, GA, Bd. 2, § 44, *b*, p. 290 et p. 294.

2. *Vom Wesen der Wahrheit*, GA, Bd. 34, p. 90. À ce cours du semestre d'hiver 1931-1932 sont étroitement liés et la conférence qui porte le même titre et l'essai sur *La doctrine platonicienne de la vérité*; cf. *Wegmarken*, GA, Bd. 9, p. 483 où il faut lire 1931-1932 et non 1930-1931.

3. *Sein und Zeit*, GA, Bd. 2, § 44, *b*, p. 294. *Cf.* « Platons Lehre von der Wahrheit », in *Wegmarken*, GA, Bd. 9, p. 223-224.

4. « Vom Wesen der Wahrheit », in *Wegmarken*, GA, Bd. 9, p. 193-194.

l'homme est inclus mais sous une détermination qui ne saurait être celle que lui attribue la métaphysique. D'autre part et simultanément, nous pouvons pressentir ce qu'il y a de proprement énigmatique dans le destin du décèlement. En effet, surgissant du cèlement, le décèlement ou la vérité, ne peut que celer le cèlement lui-même, c'est-à-dire son origine et sa propre essence. Tel est le sens de l'oubli de l'être qui ne désigne pas un oubli dont l'être a été ou demeure l'objet, mais un oubli où s'abrite et se réserve ce que l'être a de plus propre, c'est-à-dire son essence ou sa vérité, ce que Heidegger nomme « la vérité de l'essence » [1], expression où les mots vérité et essence signifient autre chose et autrement que dans l'expression *essence de la vérité*, vérité de l'essence sur laquelle la conférence *De l'essence de la vérité* demeure silencieuse, mais depuis laquelle elle dit ce qu'elle dit comme ce qu'elle tait.

L'oubli de l'être, faut-il le répéter, ne doit pas être compris comme si, « pour le dire par image, l'être était le parapluie que la distraction d'un professeur de philosophie lui a fait laisser quelque part. » Ce n'est pas depuis l'homme, mais depuis l'être que doit être pensé l'oubli car le retrait de l'être est le propre de l'être. « L'être se cèle. Il se tient dans un cèlement qui se cèle lui-même. Or, c'est dans un tel cèlement que repose l'expérience grecque de l'essence de l'oubli. À la fin, c.-à-d. à partir du commencement de son essence, l'oubli n'est rien de négatif mais, en tant que retrait-et-cèlement (*Verbergung*), il est probablement un abriter (*Bergen*) qui garde ce qui est encore non-décelé » [2]. Ou encore, tout aussi nettement : « Le non-retrait repose dans le retrait de la présance. C'est ce retrait où se fonde le non-retrait (Ἀλήθεια) qu'il convient de penser en se souvenant » [3].

§ 3. Le secret du *Dasein*

Renouons avec la question laissée en suspens. Comment, demandions-nous, comment le retrait, le cèlement, de l'étant en totalité inhérent au décèlement de tel ou tel étant, advient-il, apparaît-il, dans et par le *Dasein* ? Nous l'avons vu, la liberté n'est pas la propriété de l'homme, mais l'homme celle de la liberté en tant que laisser-être de l'étant. Qu'est-ce à dire ? Si la liberté humaine est toujours relative à l'étant possible, réel ou nécessaire – et en concevant la liberté comme un mode de la causalité, Kant

1. *Ibid.*, p. 200.

2. « Zur Seinsfrage », in *Wegmarken*, GA, Bd. 9, p. 415. *Cf.* « Aletheia (Heraklit, fragment 16) », in *Vorträge und Aufsätze*, GA, Bd. 7, p. 272.

3. *Ibid.*, p. 416.

ne dit rien d'autre –, elle suppose le laisser-être de l'étant qui trouve son mode d'accomplissement dans le *là* librement eksistant. La liberté du libre ouvre l'homme à son essence, à sa liberté propre et, déterminant la liberté comme laisser-être de l'étant, Heidegger reconduit l'homme et l'être à leur co-appartenance sur laquelle il n'a cessé de porter l'accent. Bien des années après la conférence *De l'essence de la vérité*, où cette co-appartenance que signifie l'*Ereignis* est atteinte sans être encore proprement pensée, biffant le mot *être* par une croix décussée, il explique : « Cette rature cruciforme ne fait d'abord qu'écarter l'habitude presque indéracinable de représenter "l'être" comme un vis-à-vis se tenant pour soi et advenant ensuite, parfois, à l'homme. D'après cette représentation, il semble alors que l'homme soit exclu de "l'être". Non seulement il n'en est pas exclu, c.-à-d. non seulement il est compris dans "l'être" mais, usant (*brauchend*) de l'essence de l'homme, "être" est contraint d'abandonner l'apparence du pour-soi, raison pour laquelle il est aussi d'une autre essence que celle que pourrait autoriser la représentation d'un ensemble englobant la relation sujet-objet »[1]. À cet égard, l'accès à la liberté du libre met fin, d'une manière qui n'est nullement hégélienne, au règne de la représentation et de la pensée représentative.

Comment le cèlement en tant qu'il appartient au décèlement, concerne-t-il le *Dasein* dont la liberté eksistante laisse-être l'étant ? Ou, pour poser la question différemment, « qu'est-ce que, dans ce rapport au cèlement, le laisser-être préserve-t-il ? » Réponse : « Rien de moins que le cèlement du celé en totalité, de l'étant comme tel, c.-à-d. le secret (*Geheimnis*). Non pas un secret particulier relatif à ceci ou cela mais cette chose unique, à savoir qu'en général le secret (le cèlement du celé) règne en tant que tel sur le *Dasein* de l'homme »[2]. Le secret dont nous sommes alors porteur parce qu'il nous porte, n'est pas susceptible d'être découvert, éventé, c'est un secret qui *se* garde puisque le décèlement cèle le cèlement dont il sourd, puisque le non-retrait se fonde dans le retrait dont il sort, et que la vérité tire son essence de la non-vérité. « Ce qui, selon son essence, cèle en préservant et qui, dans cette sienne essence, demeure à soi-même et ainsi surtout celé et qui néanmoins apparaît de quelque manière, cela est en soi ce que nous nommons le secret »[3].

1. « Zur Seinsfrage », in *Wegmarken*, GA, Bd. 9, p. 411.
2. « Vom Wesen der Wahrheit », in *Wegmarken*, GA, Bd. 9, p. 194.
3. *Nietzsche II*, GA, Bd. 6. 2, p. 334.

Comment un tel secret peut-il apparaître en se gardant si c'est en se gardant ou en se réservant que le secret est secret ? Où ce secret peut-il luire et, pour être plus précis, sur quel mode le cèlement peut-il, paradoxalement, apparaître? « Il arrive, dit Heidegger, que, dans le laisser-être décelant et simultanément celant de l'étant en totalité, le cèlement apparaisse comme le premier celé. » Et il poursuit aussitôt : « le *Dasein* préserve, pour autant qu'il eksiste, le premier et le plus vaste non-décèlement (*Un-entborgenheit*), la non-vérité proprement dite. La non-essence propre de la vérité est le secret »[1]. Autrement dit, si c'est le *Dasein* eksistant qui préserve ce qui est d'abord celé, le non-décèlement, le secret, alors c'est seulement comme *Dasein* que peut apparaître le secret. Il y a donc un rapport essentiel entre celui-ci et celui-là, entre le *Dasein* et la non-vérité ou la non-essence propre de la vérité.

1. « Vom Wesen der Wahrheit », in *Wegmarken*, GA, Bd. 9, p. 194.

Chapitre IV

DE L'ESSENCE DE LA VÉRITÉ À LA VÉRITÉ DE L'ESSENCE

§ 1. L'errance

Avant d'interroger ce rapport et la manière dont il s'accomplit, il est nécessaire de faire ressortir un écart. Alors que, selon l'analytique existentiale, « le *Dasein* est co-originairement dans la vérité et la non-vérité »[1], il est désormais, nous venons de le voir, originairement lié au secret en tant que « non-essence propre de la vérité ». Sans doute, la non-vérité n'a-t-elle pas, ici et là, le même sens. À l'époque d'*Être et temps*, la non-vérité est plus une possibilité du *Dasein* qu'un trait de l'être lui-même ; selon *De l'essence de la vérité*, la non-vérité appartient à l'être, en est le secret et, à ce titre, règne sur l'être-là. Telle est d'ailleurs la raison pour laquelle la liberté en tant que laisser-être décelant-celant, peut être à la fois celle de l'être et celle du *Dasein* qui lui est approprié. Mais que signifie ce passage d'une non-vérité dont la vérité est l'opposé, à une non-vérité distincte de la vérité pour en être la source, que signifie-t-il sinon un changement de plan, et ainsi le saut ou le tournant dont la question de l'essence de la vérité est le lieu, tournant qui, relativement à *Être et temps*, « n'est pas un changement de point de vue » mais ce par quoi « la pensée tentée accède à la localité de la dimension depuis laquelle *Être et temps* est expérimenté, et ce depuis l'expérience fondamentale de l'oubli de l'être »[2].

1. *Sein und Zeit*, GA, Bd. 2, § 44, *b*, p. 295 ; *cf.* § 60, p. 396.
2. « Brief über den "Humanismus" », in *Wegmarken*, GA, Bd. 9, p. 328.

En effet, que faut-il entendre par cette « non-essence propre de la vérité », qui est le secret même ? « Ici, non-essence ne signifie pas encore une dégradation de l'essence entendue comme l'universel (κοινόν, γένος), sa *possibilitas* et son fondement. Relativement à ce sens de l'essence, non-essence est ici l'essence pré-essencifiante (*vor-wesende Wesen*) »[1]. Arrêtons-nous sur cette proposition – en est-ce encore une et relève-t-elle du domaine au sein duquel des propositions sont possibles ? – autour de laquelle tourne la conférence sur l'essence de la vérité, où s'accomplit une mutation de l'interrogation et un déplacement du lieu de la pensée. L'essence qui, jusqu'à présent, possédait un sens nominal et signifiait : quiddité ou condition de possibilité, prend désormais un sens verbal que souligne le participe présent *essencifiant*, et désigne l'être *lui-même*. Selon qu'elle est comprise nominalement ou verbalement, l'essence – *Wesen* –ne ressortit donc pas au même domaine, ne change pas de sens mais la dimension du sens. Penser la non-vérité (le cèlement) qui abrite l'essence de la vérité (le décèlement), penser la non-essence propre de l'essence de la vérité, le secret, comme essencifiance d'avant l'essence entendue nominalement, n'est-ce pas alors parvenir au domaine de l'essence verbalement entendue, au domaine de la vérité de l'essence, de la vérité de l'être, au domaine de ce qui sera nommé *Ereignis* ? Soulignant le caractère paradoxal des expressions *non-vérité*, *non-essence*, Heidegger n'en affirme pas moins que, « pour celui qui sait, le "non-" de la non-essence initiale de la vérité comme non-vérité annonce le domaine encore inexpérimenté de la vérité de l'être (et non seulement de l'étant) »[2]. N'est-ce pas dire aussi que l'amplitude de ce "non" excède la négativité logique, dialectique et, cela revient au même, que l'ἀ-λήθεια – le tiret est ici décisif car il signifie la λήθη – est l'affaire et le domaine propres de la pensée, domaine que parcourent tous les chemins empruntés par Heidegger et domaine auquel ouvre pour la première fois *De l'essence de la vérité*.

À nouveau, quel est le rapport du *Dasein* à la non-vérité, selon quel mode de son être peut-il être l'apparaître même du cèlement ? Nous l'avons déjà dit, le laisser-être de l'étant, la liberté, déploie le rapport à l'ouvert et cet ouvert même où se fondent les divers rapports que nous avons avec tel ou tel étant ouvertement manifeste, avec tel ou tel étant décelé et hors-retrait. Or, s'il n'y a pas de décèlement sans cèlement préalable, chacun de nos rapports à l'étant décelé est un oubli du cèlement de l'étant-en-totalité, oubli inhérent au décèlement qui nous livre cet étant ou un autre, oubli du

1. « Vom Wesen der Wahrheit », in *Wegmarken*, GA, Bd. 9, p. 194.
2. *Ibid.*

secret. « S'en tenir aux affaires courantes est en soi le ne-pas-laisser-régner le cèlement du celé. » Un secret oublié demeure toutefois un secret et « l'oubli confère à l'apparente disparition de l'oublié une présence propre »[1].

Quel est le mode d'accomplissement de cette dernière ? Oublieux de l'être dont l'ouverture permet à l'étant d'être ce sur quoi se règle et se mesure le comportement, oublieux du secret qui fonde la prise de mesure, l'homme s'en tient aux seuls étants, s'y mesure et s'en fait la mesure. Ainsi rivée à ce qui lui est couramment accessible à la faveur *et* au détriment de ce qui ne l'est pas, « l'humanité persiste (*beharrt*) dans l'assurance d'elle-même. Persistance qui trouve son appui, inconnaissable pour elle-même, dans le rapport par lequel le *Dasein* non seulement eksiste mais simultanément insiste, c'est-à-dire reste obstinément fixé sur ce que lui offre, comme de lui-même et en soi, l'étant ouvertement manifeste »[2].

Si contraires que soient l'insistance et l'eksistence, la première serait impossible sans la seconde qu'elle recouvre. C'est pourquoi « le secret règne aussi dans l'existence in-sistante mais en tant qu'essence oubliée et ainsi devenue "non-essentielle" de la vérité »[3]. Comment le *Dasein* accomplit-il cette « non-essentialité » de l'essence de la vérité ? Se tournant vers l'étant décelé auquel il a affaire, le *Dasein* se détourne du cèlement et du secret de l'être, qui est aussi le sien puisqu'il est compréhension de l'être. Mais ces deux mouvements sont indissociables et le *Dasein* in-sistant/ek-sistant *est* selon ce tournoyant va-et-vient. Heidegger nomme *errance* cette « inquiétude de l'homme passant outre le secret au profit de ce qui est courant, passant d'une affaire courante à la suivante en manquant le secret »[4].

Appartenant à l'ouverture du *Dasein* dont chaque comportement à l'égard de tel ou tel étant est, de lui-même, oublieux du secret, l'errance n'est pas accidentelle. Elle est la dimension même de nos rapports à l'étant dont le surgissement hors du retrait ne va pas sans l'oubli et le retrait de ce retrait, depuis lequel point cette mise à découvert. « L'errance à travers laquelle l'homme va, n'est pas comme un fossé placé à côté de lui et où, de temps à autre, il tomberait, l'errance appartient à la constitution intime du *Dasein* dans laquelle l'homme historique s'inscrit »[5]. C'est pourquoi « l'errance est la contre-essence essentielle de l'essence initiale de la

1. « Vom Wesen der Wahrheit », in *Wegmarken*, GA, Bd. 9, p. 195.
2. *Ibid.*, p. 196.
3. *Ibid.*
4. *Ibid.*
5. *Ibid.*

vérité »[1], la contre-essence de la non-essence essencifiante : de la vérité de l'être. Ainsi, l'errance ouvre-t-elle le champ de ce qui contrarie l'essence de la vérité et, à ce titre, elle est le fondement de toute erreur.

§ 2. L'AUTRE LANGUE

Mais comment ne pas s'enquérir de la possibilité d'une telle description ? D'où vient que l'errance et le secret dont elle tire son sens, puissent luire, être dit et, sinon se montrer, du moins s'annoncer en tant que tels ? Sous l'emprise de l'errance qui « est essentiellement jointe à l'ouverture du *Dasein* »[2], l'homme est désorienté, égaré, mais dans cet égarement, depuis l'eksistence, perce, à travers l'inquiétude même, la possibilité de *ne pas* se laisser dérouter, la possibilité, en faisant l'expérience de l'errance *en tant qu'*errance, de ne pas se méprendre sur soi, c'est-à-dire sur « le secret du *Dasein* »[3] – et le secret du *Dasein*, c'est l'être. Eksistant et insistant, le *Dasein* erre et cette errance est tourment, oppression. Il n'y aurait toutefois ni tourment ni oppression sans l'expérience de l'errance en tant qu'errance, sans l'ouverture de cet *en tant que* qui est l'être lui-même[4], bref sans la pression ou le poids du secret oublié, poids oppressant qui est alors le mode sur lequel apparaît le cèlement. En ce sens, le *Dasein* est l'apparaître même du cèlement. « Voilà pourquoi l'homme est, dans l'eksistence de son *Dasein*, soumis *à la fois* au règne du secret et à l'oppression de l'errance. Par l'un et l'autre, il est dans la détresse de la contrainte (*in der Not der Nötigung*). La pleine essence de la vérité, incluant sa non-essence la plus propre, maintient, par le tournoiement constant du va-et-vient, le *Dasein* dans la détresse. Le *Dasein* volte dans la détresse (*ist die Wendung in die Not*). Du *Dasein* de l'homme et de lui seul surgit le décèlement de la nécessité (*Notwendigkeit*) et par suite le possible déplacement dans l'incontournable »[5].

1. *Ibid.*, p. 197.

2. *Ibid.*

3. *Ibid.*

4. Cf. *Nietzsche II*, GA, Bd. 6. 2, p. 317 : « Le ᾗ dans ὂν ᾗ ὄν, le *qua* dans *ens qua ens*, le "en tant que" dans "l'étant en tant qu'étant" *nomment le non-retrait impensé dans son essence.* »

5. « Vom Wesen der Wahrheit », in *Wegmarken*, GA, Bd. 9, p. 197-198. Consacrant en 1946 une étude à ce texte qui, dit-il à juste titre, « n'occupe pas seulement une *place* importante dans l'*œuvre* de M. Heidegger » mais marque « une *étape* importante dans l'évolution de sa pensée », Koyré traduit ainsi ce même passage : « l'homme est dans la misère (*Not*) de la coercition (*Nötigung*). Le *Dasein* est la conversion à la misère ». Après avoir

Placé dans la détresse d'une contrainte qui le sollicite (*sollus citare*), par laquelle il est soumis au tournoyant va-et-vient inhérent à l'eksistence insistante, le *Dasein* est du même coup tourné vers cette détresse comme ce à quoi il est contraint, tourné par conséquent vers la nécessité qui s'y décèle, l'incontournable qui s'y annonce. En d'autres termes, la conjonction du règne du secret et de l'oppression de l'errance implique la possibilité de se transporter dans l'incontournable, dans le nécessaire, c'est-à-dire dans l'être[1]. Ce transport n'aurait toutefois jamais lieu si sa possibilité n'était pas ouverte par la vérité de l'être elle-même, n'était pas inscrite dans sa structure et son mode de déploiement. Nous l'avons vu, c'est parce que le décèlement de tel ou tel étant est simultanément cèlement de l'étant en totalité, cèlement ou oubli de l'être, c'est pour cela qu'errance il y a. Or, si le cèlement qui est la non-essence de la vérité, appartient à l'essence initiale de la vérité, c'est cette dernière qui détient la possibilité de l'errance et de l'oubli du secret, errance qui, en tant que rapport au cèlement de l'être, à son retrait, et oubli de ce rapport, est par conséquent la contre-essence de l'essence initiale de la vérité, la contre-essence de sa non-essence. La détresse qui oppresse le *Dasein* est donc « la détresse de l'être lui-même »[2].

Dès lors que l'errance et, avec elle, le *Dasein*, appartiennent à l'essence initiale de la vérité, ce dernier peut toujours, en faisant l'expérience de l'errance comme telle, remonter à l'essence initiale de la vérité, à la vérité de l'être. Cette possibilité se confond alors avec la liberté du *Dasein*, puisque celle-ci naît de la liberté du libre qu'est la vérité de l'être régnant secrètement dans l'errance. « Conçue à partir de l'eksistence insistante du *Dasein*, la liberté est l'essence de la vérité (au sens de la rectitude du poser-devant) uniquement parce que la liberté elle-même est issue de l'essence initiale de la vérité, du règne du secret dans l'errance »[3]. C'est donc bien, une fois encore, depuis la vérité comme clairière, éclaircie et liberté du libre, que doit être initialement comprise la liberté, et si tel ne devait pas être le cas, la thèse selon laquelle celle-ci est l'essence de la vérité demeurerait à jamais inintelligible. Mais pour remonter à l'essence initiale

souligné les résonances chrétiennes de cette description que sa propre traduction accentue, Koyré explique : « *Das Dasein ist die Wendung in die Not*. D'où *Notwendigkeit*, nécessité, conversion à la misère »; *cf.* « L'évolution philosophique de Martin Heidegger », *Études d'histoire de la pensée philosophique*, Paris, A. Colin, 1961, p. 249 et p. 270.

1. Sur « l'incontournable », cf. *Vom Wesen der menschlichen Freiheit*, GA, Bd. 31, p. 125 et surtout « Wissenschaft und Besinnung », in *Vorträge und Aufsätze*, GA, Bd. 7, p. 56 *sq.*

2. *Hegels Phänomenologie des Geistes*, GA, Bd. 32, p. 56.

3. « Vom Wesen der Wahrheit », in *Wegmarken*, GA, Bd. 9, p. 198.

de la vérité où réside la sienne propre, le *Dasein* doit accomplir sa liberté en tant qu'elle découle de sa source propre ou, pour le dire autrement, il doit accomplir le laisser-être de l'étant en sorte de ne pas recouvrir l'ouvert ou la liberté du libre au sein desquels l'étant *est*, bref en préservant le secret, en faisant l'expérience de l'errance *en tant qu'*errance. « Conformément à son essence, le laisser-être de l'étant comme tel et en totalité advient seulement lorsque, parfois, il est assumé dans son essence initiale. Alors l'ouverture-résolue au secret est en chemin dans l'errance comme telle. Alors la question de la vérité est posée de manière plus originaire. Alors le fondement de l'entrelacement de l'essence de la vérité avec la vérité de l'essence est dévoilé »[1].

Si, dans le mouvement qui va de l'essence de la vérité à la vérité de l'essence, le mot *essence* change de sens et le sens, cesse de désigner l'universel pour signifier désormais l'être lui-même, il demeure que remonter de la détermination métaphysique de la vérité comme adéquation et rectitude au domaine encore inexpérimenté de la vérité de l'essence, ne revient pas à en faire l'expérience. Heidegger ne dit pas autre chose lorsque, dans la remarque qui suit la première édition de la conférence *De l'essence de la vérité*, après avoir indiqué que ce qui y est en cause appartient au contexte d'une méditation de la vérité de l'essence, il précise que « la question décisive (*Sein und Zeit*, 1927) du « sens », c.-à-d. (*S. u. Z.* p. 151) du domaine de projet, c.-à-d. de l'ouverture, c.-à-d. de la vérité de l'être et non seulement de l'étant, demeure à dessein non-développée. La pensée se tient, selon l'apparence, dans la voie de la métaphysique et accomplit toutefois, dans ses pas décisifs conduisant de la vérité comme rectitude à la liberté eksistante, et de celle-ci à la vérité comme décèlement et errance, une mutation qui appartient au surmontement de la métaphysique »[2].

Où rechercher alors les raisons pour lesquelles la question de la vérité de l'essence dont provient l'essence de la vérité demeure ainsi réservée ?

En 1949, lors de la deuxième édition, nous l'avons signalé sans nous y attarder, Heidegger modifia le texte de la conférence sur l'essence de la vérité. Si la remarque finale y conserve son titre, elle est augmentée d'un important paragraphe, comptée comme neuvième section et imprimée comme les précédentes. Que dit cet ajout? Après avoir rappelé que « la question de l'essence de la vérité trouve sa réponse dans la proposition : *l'essence de la vérité est la vérité de l'essence* », Heidegger explique : « telle qu'elle fut originairement projetée, la conférence "De l'essence de

1. *Ibid.*

2. *Vom Wesen der Wahrheit* [1943], p. 28. *Cf.* « Vom Wesen der Wahrheit », in *Wegmarken*, GA, Bd. 9, p. 201-202.

la vérité" devait déjà être complétée par une seconde conférence "De la vérité de l'essence". Celle-ci fit défaut pour des raisons dorénavant indiquées dans la lettre "Sur l'humanisme" »[1]. À nouveau, pourquoi le second volet du diptyque n'a-t-il pas vu le jour et qu'en dit la *Lettre sur « l'humanisme »* ? Évoquant l'interruption d'*Être et temps* au seuil de la section *Temps et être*, Heidegger y écrit : « Ici tout se retourne. La section en cause ne fut pas publiée parce que la pensée manquait à dire ce tournant de manière suffisante et ne pouvait donc y parvenir à l'aide de la langue de la métaphysique »[2], tournant sur lequel, nous l'avons vu, la conférence *De l'essence de la vérité,* « offre un certain aperçu »[3].

La vérité de l'essence ne saurait être dite dans la langue de la métaphysique et le domaine de la vérité en appelle une autre. En marge de la *Lettre sur « l'humanisme »*, Heidegger notait que ce qui y est dit et pensé, n'est pas contemporain de sa rédaction, « mais repose sur le parcours d'un chemin commencé en 1936, à "l'instant" d'essayer de dire simplement la vérité de l'être ». Il précisait que « la lettre parle toujours encore sciemment dans la langue de la métaphysique » et que « l'autre langue reste à l'arrière-plan »[4]. Que faut-il entendre par « autre langue » sinon une langue dont l'essence même de langue ne provient pas de la métaphysique mais de la vérité de l'être, une langue relevant, en tant que langue, de la vérité de l'être, de l'*Ereignis*, ou, pour le dire autrement, la langue de l'essence en tant qu'essence de la langue, seule susceptible de dire la vérité de l'essence en tant qu'essence de la vérité. Mais si la métaphysique requiert la vérité de l'être, la langue de la métaphysique requiert-elle celle de l'*Ereignis* ?

1. « Vom Wesen der Wahrheit », in *Wegmarken*, GA, Bd. 9, p. 201.

2. « Brief über den "Humanismus" », in *Wegmarken*, GA, Bd. 9, p. 328; *cf.* « Das Wesen der Sprache », in *Unterwegs zur Sprache*, GA, Bd. 12, p. 151, note *a*.

3. *Ibid.*

4. *Ibid.*, p. 313, note *a*.

DEUXIÈME PARTIE

DU λόγος MÉTAPHYSIQUE AU Λόγος PRÉ-MÉTAPHYSIQUE

CHAPITRE V

LE DISCOURS APOPHANTIQUE

§ 1. UNE VOIX QUI SIGNIFIE

À la fin de la conférence sur l'essence de la vérité, après avoir affirmé en guise de récapitulation que, « dans la pensée de l'être, la libération de l'homme pour l'existence, libération fondatrice de l'histoire, vient à la parole », Heidegger ajoute aussitôt que celle-ci « n'est pas d'abord "l'expression" d'une signification mais toujours déjà l'ajointement bien gardé de la vérité de l'étant en totalité »[1]. Étrangère à son contexte où il n'est à aucun moment question de la parole dans son rapport à l'essence de la vérité comme vérité de l'être, inexpliquée, cette proposition soustrait la langue à l'étant qu'elle signifie et qui s'y exprime, pour la restituer à l'être dont elle abrite la vérité. Soustraction et restitution par lesquelles la langue change de statut, n'est plus expression et signification, n'est plus exclusivement humaine mais devient « la demeure de l'être »[2]. Un tel changement serait toutefois dénué de sens si la détermination métaphysique de la langue n'en attestait pas elle-même la nécessité. Est-ce le cas, et comment répondre sans procéder à l'examen de la doctrine aristotélicienne de l'énoncé et du λόγος, sur laquelle repose ou dont dépend toute philosophie du langage et la langue de toute philosophie.

« Seul parmi les vivants, l'homme possède le λόγος »[3], dit Aristote. Définissant l'étant que nous sommes, le λόγος désigne l'ensemble de ce qui constitue notre pouvoir de dire, le discours parlé ou écrit. Il ne recouvre cependant pas ce qu'aujourd'hui nous entendons par langue et, à maintes reprises, Heidegger souligne que les Grecs n'ont pas de mot pour *Sprache*,

1. « Vom Wesen der Wahrheit », in *Wegmarken*, GA, Bd. 9, p. 198-199.
2. « Aus einem Gespräch von der Sprache », in *Unterwegs zur Sprache*, GA, Bd. 12, p. 85.
3. *Politiques*, I, 1253 *a* 9-10.

langue[1]. Le λόγος est signifiant, il est φωνὴ σημαντική, une voix qui signifie et qui, « matière du λόγος »[2], est subordonnée à la signification comme à la forme. Et si la voix est « le son d'un animé »[3], possède « registre (ἀπότασις), modulation (μέλος), articulation (διάλεκτος) »[4], tout son émis par un animal n'est pas proprement vocal. Il y a voix quand ce qui produit la percussion sonore est animé « et met en œuvre une certaine apparition (μετὰ φαντασίας τινός). Car la voix est bien un son qui signifie et non, comme la toux, un bruit simplement produit par l'air inspiré »[5].

Comment la voix articulée accompagnée d'apparition rationnelle (λογιστικὴ) – « l'apparition sensible (αἰσθητικὴ) appartient aussi aux animaux privés de λόγος »[6] – donne-t-elle à entendre, quel rôle joue-t-elle dans l'exercice de la parole signifiante ? Aristote en dégage la structure interne au seuil du traité *De l'interprétation* : Ἔστι μὲν οὖν τὰ ἐν τῇ φωνῇ τῶν ἐν τῇ ψυχῇ παθημάτων σύμβολα, καὶ τὰ γραφόμενα τῶν ἐν τῇ φωνῇ. καὶ ὥσπερ οὐδὲ γράμματα πᾶσι τὰ αὐτά, οὐδὲ φωναὶ αἱ αὐταί· ὧν μέντοι ταῦτα σημεῖα πρώτων, ταὐτὰ πᾶσι παθήματα τῆς ψυχῆς, καὶ ὧν ταῦτα ὁμοιώματα πράγματα ἤδη ταὐτά. Après avoir cité ce texte qui fixe la détermination « classique » du λόγος en tant que nous en sommes les seuls titulaires, Heidegger le traduit ainsi : « or ce qui advient dans les sons de la voix, c'est un montrer de ce qu'il y a dans l'âme à titre de chose-éprouvée, et l'écrit est un montrer des sons vocaux. À l'instar de l'écriture qui n'est pas la même chez tous (les hommes), les sons vocaux ne sont pas tous les mêmes. De quoi cependant ces derniers (son et écrit) sont d'abord un montrer, cela c'est chez tous (les hommes) ce qui est mêmement éprouvé en l'âme, et les

1. Cf. *Sein und Zeit*, GA, Bd. 2, § 34, p. 220; *Platons : Sophistes*, GA, Bd. 19, p. 590; *Die Grundbegriffe der Metaphysik*, GA, Bd. 29/30, p. 442; *Parmenides*, GA, Bd. 54, p. 103.

2. *De l'interprétation*, 16 *b* 26 et *De la Génération des animaux*, 786 *b* 21.

3. *De l'âme*, II, 420 *b* 5.

4. *Ibid.*, II, 420 *b* 8. A propos de l'ἀπότασις, cf. *Histoire des animaux*, V, 14, 545 *a* 15-20. Dans le même ouvrage, διάλεκτος est défini comme l'articulation (διάρθρωσις) de la voix par la langue (γλῶσσα), articulation qui est « propre à l'homme », *cf.* IV, 9, 535 *a* 30-31 et 536 *b* 2. Heidegger souligne que « le mot grec qui correspond à notre mot *Sprache* est γλῶσσα, la langue (*Zunge*) », et surtout que « les noms que se sont à elles-mêmes données les langues occidentales : γλῶσσα, *lingua*, langue, *language* » attestent que le langage a été compris depuis les organes de phonation, et comme une activité spécifiquement humaine ; *cf.* « Logos (Heraklit, Fragment 50) », in *Vorträge und Aufsätze*, GA, Bd. 7, p. 233 et « Das Wesen der Sprache », in *Unterwegs zur Sprache*, GA, Bd. 12, p. 191.

5. *De l'âme*, II, 420 *b* 32 *sq.*

6. *Ibid.*, III, 434 *a* 6; *cf.* 433 *b* 29.

choses dont cela (ce qui est éprouvé) forment les présentations ressemblantes sont également les mêmes »[1].

Cette traduction a ceci de singulier qu'elle reconduit explicitement et sans distinction les symboles (σύμβολα), les signes (σημεῖα) et les présentations ressemblantes (ὁμοιώματα) à autant de modes du montrer, faisant de ce dernier la dimension de l'intelligibilité – ce qui est, prise au mot, la phénoménologie même. « La fonction de signification originaire est le montrer »[2] : les lettres montrent les sons de la voix, les sons de la voix montrent les affections de l'âme, et les affections de l'âme montrent les choses qui l'affectent. Chaque fois, différemment certes, être-signe-de... équivaut à montrer et la monstration assure l'armature du λόγος. « À la grande époque des Grecs, dit encore Heidegger, le signe a été éprouvé depuis le montrer, a été frappé par et pour celui-ci »[3].

Comment la voix signifie-t-elle, et de quelle monstration signifiante le λόγος est-il l'accomplissement ? Le λόγος ne signifie pas naturellement, φύσει, mais κατὰ συνθήκην, par convention, « car il n'y a pas de nom par nature, mais seulement quand il devient symbole, ὅταν γένηται σύμβολον »[4]. Qu'est-ce à dire ? Συμβάλλω signifiant jeter ou tenir ensemble, le σύμβολον conjoint et accorde. En quoi le nom peut-il être symbole ou de quoi le nom-symbole est-il l'événement ? Le nom et plus généralement le mot, est un σύμβολον parce qu'il est le lieu d'un tenir-ensemble et d'un accord, le « *se-tenir-ensemble de l'homme avec quelque chose* de telle sorte qu'il puisse s'accorder, sur le mode de la visée, avec ce dont il est solidaire. Par son essence, l'homme se tient ensemble avec quelque chose d'autre dans la mesure où il se rapporte à de l'étant autre et que, sur le fond de ce rapport à quelque chose d'autre, il peut viser cet autre en tant que tel »[5].Toutefois le caractère symbolique propre au mot ne concerne pas seulement le lien de l'homme à l'étant qu'il n'est pas et qu'il signifie mais encore celui des hommes entre eux au sein de l'étant. Après avoir descriptivement fait ressortir que, sous le terme de σύμβολον, Aristote entr'aperçoit « obscurément, de manière tout à fait approximative

1. *De l'interprétation*, 16 *a* 3 *sq.* et « Der Weg zur Sprache », in *Unterwegs zur Sprache*, GA, Bd. 12, p. 233.

2. *Einführung in die phänomenologische Forschung*, GA, Bd. 17, p. 25.

3. « Der Weg zur Sprache », in *Unterwegs zur Sprache*, GA, Bd. 12, p. 234. C'est pourquoi il est également possible de dire que l'armature de la langue tient à relation de signe ; *cf.* « Das Wesen der Sprache », in *Unterwegs zur Sprache*, GA, Bd. 12, p. 192, où, traduisant une première fois le même texte d'Aristote, Heidegger use du mot *signe* là où, la seconde fois, il recourt seulement au verbe *montrer*.

4. *De l'interprétation*, 16 *a* 27-28.

5. *Die Grundbegriffe der Metaphysik*, GA, Bd. 29/30, p. 446.

et sans aucune explication »[1], la transcendance du *Dasein*, bref que *le mot est en lui-même rapport à l'étant quel qu'il soit et que la langue est indissociable de l'être*, Heidegger peut alors conclure que, pour Aristote, « les mots résultent de cet *accord essentiel* des hommes les uns avec les autres conformément auquel, *en leur être-l'un-avec-l'autre, ils sont ouverts à l'étant qui les entoure*, et sur lequel, dans le détail, ils peuvent s'accorder, et cela veut dire simultanément ne pas s'accorder. Ce n'est que sur le fondement de cet accord essentiel originaire qu'est possible le discours en tant qu'il a pour fonction essentielle de σημαίνειν, de signifier, de donner à comprendre quelque chose de compréhensible »[2]. Fondé sur la genèse conventionnelle d'un σύμβολον, sur l'instance pensante, sur le νοῦς hors duquel cette genèse est impossible, le λόγος naît d'un accord convenu, il est κατὰ συνθήκην et propre à l'homme.

§ 2. Ce que montre le discours

Soutenir que signifier l'étant est la dimension constitutive de tout λόγος ne revient pas à dire que cette signifiance est monstrative, ni à quel titre elle l'est, et ce d'autant qu'après avoir affirmé que tout λόγος relève de l'intelligibilité, Aristote ajoute que tout λόγος n'est pas ἀποφαντικός, apophantique, monstratif[3]. Faut-il alors renoncer à tenir le signifier pour un montrer, ou ne faut-il pas plutôt distinguer autant de modes de monstration qu'il y a de modes de discours ? Quel sera alors le principe ou le fil conducteur d'une telle distinction ou, pour poser la question différemment, quel est le plus haut mode de monstration ? « Le λόγος laisse voir quelque chose (φαίνεσθαι), à savoir ce dont on parle, *pour* celui qui parle (voix moyenne) ou pour ceux qui parlent les uns avec les autres. Le discours "laisse voir" ἀπό..., à partir de cela même dont il est discouru. Dans le discours (ἀπόφανσις), pour autant qu'il est authentique, *ce qui est dit* doit être tiré *de ce dont il est discouru*, de sorte que, en ce qu'elle dit, la communication discursive rende manifeste, et par là accessible aux autres ce dont elle parle. Telle est la structure du λόγος comme ἀπόφανσις. *Ce* mode de manifestation à titre de laisser-voir qui exhibe n'est pas propre à tout "discours". La prière (εὐχή) par exemple rend aussi manifeste mais d'une autre façon »[4].

1. *Die Grundbegriffe der Metaphysik*, GA, Bd. 29/30, p. 447.
2. *Ibid.*, p. 447-448.
3. Cf. *De l'interprétation*, 17 *a* 2.
4. *Sein und Zeit*, GA, Bd. 2, § 7, B, p. 44 ; cf. *De l'interprétation*, IV, 17 *a* 4.

Si différents que puisse être le parler de... du parler à..., l'énoncé et la prière, la thématisation et l'invocation, si variés que puissent être les modes discursifs de manifestation, il demeure que le mode apophantique où l'étant est publiquement *montré et proposé en tant que tel*, est celui à partir duquel les autres ont été décrits et compris. D'une part, c'est le λόγος ἀποφαντικός, la proposition ou l'énoncé prédicatif, qui sert de fil conducteur à la détermination du λόγος comme parole et discours et, d'autre part, tout en ayant entrepris dans la *Rhétorique* et la *Poétique* « la tâche grandiose qui consiste à soumettre à une interprétation les formes et les configurations non-thétiques du discours »[1], Aristote, comprenant le λόγος en fonction de l'être comme οὐσία, présance constante, n'a cessé de tenir le λόγος τινός, le discours relatif à l'étant, pour un étant ayant le même sens d'être que son thème. « Le λόγος est éprouvé comme devant-la-main (*Vorhandenes*), interprété en tant que tel, et l'étant qu'il montre a pareillement le sens de l'être-devant-la main »[2]. L'inflexible mise en œuvre de la différence ontologique entre *Dasein* et *Vorhandensein* par laquelle s'accomplit la position de la question du sens de l'être, ne pouvait par conséquent manquer de soulever celle du mode d'être de la langue[3], du rapport de la langue à l'être mais aussi, plus lointainement, de l'être à la langue.

Revenons au λόγος ἀποφαντικός où se noue signifiance et monstration de l'étant *en tant qu'*étant. Si tout λόγος en général donne à comprendre quelque chose de compréhensible sur le fondement de l'être-ensemble des hommes dans leur ouverture à l'étant voire à l'être, le λόγος ἀποφαντικός quant à lui, signifie de manière à montrer ce qu'il vise tel qu'il est ou tel qu'il n'est pas, dans sa vérité ou dans sa fausseté. Apophantique est le λόγος « où se trouvent être-vrai ou être-faux, ἐν ᾧ τὸ ἀληθεύειν ἢ ψεύδεσθαι ὑπάρχει »[4], si par vrai (ἀλήθεια) et par faux (ψεῦδος) on entend être-découvert et être-recouvert. Le λόγος est monstratif lorsque la mise à-découvert ou à-couvert sont au fondement de l'énoncé. « Monstratif, apophantique, est ce λόγος à l'essence duquel il appartient ou de déceler (*entbergen*) ou de celer (*verbergen*). Cette possibilité caractérise ce que veut dire apophantique : monstratif. Car *même* le λόγος *qui cèle* est

1. *Die Grundbegriffe der Metaphysik*, GA, Bd. 29/30, p. 439.
2. *Sein und Zeit*, GA, Bd. 2, § 33, p. 213.
3. Cf. *Logik als die Frage nach dem Wesen der Sprache*, GA, Bd. 38, p. 167.
4. *De l'interprétation*, 17 *a* 2-3.

monstratif. Si, par son essence intime, il ne l'était pas, jamais il ne pourrait devenir falsifiant »[1].

Comment le devient-il et que doit être le λόγος ἀποφαντικός pour qu'il puisse *ou* tirer hors du retrait *ou* mettre en retrait, être *ou* vrai *ou* faux et, dans les deux cas, véritablement monstratif, c'est-à-dire significatif? À cette question, un passage du traité *De l'âme* permet de répondre. Aristote y dit : Ἐν οἷς δὲ καὶ τὸ ψεῦδος καὶ τὸ ἀληθές, σύνθεσίς τις ἤδη νοημάτων ὥσπερ ἓν ὄντων, « là où se trouvent le faux et le vrai, là est déjà une synthèse de ce qui est pensé comme formant une unité »[2]. En effet, pour qu'un étant apparaisse tel qu'il est ou n'est pas, à découvert ou à couvert, il lui faut être préalablement perçu dans l'unité, dans la synthèse, de ce *tel-ou-tel* qui est toujours un *tel-et-tel*, il faut qu'il soit déjà visé et entendu *en tant que* tel. « La *structure de l'* "*en tant que*", la *perception préalable et formatrice d'unité de quelque chose en tant que quelque chose*, est *la condition de possibilité* de la *vérité* et de la *fausseté* du λόγος »[3]. Pourrait-on dire, juger et montrer que ce tableau est noir, et non pas blanc, ou l'inverse, sans avoir d'avance vu ledit tableau dans l'unité de ses déterminations possibles : noir, blanc, etc. ? Non. Et c'est pourquoi l'*en tant que* où s'annonce l'être de l'étant est la condition de possibilité ou l'essence du λόγος ἀποφαντικός.

Affirmer que le tableau est noir, c'est faire voir le tableau en tant que noir. L'*en tant que* désigne alors une relation entre quelque chose (le tableau) et quelque chose d'autre (la noirceur), implique une synthèse. Mais celle-ci appartient au tableau lui-même puisque parler du tableau noir, c'est parler du tableau *en tant que* noir, du tableau qui *est* noir. L'*en tant que* suppose la pré-donnée synthétique d'un *étant*, en énonce et explicite la *con*stitution. Si tel n'était le cas, Aristote ne pourrait poursuivre : τὸ γὰρ ψεῦδος ἐν συνθέσει ἀεί· καὶ γὰρ ἄν τὸ λευκὸν μὴ λευκόν, τὸ μὴ λευκὸν συνέθηκεν. Ἐνδέχεται δέ καὶ διαίρεσιν φάναι πάντα, « en effet là où est le faux, là toujours il y a synthèse; si quelqu'un dit : "le blanc n'est pas blanc", il a composé blanc et non-blanc. On peut également dire qu'il y a partout séparation »[4].

Partout : là où est le faux mais aussi là où est le vrai. Prétendre que la craie n'est pas blanche, c'est unir *blanc* et *non-blanc*, unification qui, à nouveau, serait impossible si la craie n'était pas préalablement perçue et

1. *Die Grundbegriffe der Metaphysik*, GA, Bd. 29/30, p. 450; *cf.* p. 452. Sur le sens que prend ici le verbe ὑπάρχειν, cf. *Logik, Die Frage nach der Wahrheit*, GA, Bd. 21, p. 132.

2. *De anima*, III, 6, 430 *a* 27-28.

3. *Die Grundbegriffe der Metaphysik*, GA, Bd. 29/30, p. 456.

4. *De anima*, III, 6, 430 *b* 2-4.

entendue comme unité de déterminations possibles, n'était pas entendue et perçue *en tant que* craie susceptible d'être telle ou telle. Mais dire que la craie est blanche, c'est unir *craie* et *blanc*, énoncé qui serait également impossible si la craie n'était pas d'abord visée en tant que craie qualifiable. Dans l'un et l'autre cas, *blanc*, *non-blanc* et *craie* doivent être distingués et séparés à l'instant même où ils sont *com*posés. Il n'est pas de synthèse sans diérèse et inversement. La perception-et-entente dont il est question « est en elle-même un *prendre-ensemble prenant séparément* »[1] sur le fondement duquel le λόγος ἀποφαντικός peut être découvrant ou recouvrant, vrai ou faux.

Pour souligner la fonction essentielle du λόγος ἀποφαντικός, Aristote parle également d'ἀπόφανσίς, monstration discursive de quelque chose en tant qu'il est ou n'est pas tel ou tel. Cette monstration prend deux formes : ou elle attribue quelque chose à quelque chose d'autre (le tableau est noir), ou elle nie quelque chose de quelque chose d'autre (le tableau n'est pas blanc). La différence entre affirmation (κατάφασις) et négation (ἀπόφασις) est subordonnée à la différence entre synthèse et diérèse puisque celles-ci sont à l'œuvre dans celles-là : dire que le tableau est noir ou qu'il n'est pas blanc, c'est lier en séparant ou séparer en liant. Partant, c'est l'ensemble du λόγος ἀποφαντικός qui se fonde sur *le prendre-ensemble-prenant-séparément*, c'est-à-dire sur le νοῦς qui, à chaque fois, produit l'unité[2], et c'est la raison pour laquelle ce λόγος peut tirer du retrait ou mettre en retrait, être vrai ou faux. Ne vient-il pas d'être dit que « là où se trouvent le faux et le vrai, là est déjà une synthèse de ce qui est pensé comme formant une unité ».

Mais si l'ἀπόφανσίς, sous la double forme de l'affirmation et de la négation, est monstration qui avère ou dissimule, quel est, en son essence, le montré de cette dernière ou quel est le corrélat intentionnel du λόγος ἀποφαντικός ? Après avoir défini l'affirmation comme montrant quelque chose joint à quelque chose d'autre, et la négation comme montrant quelque chose disjoint de quelque chose d'autre, Aristote explique que la monstration discursive, l'ἀπόφανσίς, montre ce qui est-devant-la-main (τὸ ὑπάρχον) en tant que non-devant-la-main, ce qui n'est pas devant-la-main en tant que devant-la-main, ce qui est devant-la-main en tant que devant-la-main et ce qui n'est pas devant-la-main en tant qu'il n'est pas devant-la-main[3]. À chaque fois, le λόγος ἀποφαντικός montre, d'une manière ou

1. *Die Grundbegriffe der Metaphysik*, GA, Bd. 29/30, p. 457. Cf. *De l'interprétation*, I, 16 *a* 12-13.

2. Cf. *De anima*, III, 6, 430 *b* 5.

3. Cf. *De l'interprétation*, 17 *a* 25-31.

d'une autre, ce qui est là-devant-la-main. Or « l'être-devant-la-main (*Vorhandenheit*) de ce qui est devant-la-main en tant que présence voire en tant que présance constante (*ständige Anwesenheit*) est ce que l'antiquité entendait par être de l'étant »[1], commente Heidegger, assimilant encore ici *Vorhandenheit* et *Anwesenheit.* Le λόγος ἀποφαντικός montre l'étant en tant qu'étant ou n'étant pas, en tant qu'étant ou n'étant pas tel ou tel, et cette ostension ne se limite pas à ce qui est maintenant là-devant mais s'étend au passé et au futur. Autrement dit, et pour tout dire, « l'énoncé simple (ἁπλῆ ἀπόφανσις) est une voix qui signifie quant à l'être-devant-la-main ou non de quelque chose, selon la différenciation des temps (περὶ τοῦ εἰ ὑπάρχει τι ἢ μὴ ὑπάρχει, ὡς οἱ χρόνοι διῄρηνται) »[2], ou encore le λόγος ἀποφαντικός montre partout et toujours, d'une manière ou d'une autre, l'étant *en tant que tel*, dans la constance de sa présance, si bien qu'*ontologiquement, le mot* ontologie *dit deux fois la même chose.*

§ 3. LA CONSTITUTION DU λόγος ἀποφαντικος

De part en part ordonnée à la détermination métaphysique de l'être comme présance constante, la doctrine de l'ἀπόφανσις – du λόγος en tant qu'ἀποφαντικός – ne doit-elle pas alors reconduire au domaine de la vérité de l'être et à la langue où elle demeure, comme à sa possibilité la plus propre et, à ce titre, essentiellement autre ? Sans doute, mais comment ?

Laissant voir l'étant en tant que tel *et* en tant que tel *ou* tel, l'énoncé est composé et, à raison de son sens, le discours apophantique est constitué de parties. Celles-ci sont donc fondées dans l'être. Immédiatement avant de dégager la structure de la parole signifiante, Aristote ouvre le traité *De l'interprétation* par ces mots : « Il faut d'abord poser ce que sont le nom et le verbe, puis la négation et l'affirmation, l'énoncé monstratif et le λόγος »[3]. Ayant suivi l'ordre inverse en commençant par la détermination générale du λόγος comme voix signifiante, pour passer ensuite à l'énoncé monstratif portant sur l'étant en tant que tel susceptible d'être vrai ou faux, et enfin à ce mode particulier du λόγος qu'est le λόγος ἀποφαντικός au fil conducteur duquel tout λόγος demeure ontologiquement entendu, il convient maintenant de prêter attention à ces parties du discours que sont le nom et le verbe.

1. *Die Grundbegriffe der Metaphysik*, GA, Bd. 29/30, p. 462.
2. *De l'interprétation*, 17 *a* 23-24.
3. *Ibid.*, 16 *a* 1-2.

Qu'est-ce donc qu'un nom? « Un vocable qui signifie par accord convenu, sans référence au temps, et dont nulle partie isolée n'est signifiante »[1]. Aussi possède-t-il les deux caractères suivants : 1) c'est un complexe vocal signifiant dont les éléments constitutifs ne le sont pas. Dans le nom Κάλλιππος, Beaucheval, qui est, par exemple, celui d'un astronome, *-ιππος*, *-cheval*, ne signifie rien en et par lui-même, alors que dans l'énoncé καλὸς ἵππος, *un beau cheval*, tel n'est pas le cas[2]. 2) Contrairement au verbe « qui, de surcroît, signifie le temps, dont nulle partie ne signifie séparément, et qui signifie toujours ce qui est dit de quelque chose d'autre »[3], le nom signifie sans référence au temps. Ὑγίεια, santé, est un nom mais ὑγιαίνει, est-en-bonne-santé, est un verbe puisque, outre la santé, il en signifie la présence. Signifiant quelque chose d'un sujet, le verbe, cosignifiant le temps, concerne ce sujet, l'étant, dans sa relation au passé, au présent ou au futur. En d'autres termes, le nom signifie et montre quelque chose, le verbe le signifie et montre selon son mode temporel d'être, et avec le verbe commence la prédication.

L'énoncé que constituent nom et verbe, sujet et prédicat, montre l'étant tel qu'il est. Il y est donc toujours question de l'étant dans son être et dans son temps, présent, passé ou futur. Comment cela ? Dire que *le tableau est noir*, c'est viser une propriété du tableau, mais c'est aussi viser le tableau qui, maintenant, la possède, le tableau en tant qu'il est présent. Autrement dit, si l'énoncé *le tableau est noir* vise l'étant, il vise toujours aussi l'être sous la forme du « est », étant entendu que c'est à partir du présent que prennent sens le passé et le futur. Sans doute, le « est » peut-il faire défaut mais, verbe des verbes, l'*être* se déploie en tout verbe, – « il n'y a pas de différence entre un *homme est bien portant* et *un homme se porte bien* »[4] – et si tout verbe signifie le temps, il signifie en même temps l'être-dans-le-temps de son sujet.

Que signifie alors le *est* à l'œuvre, explicitement ou non, dans tout énoncé ? « Prononcés en eux-mêmes et par eux-mêmes, dit encore Aristote, les verbes sont des noms et signifient quelque chose – en effet, ce faisant [*scil.* prononcer un verbe isolément], qui parle arrête la pensée et qui écoute est au repos – mais ils ne signifient pas que le dénommé est ou n'est pas. En effet, être ou ne-pas-être ne signifient pas une chose (πράγματος), pas plus que de dire étant tout seul. Car en lui-même l'être n'est rien, il signifie en sus (προσσημαίνει) une certaine synthèse qui ne peut être pensée sans ce

1. *Ibid.*, 16 *a* 19 *sq.*
2. Cf. *ibid.*, 16 *a* 21-22 et *Métaphysique*, Λ, 1073 *b* 32.
3. *De l'interprétation*, 16 *b* 6 *sq.*
4. *Métaphysique*, Δ, 1017 *a* 28-30.

qui est composé (τῶν συγκειμένων)»[1]. Une chose est de dire *l'homme marche*, une autre de prononcer le seul verbe *marcher*. Abstraits du discours dont ils constituent une partie, les verbes signifient à la manière des noms, deviennent des substantifs. Où réside alors la différence entre les manières de signifier de ceux-ci et de ceux-là? En prononçant un nom (*la marche*) ou un infinitif nominalisé (*le marcher*), la pensée ne vise qu'une seule chose, s'y arrête, s'y fixe. Mais seul peut s'immobiliser ce à quoi il appartient d'être en mouvement, de passer de ceci à cela. Or, si la prédication commence avec le verbe, elle ne s'y arrête pas. Dire *l'homme marche* ou *est en train de marcher*, n'est-ce pas dire que *a est b* et, pour la pensée (*διά*-νοια), passer du sujet à l'attribut?

Revenons à ces formes premières de l'ἀπόφανσις que sont l'affirmation et la négation. Qu'advient-il lorsque nous énonçons *a est b* ou *a n'est pas b*, et derechef que signifie le *est*? Le *est* ou le *n'est pas*, l'être et le non-être ne désignent rien d'étant à quoi nous puissions avoir affaire. Et la proposition selon laquelle *en lui-même l'être n'est rien* revient à dire que «*l'être n'est aucun étant*, aucune chose, aucune propriété chosale, aucun étant-devant-la-main»[2]. Mais si le *est* ne possède pas la signification indépendante d'un nom, «il signifie en sus une certaine synthèse impensable sans ce qui s'étend là-devant ensemble». *En sus*, puisque le *est* signifie en relation à ce qui déjà s'étend-ensemble et qui possède déjà une signification – dire : *a* est *b* suppose que *a* et *b* soient séparément donnés et compris avant d'être réunis; *une certaine synthèse*, car, unissant ce qui s'étend déjà là-devant, il le vise et le signifie dans son ensemble – dire : a *est* b, c'est viser a *et* b en tant qu'ils sont là-devant ensemble, les viser *en tant qu'*ensemble.

Quelle est la portée de cette synthèse? Sans doute, dans l'énoncé *le tableau est noir*, le «est» assume-t-il la fonction de copule, mais affirmer que le tableau est noir, est-ce seulement relier un prédicat à un sujet? D'ordinaire, prononçant un tel jugement, nous ne prêtons aucune attention à la fonction logique ou linguistique des termes qui le constituent, mais nous sommes tournés vers ce qu'ils montrent. Le *est* signifie alors *ce qu'*est le tableau, et cette quiddité peut avoir un sens accidentel (le tableau est noir, mais pourrait être blanc sans cesser d'être un tableau) ou un sens essentiel (il est étendu et s'il ne l'était pas, il ne serait plus un tableau). En outre, dire que *le tableau est noir*, ce n'est pas parler de n'importe quel tableau mais de celui qui maintenant se trouve ici, face à nous. Le *est*

1. *De l'interprétation*, 16 *b* 19 *sq*.

2. *Die Grundbegriffe der Metaphysik*, GA, Bd. 29/30, p. 470.

signifie par suite *que* le tableau est là-devant-la-main, exprime la quoddité. Enfin, affirmer que *le tableau est noir*, c'est signifier qu'il est *vraiment* noir. Un énoncé ne pouvant être trompeur sans passer pour vrai, le *est* signifie toujours, d'une manière ou d'une autre, la vérité.

La pluralité de significations du *est* (quiddité, quoddité, vérité) appartient à l'être lui-même. Toutefois, ces différentes significations font-elles jeu égal ou en est-il une à laquelle les autres cèdent le pas et qui en serait la source si ce n'est le domaine? D'une part, le *est* ne peut se réduire à la copule linguistique puisque, rappelons-le, l'être signifie une synthèse impensable sans ce qui déjà s'étend là-devant-ensemble, sans cet ensemble que *con*stituent les déterminations de l'étant sur lequel porte et se focalise l'énoncé. Il faut y insister, le *est* n'est pas « un concept de liaison parce qu'il fait fonction de copule dans l'énoncé mais, à l'inverse, il est copule et mot de liaison dans l'énoncé pour cette seule raison que, exprimant l'étant, son sens vise l'étant et que l'être de l'étant est essentiellement déterminé par la conjonction et la liaison »[1]. D'autre part et surtout, la vérité accompagne toujours la quiddité (accidentelle ou essentielle) et la quoddité. Tout énoncé visant celle-ci ou celle-là vise en outre la vérité. « En un sens remarquable, l'être-vrai est fermement attaché à ces trois significations de l'être, de sorte que s'annonce une singulière unité de ce qui, en soi, va ensemble »[2].

Où la recherche de l'unité des sens du *est* qui, avant d'être celle de l'être est celle du λόγος, où doit-elle alors prendre son point de départ sinon dans ce qui caractérise le λόγος comme ἀποφαντικός, à savoir la possibilité de tirer hors du retrait *ou* de mettre en retrait, d'être vrai *ou* faux. Est apophantique le λόγος au fondement duquel se trouve le déceler ou le celer, l'ἀληθεύειν ἢ ψεύδεσθαι. Si le λόγος n'est pas vrai *et* faux mais vrai *ou* faux, son essence réside dans la *possibilité du ou-bien-vrai-ou-bien-faux*, l'un et l'autre pouvant se montrer sur le mode de l'affirmation ou de la négation.

Cette possibilité qui est celle d'un se-rapporter à l'étant en tant que tel, n'a pas de sens catégorial mais, pour en rester à la conceptualité de *Sein und Zeit*, un sens existential, elle est un pouvoir. Le λόγος ἀποφαντικός est donc le pouvoir de mettre en-retrait ou hors-retrait, pouvoir à travers l'exercice duquel le *est* signifie d'une manière ou d'une autre. « Le caractère de pouvoir ainsi orienté est l'essence du λόγος ἀποφαντικός, le centre de sa structure essentielle »[3]. De quelle dimension ce pouvoir relève-t-il, d'où le

1. *Die Grundprobleme der Phänomenologie* [1927], GA, Bd. 24, p. 302-303.
2. *Die Grundbegriffe der Metaphysik*, GA, Bd. 29/30, p. 490.
3. *Ibid.*, p. 489.

ou-bien-vrai-ou-bien-faux propre à l'ἀπόφανσις tire-t-il son origine ? Si le λόγος est le pouvoir de se rapporter à l'étant en le mettant à couvert ou à découvert par voie d'affirmation ou de négation, alors ce pouvoir, *en tant que* pouvoir, « n'est possible que s'il se fonde dans *un être-libre pour l'étant comme tel.* Sur cet être-libre se fonde l'*être-libre dans* la monstration attributive et négatrice et cet être-libre-dans peut ensuite se déployer comme *être-libre de* déceler ou de celer (vérité et fausseté). Bref, en tant qu'énoncé, le λόγος ἀποφαντικός n'est possible que là où il y a liberté »[1].

§ 4. DU λόγος ἀποφαντικος À LA LIBERTÉ DE L'OUVERT

Qu'implique cette liberté qui fonde la vérité et la fausseté du λόγος ? Affirmer que le tableau est noir, n'équivaut pas à le faire apparaître – l'énoncé n'est pas une parole produisant ou décelant originairement ce dont elle parle –, au contraire cette proposition suppose que le tableau nous soit déjà apparu *en tant qu'*étant. Le λόγος ἀποφαντικος ne pourrait laisser voir un étant comme il est ou n'est pas si le rapport à l'étant en tant que tel, rapport depuis lequel et au sein duquel le jugement peut se mesurer à ce sur quoi il porte, n'était pas préalablement ouvert. « Pour décider de l'adéquation ou de l'inadéquation de ce que dit en montrant le λόγος, plus précisément pour pouvoir en général se comporter dans ce "ou bien…ou bien", l'homme qui parle et énonce doit d'avance avoir un *espace de jeu* pour le va-et-vient comparatif du "ou bien…ou bien", de la *vérité ou de la fausseté*, à savoir un espace de jeu où est déjà manifeste l'étant sur lequel il s'agit de porter un énoncé »[2]. Cet espace de jeu, qui n'est autre que celui de ce que l'analytique du *Dasein* nomme projet, précède le λόγος ἀποφαντικός, l'ὁμοίωσις et la prédication, puisque l'étant s'y montre *en tant qu'*étant, y est hors-retrait ou vrai, cet espace de jeu peut alors être qualifié de « *manifesteté* (*Offenbarkeit*) *antéprédicative* ou mieux, de *vérité prélogique* »[3], voire de liberté au sens renouvelé du mot.

Si nous n'avons pas le pouvoir de porter un jugement sur l'étant sans y être ainsi préalablement ouvert, la liberté du *ou-vrai-ou-faux* requiert l'ouverture à l'étant, et celle-ci doit avoir lieu en sorte de permettre le jugement en question. Autrement dit, l'ouverture à et pour l'étant sur quoi

1. *Die Grundbegriffe der Metaphysik*, GA, Bd. 29/30, p. 492.

2. *Ibid.*, p. 493.

3. *Ibid.*, p. 494. Cf. *Sein und Zeit*, GA, Bd. 2, § 31, p. 193 : « Le projet est la constitution ontologique existentiale de l'espace de jeu du pouvoir être factice. »

repose le λόγος ἀποφαντικός « apporte d'elle-même, en tant que telle, la possibilité d'être, en le montrant, liée par l'étant. L'être-ouvert pour… est originairement le *libre se-tenir-à-l'encontre se laissant lier* à ce qui est donné là en tant qu'étant »[1]. Lié à l'étant, l'énoncé y est toujours, sur un mode ou un autre, mesuré, y est conforme ou non. Dès lors, et pour continuer à remonter du λόγος qui dit vrai ou faux à propos de tel ou tel étant, vers ce qui en fonde originairement la possibilité, tout énoncé suppose l'acceptation d'une astreinte, d'une mesure, d'une règle – ce qui, une fois encore, est la liberté même. Le lien à l'étant impliqué par la structure apophantique du λόγος qui est toujours λόγος τινός, doit donc s'accomplir en sorte que l'étant s'y montre *en tant qu'*étant qui est ceci ou cela, qui est ou n'est pas, bref selon sa quiddité (accidentelle ou essentielle) et selon sa quoddité, mais aussi et du même mouvement en sorte que cet étant se montre comme *ce sur quoi* se règle la conformité ou non de l'énoncé qui le concerne.

La détermination de la vérité comme ὁμοίωσις voire comme *adaequatio intellectus ad rem* trouve donc son fondement dans cette ouverture antéprédicative à l'étant, ouverture qui est un rapport où le laisser-venir-à-l'encontre est un se-laisser-lier par ce qui vient à l'encontre, ouverture et vérité prélogique qui, pour se soumettre à une règle, est liberté. « Le se-laisser-lier, récapitule Heidegger, doit par avance déjà, en tant que susceptible d'être lié, se porter à l'encontre de ce qui doit être liant et doit donner la mesure d'une manière ou d'une autre. Le se-tenir-à-l'encontre-de… qui advient dans toute énonciation et la *fonde* – à l'encontre de quelque chose de liant –, nous le nommons un *comportement fondamental* : l'*être-libre* en un sens originaire »[2].

Comment ce comportement s'accomplit-il, sur quel mode sommes-nous prélogiquement ouvert à l'étant en tant que tel? Ainsi posée, la question soulève toutefois une difficulté particulière. En effet, le retour au fondement du λόγος ἀποφαντικός a pris pour fil conducteur la proposition affirmative vraie, dont l'énoncé *le tableau est noir* est un exemple. Or, si le privilège accordé à cette forme logique simple de proposition n'est pas contingent mais requis par l'essence du λόγος ἀποφαντικός, il ne saurait être maintenu lorsqu'il s'agit d'accéder à l'ouverture *pré*logique qui le fonde. En d'autres termes, l'énoncé *le tableau est noir* « est comme déjà préparé pour la logique et la grammaire »[3], et déclarer, entrant dans une

1. *Die Grundbegriffe der Metaphysik*, GA, Bd. 29/30, p. 496.

2. *Ibid.*, p. 497.

3. *Ibid.*, p. 498 ; *cf.* 475-476. Les exemples d'Aristote sont de même nature, cf. *De l'interprétation*, VII, 17 *b* 5 *sq.* Cf. *Sein und Zeit*, GA, Bd. 2, § 33, p. 209-210.

salle de cours, que *le tableau est noir*, c'est le considérer à part, en tant que sujet de prédicats ou support de propriétés. *À part*, c'est-à-dire abstraction faite de ce à quoi il sert, de son caractère ontologique d'ustensile à portée de main. Au contraire, et dans la même situation toujours, constater que *le tableau est mal placé*, c'est en parler au regard de son usage.

À la différence du premier exemple, le second semble porter l'accent sur le rapport au sujet : le tableau est mal placé pour qui doit y écrire ou y lire. La référence au sujet n'est cependant pas absente du premier énoncé, car la couleur est une qualité seconde, subjective. En outre, s'agissant de la manifestation prélogique de l'étant en tant qu'elle donne la mesure de la conformité ou non de l'énoncé à son thème, la référence au sujet est sans objet, puisqu'il s'agit de ce qui ouvre le rapport de l'un à l'autre.

C'est le tableau lui-même qui est mal placé. Où ? Dans la salle de cours qui, en raison de ce à quoi elle est destinée, détermine le bon ou le mauvais emplacement du tableau. Sans la manifestation préalable de cette salle dans son ensemble, le tableau ne saurait apparaître mal placé. Remarquer qu'il l'est ne revient pas à montrer thématiquement la salle de cours en tant que telle, mais la manifestation prélogique du tout qu'elle constitue est la condition de possibilité de la mauvaise position du tableau *et* de l'énoncé qui la fait voir. « Nous pouvons maintenant dire : *l'être-ouvert prélogique à l'étant* à partir duquel tout λόγος doit déjà parler, a toujours déjà par avance complété l'étant en *l'insérant* dans un "*tout*" (ergänzt *zu einem* "im Ganzen"). Et par cette complétion, nous n'entendons pas l'ajout après-coup de quelque chose qui jusque là faisait défaut, mais *la configuration préalable du "tout" déjà régnant* »[1]. Désigne-t-on par monde la manifesteté de l'étant comme tel et en totalité, alors le λόγος ἀποφαντικός trouve dans l'ouverture du monde le fondement de sa possibilité. Reconduire ce λόγος au monde comme à sa dimension d'origine, c'est le reconduire à ce dont le *Dasein* est l'événement et qui s'articule en trois moments : 1) le libre se-tenir-à-l'encontre de l'étant s'y laissant lier, 2) depuis la totalité à laquelle il appartient, 3) découvrant sa quiddité, sa quoddité, sa vérité : son être, c'est donc fonder le λόγος ἀποφαντικός dans la transcendance du *Dasein* projetant le monde en accomplissant ainsi la différence ontologique.

Sommes-nous désormais en mesure de répondre à la question de savoir si la doctrine aristotélicienne de la proposition et de l'énoncé, du λόγος, reconduit d'elle-même au domaine encore inexploré de la vérité de l'être dont seule une autre langue que celle de la métaphysique peut être la

1. *Die Grundbegriffe der Metaphysik*, GA, Bd. 29/30, p. 505.

demeure ? Oui, car si le λόγος ἀποφαντικός, le discours apophantique, à l'aune duquel la tradition n'a cessé d'entendre la parole, se fonde dans la transcendance du *Dasein* formateur de monde, ce dernier, en tant que manifesteté prélogique ou antéprédicative, et avec lui la différence ontologique, ne sauraient être logiquement et métaphysiquement dit, puisque la logicité reçoit sa détermination du λόγος ἀποφαντικός et de l'être comme présance constante qui, l'un et l'autre prennent sens depuis la liberté de l'ouvert.

À l'horizon de l'ontologie de l'être devant-la-main et de l'analytique existentiale encore, la langue est *fondée* et, dans la conférence traitant *De l'essence de la vérité* qui est rigoureusement contemporaine de la précédente interprétation du λόγος ἀποφαντικός, la proposition selon laquelle « la parole n'est pas d'abord “l'expression” d'une signification, mais toujours déjà l'ajointement bien gardé de la vérité de l'étant en totalité »[1], selon laquelle la parole ou la langue *n'est pas fondée*, cette affirmation demeure inexpliquée parce qu'elle y est inexplicable pour relever du domaine de la vérité ou de la liberté du libre, domaine qui, précédant l'être et le temps, fonde la possibilité du *Dasein* à titre d'administrateur de la liberté. En raison de son sens, ladite proposition n'est donc pas contemporaine de son contexte, ne marque pas une étape sur le chemin qui mènerait sans solution de continuité ni saut, d'une dimension à une autre, *de* l'analytique existentiale *à* la vérité de l'être, mais ressortit à celle-ci, et c'est seulement depuis la vérité de l'être que « l'autre langue » peut se donner à entendre.

1. « Vom Wesen der Wahrheit », in *Wegmarken*, GA, Bd. 9, p. 198-199, déjà cité. Cette proposition n'apparaît que dans l'avant dernière version (1940) de la conférence. *Cf.* « Vom Wesen der Wahrheit », 4. Version (*Umarbeitung* 1940), in *Vorträge*, GA, Bd. 80.1, p. 425, et aussi *Sein und Zeit*, GA, Bd. 2, § 18, p. 117 note *c*, où en marge de l'affirmation selon laquelle les significations intra-mondaines « fondent l'être possible du mot et de la langue », Heidegger a ultérieurement noté : « Faux. La langue n'est pas disposée en strates, mais *est* l'essence originaire de la vérité en tant que là (*Da*). »

CHAPITRE VI

« CE MOT MERVEILLEUX, *VER-SAMMLUNG…* »

§ 1. LE DOUBLE SENS DU VERBE λέγειν

Il n'y aurait guère de sens à dire que la parole abrite l'être en sa vérité si l'un ne s'était pas initialement donné dans l'autre, si le λόγος n'était pas initialement lié à l'ἀλήθεια. Est-ce le cas, l'histoire de l'être en rend-elle témoignage ou, plus précisément, le Λόγος héraclitéen par où elle commence et qui, à ce titre, ne peut manquer d'hésiter entre la vérité de l'être et son retrait, entre ce qui n'est pas encore métaphysique et ce qui en est l'inchoation, ce Λόγος entretient-il un rapport essentiel avec l'ἀλήθεια? Et puisqu'il s'agit de savoir si, et sur quel mode, le Λόγος protège l'ajointement de l'ἀλήθεια et de la λήθη, il faut partir de celui-là et non de celles-ci.

D'entre tous les fragments d'Héraclite, quel est alors le plus à même de nous acheminer au Λόγος? Si parler ne va pas sans écouter et entendre, le fragment 50 s'impose. En voici le texte: οὐκ ἐμοῦ ἀλλὰ τοῦ Λόγου ἀκούσαντας ὁμολογεῖν σοφόν ἐστιν Ἓν Πάντα, et une traduction: « si ce n'est pas moi mais le Λόγος que vous avez entendu, alors il est sage de dire la même chose: tout est un »[1]. Il s'agit donc bien d'une parole relative au Λόγος, à ce qu'il dit et la manière dont il convient que nous lui accordions notre attention.

1. « Logos (Heraklit, Fragment 50) », in *Vorträge und Aufsätze*, GA, Bd. 7, p. 213. Heidegger cite ici une traduction de B. Snell.

Que signifie le mot λόγος ? Se tenant au commencement de la pensée occidentale[1], Héraclite ne peut manquer de penser depuis ce que lui offre et propose la langue grecque. Dans l'ignorance de ce qu'est une langue comme de ce que signifie l'adjectif *grec*, sommes-nous en droit de prendre un tel point d'appui ou de départ? Rien ne l'interdit si, interrogeant la doctrine héraclitéenne du Λόγος, nous nous donnons également pour tâche de répondre à ces questions. Nous pouvons donc, fût-ce à titre provisoire, admettre que, parlant du Λόγος, Héraclite doit aussi parler selon ce qui se donne à penser dans le mot même.

Le substantif λόγος renvoie au verbe λέγειν dont le sens initial est parler, dire, raconter. Tout aussi initialement mais plus originairement, ce même verbe signifie rassembler, cueillir, recueillir, choisir. À la fin de la nuit durant laquelle le corps de Patrocle fut incinéré, Achille, épuisé, se couche. Bientôt réveillé par Agamemnon et ses hommes, il se redresse et dit: « Fils d'Atrée, et vous tous, élite panachéenne, / éteignez d'abord le bûcher en versant le vin fauve, / par où l'ardeur de la flamme a sévi; après quoi, sans attendre, / recueillons les os du Ménoitiade Patrocle... »[2]. *Recueillons les os* traduit ὀστέα λέγωμεν, et c'est par *laßt uns sammeln umher das Gebein* que Voß qui, dit Humboldt, « a introduit l'antiquité classique dans la langue allemande »[3], traduit ces mêmes mots.

Que faut-il entendre par recueillir et rassembler? Après avoir rappeler que le verbe λέγειν a d'emblée signifié dire, parler, raconter, Heidegger poursuit: « mais il signifie dès le début, plus originellement et par

1. Les cours des semestres d'été 1943 et 1944 sont intitulés : « Le commencement de la pensée occidentale (Héraclite) » et « Logique. La doctrine héraclitéenne du logos. »

2. *Iliade*, XXIII, 236-239, trad. fr. P. Brunet, Paris, Seuil, 2010. C'est la première attestation à laquelle renvoie P. Chantraine dans son *Dictionnaire étymologique de la langue grecque,* Paris, Klincksieck, 1999.

3. « Einleitung zu *Agamemmnon* », in *Gesammelte Schriften*, Ausgabe der Preussischen Akademie der Wissenschaften, Berlin, 1903-1936, Bd. VIII, p. 131, trad. fr. D. Thouard, in *Sur le caractère national des langues et autres écrits*, Paris, Seuil, 2000, p. 39. Et pour expliquer l'importance des traductions de J. H. Voß, W. v. Humboldt précisait : « Mais si la traduction doit permettre à la langue et à l'esprit de la nation de s'approprier ce qu'ils ne possèdent pas ou du moins autrement, alors la première exigence est celle de la simple fidélité. Cette fidélité doit viser le vrai caractère de l'original et non, en le négligeant, ses aspects contingents, de même qu'en général toute bonne traduction doit provenir d'un amour simple et sans prétention pour l'original, de l'étude qui en rejaillit, et y faire retour. Ce point de vue implique assurément que la traduction porte en soi une certaine couleur d'étrangeté, mais la limite où ceci devient un indéniable défaut est ici très facile à tracer. Tant qu'on ne sent pas l'étrangeté mais l'étranger la traduction a atteint son but suprême; mais là où l'étrangeté apparaît en elle-même et obscurcit peut-être même l'étranger, alors le traducteur trahit qu'il n'est pas à la hauteur de son original. », *ibid.*, p. 132 ; trad. fr. légèrement mod., p. 39.

conséquent toujours déjà et aussi, ce que signifie notre homophone *legen*, poser, étendre, déposer, placer devant. Ce qui règne ici, c'est le mettre-ensemble, le *legere* latin, [l'allemand] *lesen* au sens de ramasser et rentrer la récolte. Λέγειν, signifie proprement déposer et poser-devant en se recueillant et recueillant autre chose (*das sich und anderes sammelnde Nieder- und Vorlegen*). Au moyen, λέγεσθαι signifie : s'allonger (*sich niederlegen*) dans le recueillement du repos ; λέχος est la couche pour le repos ; λόχος est l'embuscade où quelque chose, qui est en arrière-plan, couche en joue (*hinterlegt und angelegt ist*) »[1]. Ce double sens du verbe λέγειν où la signification de dire et parler l'emporte définitivement sur celle, plus originaire, de poser, étendre-devant, soulève alors la question suivante : quel lien entretiennent l'une avec l'autre ces deux acceptions ou « comment λέγειν dont le sens propre est poser, étendre, en vient-il à signifier dire et parler ? »[2].

Il est évidemment impossible de prétendre répondre sans commencer par décrire la manière dont s'accomplissent l'étendre et le rassembler constitutifs du λέγειν, sans restituer les faits et gestes dont ce verbe condense l'enchaînement. Cueillir et recueillir des fruits par exemple, ce n'est pas seulement les ramasser mais, plus encore, les rentrer dans un cellier, les mettre à couvert, les conserver. Toutefois, la mise en réserve, « la conservation qui engrange », ne suit pas la récolte comme sa conclusion, elle en surplombe et ordonne tout le déroulement, en sorte que, « dans la structure essentielle de la récolte (*Lese*), la mise à l'abri (*das Bergen*) est première »[3]. Et si cette récolte qui, proprement, commence avec la mise à l'abri, suppose le choix préalable de ce qui requiert d'être abrité et réunit tous ceux qui y contribuent, alors « un rassemblement (*Versammlung*) originaire règne sur la récolte recueillie (*im gesammelten Sammeln*) »[4]. N'est-ce pas pour les déposer dans une urne et les y conserver jusqu'au jour où Hadès le retiendra, qu'Achille invite les Achéens à rassembler les os de Patrocle.

Quel rapport y a-t-il entre cueillir et rassembler ou étendre ? S'agit-il d'un lien contingent, extérieur, ou d'une relation inhérente à la chose même ? « Le récolter est déjà inséré dans l'étendre. Tout cueillir est déjà un étendre. Tout étendre est de lui-même recueillant. » Récoltant des fruits, nous en prenons bonne garde, les déposons, les étendons les uns à côté des

1. « Logos (Heraklit, Fragment 50) », in *Vorträge und Aufsätze*, GA, Bd. 7, p. 214. Cf. *Einführung in die Metaphysik*, GA, Bd. 40, p. 132 *sq*.

2. « Logos (Heraklit, Fragment 50) », in *Vorträge und Aufsätze*, GA, Bd. 7, p. 215.

3. *Ibid.*

4. *Ibid.*, p. 216. Le verbe *sammeln* signifie *colligere*, recueillir, récolter, rassembler.

autres sur des claies afin qu'ils mûrissent ou sèchent. À cet égard, l'étendre « laisse étendu-ensemble-devant »[1]. L'étendre, le déposer, le λέγειν, est donc par lui-même recueillant, et si la récolte recueillie en est indissociable, ce qui s'étend-devant (*das Vorliegende*) ne peut manquer de nous importer (*uns anliegt*), de nous concerner. Laisser ne signifie pas alors délaisser ou abandonner, mais accomplir docilement ce qu'exige de nous la chose même.

Quel est, au delà du domaine agricole et rapporté à l'ensemble de ce qui s'étend-devant, à l'ensemble des étants, à l'être, le trait essentiel de l'étendre? « Il importe à "l'étendre", comme laisser-étendu-devant-ensemble, de maintenir ce qui est déposé en tant que ce qui s'étend-devant »[2]. Sur quel mode ce maintien s'accomplit-il, quel en est le trait marquant? « Ce qui importe uniquement à l'étendre comme λέγειν est de laisser sous garde ce qui de-soi-même-s'étend-devant-ensemble *en tant que* s'étendant-devant, garde sous laquelle il demeure déposé »[3]. L'étendre ne consiste donc pas à placer l'étendu-devant ici ou là, mais à le garder *en tant qu'*étendu-devant. Comment cette garde qui préserve l'*en tant que* et constitue le demeurer ou la présance de ce qui est présant, comment cette garde conférant l'être, a-t-elle lieu? « Ce qui s'étend-ensemble-devant est introduit dans le non-celé, y est mis de côté, étendu, déposé, c'est-à-dire y est abrité (*das beisammen-vor-Liegende ist in die Unverborgenheit ein-, in sie weg-, in sie hingelegt, in sie hinter-legt, d. h. in sie geborgen*). Cette mise à l'abri de ce qui s'étend-devant au sein du non-celé est ce qui importe au λέγειν dans son laisser-s'étendre-devant-ensemble. Le κεῖσθαι de l'ὑποκείμενον, le s'étendre-pour-soi-devant de ce qui est ainsi déposé, n'est rien de moins et rien de plus haut que la présance dans le non-celé de ce qui s'étend-devant »[4].

Les différentes phases de cette description de la présance entendue verbalement comme décèlement et mise à l'abri, description sur laquelle, directement ou non, nous ne cesserons de revenir puisqu'elle s'attache à restituer l'essence même de l'être, ces phases s'enchaînent comme autant de phases de l'être, et chacune trouve son accomplissement dans les autres, dans son rapport aux autres. C'est ainsi que le λέγειν à titre de laisser-s'étendre-devant, implique le λέγειν à titre de rassemblement puisque chacun des étendus-devant tient sa présance de l'unique non-retrait où ils sont tous sous garde, à demeure : rassemblés. Bref, et pour recourir à une

1. *Ibid.*
2. *Ibid.*
3. *Ibid.*
4. *Ibid.*, p. 216-217.

langue où l'essentiel est déjà perdu, si l'être est l'être *de* chaque étant, il rassemble tous les étants et tous les étants s'y rassemblent. Aucun étant n'*est* seul. Ressaisissant d'une formule lapidaire les différents mouvements dont le λέγειν est l'accomplissement articulé, la geste de l'être, Heidegger conclut : « λέγειν, c'est étendre (*legen*). Étendre est : le laisser étendu-devant, en soi rassemblé, de ce qui est présant-ensemble »[1].

Quelle différence y a-t-il entre l'*étendu-devant* et l'*étant*, entre l'*étendre-devant* et l'*être*, pourquoi passer des premiers au second revient-il à perdre l'essentiel, pourquoi dire d'une plaine, par exemple, qu'elle s'étend là-devant à découvert, c'est plus et autre chose que de dire qu'elle est ? Parler d'un *étendu-devant* et de l'*étendre-devant*, c'est d'abord laisser résonner le sens verbal de l'être, c'est ensuite déplier les moments de la situation descriptive dont les mots *étant* et *être* sont l'abstraction élimée, c'est enfin et surtout ne plus voir *dans* l'ἀλήθεια sans voir l'ἀλήθεια, mais voir *depuis* celle-ci *et* depuis la λήθη dont elle procède. Le changement de langue résulte donc de l'accès au domaine de la vérité hors duquel la mobilité propre de l'être – en termes de grammaire, sa verbalité –, demeure aussi indescriptible qu'impensable.

Sommes-nous désormais en mesure de répondre à la question de savoir comment le verbe λέγειν a changé de sens ? Nullement, car rien de ce qui précède n'annonce le passage d'une signification à une autre. S'il est impossible de comprendre comment le verbe λέγειν qui, originellement, signifie étendre, en est venu à signifier *dire*, ne faut-il pas, inversement en quelque sorte, penser que le *dire* a été originellement compris comme un étendre, voire que celui-ci est l'essence de celui-là ? Et ne faudrait-il pas en conclure que *le dire n'a jamais été proprement pensé dans son rapport à l'être ni celui-ci dans son rapport à celui-là* ?

1. « Logos (Heraklit, Fragment 50) », in *Vorträge und Aufsätze*, GA, Bd. 7, p. 217.

§ 2. DIRE ET LAISSER-ÊTRE

Explicitant le sens du λέγειν, « nous nous sommes plutôt heurtés », remarque Heidegger en jouant sur le sens commun et le sens pensant du mot *Ereignis*, « à un événement dont le caractère inquiétant se cèle encore dans sa simplicité à laquelle jusqu'à présent on n'a pas accordé d'attention »[1]. Quel est cet événement que sa simplicité dérobe à notre regard ? « Dès le début, le dire et le parler des mortels sont advenus comme λέγειν, comme étendre. Dire et parler sont en tant que le laisser-s'étendre-devant-ensemble de tout ce qui, situé dans le non-celé, est. Tôt, et d'une manière qui domine tout ce qui est non-celé, le λέγειν, l'étendre, se déploie comme dire et parler. En tant que cet étendre, le λέγειν se laisse dominer par ce mode prédominant de lui-même. Et ce, uniquement pour confier d'avance l'essence du dire et du parler au règne de l'étendre au sens propre »[2]. Comprendre l'essence du dire comme un mode de l'étendre, c'est comprendre l'essence de la langue depuis celle de l'être[3] *et* porter l'accent sur le rapport de l'être à l'homme, de l'homme à l'être, rapport constitutif de l'un et l'autre. Mais si le dire est le plus haut des modes de l'étendre, l'essence de la langue n'est-elle pas aussi impensée que celle de l'être, et penser la seconde ne revient-il pas à penser proprement la première ? S'il est trop tôt pour répondre, il ne l'est sans doute plus pour entendre la question.

À quel titre le dire est-il un étendre et nos langues gardent-elles trace dudit événement ? Nous en percevons l'écho dans ce que nous nommons une proposition, un exposé, ou lorsque nous disons d'un orateur qu'il s'est longuement étendu sur tel ou tel sujet. Et ce qui vaut pour le français vaut pour l'allemand. Après avoir rappelé que le verbe λέγειν est le même mot que le latin *legere* et l'allemand *legen*, Heidegger poursuit : « Si quelqu'un dépose (*vorlegt*) une requête, nous ne voulons pas dire qu'il a mis une feuille de papier sur la table mais qu'il formule la requête. Si quelqu'un raconte ce qui s'est passé, c'est un exposé (*Darlegen*). Lorsque, pour nous-mêmes, nous pensons à une chose, nous nous y étendons [*überlegen* : se poser sur, considérer]. Déposer, exposer ou s'étendre sur..., toutes ces façons du poser (*Legen*) sont incluses dans le grec λέγειν. Ce mot ne signifie jamais pour les Grecs rien que "dire", comme si un tel sens avait surgi du pur néant. À l'inverse, les Grecs comprenaient le dire à partir du

1. *Ibid.*
2. *Ibid.*
3. Cf. *Einführung in die Metaphysik*, GA, Bd. 40, p. 68 *sq.*

déposer, de l'exposer, du poser sur..., et c'est *pourquoi* ils nomment ce "poser" λέγειν »[1].

Sous quelle contrainte descriptive cette compréhension du dire s'est-elle imposée, à quel titre le dire relève-t-il de l'étendre, en est-il un mode ? Posant quelque chose devant nous, nous l'y laissons gésir, et il s'offre comme un étendu-devant. Toutefois, puisque les montagnes et les eaux peuvent, elles aussi, s'étendre à perte de vue, puisque la presqu'île s'étend et s'avance dans la mer, tout ce qui est posé et s'étend-devant ne requiert pas nécessairement notre concours. Quel est le trait de toute jacence en tant que telle, indépendamment du partage entre φύσις et τέχνη ? « L'essentiel du s'étendre ne consiste pas dans l'opposition au se-dresser, mais ce qui, en tant que l'essentiel, règne sur l'un et l'autre, ce qui s'étend et ce qui se dresse, c'est d'apparaître à partir de soi [...] Faire paraître et laisser-s'étendre-devant, telle est, pensée de manière grecque, l'essence du λέγειν et du λόγος »[2]. Dire, c'est laisser paraître.

Quelle est la conséquence de cette empreinte de l'étendre sur le dire, empreinte qui marque la priorité du λόγος sur le phénomène et qui fait que toute *phénoméno*logie est d'abord une phénoméno*logie* ? Mode du laisser-s'étendre-devant-ensemble, le laisser-paraître ou laisser-être, le dire, doit recevoir son essence de la dimension au sein de laquelle étendu-devant il y a, de cet ouvert au sein duquel l'apparaissant vient se montrer. Or, cette dimension ne saurait être que l'ἀλήθεια elle-même, le non-retrait. « En tant que laisser-s'étendre-devant-rassemblant, le dire reçoit son mode d'être du caractère non-celé (*Unverborgenheit*) de ce qui s'étend-devant-ensemble. Mais le décèlement du celé dans le non-celé est la présance même du présant. Nous le nommons l'être de l'étant »[3]. À nouveau, c'est de l'être en tant que décèlement issu du cèlement que relève l'essence du dire. Proposition qui appelle un double constat : d'une part, le dire n'a pas été initialement compris en fonction de la voix, du sens, de l'expression, de la signification et du signe, d'autre part, il n'a jamais été pensé selon la monstration qui lui est propre. En effet, si « l'essence du dire ne se détermine pas depuis le caractère de signe vocal des mots », si « l'essence du langage s'éclaire à partir du rapport de ce qui s'étend-devant au laisser-s'étendre-devant », à partir du rapport de l'étant à l'être, il reste que pour les Grecs – remarque décisive –, « cette essence de la langue demeure voilée.

1. *Was heißt denken ?*, GA, Bd. 8, p. 201.
2. *Ibid.*, p. 204.
3. « Logos (Heraklit, Fragment 50) », in *Vorträge und Aufsätze*, GA, Bd. 7, p. 218.

Ils ne l'ont jamais proprement mise en relief ni questionnée. Leur dire, toutefois, se meut dans cette essence »[1].

Pourquoi en fut-il ainsi? Recevant leur essence du non-retrait où s'étend ce qui, sous divers modes, est posé là-devant, le dire et la langue ne sauraient être proprement pensés tant que la vérité comme décèlement ou non-retrait ne l'est pas. Heidegger y insiste : « toute l'essence de la langue repose dans le décèlement, dans le règne de l'ἀλήθεια »[2], ou encore : « la langue est dans la mesure où le non-retrait, l'Ἀ-Λήθεια, advient (*sich ereignet*) »[3]. Or, l'ἀ-λήθεια ne saurait advenir ni être pensée indépendamment de la λήθη qui en est l'unique source. Plus précisément, si pour les Grecs, une fois encore, être ou « présance signifie : hors du cèlement, demeurer devant dans le décèlement »[4], ils n'ont toutefois jamais accédé à l'unité d'ensemble de ces phases, au tenant du rapport entre cèlement et décèlement, ni pensé l'ἀλήθεια et la λήθη depuis leur essence commune. « *Les Grecs,* dit Heidegger en définissant indirectement – mais précisément – sa propre tâche, *n'ont jamais proprement pensé l'ἀλήθεια et la λήθη quant à leur essence propre et au fondement de leur essence*, car elles avaient déjà préalablement transi *tout* penser et *tout* dire comme "l'essence" de ce qui est à penser. Les Grecs pensent, poétisent et "agissent" *dans* l'essence de l'ἀλήθεια et de la λήθη, mais ne pensent ni ne poétisent *en direction* de cette essence, pas plus qu'ils n' "agissent" sur elle. Il suffit aux Grecs d'être interpellés et entourés par l'ἀλήθεια elle-même »[5].

Dès l'instant où cette expérience de l'ἀλήθεια par laquelle les Grecs sont grecs, depuis laquelle l'adjectif *grec* prend sens, est d'emblée celle de l'oubli de l'être, du retrait de la vérité de son essence, n'est-on pas en droit de poser la question suivante : si « le parler de la langue advient (*sich ereignet*) à partir du non-retrait de ce qui est présant, et se détermine comme le laisser-étendu-devant-ensemble conforme au gésir-devant de ce qui est présant »[6], penser la vérité de l'essence de l'être, le tenant du rapport entre la λήθη et l'ἀ-λήθεια et l'essence de la langue, ne constituera-t-il pas une seule et même tâche qui, pour n'avoir plus rien de grec, ne ressortit plus à la philosophie, mais à la pensée de l'*Ereignis* d'où provient l'être ?

1. *Was heißt denken ?,* GA, Bd. 8, p. 204.
2. « Hegel und die Griechen », in *Wegmarken*, GA, Bd. 9, p. 443.
3. *Was heißt denken ?,* GA, Bd. 8, p. 262.
4. « Aletheia (Heraklit, fragment 16) », in *Vorträge und Aufsätze*, GA, Bd. 7, p. 284, déjà cité.
5. *Parmenides*, GA, Bd. 54, p. 129 ; *cf.* p. 131 et 199 *sq.*
6. « Logos (Heraklit, Fragment 50) », in *Vorträge und Aufsätze*, GA, Bd. 7, p. 218.

§ 3. λόγος ET Λόγος

Revenons plus directement au λέγειν et au λόγος par lequel ce qui gît là-devant vient à se montrer à partir de lui-même. Nous l'avons déjà dit et vu, le dire est un étendre en tant qu'il laisse paraître. Sur quel mode le fait-il? Répondre suppose évidemment que nous considérions le dire, le parler de la langue selon la plénitude de ses moments. Or, le parler de la langue ne s'accomplit pas seulement comme dire laissant paraître et reposer dans l'ἀλήθεια, mais encore comme entendre et écouter. Dès lors, comment l'écoute et l'entente, qui sont des possibilités essentielles à l'exercice de la langue, doivent-elles être comprises si le λόγος n'est pas initialement φωνὴ σημαντική, une voix qui signifie?

Il n'est point d'écoute sans recueillement, et seul entend véritablement qui est tout ouïe. « L'entendre est d'abord écoute recueillie-rassemblée. L'ouïe déploie son être dans l'attention-à-l'écoute »[1]. Mais à quoi prêtons-nous essentiellement l'oreille, à quoi, de tout notre être, sommes-nous attentivement à l'écoute? Entendre, est-ce initialement percevoir de pures données sensibles ou comprendre? De prime abord, nous n'entendons pas des sons ou des ondes acoustiques, mais une phrase, le chant des oiseaux, le ressac des vagues. Entendre, c'est comprendre. De quoi y a-t-il alors toujours et partout compréhension, et que signifie ici comprendre?

Anticipant l'analyse de la voix de la conscience en tant qu'appel du souci, et à propos de l'entente comme possibilité discursive, Heidegger note incidemment que « l'entendre constitue même l'ouverture première et propre du *Dasein* à son pouvoir être le plus propre, en tant qu'entente de la voix de l'ami que tout *Dasein* porte en soi. Le *Dasein* entend parce qu'il comprend. En tant qu'être-au-monde compréhensif avec autrui, il est "à l'écoute" du coexistant et de lui-même et par cette écoute il appartient à... (*in dieser Hörigkeit zugehörig*) »[2]. Qui est cet ami appelant tout *Dasein* à son pouvoir-mourir en tant qu'angoisse et rapport à l'être, qui est cet ami grâce auquel le *Dasein* peut également prêter l'oreille à autrui, qui est-il sinon l'être lui-même? N'est-ce pas alors notre appartenance à l'être qui, s'accomplissant en tant qu'entente ou compréhension, permet l'écoute attentive de ce qui est toujours, sur un mode ou sur un autre, un étant? Entendre, au double sens du verbe, est le propre d'un étant qui appartient à l'être et n'appartient pas à l'étant. « Les mortels entendent (*hören*) le tonnerre du ciel, le bruissement des bois, le ruissellement de la fontaine,

1. « Logos (Heraklit, Fragment 50) », in *Vorträge und Aufsätze*, GA, Bd. 7, p. 219.
2. *Sein und Zeit*, GA, Bd. 2, § 34, p. 217.

les accords de la harpe, le vrombissement des moteurs, les bruits de la ville dans la mesure et dans la seule la mesure où déjà, d'une manière ou l'autre, ils leur appartiennent (*zugehören*) et ne leur appartiennent pas »[1]. Cela implique, soit dit au passage, que « nous n'entendons pas parce que nous avons des oreilles » mais que « nous avons des oreilles et pouvons être corporellement équipés d'oreilles parce que nous entendons »[2], voire que notre corps tire sa possibilité du rapport à l'être qui est notre être même et ainsi, de l'*Ereignis*.

Comment le λέγειν des mortels accomplit-il l'entendre en tant qu'appartenance et non-appartenance à ce qui est ? Si le dire des mortels est un mode du λέγειν, alors dire en appartenant à ce qui est dit, c'est « laisser étendu ensemble en sa totalité-rassemblée (*Gesamt*) ce qu'à chaque fois un laisser-étendu-devant propose ensemble »[3]. N'est-ce pas là une simple répétition ? Nullement, et le *en-sa-totalité-rassemblée* fait la différence qui signifie l'être lui-même. En effet, laisser s'étendre en sa totalité-rassemblée ce qui, *à chaque fois*, s'étend-devant, consiste à laisser être *en son être* l'étendu-devant, c'est-à-dire *en tant qu*'étendu-devant. « Un tel laisser-s'étendre, pose (*legt*) ce qui est-étendu-devant en tant qu'un étendu-devant. Il pose ce dernier en tant que lui-même. Il pose un et le même en un (*Es legt Eines und das Selbe in Eins*). Il pose l'un en tant que le même. Un tel λέγειν pose un et le même, l'ὁμόν. Un tel λέγειν est l'ὁμολογεῖν : une-chose (*Eines*) en tant que la même-chose (*Selbes*), un étendu-devant, le laisser-étendu rassemblé dans le même de son s'étendre-devant »[4].

Posant ce qui apparaît *en tant qu*'il apparaît, le dire pose tout ce qui s'étend-devant dans *l'un-et-le-même* de son s'étendre-devant et, s'il est permis d'employer ce terme de la métaphysique, dans son identité, laissant du même coup s'étendre-devant *l'un-et-le-même lui-même*, l'un en tant que le même ou, pour revenir à un mot qui ne fut jamais que *provisoire :* l'être[5]. C'est pourquoi le dire est le plus haut des modes de l'étendre,

1. « Logos (Heraklit, Fragment 50) », in *Vorträge und Aufsätze*, GA, Bd. 7, p. 220.

2. *Ibid.*

3. *Ibid.*

4. *Ibid.*

5. Après avoir rappelé que la pensée est vouée à une énigme, Heidegger achève l'essai consacré au *Logos* par ces lignes : « L'énigme nous est depuis longtemps offerte dans le mot "être". C'est pourquoi "être" n'est qu'un mot provisoire. Prenons garde à ce que notre pensée ne court pas après lui aveuglément. Considérons qu'avant tout "être" signifie "présance" et "présance" : surgir et durer dans le non-retrait (*her-vor-währen in die Unverborgenheit*) », *ibid.*, p. 234. D'une part et positivement, c'est depuis cette détermination énoncée à plusieurs reprises ici et là, que peut et doit être réaccompli le mouvement de la pensée de Heidegger ou,

pourquoi aussi le plus haut dire est essentiellement *tauto*logique. Et si le verbe ὁμολογεῖν signifie : parler en accord avec, dire la même chose, dire le même, alors *notre λέγειν est de part en part ὁμολογεῖν, il dit partout et toujours l'être auquel partout et toujours nous appartenons*, et ne disant que l'être, il s'accorde à lui, au Λόγος. Héraclite, dit Heidegger justifiant l'usage de la majuscule (Λόγος) et de la minuscule (λόγος) en laissant simultanément ressortir *à même un seul mot* la conjonction de l'être et de l'homme, de l'homme et de l'être, co-appartenance que nommera proprement l'*Ereignis*, « Héraclite parle du Λόγος et il parle du λόγος humain. ὁ Λόγος est le rassemblement (*Versammlung*) originaire qui garde tout. Le λόγος humain est le se-recueillir (*Sichsammeln*) sur le rassemblement originaire. Le recueillement humain sur le rassemblement originaire a lieu dans l'ὁμολογεῖν »[1].

Ainsi compris, le λέγειν des mortels est initialement un entendre, si l'entendre est appartenance à l'entendu, c'est-à-dire ici à ce qui s'étend devant dans son ensemble : au Λόγος. En effet, posant l'étendu-devant dans le même de son s'étendre-devant, ou pour employer la langue qui en résulta, dans son identité ou son être, le dire, notre dire, laisse s'étendre-devant ce qui déjà s'étendait-devant et relève ainsi, de manière unique, du s'étendre-devant lui-même, du Λόγος à l'écoute duquel, par conséquent, il se tient et déploie son essence. L'entendre est donc un λέγειν « qui laisse étendu-devant ce qui déjà est étendu-devant ensemble, et ce depuis un poser (*Legen*) qui concerne tout ce qui, dans son s'étendre, s'étend-devant-ensemble à partir de soi. Ce poser insigne est le λέγειν, ce comme quoi le Λόγος advient (*sich ereignet*) »[2]. Notre λέγειν n'est donc pas tant une répétition du Λόγος qu'un moment de celui-ci, moment requis par lui et sans lequel il ne serait pas rassemblement, c'est-à-dire Λόγος – pour ne pas dire être. Rassemblant le rassemblement et ce qui est par lui rassemblé, notre λέγειν en tant qu'ὁμολογεῖν, accomplit le rassemblement, rassemble tout en disant le rassemblement et, en ce sens, le mot *Ver-sammlung* est

cela revient au même, c'est de cette compréhension de la présance, de cette explicitation de l'être, que le recueil *Essais et conférences* reçoit son unité, recueil dont le titre, par sa discrétion, son ironie peut-être, cèle de manière tout à fait particulière le domaine auquel il achemine, et qui est celui du cèlement même. D'autre part et négativement, persister à parler sans plus d'*être*, voire d'autrement qu'*être*, etc., c'est tout simplement ignorer l'essentiel, à savoir les multiples chemins par lesquels Heidegger a parcouru et décrit le domaine de la vérité de l'être, négliger l'inlassable explicitation de l'être dont l'interprétation d'Anaximandre, d'Héraclite et de Parménide est le plus haut lieu ; cf. *Einleitung zu « Was ist Metaphysik ? »*, in *Wegmarken*, GA, Bd. 9, p. 369.

1. *Heraklit*, GA, Bd. 55, p. 315.

2. « Logos (Heraklit, Fragment 50) », in *Vorträge und Aufsätze*, GA, Bd. 7, p. 221.

bien « merveilleux »[1]. Le rapport entre notre λέγειν et le Λόγος ressortit donc à ce dernier et tenter d'y introduire, d'une manière ou d'une autre, de l'inassemblable revient à tout perdre.

Comprend-on par être le laisser s'étendre-devant-ensemble dans le non-retrait, et par dire, le laisser s'étendre-devant de ce s'étendre-devant-ensemble *lui-même* et qui manifeste le non-retrait, alors la différence de l'être et du dire, de l'être et de l'homme, appartient au déploiement différencié du seul Λόγος, et ce déploiement ouvre le champ de toute ontologie à venir. C'est pourquoi « le Λόγος est simplement nommé : ὁ Λόγος, *das Legen*, le poser-qui-étend : le pur laisser-s'étendre-devant-ensemble de ce qui s'étend-devant de soi-même dans sa jacence. Le Λόγος se déploie (*west*) donc comme le pur poser-étendre recueillant-rassemblant. Le Λόγος est le rassemblement originaire du recueillement initial à partir de la pose initiale. Ὁ Λόγος est : la pose recueillante (*die lesende Lege*) et seulement cela »[2].

Quel sens pourrait en effet avoir ici l'adjectif *pur* sinon de marquer que le laisser-s'étendre comme être et le laisser s'étendre comme dire, appartenant l'un et l'autre au même et unique Λόγος, appartiennent l'un à l'autre, et accomplissent l'un et l'autre le même auquel ils appartiennent l'un et l'autre : l'*Ereignis*.

1. *Heraklit*, GA, Bd. 55, p. 268.

2. « Logos (Heraklit, Fragment 50) », in *Vorträge und Aufsätze*, GA, Bd. 7, p. 221. Selon le *Deutsches Wörterbuch* de J. u. W. Grimm, *die Lege* signifie l'action de poser et de poser en un lieu. Nous empruntons à A. Préau la traduction de *die lesende Lege* par « la pose recueillante ». Cf. *Essais et conférences*, Paris, Gallimard, 1958, p. 260.

CHAPITRE VII

« DANS LE PRESSENTIMENT DE L'*EREIGNIS* »

§ 1. D'UN λέγειν À L'AUTRE

La précédente interprétation du Λόγος à partir de la double signification du verbe λέγειν, n'est-elle pas toutefois étrangère à la pensée d'Héraclite qui, au seuil de l'histoire de l'être, est, plus qu'une autre, susceptible d'en laisser luire l'essence et la vérité ? Tant que nous n'aurons pas examiné la manière dont Héraclite entend le Λόγος, il sera évidemment impossible d'en décider. Revenons donc au fragment 50 : οὐκ ἐμοῦ ἀλλὰ τοῦ Λόγου ἀκούσαντας ὁμολογεῖν σοφόν ἐστιν Ἓν Πάντα, « si ce n'est pas moi mais le Λόγος que vous avez entendu, alors il est sage de dire la même chose : tout est un. »

C'est sur un avertissement que s'ouvre la parole d'Héraclite. Entendre, nous dit-il, ce n'est pas écouter telle ou telle voix, fût-ce celle du penseur, mais se tourner vers le Λόγος. C'est donc depuis celui-ci que l'entendre, qui se confond avec notre parler, doit être pensé ou, pour le dire autrement, nul ne saurait entendre le Λόγος – qui est l'entendu de tout entendre mortel – sans *lui* appartenir. « Οὐκ ἐμοῦ ἀλλὰ τοῦ Λόγου ἀκούσαντας : si vous ne m'avez pas seulement écouté (moi qui parle), mais si vous vous tenez dans une appartenance-à-l'écoute (*Gehören*), alors proprement est l'entendre (*Hören*) »[1].

Mais qu'est-ce qui *est* lorsqu'entendre il y a, et sur quel mode a-t-il lieu ? Appartenant au Λόγος, l'entendre doit lui être accordé et s'accomplir comme ὁμολογεῖν, verbe qui, une fois encore, signifie parler en accord

1. « Logos (Heraklit, Fragment 50) », in *Vorträge und Aufsätze*, GA, Bd. 7, p. 222.

avec… Le parler n'est pas indépendant de cet accord, *cet accord est le parler lui-même*. L'entendre-parlant appartient donc au Λόγος et c'est la raison pour laquelle il est un λέγειν. « En tant que tel, l'entendre des mortels est, d'une certaine manière, le même que le Λόγος. Néanmoins, en tant qu'ὁμολογεῖν précisément, il n'est pas du tout le même. Il n'est pas lui-même le Λόγος même. L'ὁμολογεῖν demeure plutôt un λέγειν qui ne fait jamais que poser, que laisser étendu ce qui déjà, comme ὁμόν, comme totalité, est étendu-devant ensemble et gît-devant selon un gésir qui ne naît jamais de l'ὁμολογεῖν mais repose dans la pose recueillante, dans le Λόγος »[1]. Soulignant ainsi que l'entendre des mortels qui est leur dire même, l'ὁμολογεῖν, est et n'est pas la même chose que le Λόγος, lui appartient et ne lui appartient pas, ou encore que l'ὁμολογεῖν laisse s'étendre le tout de ce qui est déjà étendu-devant-ensemble – *déjà* qui relève de l'appartenance-à-l'écoute et que seul notre dire comme écoute-appartenante laisse paraître –, Heidegger indique discrètement le site dont relève la pensée d'Héraclite et singulièrement le fragment 50. Quel est-il sinon le site qu'ouvre la co-appartenance dans la différence et la différence dans la co-appartenance entre le λέγειν du Λόγος et le λέγειν de l'ὁμολογεῖν, entre l'être et l'homme ? En d'autres termes, si Héraclite se tient dans « le pressentiment de l'*Ereignis* »[2], l'interprétation de celui-là est un chemin vers celui-ci, et penser ce dans la prémonition de quoi se tient la pensée d'Héraclite peut permettre de caractériser ce qui est propre à celle de Heidegger.

De nouveau, qu'est-ce qui est lorsque l'entendre s'accomplit comme ὁμολογεῖν, lorsque ce dernier, c'est-à-dire le λέγειν des mortels, s'accorde au Λόγος pour en accomplir l'essence ? « Héraclite dit : σοφόν ἐστιν. Quand ὁμολογεῖν se produit, alors advient (*sich ereignet*), alors est σοφόν. Nous lisons : σοφὸν ἔστιν »[3], ajoute Heidegger. Lisant σοφὸν ἔστιν, *chose sage est* plutôt que σοφόν ἐστιν, *il est sage de…*[4]. Heidegger refuse de penser *le sage* (au sens générique) indépendamment de l'ὁμολογεῖν. Quel est alors le rapport de l'un à l'autre ?

1. « Logos (Heraklit, Fragment 50) », in *Vorträge und Aufsätze*, GA, Bd. 7, p. 222. La transition de « ὁμόν » à « ensemble (*Gesamt*) » repose sur la parenté entre ὁμός et ἅμα : ensemble, tout à la fois.

2. *Heraklit*, GA, Bd. 55, p. 377.

3. « Logos (Heraklit, Fragment 50) », in *Vorträge und Aufsätze*, GA, Bd. 7, p. 222.

4. C. Ramnoux propose deux traductions du fragment 50 : « En écoutant, non pas moi, mais le Logos, *il est sage* de tomber d'accord pour dire : tout est Un » et : « En écoutant non pas moi, mais le Logos, tomber d'accord pour confesser la même leçon (tout est un ?), c'est *la Chose sage* » ; cf. *Héraclite ou l'homme entre les choses et les mots*, Paris, Les Belles Lettres, 1968, p. 242 et 243.

Si *le sage* est ce qui est propre au savoir des sages, de ceux qui savent, si savoir, εἰδέναι, c'est avoir-vu au sens où entendre, c'est avoir-entendu, savoir et entendre doivent alors désigner un seul et même rapport, un seul et même comportement. Quel peut-il être sauf celui des mortels en tant qu'ils se rapportent et s'en tiennent à cet étendu-devant que le Λόγος, la pose recueillante, laisse déjà s'étendre-devant? « Σοφόν signifie ainsi ce qui s'en tient à ce qui est imparti, peut y convenir (*in es sich schicken*), peut y venir (*für es sich schicken*) (en prendre le chemin) » [1]. Σοφόν qualifie donc le comportement ajusté et accommodé à ce vis-à-vis de quoi il se comporte, une attitude de part en part ordonnée, disposée, dispensée, par cela même à l'égard de quoi elle se tient et maintient, qui convient à ce dont elle provient. C'est pourquoi Heidegger traduit σοφόν par *geschicklich:* habile, sachant y faire, idoine, ayant la disposition qui convient et où résonne *geschickt:* envoyé, destiné. Mais cette résonance n'implique pas que les deux sens fassent jeu égal. Au contraire, l'un l'emporte sur l'autre car il n'y aurait ni envoi ni destination sans ce qui dispose convenablement et ouvre le champ de tout destin de l'être, destin qui, rappelons-le, ressortit au Il donne. Partant σοφόν marque la convenance de l'être à l'homme et de l'homme à l'être, convenance depuis laquelle l'être peut être destiné à l'homme et l'homme se faire le gardien de l'être, à partir de laquelle histoire de l'être il y a. C'est pourquoi « si l'entendre au sens propre est en tant qu'ὁμολογεῖν, alors advient quelque chose de convenablement disposé (*ereignet sich Geschickliches*), alors le λέγειν mortel s'accommode au Λόγος. Alors la pose recueillante lui importe. Alors le λέγειν convient à ce-qui-convient (*schickt sich das λέγειν in das Schickliche*) et qui repose dans le rassemblement de l'étendre-devant ensemble initial, c'est-à-dire dans ce que la pose recueillante a disposé (*geschickt*). C'est ainsi que du convenablement disposé est lorsque les mortels accomplissent proprement l'entendre » [2], cet entendre qu'est, proprement dit ou entendu, leur dire : leur essence.

Il s'agissait de décrire ce qui advient quand les mortels se tiennent à l'écoute du Λόγος auquel ils appartiennent, ce qui advient dans et par l'ὁμολογεῖν, et comment celui-ci laisse advenir quelque chose de sage. Si σοφὸν signifie: disposé comme il sied, bien placé pour... au sens d'approprié à ..., alors σοφὸν il y a lorsque le λέγειν, notre dire, s'accorde au Λόγος, au laisser-s'étendre-ensemble pour en être la reprise, le

1. « Logos (Heraklit, Fragment 50) », in *Vorträge und Aufsätze*, GA, Bd. 7, p. 222.

2. *Ibid.*, p. 223. Cf. « *Heimkunft / An die Verwandten* », in *Erlaüterungen zu Hölderlins Dichtung*, GA, Bd. 4, p. 14 et *Hölderlins Hymnen « Germanien » und « Der Rhein »*, GA, Bd. 39, p. 176.

reploiement et le déploiement, puisque l'accord du λέγειν au Λόγος est rassemblement du rassemblant et du rassemblé. Seul toutefois le Λόγος peut accorder à notre dire, à notre λέγειν, de s'accorder à lui car le laisser-s'étendre propre au dire est une modalité du Λόγος comme pose recueillante. « C'est bien ainsi en effet que le convenablement-disposé est, lorsque les mortels accomplissent l'entendre au sens propre. Mais σοφὸν, "quelque chose de convenablement disposé", n'est pas τὸ Σοφόν, la disposition convenable (*Geschickliche*), qui se nomme ainsi parce qu'elle rassemble en elle toute destination (*Schickung*, envoi), et précisément aussi celle qui envoie dans ce-qui-convient au comportement des mortels »[1].

§ 2. UN : TOUT, TOUT : UN

Laissons pour l'instant de côté la distinction entre quelque chose de convenablement disposé et la disposition convenable, distinction où affleure l'*Ereignis*, pour nous enquérir du mode sur lequel est ce qui est disposé comme il convient. « Où, et en tant que quoi, est quelque chose de convenablement disposé? Héraclite dit: ὁμολογεῖν σοφόν ἐστιν Ἓν Πάντα, "quelque chose de convenablement disposé advient pour autant que Un Tout" »[2].

Heidegger modifie le texte reçu. Tel qu'il est transmis par Hyppolite, le fragment dit : σοφόν ἐστιν ἓν πάντα εἰδέναι, il est sage de *savoir* que tout est un. Diels substitue εἶναι à εἰδέναι et lit donc : il est sage de dire tout *est* un. « La conjecture εἶναι, remarque alors Heidegger, est plus conforme à la chose même. Nous laisserons cependant le verbe de côté. De quel droit? Parce que Ἓν Πάντα suffit. Cela n'est pas seulement suffisant, mais cela est nettement plus conforme à l'affaire ici pensée et par là au style du dire héraclitéen. Ἓν Πάντα, Un : Tout, Tout : Un »[3].

Quelques années auparavant, suivant encore la leçon de Diels et tenant alors le verbe εἶναι pour le mot directeur du fragment, Heidegger faisait de l'ἓν πάντα εἶναι le thème du λόγος. « Le λόγος dit l'ἓν πάντα εἶναι – à supposer toujours que le λόγος soit un dire, et rien que cela. L'ἓν πάντα εἶναι est entendu à l'écoute attentive du λόγος, et à partir de lui. L'ἓν πάντα εἶναι provient du λόγος »[4]. Omettre le verbe εἶναι, c'est donc faire reposer l'ensemble du fragment sur les mots : ἓν πάντα et, du même coup, insister

1. « Logos (Heraklit, Fragment 50) », in *Vorträge und Aufsätze*, GA, Bd. 7, p. 223.
2. *Ibid.*
3. *Ibid.*, p. 223-224.
4. *Heraklit*, GA, Bd. 55, p. 264-265.

sur le rapport entre ὁ Λόγος et Ἓν Πάντα – mais *sans comprendre le second comme le thème du premier*. L'omission du verbe εἶναι repose donc sur une réinterprétation du Λόγος. « La parole se conclut sur Ἓν Πάντα. Cette conclusion n'est-elle qu'une fin ou ouvre-t-elle d'abord, parlant à reculons, ce qu'elle a à dire ? »[1] À défaut d'être le thème du Λόγος, Ἓν Πάντα n'en signifierait-il pas alors le mode de déploiement ? Et ne serait-ce pas alors *comme* Ἓν Πάντα que doit être pensé le Λόγος d'Héraclite ?

Assurément. « L'Ἓν Πάντα n'est pas *ce que* proclame le Λόγος en tant que parole, et qu'il donne à comprendre en tant que sens. Ἓν Πάντα n'est pas *ce que* le Λόγος énonce, mais Ἓν Πάντα signifie le mode sur lequel le Λόγος est »[2]. Cette affirmation qui, soit dit en passant, interdit tout rapport entre le Λόγος héraclitéen et celui qu'annonce le prologue de l'évangile de Jean, reçoit sa justification du sens originel de λέγειν. En effet, si le Λόγος était initialement parole et dire, ceux-ci ne saurait avoir d'autre contenu que l'ἓν πάντα. Mais dès l'instant où le dire est une modalité du laisser-s'étendre-ensemble, il est impossible de tenir l'ἓν πάντα pour le dit du dire, et il appert que la modification du texte reçu est finalement consécutive à l'accent porté sur le double sens du verbe λέγειν, double sens dont seul l'*Ereignis* permet de penser le « caractère inquiétant »[3]. Aussi l'ἓν πάντα ne doit-il pas être entendu indépendamment du rassemblement qu'est le Λόγος, ni désigner autre chose que la manière selon laquelle il se déploie en tant que rassemblement. Ne faut-il pas alors commencer à penser que la langue est le mode sur lequel se déploie la vérité de l'être ?

Ce déploiement du Λόγος se laisse-t-il décrire, et d'abord que signifie Ἓν ? S'agissant du Λόγος en tant que Λέγειν, son sens ne peut être que verbal : « Ἓν est l'un-l'unique en tant que l'unifiant »[4]. Comment unifie-t-il et qu'unifie-t-il ? « Il unit tandis qu'il rassemble. Il rassemble tandis que, recueillant, il laisse étendu-devant ce qui s'étend-devant en tant que tel et en totalité. L'un-l'unique unit en tant que pose recueillante. Cet unir recueillant-posant rassemble en soi l'unifiant de sorte qu'il *est* cet un et, en tant que tel, l'unique. L'Ἓν Πάντα nommé dans la sentence d'Héraclite offre un simple signe annonçant ce que le Λόγος est »[5].

Il convient d'abord de prêter attention à la ductilité de cette description dont le phrasé même articule l'Ἓν à l'œuvre du Λέγειν telle qu'elle a été précédemment comprise. Il faut souligner ensuite que si l'un-unifiant

1. « Logos (Heraklit, Fragment 50) », in *Vorträge und Aufsätze*, GA, Bd. 7, p. 224.
2. *Ibid.*, p. 225.
3. *Ibid.*, p. 217, déjà cité.
4. *Ibid.*, p. 225.
5. *Ibid.*

rassemble ce qui est étendu-devant *en tant que tel et en sa totalité,* il unifie à titre de pose recueillante, ὁ Λόγος, et selon la plénitude de sa double modalité : laisser s'étendre-devant-ensemble *et* laisser s'étendre-devant ce qui est déjà étendu-devant, laisser-être en tant que dire, puisque la relation du Λόγος, de l'être, à l'homme appartient au Λόγος lui-même. Si le rassemblement est accompli lorsqu'il est lui-même rassemblé avec et selon ce qu'il rassemble, notre λέγειν accomplit l'étendre en appartenant au Λόγος comme Ἓν Πάντα. « L'unir recueillant-posant rassemble en soi l'unifiant de sorte qu'il *est* cet un et, en tant que tel, l'unique »[1]. Dès lors, le Λόγος comme pose recueillante inclut en lui l'unifiant et le Λέγειν, auquel appartient et que vient seconder le λέγειν des mortels, se déploie comme l'unir même. « Le Λέγειν comme laisser-étendu-devant-ensemble recueillant ne saurait être rien d'autre que l'essence (*Wesen*) de l'unir qui rassemble tout dans le tout de la simple présance (*Anwesen*) »[2]. Demandant : « qu'est le Λόγος ? », Heidegger peut alors affirmer : « À cette question il n'y a qu'*une* seule réponse appropriée. Nous lui donnons la forme suivante : ὁ Λόγος λέγει. Il laisse gésir-devant-ensemble. Quoi ? Πάντα »[3].

Tout ce qui précède, jusques et y compris la formule ὁ Λόγος λέγει qui, pour être frappée par Heidegger, n'en reçoit pas moins son empreinte de ce qui est pensé par Héraclite, tout cela procède de la prise en considération du double sens du verbe λέγειν ou, plus précisément, de l'attention portée à l'empreinte initiale de l'étendre sur le dire, « événement (*Ereignis*) » dont « la pensée humaine ne s'est pas étonnée, où elle n'a pas aperçu un secret recelant une destination essentielle de l'être à l'homme, le réservant peut-être pour cet instant historial où l'ébranlement de l'homme ne concerne pas seulement sa situation et son état mais fait vaciller son essence »[4], pour cet instant historial qui se confond avec le déploiement de l'essence de la technique, avec le nihilisme qui règne sur nos discours relâchés, qui est le relâchement même de nos discours. Mais si l'empreinte laissée par l'étendre sur le dire renvoie au rapport de l'être à l'homme et de l'homme à l'être qui, ici, initialement, est rapport entre le λέγειν propre à l'ὁμολογεῖν et le Λέγειν du Λόγος, le secret en question ne réside-t-il pas dans ce rapport, au point de se confondre avec lui ? À supposer qu'il en soit ainsi, ne serions-nous pas prêt à comprendre pourquoi la langue est le plus propre des modes sur lesquels s'accomplit l'*Ereignis* qui est le tenant de ce

1. *Ibid.*
2. *Ibid.*
3. *Ibid.*
4. *Ibid.*, p. 218.

rapport ? Ou encore : la formule *die Sprache spricht*, la langue parle [1], où se condense l'expérience de la langue en tant qu'appropriation de l'être à l'homme et de l'homme à l'être, peut-elle être entendue indépendamment de la formule ὁ Λόγος λέγει qui énonce la détermination initiale, *pré*-métaphysique, du Λόγος [2] ? Faut-il considérer la première comme la traduction de la seconde ou, à l'inverse, celle-ci comme une version de celle-là? Et peut-on encore parler de traduction lorsqu'il s'agit du rapport entre ce qui est grec et ce qui ne l'est plus pour en être l'essence ?

§ 3. Λόγος ET Ἀλήθεια

Retenons ces questions pour interroger le tout dernier mot du fragment 50 : πάντα. Que dénomme-t-il ? La réponse vient du fragment 7 : Εἰ πάντα τὰ ὄντα καπνὸς γένοιτο ῥῖνες ἄν διαγνοεῖν, « si tous les étants devenaient fumée, on les distinguerait par le nez. » Πάντα désigne donc les étants (τὰ ὄντα), tout ce qui vient en présance. Le Λόγος laisse gésir-devant-ensemble tous les étants ou, pour le dire autrement, la pose recueillante dépose tout ce qui s'étend-devant-ensemble dans le non-celé, dans le non-retrait. Mais comment un tel poser s'accomplit-il ? Le poser, a-t-il été dit lors de l'explicitation du sens originel du verbe λέγειν, le poser est un abriter. Par conséquent, la pose recueillante, ὁ Λόγος, « abrite tout présant dans sa présance, présance depuis laquelle il peut, à chaque fois, être proprement atteint, et détaché en tant que ce présant par le λέγειν des mortels » [3]. En d'autres termes, le Λόγος installe et réinstalle chaque présant dans la présance, puisque le dire des mortels laisse s'étendre et pose *en tant que tel* – repose – ce que la pose recueillante a déjà laissé-s'étendre et proposé. Le Λόγος, dit alors Heidegger en une phrase où le jeu des préfixes décrit avec la souplesse et la fluidité aussi soudaine que souveraine d'un calligraphe dont le trait est, selon un mot de Matisse, « générateur de

1. *Cf.* « Die Sprache », in *Unterwegs zur Sprache*, GA, Bd. 12, p. 10.

2. « Logos (Heraklit, Fragment 50) », in *Vorträge und Aufsätze*, GA, Bd. 7, p. 225. Cf. *Heraklit*, GA, Bd. 55, p. 258 *sq.* et 277 *sq.*, où Heidegger distingue « ce qui n'est pas encore métaphysique » et « ce qui n'est plus métaphysique ». Assimiler le second au premier, penser, d'une manière ou d'une autre, que l'un pourrait se confondre avec l'autre, revient finalement à dire que l'histoire de la métaphysique comme destin de l'être ne signifie rien, ce qui est le nihilisme même; *cf.* Heidegger/Fink, « Heraklit », in *Seminare*, GA, Bd. 15, p. 110, 113 et 125 *sq.*

3. « Logos (Heraklit, Fragment 50) », in *Vorträge und Aufsätze*, GA, Bd. 7, p. 225.

lumière »[1], le Λόγος « propose dans la présance et dépose, c'est-à-dire repose le présant dans la présance (*der Λόγος legt ins Anwesen vor und legt das Anwesende ins Anwesen nieder, d. h. zurück*) »[2].

Quelle est cette présance où le Λόγος pose, sur un mode ou l'autre, ce qui s'étend-devant-ensemble ? Si la présance est un demeurer à découvert dans le non-celé laissant s'étendre devant ce qui s'étend-devant *en tant qu'*étendu-devant, le Λόγος qui ne va pas sans notre λόγος, sans l'ὁμολογεῖν – astreinte où luit l'*Ereignis* –, le Λόγος décèle le présant dans sa présance ou, pour recourir à des mots que Heidegger n'emploie plus, l'étant dans son être. « Or, le déceler (*Entbergen*) est l'Ἀλήθεια. Celle-ci et le Λόγος sont le même »[3]. Il n'est cependant pas de décèlement sans un cèlement préalable et le premier prend source et sens dans le second. « L'Ἀ-Λήθεια repose dans la Λήθη, y puise, étend devant (*legt vor*) ce qui, pour celle-ci, demeure à l'arrière (*hinterlegt*). Le Λόγος est *en soi à la fois* un déceler et un celer (*Verbergen*). Il est l'Ἀλήθεια »[4]. Et Heidegger dit *déceler et celer* plutôt que *celer et déceler* car le cèlement n'est pas seulement ce dont vient le décèlement mais encore ce à quoi il vient puisque le décèlement met à l'abri (*verbergen*) et, en ce sens, cèle dans le non-retrait, mise à l'abri qui est l'être même de ce qui y apparaît.

En soi à la fois : si les mots sont soulignés, cela ne signifie cependant pas que le Λόγος en tant que pose recueillante, et quand même posséderait-il « en soi un caractère celant-décelant »[5], est l'unité *proprement pensée* de la λήθη et de l'ἀλήθεια, l'essence de l'être, mais seulement que la vérité de cette dernière ne saurait être atteinte sans une situation préalable de la pensée héraclitéenne du Λόγος dont la proposition énoncée dans la conférence *De l'essence de la vérité* selon laquelle la parole abrite l'ajointement de la vérité de l'être tire son origine. Une chose est de penser le Λόγος comme Ἀλήθεια, une autre de penser la vérité de l'être, l'unité de la λήθη et de l'ἀλήθεια, comme langue et celle-ci comme « la venue éclaircissante-abritante de l'être lui-même » ou comme « la maison de l'être appropriée à l'être et ajointée à partir de lui »[6].

1. H. Matisse, « Notes d'un peintre sur son dessin », in *Écrits et propos sur l'art*, Paris, Hermann, 2014, p. 159.

2. « Logos (Heraklit, Fragment 50) », in *Vorträge und Aufsätze*, GA, Bd. 7, p. 225.

3. *Ibid.* Heidegger renvoie ici au fragment 112 où il est dit que le savoir consiste à ἀληθέα λέγειν, à rassembler le non-celé. Pour l'interprétation de ce fragment, cf. *Heraklit*, GA, Bd. 55, p. 248 *sq.*, p. 359 *sq.*

4. *Ibid.*, p. 225-226.

5. *Ibid.*, p. 226.

6. « Brief über den "Humanismus" », in Wegmarken, GA, Bd. 9, p. 326 et p. 333.

Mais sur quel mode le Λόγος peut-il être *en soi à la fois* cèlement et décèlement, sur quel mode unifie-t-il retrait et non-retrait ? Pose recueillante, il se déploie comme Un-Tout. Or, l'Un-Tout, c'est le jour et la nuit, le sommeil et la veille et si la présance des uns est l'absance des autres, le Λόγος est celant-décelant. « L'Ἓν Πάντα laisse étendu devant ensemble dans une présance ce qui s'absante réciproquement par voie de divergence et ainsi de contrariété, tels le jour et la nuit, l'hiver et l'été, la paix et la guerre, la veille et le sommeil, Dionysos et Hadès. Ce qui, de cette manière, est porté d'un côté et de l'autre (*Ausgetragene*), διαφερόμενον, à travers l'extrême écart qui règne entre présant et absant, cela, la pose recueillante le laisse étendu dans sa différence (*Austrag*). Son poser même est ce qui porte dans le porté-d'un-côté-et-de-l'autre (*Ihr Legen selber ist das Tragende im Austrag*). L'Ἓν lui-même est différenciant (*austragend*) »[1]. De l'*Ereignis*, Heidegger dit aussi qu'il est « dif-férence »[2], ou encore qu'il est « l'unique unifiant qui est "un et tout" »[3].

L'unité du cèlement et du décèlement qu'est le Λόγος s'accomplit donc par différence et en tant que différence, est une unité qui se différencie d'elle-même : l'ἓν διαφέρον ἑαυτῷ – « cette grande parole d'Héraclite, que seul un Grec pouvait inventer, qui dit l'essence de la beauté et avant l'invention de laquelle il n'y avait pas de philosophie »[4], ἓν διαφέρον ἑαυτῷ qui est donc le différenciant de la différence ontologique elle-même et qui, pour cette raison, n'en relève pas.

1. « Logos (Heraklit, Fragment 50) », in *Vorträge und Aufsätze*, GA, Bd. 7, p. 226. *Austrag*, διαφορά, différence (*disfero*) signifient « porter à travers, de part et d'autre », et le verbe *austragen* signifie également « porter à maturité », « régler un différend ». Le mot διαφερόμενον renvoie au fragment DK 51, les couples de contraires, aux fragments DK 15, 21, 26, 57, 67 et 88.

2. Cf. *Besinnung*, GA, Bd. 66, p. 307 et 314.

3. *Zur Wesen der Sprache und Zur Frage nach der Kunst*, GA, Bd. 74, p. 44.

4. *Hyperion*, I, 2, in Hölderlin, *Sämtliche Werke und Briefe*, hrsg. von J. Schmidt, Bd. 2, Frankfurt am Main, Deutscher Klassiker Verlag, 2008, p. 92 ; *cf.* Heidegger, « Hölderlins Erde und Himmel », in *Erlaüterungen zu Hölderlins Dichtung*, GA, Bd. 4, p. 161.

CHAPITRE VIII

LE MILIEU DE L'ÊTRE

§ 1. LA DISPOSITION CONVENABLE

Lorsque le dire laisse étendu-devant-ensemble ou laisse paraître en tant que tel ce qui est déjà étendu-devant-ensemble, lorsqu'il s'accorde au Λόγος, « lorsque l'ὁμολογεῖν a lieu, quelque chose de convenablement disposé advient (*ereignet sich*) »[1]. Une fois encore, le convenablement disposé, σοφὸν, n'est pas la disposition convenable, τὸ Σοφόν, *das Geschickliche*. Qu'est donc cette dernière? Les premiers mots du fragment 32 viennent répondre : Ἓν τὸ σοφὸν μοῦνον..., « l'un-unique-unissant-tout est seul la disposition convenable... »[2]. Mais ne ressort-il pas de ce qui précède que l'Ἓν, l'un-unique-unissant, et le Λόγος, la pose recueillante, ne sont qu'une seule et même chose ? « Ἓν Πάντα dit ce que le Λόγος est. Λόγος dit la manière dont Ἓν Πάντα se déploie (*west*) »[3]. Partant, le Λόγος est la disposition-convenable elle-même – « la *seule* disposition convenable et *proprement* dite est le Λόγος »[4] – et c'est en s'y accordant selon une appartenance-à-l'écoute, en y convenant, que le λέγειν des mortels, l'ὁμολογεῖν, peut être lui-même convenablement disposé, voire *approprié*, si l'*Ereignis* est ce qui est proprement seul, *singulare tantum*. Mode de déploiement de l'Un-Tout, le Λόγος dispose les présants les uns par rapport aux autres, de manière à ce qu'ils conviennent, dans et par ces rapports, à leur rassemblante présance. Tel est le sens du laisser-

1. « Logos (Heraklit, Fragment 50) », in *Vorträge und Aufsätze*, GA, Bd. 7, p. 226.
2. *Ibid.*
3. *Ibid.*
4. *Ibid.*

étendu-*ensemble*. Et cela concerne aussi les présants que nous sommes auxquels il appartient de rassembler le rassemblement avec le rassemblé, d'accomplir le rassemblement.

Sur quel mode le Λόγος est-il la disposition-convenable : τὸ Σοφὸν ? Nous l'avons déjà dit et peut-être laisser voir, celle-ci rassemble en elle toute destination, destine tout ce qui vient en présance, tout présant, à ce qui est proprement sien : la présance. Elle est ce qui, donnant lieu à l'histoire de l'être, n'en relève pas. « La pose recueillante rassemble en elle tout destiner pour autant que, par son apport, ce destiner laisse gésir, installe en son lieu et sur sa voie, tout présant et tout absant et pour autant que, rassemblant, il abrite toute chose dans le tout. C'est ainsi que toutes les choses et chacune d'elles peuvent à chaque fois convenir à ce qui leur est propre et s'y soumettre. Héraclite dit (B 64) : Τὰ δὲ Πάντα οἰακίζει Κεραυνός, mais le tout (de ce qui est présant), l'éclair le gouverne et conduit (dans la présance) »[1]. La pose recueillante porte et dispose les présants et les absants les uns par rapport aux autres, c'est-à-dire dans la présance qui, à chaque fois, leur est proprement impartie.

Pourquoi ce qui gouverne toute chose a-t-il le caractère de l'éclair et sur quel mode cette régence s'exerce-t-elle ? L'éclair auquel appartient la soudaineté laisse paraître la totalité des étants dans leur singularité respective *et* dans leur articulation d'ensemble. « Soudainement, d'un seul coup, la fulminance met en relief tout ce qui est présant dans la lumière de sa présance »[2]. De quelle façon l'éclair gouverne-t-il ? Οἰακίξω, gouverner, est formé d'après οἴαξ, barre, gouvernail. L'éclair gouverne en tant qu'il conduit à destination. « Il conduit par avance chaque chose au lieu d'être qui lui est imparti »[3] et, par là, il est le Λόγος qui installe chaque présant dans la présance commune à l'ensemble des présants. Toutefois, l'éclair n'est pas seulement fulminance, il est aussi l'arme de Zeus, voire Zeus lui-même[4]. Doit-on alors penser que Λόγος, Ἓν Πάντα et Ζεύς, ne sont qu'une seule et même chose ? Et quelle est la relation entre ὁ Λόγος et ὁ θεός, relation sans laquelle le déploiement ultérieur de l'onto-théologie serait sans doute impossible et incompréhensible ?

1. « Logos (Heraklit, Fragment 50) », in *Vorträge und Aufsätze*, GA, Bd. 7, p. 227.

2. *Ibid.*

3. *Ibid.*

4. *Cf.* Hésiode, *Théogonie*, v. 853-854 et Heidegger/Fink, « Heraklit », in *Seminare*, GA, Bd. 15, p. 15.

De la disposition convenable, le fragment 32 dit : Ἓν τὸ Σοφὸν μοῦνον λέγεσθαι οὐκ ἐθέλει καὶ ἐθέλει Ζηνὸς ὄνομα, « l'un, le seul sage, ne veut pas et pourtant veut être nommé du nom de Zeus »[1] ? Qu'est-ce à dire ? Le verbe ἐθέλω ne signifie pas tant vouloir qu'être disposé ou prêt à quelque chose, y consentir. La parole dit donc d'abord : Ἓν… λέγεσθαι οὐκ ἐθέλει, « l'unique-un-unifiant, la pose recueillante, n'est pas prêt… ». À quoi l'unique n'est-il pas prêt, à quoi ne consent-il pas ? « λέγεσθαι, à être rassemblé sous le nom "Zeus" »[2]. Mais pourquoi traduire λέγεσθαι par *être rassemblé* – et le rassemblement ne va pas sans l'étendre – quand ce verbe, ici directement lié à ὄνομα, ne peut manquer de signifier *être dit* ou *être nommé* ? Tout simplement parce que la nomination est un mode de l'étendre et du laisser apparaître. « Nommer veut dire : appeler à venir. Le déposé rassemblé dans le nom vient, par un tel poser, à s'étendre-devant et à paraître. Pensé à partir du λέγειν, le nommer (ὄνομα) n'est pas l'expression de la signification d'un mot, mais un laisser-étendu-devant dans la lumière où se tient quelque chose du fait d'avoir un nom »[3].

§ 2. L'ÊTRE ET LE DIVIN

Réservons la question de savoir quelle est cette lumière dont le nom est porteur et d'où en est issue la phosphorescence. Héraclite dit d'abord que « l'Ἓν, le Λόγος, l'adresse destinale de tout ce qui est convenablement disposé, n'est pas prêt, selon son essence la plus propre, à paraître sous le nom de "Zeus", c'est-à-dire en tant que celui-ci : οὐκ ἐθέλει. C'est seulement ensuite que vient καὶ ἐθέλει, "mais prêt est aussi" l'Ἓν »[4]. Priorité est donc donnée au « ne pas consentir à… » sur le « consentir à… ».

Quel est le sens de cette priorité, et pourquoi l'Ἓν ne consent-il pas à paraître sous le nom de Zeus ? Si le Λόγος se déploie comme Ἓν Πάντα, il est « le laisser venir en présance de tout présant »[5], Zeus inclus, et ce laisser-venir en présance ne saurait être un présant, fût-il suprême. « Zeus demeure d'une façon insigne soumis à la présance, lui est imparti et, en

1. Nous traduisons la traduction Diels citée par Heidegger. Au terme de l'examen de ce même fragment, examen certes tout autrement orienté, C. Ramnoux, inversant la priorité de la négation sur l'affirmation, propose : « L'Un la Chose Sage et Elle Seule : elle veut et ne veut pas être dite avec le nom de Zeus », cf. *Héraclite ou l'homme entre les choses et les mots*, *op. cit.*, p. 245.

2. « Logos (Heraklit, Fragment 50) », in *Vorträge und Aufsätze*, GA, Bd. 7, p. 228.

3. *Ibid.*

4. *Ibid.*

5. *Ibid.*

raison de ce partage (Μοῖρα), il demeure rassemblé dans l'Ἕν rassemblant tout, dans l'adresse qui destine. Zeus n'est pas lui-même l'Ἕν bien que, gouvernant en tant qu'éclair, il accomplisse les destinations du destin »[1]. *C'est donc du seul Λόγος ou de l'Ἀλήθεια puisque le Λόγος est l'Ἀ-λήθεια, que les dieux, et Zeus le premier, tirent leur divinité ou, pour le dire autrement, les dieux sont fondés dans l'être et le divin est un moment insigne de la vérité de celui-ci.* Nous y reviendrons.

À quel titre maintenant l'Ἕν consent-il à prendre le nom de Zeus? Le Λόγος se déployant comme Ἕν Πάντα, Un: Tout, il est toujours possible que l'unifiant se retire sous l'unifié. « Si l'Ἕν n'est pas, depuis lui-même, entendu et saisi comme le Λόγος, s'il apparaît plutôt comme Πάντα, *alors et alors seulement*, la totalité (*All*) des présants se montre, sous la gouverne du plus haut présant, comme le seul tout (*Ganze*) sous cet Un. Le tout des présants, sous le plus haut d'entre eux, est l'Ἕν en tant que Zeus »[2]. Ce n'est donc pas sous le nom de Zeus, mais uniquement comme Λόγος, pose recueillante, que l'Ἕν est « τὸ Σοφὸν, la disposition convenable comme l'adresse destinale même : le rassemblement de l'envoi dans la présance »[3], ce à partir de quoi histoire de l'être il y a. Réponse est ainsi donnée à la question de savoir sur quel mode le Λόγος est la disposition convenable.

Une chose toutefois est de comprendre de quelle manière l'Ἕν τὸ Σοφὸν μοῦνον, l'Un-la-Chose-Sage-et-Elle-Seule, ne consent pas *et* consent à prendre le nom de Zeus, une autre de comprendre pourquoi, et de s'enquérir de la source de cette double possibilité. Se déployant comme Ἕν Πάντα, le Λόγος est le laisser-venir en présance de tout ce qui vient en présance. *Ce qui laisse venir* en présance n'est pas *ce qui vient* en présance. Or, ce qui laisse venir en présance, c'est le Λόγος en tant que décèlement *et* cèlement, en tant que rapport différenciant de l'ἀλήθεια et de la λήθη, c'est donc l'Ἀ-λήθεια en tant qu'elle repose dans la Λήθη et abrite ce qui en provient. Partant, la pose recueillante, le Λόγος qui est cette Ἀ-λήθεια, ne peut manquer de se retirer devant ce qu'il rassemble et l'Ἕν, d'apparaître comme Πάντα puisqu'il est de l'essence du retrait, de la λήθη où l'ἀλήθεια prend source, de demeurer à l'arrière ou en retrait de ce qui en vient et provient.

Au seuil de l'interprétation des vers 34-41 du fragment VIII du poème de Parménide, et après avoir averti que, par le mot ἐόν, il ne faut entendre ni l'étant en soi, ni l'être pour soi, Heidegger expliquait que l'ἐόν, l'étant, est

1. « Logos (Heraklit, Fragment 50) », in *Vorträge und Aufsätze*, GA, Bd. 7, p. 228-229.
2. *Ibid.*, p. 229.
3. *Ibid.*

plutôt pensé dans la duplicité (*Zwiefalt*) de l'être et de l'étant, sur le mode du participe. Sans doute, cette duplicité est-elle signifiée par l'expression « être *de* l'étant » mais ce qui déplie la duplicité n'en demeure pas moins celé, en retrait. Évoquant alors Héraclite, il précisait la modalité de ce cèlement : « Puisque le rassemblement qui règne dans l'être unit tout l'étant, pour la pensée tournée vers le rassemblement surgit l'apparence inévitable et toujours plus tenace que l'être (de l'étant) n'est pas seulement le même (*das Gleiche*) que l'étant en totalité, mais que, en tant que le même et simultanément en tant que ce qui unit, il est même le plus étant. *Pour le représenter, tout devient étant* »[1].

Inextirpable, cette apparence en raison de laquelle l'Ἓν τὸ Σοφὸν μοῦνον peut prendre le nom de Zeus et sur laquelle repose la pensée représentative ou l'onto-théologie, cette apparence doit tirer son origine de la duplicité elle-même. Comment cela ? Si la duplicité suppose un dépliant et un déplié, le second ne peut manquer de recouvrir le premier. « Au début de la pensée occidentale, se produit la disparition inaperçue de la duplicité. Seulement, cette disparition n'est pas rien. Elle accorde à la pensée grecque le mode de son début : l'éclaircie de l'être de l'étant se cèle en tant qu'éclaircie. Le cèlement de la disparition de la duplicité règne aussi essentiellement que ce où disparaît la duplicité. Où tombe-t-elle ? Dans l'oubli. Dont le règne durable se cèle en tant que Λήθη, Λήθη qui appartient si immédiatement à l'Ἀλήθεια que celle-là peut se retirer en faveur de celle-ci, et lui abandonner le pur décèlement dans le mode de la Φύσις, du Λόγος, de l'Ἓν comme si le décèlement ne requerrait aucun cèlement »[2].

Comme si qui est la métaphysique même, car c'est bien à la suite de l'oubli et du retrait de l'être, du retrait ou du cèlement de l'éclaircie, de la vérité de l'être, que l'Ἓν τὸ Σοφὸν μοῦνον, l'Un-la-Chose-Sage-et-Elle-Seule, revêt le nom de Zeus. La constitution onto-théologique de la métaphysique qui est *d'abord et avant tout* le mode d'accomplissement du retrait de l'être, ne suffit donc pas à caractériser ladite métaphysique. Mais pour que l'Un-la-Chose-Sage-et-Elle-Seule puisse revêtir le nom de Zeus, encore faut-il que celui-ci tire sa divinité – et son caractère d'étant suprême – de l'ἀλήθεια elle-même. Heidegger ne dit rien d'autre lorsqu'il assigne Zeus à la Μοῖρα, c'est-à-dire au « partage qui répartit en octroyant et ainsi déplie la duplicité, […] qui est la destination, en elle-même rassemblée et par là dépliante, de la présance comme présance du présant,

1. « Moira (Parmenides, VIII, 34-41) », in *Vorträge und Aufsätze*, GA, Bd. 7, p. 245.
2. *Ibid.*, p. 246.

[...] qui est l'adresse destinale de "l'être" au sens de l'ἐόν »[1], et en retrait duquel règne l'Ἀ-λήθεια.

Comment la métaphysique a-t-elle alors pu faire sien le dieu biblique qui n'est pas originaire de l'Ἀλήθεια ni soumis à la Μοῖρα, comment la place de Zeus – celle, fût-elle devenue vacante, de l'étant suprême – a-t-elle pu être occupée par le dieu trinitaire dès lors que le λόγος johannique, le Verbe, n'est pas le final de *ce* dont le Λόγος héraclitéen ne serait qu'un prélude[2]? Questions inévitables dès l'instant où la précédente interprétation du Λόγος s'accompagne plus ou moins explicitement d'un débat avec Hegel – la détermination de la pensée représentative en témoigne –, avec la dialectique spéculative qui trouve dans la révélation chrétienne sa représentation vraie[3].

§ 3. Λόγος ET *EREIGNIS*

Revenons sur le rapport entre le λέγειν des mortels et le Λόγος, rapport qui, nous l'avons indiqué à plusieurs reprises, définit la dimension au sein de laquelle s'inscrit l'élucidation du fragment 50. Qu'advient-il lorsque nous écoutons le Λόγος en tant que disposition convenable et adresse destinale de la présance des présants ? Nous ne saurions prêter l'oreille au Λόγος sans nous y transférer et nous y dédier puisqu'entendre, c'est appartenir à l'entendu. « Si l'ἀκούειν des mortels est uniquement attaché (*gelegen*) au Λόγος, à la pose recueillante, alors le λέγειν mortel s'est transposé (*verlegt*) de manière convenable dans l'ensemble du Λόγος. Le λέγειν mortel s'étend à l'abri dans le Λόγος. Par destin, il est ap-proprié à l'ὁμολογεῖν (*ist es in das ὁμολογεῖν er-eignet*). Aussi demeure-t-il remis en propre (*vereignet*) au Λόγος. Ainsi, le λέγειν mortel est convenablement disposé (*geschicklich*). Il n'est cependant jamais l'adresse destinale (*Geschick*) elle-même : Ἓν Πάντα en tant que ὁ Λόγος »[4].

Les mortels sont convenablement disposés lorsqu'ils disent et ne disent que le Λόγος auquel ils appartiennent, lorsqu'ils le secondent tout en lui étant nécessaire, y concourent par voie de ré-assemblement ou de recueillement, lorsque l'ὁμολογεῖν, laissant s'étendre-devant-ensemble

1. « Moira (Parmenides, VIII, 34-41) », in *Vorträge und Aufsätze*, GA, Bd. 7, p. 256.

2. *Cf.* « Logos (Heraklit, Fragment 50) », in *Vorträge und Aufsätze*, GA, Bd. 7, p. 214 et *Einführung in die Metaphysik*, GA, Bd. 40, p. 135 et p. 143.

3. Cf. *Heraklit*, GA, Bd. 55, p. 30 *sq.*, 40 *sq.*, 354 *sq.*

4. « Logos (Heraklit, Fragment 50) », in *Vorträge und Aufsätze*, GA, Bd. 7, p. 229. Le verbe ἀκούω signifie écouter, entendre dire, comprendre.

l'ensemble de ce qui déjà s'étend-devant-ensemble, *laisse s'étendre et paraître le laisser-s'étendre-rassemblant lui-même*, bref quand l'ὁμολογεῖν, accomplissant le λέγειν du Λόγος, s'y trouve par là même pris en garde : abrité. Si le Λόγος s'accomplit dans et par le λέγειν des mortels, alors celui-ci reçoit sa vérité de celui-là. « Héraclite parle du Λόγος et il parle du λόγος humain. Ὁ Λόγος est le rassemblement originaire qui prend tout en garde. Le λόγος humain est le se-rassembler-et-recueillir sur le rassemblement originaire. Le recueillement humain sur le rassemblement originaire a lieu dans l'ὁμολογεῖν. Avec cette explicitation du Λόγος et du λέγειν », ajoute Heidegger, « nous nous tenons hors de l'interprétation courante, métaphysique, du Λόγος pensé par Héraclite »[1], interprétation métaphysique qui inclut celle de Hegel ou dans laquelle Hegel est inclus.

Après avoir rappelé que, pour convenablement disposé qu'il soit, le λέγειν mortel n'est pas la disposition convenable, τὸ Σοφὸν, ou l'adresse destinale elle-même – « la *seule* disposition convenable et *proprement* dite est le Λόγος »[2] –, Heidegger, revenant sur le chemin parcouru, soulève alors la question ou l'objection suivante : « le λέγειν, pensé en tant qu'étendre ou en tant que dire, n'est-il pas toujours qu'un mode du comportement des mortels ? »[3]. En d'autres termes, si l'Un-Tout est Λόγος, laisser-s'étendre et laisser-apparaître, « n'est-ce pas un trait particulier de l'être mortel qui est élevé au rang de trait fondamental de ce qui, avant et donc au-dessus de tout être (*Wesen*) mortel ou immortel, est l'adresse destinale de la présance (*Anwesen*) elle-même »[4] ? À l'inverse, et si le Λόγος n'est pas compris depuis le λέγειν des mortels, ce dernier « n'est-il qu'une réplique (*nachgebildete Entsprechung*) du Λόγος qui en lui-même est l'adresse destinale où repose la présance en tant que telle et pour tout présant ? »[5]

Mais faire ainsi dépendre le rapport entre le λόγος des mortels et le Λόγος tantôt de l'un, tantôt de l'autre, n'est-ce pas, pour parler comme Hegel, les faire tomber l'un en dehors de l'autre et supposer qu'ils sont chacun pour soi, laissant ainsi libre cours à la représentation ? N'est-ce pas s'interdire de comprendre comment l'ὁμολογεῖν peut convenir ou disconvenir au Λόγος, comment celui-ci réclame celui-là pour que des présants puissent paraître et apparaître dans la présance, convenance sans laquelle ὁ Λόγος ne serait pas Ἓν Πάντα ? Et qu'en conclure sinon d'abord

1. *Heraklit*, GA, Bd. 55, p. 315.

2. « Logos (Heraklit, Fragment 50) », in *Vorträge und Aufsätze*, GA, Bd. 7, p. 226, déjà cité.

3. *Ibid.*, p. 229.

4. *Ibid.*, p. 229-230.

5. *Ibid.*, p. 230.

que « le Λόγος ne peut pas plus être la surélévation du λέγειν des mortels que celui-ci le décalque du Λόγος déterminant [*maßgebenden*, qui donne la mesure] », sinon ensuite et surtout que « l'essencifiant (*das Wesende*) dans le λέγειν de l'ὁμολογεῖν » et « l'essencifiant dans le λέγειν du Λόγος ont simultanément une provenance plus initiale dans le milieu simple entre les deux »[1] ? Quel est alors ce milieu depuis lequel l'homme se rapporte à l'être et l'être à l'homme, depuis lequel λόγος et Λόγος sont appropriés l'un à l'autre, sinon ce d'où les présants adviennent à la présance, ce à partir de quoi se déploie l'unité de la λήθη et de l'ἀλήθεια, bref l'éclaircie de l'être et la vérité de son essence : l'*Ereignis*. De celui-ci, Heidegger a dit une fois qu'il est « le milieu se découvrant et se médiatisant lui-même (*die sich selbst ermittelnde und vermittelnde Mitte*) dans lequel doit être par avance repensée toute essencification (*Wesung*) de la vérité de l'être »[2].

1. « Logos (Heraklit, Fragment 50) », in *Vorträge und Aufsätze*, GA, Bd. 7, p. 230.

2. *Beiträge zur Philosophie*, GA, Bd. 65, p. 73. *Cf.* « "Wie wenn am Feiertage…" », in *Erläuterungen zu Hölderlins Dichtung*, GA, Bd. 4, p. 61 *sq.*

TROISIÈME PARTIE

ÉTANT, PRÉSANT, SÉJOURNANT, CHOSE

CHAPITRE IX

L'APPEL DU NOM

§ 1. PAS MÊME HÉRACLITE

Au seuil de l'*Ereignis*, Héraclite n'en suggère-t-il pas ainsi indirectement le chemin? Le λέγειν des mortels ne saurait seconder le Λόγος ni se recueillir sur le rassemblement originaire sans que l'ὁμολογεῖν ne s'accorde au Λόγος comme Ἓν Πάντα, sans que celui-là ne convienne à celui-ci, Λόγος à l'écoute duquel les mortels se tiennent, auquel ils appartiennent, par lequel ils *sont*. « C'est pourquoi Héraclite dit (B 43) : Ὕβριν χρὴ σβεννύναι μᾶλλον ἢ πυρκαϊήν, c'est la démesure qu'il faut éteindre plutôt que l'incendie. Il le faut (*braucht es*), ajoute Heidegger, car l'ὁμολογεῖν est requis (*braucht*) par le Λόγος si des présants doivent briller et apparaître dans la présance. L'ὁμολογεῖν, non-démesuré, convient à la mesure du Λόγος »[1]. Convenance et mesure qui relèvent de l'éclaircir de toute éclaircie dès l'instant où elles octroient la présance des présants. Inversement, si le dire des mortels, l'ὁμολογεῖν, ne reçoit pas sa mesure du Λόγος, si nous sommes saisis par l'ὕβρις qui, pour finir, se confond avec la métaphysique puisqu'il consiste à oublier l'essence du Λόγος en tant que τὸ Σοφὸν, disposition convenable, alors le chemin vers l'*Ereignis*, appropriation de l'être à l'homme et de l'homme à l'être, devient aussi impensable qu'impraticable. Aussi pouvons-nous voire devons-nous entendre l'avertissement d'Héraclite comme indiquant « la nécessité du plus nécessaire : avant de vous occuper des incendies, que ce soit pour les allumer ou les éteindre, éteignez d'abord le feu de la démesure qui sort de la mesure et faut à prendre la mesure parce qu'il oublie l'essence du Λέγειν »[2].

1. « Logos (Heraklit, Fragment 50) », in *Vorträge und Aufsätze*, GA, Bd. 7, p. 231.
2. *Ibid.*

C'est sur cette recommandation que s'achève la première version de l'étude consacrée au Λόγος héraclitéen[1]. À l'occasion de sa reprise dans les *Essais et conférences*, publiés à la fin de l'année 1954, Heidegger y ajouta trois pages. Avant de les examiner, revenons brièvement sur l'élaboration de ce volume. Issu du cycle des quatre conférences prononcées à Brême en décembre 1949, il en porta jusqu'au dernier moment le titre : *Einblick in das was ist*, Regard dans ce qui est[2]. Le 4 mai 1954, Heidegger confie à sa femme : « le travail sur "Regard" avance bien chaque matin; c'est seulement maintenant que je me heurte à une difficulté, à savoir que la suppression de la difficile conférence sur la langue fait ressortir une lacune, et les conférences sur le λόγος et le "poétique" demeurent sans le fondement nécessaire. C'est pourquoi je me demande si, malgré tout, je ne devrais pas ajouter quelque chose sur la langue »[3]. Et le 10 octobre suivant, après avoir reçu le premier exemplaire des *Essais et conférences*, il écrit à H. Arendt : « Si *tu* considères le recueil qu'est le nouveau livre, tu remarqueras la manière dont il est construit, comment le premier morceau en appelle au dernier et inversement. J'ai parfois pensé mettre explicitement le lecteur sur la voie. Il est toutefois préférable que ceux que cela concerne y parviennent par eux-mêmes »[4]. En marge, il précise : « les choses qui concernent la langue sont encore retenues »[5].

La difficile conférence en question est celle qui, cinq ans plus tard, ouvrira *En chemin vers la langue*. Heidegger a renoncé à l'inclure dans le recueil de 1954 car la question de la langue, en raison de son importance, exigeait une « publication séparée »[6]. Or, si l'essai sur Λόγος constitue « le pendant » de la conférence sur « *La langue* » ou si, comme le dit Heidegger, « le Λόγος d'Héraclite et ma "*Sprache*" entrent lentement en une nécessaire correspondance »[7], c'est seulement aux pages portant sur

1. Cf. *Festschrift für Hans Jantzen*, hrsg. von K. Bauch, Berlin, Gebr. Mann Verlag, 1951, p. 7-18.

2. Cf. *Bremer und Freiburger Vorträge*, GA. Bd. 79, p. 3-77. Seules les deux premières, « La chose » et « Le dispositif », figurent, plus ou moins modifiées, dans *Essais et conférences*.

3. « *Mein liebes Seelchen!* », *Briefe Martin Heidegger an seine Frau Elfride 1915-1970*, hrsg. von G. Heidegger, München, DVA, 2005, p. 298.

4. Hannah Arendt/Martin Heidegger, *Briefe 1925 bis 1975*, hrsg. von U. Ludz, Frankfurt am Main, Klostermann, 1998, p. 148.

5. *Ibid.*

6. Lettre du 8 mai 1954, in « *Mein liebes Seelchen!* », *op. cit.*, p. 298.

7. Lettres du 6 février et du 1er avril 1951, in Hannah Arendt/Martin Heidegger, *Briefe 1925 bis 1975*, *op. cit.*, p. 123-124 et 126.

Λόγος que pouvaient et devaient être ajoutées celles qui ont trait à la langue[1].

Quel en est le contenu ? Après avoir fait observer que traduire ὁ Λόγος par « pose recueillante » est, somme toute, moins déconcertant que d'avoir élevé un mot aussi courant que λόγος au rang de nom pour l'être, Heidegger y rappelle que, selon Héraclite, « le mot ὁ Λόγος nomme ce qui rassemble tout présant dans la présance et l'y laisse s'étendre-devant. Ὁ Λόγος nomme ce au sein de quoi advient (*sich ereignet*) la présance du présant »[2]. Ὁ Λόγος ne dit donc pas seulement la présance des présants mais aussi la dimension au sein de laquelle advient cette même présance : l'ἀλήθεια. Et dès l'instant où on entend par *feu* « le rassemblement qui propose (dans la présance) et qui expose », il devient possible d'affirmer que « τὸ Πῦρ est ὁ Λόγος »[3], que le feu est le Λόγος, feu logique dont tout mot et toute langue reçoivent leur ignescence, leur phosphorescence. Réponse est ainsi donnée à la question de savoir d'où provient la lumière dont le nom est porteur.

Une chose toutefois est de nommer ὁ Λόγος la présance du présant, une autre de penser la vérité de l'être dans sa différence d'avec l'étant. *Mais comment penser la différence* en tant que telle *sans la dire et comment la dire sans penser ce dire dans son rapport à la différence, à la vérité de l'être* ? Tâche d'autant plus nécessaire qu'elle est requise par le Λόγος lui-même puisque l'*en tant que* ne saurait apparaître sans l'ὁμολογεῖν et que notre λέγειν co-appartient à l'éclaircir de toute éclaircie ou, pour le dire autrement, puisque, « pour les Grecs, λέγειν signifie toujours en même temps proposer, exposer, raconter, dire. Ὁ Λόγος serait alors, écrit Heidegger, le nom grec pour le parler en tant que dire, pour la langue. Pas seulement. Pensé comme la pose recueillante, ὁ Λόγος serait, pensée de manière grecque, l'essence du dit. Langue serait disance (*Sage*). Langue serait : laisser s'étendre-devant rassemblant du présant dans sa présance »[4]. Reprenant, à propos de la langue, ce qu'il avait déjà affirmé de

1. Dans le volume de l'édition complète, l'ajout s'étend du dernier alinéa de la page 231 à la fin du texte page 234. Il est séparé de ce qui précède par un double interligne.

2. « Logos (Heraklit, Fragment 50) », in *Vorträge und Aufsätze*, GA, Bd. 7, p. 231-232. À la fin de la première phrase, Heidegger a noté en marge : « ἀλήθεια ».

3. « Aletheia (Heraklit, fragment 16) », in *Vorträge und Aufsätze*, GA, Bd. 7, p. 283.

4. « Logos (Heraklit, Fragment 50) », in *Vorträge und Aufsätze*, GA, Bd. 7, p. 232-233 ; cf. *Parmenides*, GA, Bd. 54, p. 129, déjà cité. Le mot *Sage* est le mot retenu pour dire l'essence de la langue lorsque, cessant d'être métaphysiquement comprise comme voix signifiante, elle est pensée depuis la vérité de l'être et ne peut plus être désignée par les mots de γλῶσσα, *lingua, language* ou langue qui, tous, renvoient à la φωνή. *Die Sage* « signifie : le dire et son dit et le disant-à (*das zu-Sagende :* Heidegger n'écrit pas *das Zusagende*, ce qui est à dire, et joue donc sur les deux sens) ». Et dire, c'est « montrer (*zeigen*) au sens de laisser paraître et

l'ἀλήθεια et de la λήθη, il ajoute : « en fait, les Grecs *habitaient* dans cette essence de la langue. Mais ils n'ont jamais *pensé* cette essence de la langue, pas même Héraclite »[1]. Passant à la ligne pour porter l'accent sur la manière dont le Λόγος et la langue correspondent, il conclut : « Ainsi les Grecs ont-ils bien l'expérience du dire. Ils ne pensent cependant proprement jamais, pas même Héraclite, l'essence de la langue comme le Λόγος, comme la pose recueillante »[2].

Pas même Héraclite – que marque cette insistance ? Penser la langue comme le laisser-s'étendre rassemblant les présants dans la présance requiert de penser *et* l'unité du retrait et du non-retrait puisque le Λόγος est en soi à la fois l'un et l'autre, *et* l'appartenance du λέγειν des mortels à celui du Λόγος, le rapport de l'être à l'homme et de l'homme à l'être. Or Héraclite n'a pas seulement pensé l'ὁμολογεῖν, le dire des mortels, comme ce qui accomplit le Λέγειν du Λόγος en laissant s'étendre-devant le laisser-s'étendre-devant-rassemblant lui-même, en exposant et reposant la pose recueillante mais il est encore le seul à avoir su que « ce qui règne dans le décèlement, c'est son se-celer »[3]. Au seuil de la vérité de l'être comme Λόγος, Héraclite aurait donc pu penser l'essence de l'être comme langue.

Mais pourquoi ce conditionnel sinon parce que les Grecs, pas même Héraclite qui se tenait dans le pressentiment de l'*Ereignis* où ce qui rapporte l'être et l'homme l'un à l'autre en les précédant l'un et l'autre, est l'éclaircir de toute éclaircie, sinon parce que les Grecs n'ont jamais proprement pensé *ni* l'essence de la langue *ni* l'unité de l'ἀλήθεια et de la λήθη que néanmoins ils habitaient, c'est-à-dire *qu'ils auraient pu penser*, sinon parce que penser la langue en tant que vérité de l'être est l'avenir réservé de leur avoir-été. Considérant la relation entre Λόγος et *Sprache* ou, cela revient au même, annonçant *En chemin vers la langue* depuis *Essais et conférences*, Heidegger ne dit rien d'autre. « Que serait-il advenu,

apparaître, cela toutefois sur le mode du faire-signe (*Winkens*) », mode qui unit décèlement et cèlement, présance et absance ; *cf.* « Aus einem Gespräch von der Sprache », in *Unterwegs zur Sprache*, GA, Bd. 12, p. 137. *Zeigen* d'abord et *sagen* ou *sagan* ensuite, proviennent de la même racine indo-européenne *seku̯-* ; *cf.* J. Pokorny, *Indogermanisches etymologisches Wörterbuch*, Bern-München, Francke Verlag, 1959-1969, Bd. III, p. 897 *sq.* Par ailleurs, l'ancien mot *disance*, encore présent dans *médisance*, est un nom abstrait d'action dont le suffixe *-ance* (latin *entia*) laisse résonner l'être.

1. « Logos (Heraklit, Fragment 50) », in *Vorträge und Aufsätze*, GA, Bd. 7, p. 232-233.

2. *Ibid.*

3. « Moira (Parmenides, VIII, 34-41) », in *Vorträge und Aufsätze*, GA, Bd. 7, p. 260. *Cf.* Héraclite DK 123 : φύσις κρύπτεσθαι φιλεῖ, « le surgir (à partir du se-retirer) accorde sa faveur au se-retirer », in « Aletheia (Heraklit, fragment 16) », *Vorträge und Aufsätze*, GA, Bd. 7, p. 277 *sq.*

demande-t-il, si Héraclite – et les Grecs après lui – avaient proprement pensé l'essence du langage en tant que Λόγος, en tant que pose recueillante ! Il serait advenu rien moins que ceci : les Grecs auraient pensé l'essence de la langue à partir de l'essence de l'être voire comme cette dernière même. Car ὁ Λόγος est le nom pour l'être de l'étant. Pourtant, tout cela n'est pas advenu. Que les Grecs aient pensé l'essence de la langue immédiatement depuis l'essence de l'être, nous n'en trouvons aucune trace. À la place, la langue a été représentée – et par les Grecs d'abord – à partir de la communication sonore, en tant que φωνή, comme son et voix, phonétiquement »[1].

S'il possède aussi une valeur interrogative, le point d'exclamation sur lequel s'achève la première des phrases à l'instant citées, concerne surtout le rapport entre Λόγος et *Sprache*, entre ce qui est grec et ce qui ne l'est plus ou pas encore, marque un étonnement distinct de celui qui porte sur l'être de l'étant et dont la philosophie est originaire *parce qu'il porte sur le retrait initial de ce dont provient l'être lui-même*. En effet, – conjecture étrange et audace extrême qui s'étendent à l'ensemble de l'histoire de l'être – si Héraclite avait proprement pensé la vérité de l'être comme langage, l'oubli de l'être ou la métaphysique qui est l'ὕβρις même voire, on ne saurait trop y insister, « le malin (*böse*) destin de l'être »[2], n'aurait jamais eu lieu, métaphysique qui repose sur le déplacement, le dépaysement, de l'être hors de sa vérité, hors de l'*Ereignis*. À la question : *que serait-il advenu* (was hätte sich ereignet) *si les Grecs avaient pensé l'essence du langage comme celle de l'être, avaient pensé la vérité de l'être comme langage* ?, à cette question il n'y a pas d'autre réponse que : l'*Ereignis* ou que *das Ereignis ereignet*, l'appropriation approprie[3], voire que *die Sprache spricht*, la langue parle, – réponses qui laissent entrevoir pourquoi et à quel titre la langue est le plus propre et le plus haut des modes de l'appropriation.

Ce qui aurait pu advenir n'est pas advenu – nous ne le savons que trop et pourtant jamais assez – et si les Grecs sont grecs pour n'avoir pas proprement pensé la vérité de l'être comme langage, Heidegger n'est plus grec dès lors qu'il s'attache à penser ce que les Grecs n'ont pas pensé et sans quoi ils n'auraient jamais pensé ce qu'ils ont pensé puisque la pensée, en tant que grecque, est pensée de l'être, puisque l'ἀλήθεια est la dimension où se déploie tout ce qui est grec. Cela implique, pour revenir sur une question laissée en suspens, que c'est depuis ce qui n'est plus grec que la

1. « Logos (Heraklit, Fragment 50) », in *Vorträge und Aufsätze*, GA, Bd. 7, p. 233.

2. « Der Spruch des Anaximander », in *Holzwege*, GA, Bd. 5, p. 353.

3. « Zeit und Sein », in *Zur Sache des Denkens*, GA, Bd. 14, p. 29. *Cf.* « Der Weg zur Sprache », in *Unterwegs zur Sprache*, GA, Bd. 12, p. 247.

langue grecque peut être proprement pensée comme langue *et* comme grecque. On mesure alors l'ampleur du chemin que la philologie et l'histoire de la philosophie qui en est solidaire devraient parcourir pour penser ce qu'elles font et ce dont elles parlent.

§ 2. LA LANGUE ET RIEN D'AUTRE

Commençant par rappeler que, d'une manière ou d'une autre, partout et toujours, « l'homme parle » – ce sont les premiers mots du texte intitulé *Die Sprache* qui, après avoir été retiré des *Essais et conférences*, ouvre *En chemin vers la langue* – voire que « l'homme, à la différence de la plante et de l'animal, est le vivant capable de parler » [1], Heidegger renoue avec la détermination métaphysique du λόγος dont le règne s'étend jusqu'à Humboldt qui, après avoir affirmé que « l'homme n'est homme que par la langue », ajoute aussitôt que « pour inventer la langue, il devait déjà être homme » [2].

Faute d'avoir pensé ce cercle, l'*Ereignis*, l'homme a fatalement pensé la langue selon ce qui s'en montre depuis les sens de l'être qui lui furent destinés, et c'est bien en fonction de l'être comme présance constante, *Vorhandenheit*, qu'Aristote a déterminé le λόγος ἀποφαντικός. Remonter de l'être à sa vérité dont l'homme est partie prenante, requiert par suite de penser la langue que parle ce dernier et qui le définit, en dehors de toute interprétation logico-grammaticale et de l'ontologie catégoriale qui la fonde[3]. D'autant plus que si, au commencement, « le Λόγος [...] est l'Ἀλήθεια » [4], il demeure qu'aucun Grec, pas même Héraclite, n'a pensé la langue en tant qu'essence ou vérité de l'être.

Entreprendre de penser la langue *ainsi*, en sa propre vérité, n'est-ce pas nécessairement tenter de penser la langue *et rien d'autre* ? Quel peut être le point de départ d'un tel dessein dont la conception même fait écho à Héraclite, sinon la langue elle-même ? « Nous aimerions penser-d'après [*nach-denken*, repenser, méditer] la langue elle-même et elle seule.

1. « Die Sprache », in *Unterwegs zur Sprache*, GA, Bd. 12, p. 9.

2. « Über das vergleichende Sprachstudium in Beziehung auf die verschiedenen Epochen der menschlichen Sprachentwicklung [1820] », in *Gesammelte Schriften*, *op. cit.*, Bd. IV, p. 15; trad. fr. D. Thouard, *Sur le caractère national des langues et autres écrits*, *op. cit.*, p. 85.

3. Cf. *Einführung in die Metaphysik*, GA, Bd. 40, p. 58 *sq.*

4. « Logos (Heraklit, Fragment 50) », in *Vorträge und Aufsätze*, GA, Bd. 7, p. 225-226, déjà cité.

La langue elle-même est : la langue et rien d'autre. La langue elle-même est la langue »[1]. Sans doute ces propositions qui, en deçà d'Aristote, renouent avec Héraclite, peuvent-elles passer pour des tautologies mais, logiquement, une tautologie est toujours vraie. Si la vérité du calcul propositionnel n'est pas celle dont il s'agit ici, la proposition *la langue est la langue* ne vise qu'à laisser la langue se dire telle qu'elle se déploie et, préludant à l'ellipse du verbe *être* en faveur de sa vérité, cet énoncé n'est plus tout à fait une proposition. À la question : « comment se déploie (*west*) la langue en tant que langue?», Heidegger répond en effet: «*la langue parle* (die Sprache spricht)»[2]. Au delà de la remise en cause de la distinction ontologico-grammaticale entre nom et verbe qui passent ici l'un dans l'autre, passage qui emporte la copule et la structure propositionnelle, cette réponse soustrait la langue à l'être pour la rendre à elle-même, à elle seule. Mais comment la rendre à elle seule sans, au double sens du génitif, la laisser parler d'elle-même, comment la laisser ainsi parler sans remonter du domaine où elle est uniquement nôtre à celui où elle ne l'est plus et où nous sommes siens, et comment un tel passage au cours duquel nous ne saurions manquer de changer de statut, pourrait-il avoir lieu si la langue elle-même ne nous avait pas préalablement montré le chemin en nous adressant son propre dire ?

Caractérisant ce à quoi doit exclusivement s'en tenir chacun des pas qui y achemine, Heidegger prévient que « c'est à la langue que nous laissons le soin de parler. Nous aimerions ni fonder la langue à partir d'autre chose qu'elle ne serait pas elle-même, ni expliquer autre chose par la langue »[3]. Congé est alors donné à une entreprise qui fut encore celle de l'analytique existentiale et si *fondement* est un nom pour l'être, si «l'essencifiant de l'essence s'est, de tout temps, déterminé comme le fondement»[4], les formules « langue est langue », « la langue est : langue », « la langue parle », enjoignent de penser cette dernière depuis un domaine autre que celui de l'être-fondement, et où l'homme ne peut plus être conçu comme le vivant qui possède le λόγος. Partant, «penser-d'après la langue veut dire: parvenir au parler de la langue de sorte qu'il advienne proprement (*sich ereignet*) comme ce qui accorde séjour à l'essence des mortels »[5].

1. « Die Sprache », in *Unterwegs zur Sprache*, GA, Bd. 12, p. 10.

2. *Ibid.*

3. *Ibid.*

4. « Das Wesen der Sprache », in *Unterwegs zur Sprache*, GA, Bd. 12, p. 165. Cf. *Sein und Zeit*, GA, Bd. 2, § 68, *d*, p. 461 *sq.*

5. « Die Sprache », in *Unterwegs zur Sprache*, GA, Bd. 12, p. 11.

§ 3. Le pur parlé

Où accéder alors au parler de la langue si ce n'est là où il a eu lieu en sorte de se déployer durablement sans jamais cesser de n'avoir affaire qu'à lui-même, là où, demeure de lui-même, il ne cesse de déployer purement son essence comme pur parlé (*Gesprochene*). Si tout poème dit ce qu'il dit et, d'une manière ou d'une autre, le poème qu'il est, si « le poème est pur parlé »[1], il n'est pas impossible d'atteindre celui-ci à partir de celui-là. Mais quel poème retenir et le choix n'en sera-t-il pas arbitraire? Sans doute, à moins que le poème retenu ne laisse entendre ce pur parlé, et que le choix en soit dicté par le parler de la langue qui s'adresse à nous à l'instant où nous tentons d'en penser l'essence, à l'instant où, dans une langue déterminée, le rapport de la langue à la vérité de l'être vient en question. « Choisissons, dit Heidegger, un poème qui, pour nos premiers pas et plus que d'autres, peut nous aider à éprouver, la force de ce lien »[2], un poème de Georg Trakl intitulé :

Ein Winterabend

Wenn der Schnee ans Fenster fällt,
Lang die Abendglocke läutet,
Vielen ist der Tisch bereitet
Und das Haus ist wohlbestellt.

Mancher auf der Wanderschaft
Kommt ans Tor auf dunklen Pfaden.
Golden blüht der Baum der Gnaden
Aus der Erde kühlem Saft.

Wanderer tritt still herein;
Schmerz versteinerte die Schwelle.
Da erglänzt in reiner Helle
Auf dem Tische Brot und Wein[3].

1. « Die Sprache », in *Unterwegs zur Sprache*, GA, Bd. 12, p. 14.

2. *Ibid.*

3. *Cf.* G. Trakl, *Sämtliche Werke und Briefwechsel*, Innsbrucker Ausgabe, Bd. 3, Basel/Frankfurt am Main, Stroemfeld/Roter Stern, 1995-2014, p. 404 *sq.*

Un soir d'hiver

Quand à la fenêtre tombe la neige,
Que longuement sonne la cloche du soir,
Pour beaucoup la table est mise
Et la maison est bien pourvue.

Plus d'un, en voyage,
Arrive à la porte par de sombres sentiers.
D'or fleurit l'arbre des grâces
Tirant de la terre sève fraîche.

Voyageur entre en silence;
Douleur pétrifia le seuil.
Là resplendit en pure clarté
Sur la table pain et vin.

Ce poème décrit simplement un soir d'hiver : il neige, l'angélus sonne, la table est mise. Certains, pérégrinant sur d'obscurs chemins, parviennent au seuil d'une maison où règne une pure clarté. Mais tenir ce poème – ou un autre – pour un récit et une description, n'est-ce pas admettre que la langue est le moyen dont se sert le poète pour exprimer ce qui se présente à lui ou ce qu'il se représente imaginairement ? Sans doute récit et description sont-ils soumis à la versification et à la rime mais d'une part la poésie ne s'y réduit pas et, d'autre part, la distinction de la forme et du contenu suppose toujours que la langue soit un moyen d'expression au service de l'homme.

Là où il s'agit de laisser parler la langue elle-même, *tâche dont la nécessité ressortit à la pensée et à l'histoire de l'être*, nous ne saurions suivre d'autre chemin que celui qui accompagne la manière dont la langue se déploie dans le pur parlé. Le poème nomme la neige qui tombe à la fenêtre, la cloche qui retentit et scande le temps. Cette nomination n'est pas un inventaire, ne revient pas à mettre un nom sur une chose ou un visage, ne consiste pas à attribuer prosaïquement un nom à un étant ou à des qualités prédonnées dont la présance serait reproduite ou figurée, elle n'est ni la désignation ni la « monstration de ce dont on s'occupe (δήλωμα τοῦ πράγματος) » [1], voire la genèse d'un symbole si, dans chacun de ces cas, le nommé est *par ailleurs déjà* accessible, présant.

1. *Cratyle*, 433 *d* 2 ; cf. *d* 7 – *e* 9.

Nommer, « c'est appeler par le mot. La nomination appelle »[1]. L'appel qui rend plus proche ce qu'il appelle, n'installe cependant pas l'appelé au milieu de ce qui est déjà présant, n'ajoute pas un étant à l'étant déjà là. Appelant ce qui n'était pas appelé, l'appel le laisse venir en présance ou le laisse paraître et ne saurait le faire sans se porter au loin, là où, absant, demeure l'appelé. Appelant l'appelé, l'appel le rapproche sans le soustraire au lointain puisqu'il s'y rend pour l'appeler. « L'appel appelle en lui-même et toujours va et vient; il vient : dans la présance (*Anwesen*); il va : dans l'absance (*Abwesen*). La chute de la neige et le tintement de la cloche nous sont, ici et maintenant dans le poème, adressés par la langue (*zu uns gesprochen*). Ils viennent en présance dans l'appel (*Sie wesen im Ruf an*) »[2].

La présance à laquelle sont appelées la neige et la cloche, la table et la maison, n'est pas celle qu'elles peuvent avoir dans un simple énoncé quotidien. Malgré l'apparence, les deux derniers vers du premier quatrain, « Pour beaucoup la table est mise/ Et la maison est bien pourvue », ne sont pas des propositions portant sur ce qui s'étend-déjà-là-devant, et où le *est* exerce la fonction logique de copule. Si le *est* du poème avait une signification catégoriale, l'unité poétique de la strophe s'en trouverait rompue et c'est pourquoi ce *est* laisse résonner un appel, évoque une présance qui est celle de l'appel, une présance qui, en tant que telle, se rapporte à l'absance. « Les vers portent la table mise et la maison bien pourvue dans cette présance maintenue vis-à-vis de l'absance »[3]. La présance de l'appelé n'est donc pas celle du constaté. Si la seconde est constante et la première liée à l'absance comme à son orient, celle-là est une modification de celle-ci. Autrement dit, la présance de ce qui est appelé est « plus haute »[4] que celle de ce qui s'étend là-devant, plus haute parce que plus riche puisqu'elle est liée à l'absance, et la nomination est l'expérience de l'être lui-même[5].

À l'instar de l'éloignement qui découvre quelque chose d'éloigné en le rapprochant et qui ne saurait être « abolition du lointain »[6] sans cesser d'en revenir et d'y revenir, l'appel est va-et-vient entre présance et absance.

1. « Die Sprache », in *Unterwegs zur Sprache*, GA, Bd. 12, p. 18.

2. *Ibid.*

3. *Ibid.* p. 19.

4. *Ibid.*, p. 18.

5. Cf. *Zum Wesen der Sprache und Zur Frage nach dem Kunst*, GA, Bd. 74, p. 18.

6. *Sein und Zeit*, GA, Bd. 2, § 23, p. 140. Cf. « *Heimkunft / An die Verwandten* », in *Erlaüterungen zu Hölderlins Dichtung*, GA, Bd. 4, p. 24 : « L'essence de la proximité se montre en ceci qu'elle rapproche le proche tout en le tenant au loin » et encore : « Dans l'essence de la proximité, advient une réserve celée (*ereignet sich ein verborgenes Sparen*). »

Unissant l'une et l'autre, le va-et-vient par lequel l'une se porte vers l'autre en se déportant de soi est ce par quoi la chute de la neige et le retentissement de la cloche *sont* en tant qu'appelées. Et si le va-et-vient dont l'appel est l'accomplissement donne l'être, il ne relève pas de l'être qu'il donne. Appelant à la présance, le nom ne procède pas de ce qu'il accorde ou, pour le dire autrement, allant et venant entre présance et absance, *le nom appartient à une dimension, à une contrée, au sein de laquelle présance* présente *et présance* non-présente *peuvent paraître en tant que telles.* Dire, avec une concision plus ou autre que grecque, dire que la neige qui tombe et la cloche qui sonne *wesen im Ruf an*, c'est alors parler depuis un autre site que celui de la métaphysique entendue comme le retrait de l'être ou de l'ἀλήθεια si, une fois encore, être ou présance signifie : hors du cèlement, demeurer devant dans le décèlement. Cette concision n'est pas grecque car, à la différence d'Héraclite qui, pensant que « le Λόγος est *en soi à la fois* un déceler et un celer »[1], ne le pense pas comme langue, Heidegger pense le va-et-vient entre présance et absance, leur unité, comme s'accomplissant dans et par l'appel du nom. « En tant qu'appel décelant, dit-il encore, le nommer est simultanément un cèlement »[2].

Les formules ὁ Λόγος λέγει et *die Sprache spricht* n'en reçoivent-elles pas alors un début de clarté ?

1. « Logos (Heraklit, Fragment 50) », in *Vorträge und Aufsätze*, GA, Bd. 7, p. 225-226, déjà cité.

2. « Das Gedicht » (1968), in *Erlaüterungen zu Hölderlins Dichtung*, GA, Bd. 4, p. 188.

CHAPITRE X

ACCORD ET DISCORD

§ 1. PRÉSANCE DANS L'ABSANCE

La première strophe du poème *Un soir d'hiver* « appelle (*ruft*) les choses, les appelle (*heißt*) à venir »[1]. Mais où et d'où ? La table que nomme le poème n'est pas appelée à prendre place au milieu de ce qui se trouve déjà-là-devant, car « le lieu d'arrivée appelé dans et avec l'appel est une présance abritée dans l'absance »[2]. Va-et-vient entre absance et présance, l'appel du nom se porte au loin pour quérir ce qu'il rapproche, et c'est pourquoi la présance de l'appelé, la présance appelée, est une présance abritée dans l'absance. *Abritée dans l'absance* ne signifie pas que la présance, en elle-même étrangère à l'absance, s'y trouve, par ailleurs, à couvert, *abritée dans l'absance* désigne le trait propre de la présance *appelée*. Et si tout lieu est rassemblement[3], la présance-abritée-dans-l'absance qui rassemble l'une et l'autre, se laisse penser comme un lieu et se distingue de cette présance qui, surgie du retrait dont elle se dépayse et s'extrade, persiste ou subsiste dans le non-retrait. Abritée par l'absance, la présance à laquelle les choses sont appelées, ne se confond pas avec la présance constante de l'étant qui, par sa constance, est découplée de l'absance et, appelant ce lieu et en ce lieu, le nom ne saurait y appeler que ce qui est susceptible d'y venir ou, pour le dire autrement, ce qui déploie sa

1. « Die Sprache », in *Unterwegs zur Sprache*, GA, Bd. 12, p. 19. Selon le dictionnaire Grimm, les équivalents latins du verbe *rufen* sont *clamare*, crier, *vocare*, appeler, et ceux du verbe *heißen : jubere*, ordonner, *vocare* et *nominari*, être nommé.

2. *Ibid.*

3. *Cf.* « Die Sprache im Gedicht », in *Unterwegs zur Sprache*, GA, Bd. 12, p. 33.

présance dans l'appel, l'appelé, la chose, doit convenir à la présance-abritée-dans-l'absance qu'accomplit l'appel.

Puisqu'on ne saurait expliciter le sens de la nomination et de l'appel indépendamment de celui de l'appelé ou du nommé, qu'est-ce qui distingue la chose appelée de l'étant énoncé, et comment discerner l'un de l'autre sans commencer par remonter au sens initial de l'étant, c'est-à-dire à la différence ontologique? Si celle-ci concerne l'*être* et l'*étant*, mots par lesquels nous avons coutume de traduire εἶναι et ὄν ou τὰ ὄντα, qu'entendaient les Grecs par ces mots lorsqu'ils furent initialement dits, et quelle expérience firent-ils de la différence en question? Élucidant le sens des formes archaïques ἐόν et ἐόντα au fil conducteur du vers de l'*Iliade* déjà évoqué où il est dit que le devin Calchas « avait vu aussi bien l'étant que l'étant-advenant et l'étant-jadis-venu, ᾔδη τά τ' ἐόντα τά τ' ἐσσόμενα πρό τ' ἐόντα »[1], Heidegger souligne que si ἐόντα, l'étant, nommé en premier, désigne ce qui vient en présance dans le non-retrait, dans l'ἀλήθεια, il n'en demeure pas moins que l'étant-à-venir et l'étant-jadis-venu *sont* aussi des étants, et qu'à ce titre ils doivent aussi, autrement certes, venir en présance. Qu'est-ce qui discrimine alors les uns des autres et où le rechercher sinon dans la manière dont ils accomplissent leur présance, leur être? Cela a déjà été dit, relativement au mode d'accomplissement de la présance, le présant (*Anwesende*), l'étant, est présent (*gegenwärtig*) lorsqu'il demeure dans le non-retrait, non-présent (*ungegenwärtig*) quand il n'y demeure pas encore ou déjà plus. Aussi est-ce en fonction d'un rapport différent au non-retrait et donc au retrait, que l'étant présent se distingue de l'étant non-présent : à venir ou jadis venu.

Cette distinction serait toutefois impossible si les présants à venir ou jadis venus et qui, à ce titre, sont « hors de la contrée du non-retrait »[2], n'y étaient pas, à un autre titre, présents. En effet, si « le présant (*Anwesende*) non-présent est l'ab-sant (*das Ab-wesende*) »[3], d'une part il est compris depuis le présant-présent, d'autre part il ne saurait être saisi *en tant qu'*absant sans venir en présance au sein de la contrée du non-retrait, *sans que le retrait*, en tant que *retrait*, *appartienne au non-retrait*, y soit abrité, à défaut de quoi nous ne saurions en parler. L'absant est dans cette contrée *en tant que* n'y étant pas et n'y est pas *en tant qu'*y étant puisque, dans tout les cas, l'*en tant que* advient dans le non-retrait. C'est pourquoi il y a une

1. *Iliade*, I, v. 70. Sur ἐόν et ὄν, cf. « Der Spruch des Anaximander », in *Holzwege*, GA, Bd. 5, p. 344 et « Moira (Parmenides VIII, 34-41) », in *Vorträge und Aufsätze*, GA, Bd. 7, p. 245.

2. « Der Spruch des Anaximander », in *Holzwege*, GA, Bd. 5, p. 347.

3. *Ibid.*

primauté des présants présents (τὰ ἐόντα) sur ceux qui ne le sont pas (τὰ ἐσσόμενα et πρὸ ἐόντα) et cette priorité requiert que le mode sur lequel s'accomplit la présance des premiers permette les modes sur lesquels s'accomplit la présance des seconds. Si « τὰ ἐόντα nomme de manière ambiguë aussi bien le présant-présent que le présant non-présent »[1], l'absant, cette ambiguïté doit tirer son origine du mode sur lequel l'ἐόν vient en présance dans la contrée du non-retrait puisqu'en tout état de cause « ἐόν signifie : venant en présance dans le non-retrait »[2].

Quel est ce mode et quel est son rapport à l'absance? « Le présant présent dans le non-retrait y séjourne comme dans la contrée ouverte. Le séjournant [*Weilende*, *Weilige :* le passager] présent dans la contrée y vient depuis le retrait et arrive dans le non-retrait. Mais, séjournant sur le mode de l'arrivée, le présant *est* dans la mesure où déjà aussi il part du non-retrait et s'en va dans le retrait. Le présant présent séjourne à chaque fois de manière passagère. Il demeure en arrivée et en partance. Le séjourner (*das Weilen*) est le passage de venue à allée. Le présant est le séjournant-toujours-en-passant (*das Je-weilige*). En transit, il séjourne encore dans la provenance et déjà dans le départ. Le présant séjournant en passant, le présant présent, se déploie à partir de l'absance. Tel est ce qu'il faut dire du proprement présant que notre représentation habituelle voudrait séparer de toute absance »[3].

En d'autres termes et si, derechef, être ou présance signifie : hors du cèlement, demeurer devant dans le décèlement, un présant est présentement séjournant *en tant que* présent *et* non-présent, faute de quoi il ne serait ni *séjournant* ni *un*. Présent, passé, avenir sont, une fois encore, des modes d'accomplissement de l'être de l'étant, des modes descriptibles de la venue en présance ou, pour le dire autrement, le temps n'est pas l'être de l'étant mais appartient à l'être de l'étant. « La présance est essentiellement un séjour »[4], a dit une fois Heidegger, faisant ainsi pleinement droit à la verbalité de l'être ou, cela revient au même, au rapport de l'ἀλήθεια à la λήθη qui est l'être lui-même.

1. « Der Spruch des Anaximander », in *Holzwege*, GA, Bd. 5, p. 349.

2. *Ibid.*, p. 347; *cf.* p. 349, 370.

3. *Ibid.*, p. 350.

4. *Der Spruch des Anaximander*, GA, Bd. 78, p. 136; *cf.* p. 218. Trois ans plus tard, il définira le séjour (*Weile*) comme »l'approprier (*Ereignen*) pré-temporel du temps » et l'ampleur (*Weite*) comme « l'approprier pré-spatial de l'espace », in *Zum Wesen der Sprache und Zur Frage nach dem Kunst*, GA, Bd. 74, p. 44.

§ 2. SÉJOURNER ET PERSISTER

Le verbe *weilen*, séjourner, autour duquel gravite toute cette description signifie *quiescere*, se reposer, *morari*, s'attarder. Séjourner, c'est venir de... *et* partir vers... À Faust qui se dégage de son étreinte pour l'entraîner hors du cachot, Marguerite répond : *O weile! Weil'ich doch so gern wo du weilest*, ce que Nerval traduit par : « Oh ! reste ! j'aime tant à être où tu es ! »[1], réplique d'où il ressort que le verbe *weilen* désigne une présance passagère, liée à l'absance, une présance s'absentant. Le séjour est le mode sur lequel s'accomplit la présance en tant qu'elle est passage d'une absance à une autre, le mode sur lequel a lieu la présance quand elle n'est pas encore ou n'est plus constance. Aussi, souligner que le présant *est* pour autant qu'il séjourne sur le mode de l'arrivée (γένεσις) *et* du départ (φθορά), l'une n'allant pas sans l'autre, ou, pour le dire autrement, que γένεσις et φθορά appartiennent à l'être de l'étant comme l'apparaître et le disparaître appartiennent au paraître, aussi souligner cela est-ce signifier que, selon l'expérience grecque initiale, « extérieure à la philosophie et qui, à tout point de vue, précède le dire de la pensée »[2], le présant accomplit sa présance – son *est* – dans la conjonction de l'arrivée et du départ telle qu'elle se produit dans le non-retrait relativement auquel arrivée de... et départ vers... il y a.

Inversement, la rupture de cette conjonction ouvre la possibilité de notre représentation courante de l'étant et, au regard de l'expérience initiale toujours, il n'est pas encore possible de dire sans plus que « l'être se retire tandis qu'il se décèle dans l'étant »[3], voire de parler d'étant *s'il appartient essentiellement à ce dernier de prendre le pas sur l'être*. Par suite, *das Je-Weilige*, ce-qui-à-chaque-fois-séjourne-en-passant, n'est pas *das Seiende*, l'étant – Heidegger écrit *das Je-Weilige* et non *das Jeweilige* : l'étant de chaque fois –, n'est pas *das Anwesende*, le présant, et le séjourner (*Weilen*) n'est pas la présance (*Anwesen*) ou l'être (*Sein*). Il faut y insister, traduire ἐόν par *ce-qui-à-chaque-fois-séjourne-en-passant* et ὄν par *étant* ou *présant*, c'est renvoyer à des situations descriptives qui pour n'être pas sans rapport les unes avec les autres, n'en demeurent pas moins *essentiellement* distinctes les unes des autres. Si, par exemple, le *séjourner-en-passant* ne va pas sans le *à-chaque-fois*, le particulier et l'universel sont propres à l'étant. Pour Homère, dont le dire précède ceux d'Anaximandre, d'Héraclite et de Parménide, « τὰ ἐόντα, l'ainsi nommé étant, ne désigne

1. Goethe, *Faust I*, v. 4479-4480.

2. « Der Spruch des Anaximander », in *Holzwege*, GA, Bd. 5, p. 343.

3. *Ibid.*, p. 337.

pas du tout les choses naturelles. Par ἐόντα et dans le cas en question, le poète nomme la situation des Achéens devant Troie, la colère du dieu, le ravage de la peste, le feu du bûcher, le désarroi des princes et autres. Dans la langue d'Homère, τὰ ἐόντα n'est pas un mot conceptuel philosophique mais un mot pensé et dit de manière pensante »[1]. Les ἐόντα dont parle Calchas ne doivent donc pas être confondus avec τὰ φυσικά ou τὰ ὄντα, au sens que ces mots prennent chez Platon ou Aristote, voire déjà chez Héraclite et Parménide.

Serti d'absance, le déploiement des ἐόντα rend ainsi possible celui des présants non-présents et l'ambiguïté de l'ἐόν qui désigne le présant présent et le présant qui ne l'est pas (à venir ou jadis venu) trouve bien son origine dans la manière dont se déploie la présance séjournante qui lui est propre. Mais comment *das Je-Weilige* donne-t-il lieu à *das Seiende* au sens de ce qui est constamment séparé de l'être ou comment la différence ontologique sourd-elle de l'expérience initiale des ἐόντα ?

Séjournant en passant, l'ἐόν accomplit son séjour dans le non-retrait comme passage du retrait au non-retrait *et* du non-retrait au retrait, double passage qui appartient au déploiement initial de l'être. « Toutefois, en tant que présant, le à-chaque-fois-séjournant-en-passant peut, lui précisément et seulement lui, demeurer-en-son-séjour (*in seiner Weile sich verweilen*). L'arrivé peut même s'en tenir (*bestehen*) à son séjour uniquement pour rester ainsi plus présant au sens du constant (*Beständigen*). Le à-chaque-fois-séjournant persiste (*beharrt*) dans sa présance. Il s'excepte ainsi de son séjour transitoire. Il se rengorge dans l'entêtement à persister. Il ne se tourne plus vers l'autre présant. Et comme si c'était cela le demeurer-en-séjour (*Verweilen*), il se raidit dans la constance du tenir durablement »[2]. Cette hypotypose, qui met en relief la mutation toujours possible de *ce-qui-à-chaque-fois-séjourne-en-passant* en *étant persistant*, du séjour passager en résidence permanente, est décisive à raison de son ambiguïté puisqu'elle ouvre *et* sur l'essence de la technique qui se déploie en tant qu'insurrection triomphante de l'étant contre l'être, du présant contre la présance, *et* sur ce que Heidegger entend par *chose*, étrangère à toute persistance.

Comment cela? Nommant la neige et la cloche du soir, la table et la maison, le poème « convie les choses à venir auprès des hommes en tant que choses. La neige qui tombe porte les hommes sous le ciel qu'assombrit la nuit. Le son de la cloche du soir les porte comme mortels face au divin. Maison et table lient les mortels à la terre. Les choses nommées, donc

1. « Der Spruch des Anaximander », in *Holzwege*, GA, Bd. 5, p. 350.
2. *Ibid.*, p. 355.

appelées, rassemblent auprès d'elles ciel et terre, mortels et divins. Les quatre sont un l'un-à-l'égard-de-l'autre originairement unis. Les choses laissent séjourner auprès d'elles le quadrat des quatre. Ce laisser-séjourner rassemblant est le choser des choses »[1].

De cette description, qui reprend cursivement celle de la cruche dans la conférence consacrée à *La chose*, nous ne retiendrons ici que ce qui distingue l'étant de la chose qu'appelle le nom. Si la chose « laisse demeurer-en-séjour ciel et terre, les divins et les mortels », le demeurer-en-séjour qui lui est propre « n'est plus le simple persister d'un étant-devant-la-main. Demeurer-en-séjour laisse paraître (*Verweilen ereignet*). Demeurer-en-séjour porte les quatre à la clarté de leur propre. À partir de la simplicité de celui-ci, ils sont confiés les uns aux autres. Unis en ce l'un-à-l'égard-de-l'autre, ils sont décelés (*unverborgen*) »[2].

Alors que l'étant demeure en persistant à part et persiste en demeurant à part, la chose laisse demeurer ensemble ciel et terre, divins et mortels ; alors que l'étant persistant *se* montre lui-même et *de* lui-même, en un mot est phénomène[3], le laisser-demeurer-ensemble propre à la chose est un laisser-paraître[4] où, confiés aux autres, chacun des quatre est décelé – montré – par les autres. Nous ne saurions donc accéder à la chose, ni entendre à quel titre elle est appelée par la nomination, sans la distinguer de ce séjournant persistant qu'est l'étant mais aussi du séjournant passager qui, *pouvant* se faire persistant, ne séjourne pas dans le non-retrait au sens où le ciel et la terre, les divins et les mortels séjournent dans la chose. Il importe de le rappeler, remonter du séjournant-persistant au séjournant-passager, de l'étant à la chose, n'a ici d'autre but que de permettre d'accéder au rapport entre le nom qui appelle *et* la chose appelée, *rapport constitutif du nom lui-même si ce n'est de la chose*, et rapport au sein duquel nous ne cessons de nous mouvoir, rapport qui, pour le dire dans la langue de la métaphysique, est celui de l'être et de la parole où initialement il se donne, « rapport qui assaille la pensée de manière si bouleversante qu'il s'annonce dans un

1. « Die Sprache », in *Unterwegs zur Sprache*, GA, Bd. 12, p. 19.

2. « Das Ding », in *Vorträge und Aufsätze*, GA, Bd. 7, p. 175.

3. Cf. *Sein und Zeit*, GA, Bd. 2, § 7, A, p. 38 *sq*.

4. Selon le *Deutsches Wörterbuch* de J. u. W. Grimm, le verbe *eräugnen*, *ereugnen*, *ereignen*, signifie *contingere* (toucher, atteindre, être en rapport), *accidere* (tomber sous les yeux), *erscheinen* et *sich offenbaren*, apparaître et se manifester. *Ereignen* peut donc être traduit par *laisser-paraître* si on entend par là un apparaître issu d'un rapport de co-appartenance.

unique mot : λόγος » qui « parle tout à la fois comme nom pour l'être et pour le dire »[1].

§ 3. Laisser séjourner

La mutation du séjournant transitoire en étant persistant est décrite au cours de l'interprétation de la parole d'Anaximandre qui, pour être la plus ancienne de la pensée grecque, ne peut manquer de parler de l'expérience initiale des ἐόντα, de ce qui à chaque fois séjourne en passant, de l'expérience d'une présance ajointée à l'absance. Mais, s'agissant de la plus ancienne parole de la pensée occidentale, que faut-il entendre par expérience initiale, sinon celle qui, empreinte encore de la vérité de l'être, en est simultanément l'effacement et le retrait dont la différence ontologique est le mode d'accomplissement. Sans cela, Héraclite n'aurait jamais pu penser dans le pressentiment de l'*Ereignis*. Portant sur ce qui à chaque fois séjourne en passant, la parole d'Anaximandre dont l'interprétation constitue pour ainsi dire une incomparable archéologie et qui, à ce titre, se tient au centre de la pensée de Heidegger, cette parole statue sur ce qui n'est déjà plus la chose et pas encore l'étant. Toute transition laissant transparaître chacun des termes entre lesquels elle intervient à la lumière de l'autre, il doit être possible d'entr'apercevoir la différence entre chose et étant depuis ce qui séjourne en passant, différence dont l'explicitation est nécessaire à celle de ce qu'appelle le nom et donc à celle du nom lui-même.

De la parole d'Anaximandre telle qu'elle fut transmise, Heidegger ne retient finalement que les mots : « … κατὰ τὸ χρεών· διδόναι γὰρ αὐτὰ δίκην καὶ τίσιν ἀλλήλοις τῆς ἀδικίας », mots dont, avant tout examen, il donne la traduction suivante : « … selon la nécessité; car ils se paient les uns aux autres châtiment et réparation pour l'injustice »[2]. La parole est composée de deux phrases dont la première est lacunaire. Aussi est-ce de la seconde que l'interprétation doit partir. Une fois établi que cette dernière a pour thème ce qui, d'une manière ou d'une autre, vient en présance dans le non-retrait, Heidegger précise que τὰ ἐόντα nomme « tout présant venant-en-présance sur le mode du séjournant passager : dieux et hommes,

1. « Das Wesen der Sprache », in *Unterwegs zur Sprache*, GA, Bd. 12, p. 174. *Cf.* « Das Wort », in *Unterwegs zur Sprache*, GA, Bd. 12, p. 224-225.

2. « Der Spruch des Anaximander », in *Holzwege*, GA, Bd. 5, p. 341. « Finalement » car aucune des interprétations qu'en donna Heidegger avant celle publiée en 1950 dans les *Holzwege* n'adopte cette leçon ; cf. *Der Anfang der Abendländischen Philosophie* [1932], GA, Bd. 35, p. 2 *sq.*, *Grundbegriffe* [1941], GA, Bd. 51, p. 95 *sq.*, *Der Spruch des Anaximander* [1942], GA, Bd. 78, p. 1 *sq.*

temple et ville, mer et terre, aigle et serpent, arbre et buisson, vent et lumière, pierre et sable, jour et nuit.» Et aussitôt après cette suite de couples, il explique que «le présant co-appartient à l'Un de la présance, puisque, en son séjour, chaque présant est présant de manière séjournante à l'égard de chaque autre. Cette multitude (πολλά) n'est pas l'alignement d'objets séparés derrière lesquels se tiendrait quelque chose qui les comprendrait en leur somme. Au contraire, dans la présance en tant que telle règne le séjourner-l'un-avec-l'autre d'un rassemblement celé. C'est pourquoi Héraclite, apercevant dans la présance cette essence rassemblante-unifiante et décelante, nomme Λόγος l'Ἕν (l'être de l'étant)»[1]. Mais si tels sont les ἐόντα dont parle la plus ancienne parole de la pensée occidentale dès lors qu'ils lui sont proposés par sa langue même, langue à laquelle Héraclite ne saurait également manquer de répondre puisqu'elle précède le dire de la pensée, qu'en dit-elle et comment Anaximandre comprend-il la présance de ces présants qui *séjournent les uns* avec *les autres* dans le non-retrait? Le dernier mot de la seconde phrase fournit la réponse: tout présant est dans l'ἀδικία, mot ordinairement traduit par injustice.

Mais que signifie l'ἀδικία lorsqu'elle caractérise la présance des présants et quel est le sens de la δίκη dont cette ἀδικία est la privation? De passage, les ἐόντα séjournent les uns avec les autres au sein du non-retrait et loin d'être celle de chaque séjournant pris à part, la présance en ordonne le commun séjour et le séjour en commun, se déploie dans les rapports des séjournants les uns avec les autres, si ce n'est en tant que ces rapports. La présance est alors δίκη, mot qu'il n'est plus alors possible de traduire par *Gerechtigkeit*, justice, mais, rendant à l'être ce que le droit en avait détourné, par *Fug*, accord, et que, dit Heidegger, «nous comprenons d'abord comme ajointement et conjonction (*Fuge und Gefüge*); ensuite comme injonction (*Fügung*), comme la directive que ce qui règne souverainement donne à son règne; enfin comme la conjonction ordonnatrice qui contraint à l'insertion et au se-soumettre (*das fügende Gefüge, das Einfügung und Sichfügen erzwingt*)»[2].

Anaximandre aurait-il pu toutefois faire de l'ἀδικία un trait fondamental des présants sans avoir auparavant fait l'expérience de la δίκη en tant que rassemblement ordonné des séjournants? Assurément non. Quelle est cette expérience ou quel est le mode d'accomplissement de la δίκη lorsqu'elle règne sur les dieux *et* les hommes, la mer *et* la terre, le vent *et* la

1. «Der Spruch des Anaximander», in *Holzwege*, GA, Bd. 5, p. 353-354.

2. *Einführung in die Metaphysik*, GA, Bd. 40, p. 169.

lumière, le jour *et* la nuit. Il n'y aurait guère de sens à nommer chaque séjournant *avec* un autre si leur rapport n'était pas essentiel au séjour de chacun d'entre eux, si cet *avec* ne caractérisait pas le mode d'accomplissement de leur être ou présance. À cet égard, il en va de même pour la chose puisqu'au terme de la conférence qui porte ce titre, tout en suggérant que le domaine des choses n'est pas moindre que celui de l'étant relevant de la φύσις et de la τέχνη, Heidegger souligne combien « peu de chose est la chose : la cruche et le banc, la passerelle et la charrue. Mais, à leur manière, l'arbre et l'étang, le ruisseau et la montagne, sont aussi des choses. Le héron et le chevreuil, le cheval et le taureau sont des choses, et chosent à chaque fois selon leur mode. Le miroir et l'agrafe, le livre et l'image, la couronne et la croix, sont des choses chosant à chaque fois selon leur mode »[1]. Par contraste avec l'étant, choses et séjournants ne font pas abstraitement nombre les uns avec les autres puisqu'*à chaque fois* (jeweils) ils séjournent et elles chosent de façon différente. Et s'il est possible de parler de l'étant en totalité, il est sans doute impossible d'inclure les choses dans un tout dont elles seraient autant de parties. En un sens qui n'a rien de grammatical, le nom de chaque chose est un nom propre, et le nom de *chose* lui-même n'est pas un nom mais un verbe : *das Ding dingt*, la chose chose. N'est-ce pas suggérer du même coup que celle-ci ne ressortit pas à la différence ontologique depuis laquelle *l'étant en totalité* signifie l'être de l'étant ?

Revenons aux séjournants auxquels il est essentiel de s'en tenir sans les tenir pour des exemples de présant et *a fortiori* d'étant. Le jour diffère de la nuit et la nuit du jour mais, dit Héraclite à l'encontre d'Hésiode, ils sont un : ἔστι γὰρ ἕν[2]. Que signifie cette affirmation ? Si comme nous l'avons vu, l'ἕν est tout à la fois unifiant et différenciant, il est ce qui tient le rapport des séjournants les uns avec les autres ou encore ce qui les laisse appartenir les uns aux autres. À raison de leur contrariété, le jour n'*est* jour que dans son rapport à la nuit, la nuit n'*est* nuit que dans son rapport au jour, le lever du jour *est* la fin de la nuit, la tombée de la nuit *est* la fin du jour et par fin il faut ici entendre ce à partir de quoi commence l'un et l'autre. En ce sens, la nuit abrite l'être du jour et le jour celui de la nuit. La présance présente du jour *est* la présance non-présente de la nuit ou, pour le dire autrement, « le présant présent n'est présent que dans la mesure où il se laisse appartenir au présant non-présent »[3]. Se laissant ainsi appartenir l'un à

1. « Das Ding », in *Vorträge und Aufsätze*, GA, Bd. 7, p. 183-184.
2. *Cf.* DK 57 ; Hésiode, *Théogonie*, v. 748 *sq.* et Homère, *Odyssée*, X, v. 86.
3. « Der Spruch des Anaximander », in *Holzwege*, GA, Bd. 5, p. 357.

l'autre, nuit et jour peuvent recevoir le nom de séjournant et l'un diffère de lui-même en accomplissant l'unité du cèlement et du décèlement.

Dès lors, pour un présant-présent, se-laisser-appartenir à un autre présant non-présent comme ce dont il vient et à quoi il va, c'est séjourner en passant et ainsi laisser séjourner l'autre présant auquel il appartient. Pour un séjournant, *séjourner est laisser-séjourner les autres séjournants, le monde, et ce laisser-séjourner est δίκη*. Au sujet des premiers mots du fragment 80 d'Héraclite, « εἰδέναι δὲ χρὴ τὸν πόλεμον ἐόντα ξυνὸν καὶ δίκην ἔριν... / il est nécessaire de maintenir le regard sur le s'expliquer-l'un-avec-l'autre essencifiant en tant qu'il assemble et sur l'ajointement en tant que contrariété... », Heidegger expliquait : « en tant qu'ajointement qui conjoint, δίκη appartient au s'expliquer-l'un-contre-l'autre par où la φύσις, s'ouvrant, laisse paraître (venir en présance) l'apparaissant, et ainsi se déploie en tant qu'être. » Aussi la δίκη préside-t-elle au séjour *respectif* de chacun des ἐόντα, ce qui accorde à chacun son titre de séjour avec les autres, ce par quoi chaque séjournant défère aux autres et « l'être en tant que δίκη est la clé de l'étant selon sa conjonction »[1]. L'ajointement de ce-qui-séjourne-en-passant et, du même coup, l'ajointement de la présance à l'absance puisque séjourner, c'est venir et partir, cet ajointement est le mode d'accomplissement de la δίκη et si « le séjour se déploie dans l'ajointement (*Weile west in der Fuge*) »[2], l'ἀδικία en tant que trait de la présance est cette disjonction ou ce discord par lequel chaque séjournant se détourne des autres en se repliant sur son quant-à-soi, en tant que soi, dans l'identité à soi qui n'est plus alors que la conséquence du retrait de l'être.

1. *Einführung in die Metaphysik*, GA, Bd. 40, p. 175 où, après avoir évoqué Sophocle, Anaximandre, Héraclite et Parménide, Heidegger conclut « que le dire poétique *et* le dire pensant de l'être nomment, c'est-à-dire instituent et circonscrivent celui-ci avec le même mot δίκη. »

2. « Der Spruch des Anaximander », in *Holzwege*, GA, Bd. 5, p. 355.

CHAPITRE XI

LA TRAGÉDIE DE LA DIFFÉRENCE

§ 1. LA DÉFÉRENCE

La seconde phrase de la parole d'Anaximandre ne se réduit pas à son dernier mot : ἀδικία. Indissociable de la détermination de la δίκη comme « accord ordonnant-accordant (*fugend-fügende Fug*) » et de l'ἀδικία comme « disjonction » et « discord »[1], la mutation du séjour passager déférent en résidence arrogante et permanente, concerne le sens de la présance des présants. L'ἀδικία règne sur les ἐόντα dont la présance est disjointe de l'absance en sorte que, se tenant dans la disjonction, ils se font séparément persistants, et leur présance, constance, rien que constance. Séjournant *ne* laissant *pas* séjourner, le présant est disjoint des autres présants et de leur commune présance. La différence entre présance et présant est alors consommée. Selon une autre description, « au sein de la présance elle-même qui, à chaque fois, fait demeure au présant dans la contrée du non-retrait, s'insurge la constance. Par ce caractère insurrectionnel du séjour, le séjournant-passager consiste en pure et simple constance. Le présant vient alors en présance sans et contre l'ajointement du séjour »[2], contre la présance rassemblante, contre l'être.

Toutefois, la parole d'Anaximandre « ne dit pas seulement que le présant de passage se perd dans la disjonction. La parole dit aussi qu'à l'égard de la disjonction, ce-qui-à-chaque-fois-séjourne-en-passant διδόναι δίκην, donne ajointement »[3]. Loin d'être l'unique trait de la

1. « Der Spruch des Anaximander », in *Holzwege*, GA, Bd. 5, p. 357.
2. *Ibid.*, p. 356.
3. *Ibid.*

présance des ἐόντα, des séjournants, l'ἀδικία n'en est, initialement du moins, qu'un moment mais un moment surmonté puisque les séjournants se tenant dans la disjonction donnent ajointement.

Qu'entendre par là et comment un présant se tenant dans l'ἀδικία, dans la disjonction, peut-il donner ajointement, διδόναι δίκην? C'est uniquement par le mode de sa présance qu'un présant peut donner l'ajointement de cette dernière. Et si donner signifie « laisser appartenir à un autre ce qui, en tant qu'appartenance, lui est approprié »[1], si donner est un mode de l'*Ereignis*, un présant ne peut donner l'ajointement de sa présance à un autre qu'en appartenant, *dans et par sa présance même*, à cet autre présant. À nouveau, *un présant séjourne en passant lorsqu'il laisse séjourner les autres présants qui, eux-mêmes, le laisse séjourner*. Disant que « l'ajointement appartient au à-chaque-fois-séjournant-en-passant qui est à la place qui lui revient dans l'ajointement », ou que « l'ajointement est l'accord (*Die Fuge ist der Fug*) »[2], Heidegger ne dit rien d'autre.

Encore faut-il qu'en donnant ajointement le présant ne se perde pas dans l'inconsistance, encore faut-il qu'il puisse tirer sa consistance de son séjour ou que celle-ci ne soit pas persistance. Séjourner, c'est arriver et partir, mais aussi se tenir *entre* l'un et l'autre. En ce sens, le séjour, l'être du séjournant, « consiste dans l'ajointement du passage entre arrivée et départ » et « ce consister à chaque fois séjournant est l'accordante constance (*fügliche Beständigkeit*) du présant. Il ne consiste précisément pas dans la pure et simple persistance »[3]. La constance *accordante* surmonte donc la constance *persistante* et ce qui séjourne-en-passant vient en présance de manière à s'accorder, par le mode même de cette présance, aux autres présants, accomplissant ainsi son essence séjournante, sa mondanité. Le jour n'est pas le jour en tant que séparé de la nuit mais en tant qu'il appartient à la nuit et l'*en tant que* – la constance – n'a pas à chaque fois le même sens. L'*en tant que* de la constance persistante signifie l'identité à soi de l'étant, l'*en tant que* de la constance accordante signifie que chaque séjournant est proprement séjournant en laissant séjourner les autres séjournants ou, pour parler la langue de la persistance, que l'identité du séjournant est confiée aux autres, que l'identité *est* différence, ce qui ne veut pas dire, loin s'en faut, et cet éloignement est décisif, que l'identité est l'identité de l'identité et de la différence.

1. *Ibid.*, p. 357.
2. *Ibid.*
3. *Ibid.*

Le jour *et* la nuit, les dieux *et* les hommes, le temple *et* la ville, la mer *et* la terre, l'aigle *et* le serpent, l'arbre *et* le buisson, le vent *et* la lumière, la pierre *et* le sable, chacun de ces séjournants présents appartient, en sa présance même, aux séjournants non-présents et, *par sa présance, chaque présant séjourne en laissant séjourner d'autres présants.* « Ce n'est pas dans l'ἀδικία prise en elle-même, dans la disjonction, que consiste la présance de l'à-chaque-fois présant, mais dans le διδόναι δίκην... τῆς ἀδικίας, en ceci que le présant à chaque fois laisse avoir lieu l'accord. Le présant présent n'est pas glissé, amputé, entre les présants non-présents. Le présant présent n'est présent que dans la mesure où il se laisse appartenir au non-présent : διδόναι... αὐτὰ δίκην... τῆς ἀδικίας, ils laissent avoir lieu, les mêmes, l'accord (dans le surmontement) de la disjonction »[1].

Ce qui à chaque fois séjourne en passant, τὰ ἐόντα, vient en présance en laissant avoir lieu l'accord de l'ajointement, laisser-avoir-lieu qui est surmontement de cette disjonction et de ce désaccord dont la possibilité est essentiellement inscrite dans le séjour lui-même. Que signifie alors un tel surmontement dans et par l'accordante constance, sinon le sens grec initial de l'être, sinon aussi que l'expérience grecque initiale, celle de la différenciation ontologique, est « tragique »[2] et qu'au double sens du génitif, cette tragédie de l'être empreint l'ensemble de son destin.

Comment les présants séjournants donnent-ils lieu à l'accord ou en quel sens l'hospitalité peut-elle être un trait de la présance ? À cette question les mots καὶ τίσιν ἀλλήλοις placés entre διδόναι γὰρ αὐτὰ δίκην et τῆς ἀδικίας permettent-ils de répondre ? S'appuyant pour une part, mais pour une part seulement, sur l'hypothèse linguistique selon laquelle les verbes τίνω, châtier, se venger, et τίω, honorer, estimer, appartiennent à une même famille, Heidegger ne traduit pas τίσις par expiation ou châtiment mais d'abord par estimation. « Estimer quelque chose veut dire : y prendre garde, et ainsi satisfaire à ce qui est estimé en ce qu'il est. La conséquence essentielle de l'estimation, de la satisfaction, c'est, relativement au bon, le bienfait, relativement au mal, le châtiment »[3]. Traduire ainsi le mot τίσις – un mot de la pensée n'est jamais seulement un mot du dictionnaire –

1. « Der Spruch des Anaximander », in *Holzwege*, GA, Bd. 5, p. 357, déjà partiellement cité.

2. *Ibid.* Cf. *Überlegungen VII-XI* (*Schwarze Hefte 1938/1939*), GA, Bd. 95, p. 417 : « *L'être* lui-même est tragique », et *Parmenides*, GA, Bd. 54, p. 134.

3. « Der Spruch des Anaximander », in *Holzwege*, GA, Bd. 5, p. 358-359. Cette hypothèse, remise en cause à la fin du XIXe siècle, n'est plus admise ; *cf.* P. Chantraine, *Dictionnaire étymologique de la langue grecque*, *s. v.* Dans le manuscrit de 1942 consacré à la parole d'Anaximandre, Heidegger expliquait : « τίσις signifie laisser-revenir à un autre ce qui lui appartient » ; cf. *Der Spruch des Anaximander*, GA, Bd. 78, p. 165.

ne permet cependant pas d'accéder à l'expérience dont il nomme un moment. À l'inverse, c'est de cette dernière que ladite traduction doit recevoir son sens.

Revenons à la description de l'ἀδικία. Que se passe-t-il lorsque les séjournants persistent à séjourner, « se raidissent sur la constance du perdurer, et ne se tournent plus vers la δίκη, vers l'accord du séjour »[1] ? Si pour un présant, séjourner en passant c'est laisser séjourner les autres présants, alors, avec l'insurrection de la constance, les présants se dressent les uns contre les autres et contre la présance séjournante en tant qu'elle leur est commune ou les rassemble. « Aucun ne prend garde à l'essence séjournante des autres. Les séjournants-à-chaque-fois-de-passage sont sans égard les uns pour les autres, et chacun, à chaque fois, à partir de la passion (*Sucht*) de la persistance qui règne dans la présance séjournante même et qu'elle suscite. C'est pourquoi les séjournants-à-chaque-fois-de-passage ne se dissolvent pas dans la simple absence d'égard. Cette dernière elle-même les pousse dans la persistance, en sorte qu'ils viennent encore en présance en tant que présants »[2]. La constance persistante s'accomplit comme absence d'égard et l'absence d'égard comme constance persistante. En conséquence, et à l'inverse, les présants séjournants s'accordent les uns aux autres en ayant égard les uns pour les autres.

Convient-il toutefois de traduire τίσις par *Rücksicht*, égard, mot qui, dans l'analytique existentiale, désigne un mode de l'être-avec ? Certes non, et pour prévenir l'humanisation subreptice d'un rapport qui concerne les présants séjournants en tant que tels, hommes y compris mais au seul titre de mortels, Heidegger traduit finalement τίσις par un mot tombé en désuétude et qui, pour ce motif, peut revêtir une nouvelle signification, le mot *Ruch*, la déférence. À la question de savoir comment les séjournants surmontent la disjonction, il est maintenant possible de répondre que « les présants donnent l'accord lorsque, en tant que séjournant-à-chaque-fois-de-passage, ils ont déférence les uns pour les autres. Le surmontement du discord a proprement lieu par le laisser-appartenir de la déférence. Ce qui veut dire : il y a dans l'ἀδικία, et en tant que conséquence essentielle du discord, l'absence de déférence »[3].

1. « Der Spruch des Anaximander », in *Holzwege*, GA, Bd. 5, p. 359.

2. *Ibid.* Selon le *Deutsches Wörterbuch* de J. u. W. Grimm, *Sucht* (*morbus*, *passio*, *cupiditas*) signifie originairement *maladie*.

3. « Der Spruch des Anaximander », in *Holzwege*, GA, Bd. 5, p. 361.

§ 2. L'USAGE

Laisser avoir lieu l'accord et la déférence de l'un pour l'autre en surmontant le discord, accord-sur-discord, telle *est* donc, d'après la seconde phrase de la parole d'Anaximandre, la présance *des* présants, l'être *de* l'étant. Or, si la seconde phrase, liée à la première par la conjonction γάρ, *car*, *en effet*, « nomme le présant dans le mode de sa présance », alors « la première phrase doit nommer la présance elle-même et ce pour autant qu'elle détermine le présant comme tel; car c'est seulement dans ce cas et dans cette mesure seulement que, coordonnée à la première au moyen du γάρ, la seconde phrase peut, à l'inverse, élucider la présance depuis le présant. Relativement au présant, la présance est toujours ce conformément à quoi le présant vient en présance. La première phrase nomme la présance selon laquelle... De cette première phrase, seuls les trois derniers mots sont conservés :... κατὰ τὸ χρεών »[1].

Le κατά qui précède τὸ χρεών signifie : de haut en bas, selon la pente de... Ce qui suit la préposition possède donc une déclivité. Et puisque ces trois mots disent la présance dans *son* rapport au présant, c'est selon la déclivité de la présance, dans sa dépendance et à sa suite, que le présant vient en présance. « Le présant qui à chaque-fois-séjourne-en-passant séjourne κατὰ τὸ χρεών »[2]. Or, dès l'instant où la présance du présant *est* surmontement du discord dans et par l'accord de la déférence, l'accord et la déférence sont eux-mêmes κατὰ τὸ χρεών. « Ainsi s'éclaire, fût-ce encore de très loin, l'essence du χρεών. Si, en tant qu'essence de la présance, il se rapporte essentiellement au présant, alors ce rapport doit impliquer que τὸ χρεών ordonne (*verfügt*) l'accord et, avec lui, la déférence »[3]. C'est donc à τὸ χρεών que le présant séjournant est redevable de l'ajointement de son séjour. Mais de quelle manière l'est-il, et comment répondre sans expliciter le sens de τὸ χρεών ?

De la précédente interprétation de la parole d'Anaximandre, il résulte d'abord que « τὸ χρεών est le plus ancien nom par lequel la pensée dit l'être de l'étant »[4] mais ensuite et surtout que l'être *de* l'étant y est dit depuis l'étant puisque le passage de la seconde phrase à la première est celui *du* présant *à* la présance. Or, penser la présance *depuis* le présant revient à la penser *comme* un présant. « Au fond, la présance en tant que telle, n'est pas différenciée du présant. Elle ne passe que pour le plus universel et le plus

1. « Der Spruch des Anaximander », in *Holzwege*, GA, Bd. 5, p. 362.
2. *Ibid.*, p. 363.
3. *Ibid.*
4. *Ibid.*

élevé des présants et ainsi pour un présant. L'essence de la présance et, avec elle, la différence de la présance et du présant, demeure oubliée. *L'oubli de l'être est l'oubli de la différence de l'être à l'étant*»[1].

La présance est présance *du* présant et ce génitif signifie que l'étant sourd de l'être. Penser la présance *depuis* le présant, c'est donc penser la source depuis ce qui en découle, dans ce seul horizon. Mais si la différence entre l'être et l'étant relève de l'être lui-même et que la parole d'Anaximandre, remontant du présant à la présance, dit le présant dans sa présance, alors l'expérience grecque est initialement celle du retrait de l'être. « L'histoire de l'être commence avec l'oubli de l'être en ceci que l'être retient en lui-même son essence et la différence avec l'étant. La différence échappe. Elle demeure oubliée. Seul le différencié, le présant et la présance, se décèle mais non *en tant que* différencié. Plus précisément, la trace initiale de la différence s'efface du fait que la présance apparaît comme un présant et trouve sa provenance dans un présant suprême »[2].

Si l'étant prend toutefois le pas sur l'être – et la constitution onto-théologique de la métaphysique est le mode sur lequel s'accomplit cette insurrection –, il n'en demeure pas moins que nous pouvons faire l'expérience de l'oubli de l'être et parler de la différence ontologique. Expérience singulière sans doute puisqu'elle est celle d'un oubli oublieux de lui-même. Or une telle expérience serait impossible si la langue dans laquelle l'être s'est initialement dit, ne conservait, fût-ce dans son effacement même, une trace de la différence entre la présance et le présant. « Nous pouvons présumer que la différence s'est éclaircie dans la première parole de l'être plutôt que dans les paroles ultérieures sans toutefois avoir jamais été nommée en tant que telle. Éclaircie de la différence ne saurait donc signifier que la différence apparaît comme différence. Par contre, la relation au présant peut s'annoncer dans la présance en tant que telle, de sorte que la présance vienne à la parole *en tant que ce rapport.* » À la ligne, Heidegger enchaîne : « Le premier mot de l'être, τὸ χρεών, nomme quelque chose de tel »[3].

Mais comment traduire ce mot qui doit nommer le rapport de la présance au présant ou la genèse du second à partir de la première ? Κατὰ τὸ χρεών est généralement traduit par : selon la nécessité. S'agissant de la relation de la présance au présant, est-il toutefois possible de s'en tenir sans plus à la seule signification lexicale du mot ? Ne convient-il pas bien plutôt de traduire τὸ χρεών depuis ce que peut impliquer la nécessité lorsqu'elle concerne l'incomparable relation de la présance au présant ? « Dans χρεών,

1. *Ibid.*, p. 364.
2. *Ibid.*, p. 364-365.
3. *Ibid.*, p. 365.

il y a χράω, χράωμαι, à travers quoi parle ἡ χείρ, la main ; χράω veut dire : je prends quelque chose en main, m'en saisis, lui prête et lui tends la main. Χράω signifie donc en même temps : donner dans la main, remettre en main propre, partant délivrer et remettre à une appartenance. Mais cette remise en main est telle qu'elle garde en sa main et la remise et ce qui est remis »[1]. Relativement à la présance du présant, τὸ χρεών « est alors la remise en main propre de la présance, laquelle remise en main propre délivre en main propre la présance au présant et, ainsi, garde précisément dans la main le présant comme tel, c'est-à-dire le garde dans la présance »[2].

À nouveau, comment traduire τὸ χρεών dès lors que ce mot nomme l'être en tant qu'il diffère de l'étant et se déploie comme cette différence ? « Nous risquons, dit Heidegger, une traduction qui paraît étrange et qui peut être tout d'abord mésinterprétée : τὸ χρεών, *der Brauch* »[3]. Que faut-il entendre ici par ce dernier mot qui signifie usage ou utilité ? Usant de quelque chose, notre main s'y plie, s'y adapte, et tout usage répond ainsi à ce dont il use. « L'usage proprement dit n'abaisse pas ce dont il use mais l'usage trouve sa détermination en ce qu'il laisse ce dont il use dans son être. Ce laisser ne signifie nullement l'insouciance de la négligence voire l'abandon. Au contraire : l'usage proprement dit met d'abord ce dont il use dans son être et l'y garde. Ainsi pensé, *der Brauch*, l'usage, est lui-même ce qui requiert que quelque chose soit mis dans son être et l'usage ne le laisse pas s'en démettre. User, c'est : mettre dans l'être, garder dans l'être »[4].

Sur quel mode l'usage ainsi compris où se déploie la présance en tant que rapport au présant, en tant que présance *du* présant, en tant que différence, sur quel mode cet usage s'accomplit-il ? Conférant la présance au présant, l'usage impartit à ce qui, chaque fois, séjourne en passant, le séjour qui lui revient, et c'est cela que signifie « garder » dans la présance ou dans l'être. Or, si ce séjour est transition de l'arrivée au départ, d'une absance à l'autre, « l'ajointement du séjour porte à sa fin et à sa limite le présant en tant que tel. Le présant à chaque fois séjournant, τὰ ἐόντα, est dans la limite (πέρας) »[5]. Octroyant ou laissant à chaque séjournant transitoire la limite qui appartient au séjour en tant que séjour, l'usage, τὸ χρεών qui, rappelons-le, est le premier nom de l'être, ordonne l'accord et la déférence par laquelle le séjour a lieu. « Le laisser de l'usage laisse être la présance en

1. « Der Spruch des Anaximander », in *Holzwege*, GA, Bd. 5, p. 366 ; cf. *Der Spruch des Anaximander*, GA, Bd. 78, p. 127 *sq.*

2. « Der Spruch des Anaximander », *ibid.*

3. *Ibid.*

4. *Was heißt Denken ?*, GA, Bd. 8, p. 190.

5. « Der Spruch des Anaximander », in *Holzwege*, GA, Bd. 5, p. 368.

tant que séjour, et seulement en tant que tel »[1]. Ainsi l'usage rassemble-t-il les présants dans l'unique présance, les y retient voire les y abrite. Et si l'usage ordonne l'accord en impartissant à chaque présant sa limite propre – la limite n'est pas ce depuis quoi le présant perd sa présance mais ce à partir de quoi il la reçoit en tant que séjournante, – alors l'usage, τὸ χρεών, est τὸ ἄπειρον, « ce qui est sans limite dans la mesure où il se déploie afin de mettre en place la limite du séjour de chaque séjournant passager »[2]. Ce qui limite est sans limite, n'est pas un présant, mais la présance en tant qu'elle use du présant en le laissant ou le gardant en elle. Tel est le sens de la seconde parole d'Anaximandre selon laquelle le présant sourd de ce qui est sans limite, ἡ ἀρχὴ τῶν ὄτων τὸ ἄπειρον, « le commencement du séjour de ce qui séjourne à chaque fois est l'essence qui défend la limite »[3].

Laissant séjourner ce qui chaque fois séjourne entre une absance et une autre qui le délimitent, ordonnant l'accord et la déférence entre les séjournants, τὸ χρεών, l'usage où s'accomplit la différenciation de la présance et du présant, du séjour et des séjournants, leur ouvre du même coup la possibilité de la persistance et, avec elle, de la disjonction. « Ordonnant accord et déférence, l'usage délaisse dans le séjour et laisse le présant à son séjour de chaque fois. Par là, le présant est aussi laissé au danger constant de se durcir à partir du persévérer séjournant en un simple persister. L'usage demeure donc simultanément et en lui-même ce qui remet le présant au discord (*Un-Fug*). L'usage ajointe le dis- (*fügt das Un-*) »[4]. Le danger est constant parce qu'il est inséparable de la différence entre présance et présant, inséparabilité qui relève de la tragédie de l'être puisque, être *de* l'étant, il *est* la différence. Mais si là où est le danger, là est aussi ce qui en sauve, chaque séjournant transitoire peut déployer sa présance séjournante « dans la mesure où il laisse appartenir accord et donc aussi déférence : à l'usage. Le présant vient en présance κατὰ τὸ χρεών, suivant l'usage. Il est le rassemblement ordonnant et sauvegardant du présant dans sa présance à chaque fois séjournante »[5].

L'élucidation et la traduction de τὸ χρεών accomplissent ainsi le retour au commencement grec. Toutefois, malgré l'évidence grammaticale, *grec* n'est pas ici le qualificatif de *commencement*, à l'inverse et on ne saurait

1. *Der Spruch des Anaximander*, GA, Bd. 78, p. 136.

2. *Ibid.*

3. *Ibid.*, p. 234 ; *cf.* « Der Spruch des Anaximander », in *Holzwege*, GA, Bd. 5, p. 368.

4. « Der Spruch des Anaximander », in *Holzwege*, GA, Bd. 5, p. 368. *Cf.* « Hölderlin und das Wesen der Dichtung », in *Erläuterungen zu Hölderlins Dichtung*, GA, Bd. 4, p. 37 : « le danger est la menace de l'être par l'étant. »

5. « Der Spruch des Anaximander », in *Holzwege*, GA, Bd. 5, p. 368-369.

trop le souligner, c'est le *commencement* en tant que trace de la différence, qui définit le *grec*[1]. Mais si l'usage porte la trace de cette différence, il n'en est pas l'éclaircie entendue comme cette dimension où la différence peut apparaître *en tant que* différence : percevoir une trace n'est pas accéder à ce dont elle est la trace ni *a fortiori* le penser. Que signifie alors remonter de cette trace à l'éclaircie de la différence sinon accéder à celle-ci en tant que vérité de l'être ?

En marge de la proposition selon laquelle « l'essence de la présance et avec elle la différence (*Unterschied*) de la présance et du présant demeure oubliée », Heidegger a en effet noté ceci : « La dif-férence (*Unter-Schied*) est infiniment distincte de tout être qui demeure être *de* l'étant. C'est pourquoi il demeure inapproprié de continuer à nommer [...] la différence avec "être" »[2]. Que signifie cette incommensurabilité, sinon celle de l'être et de sa vérité, celle de l'être et de la vérité de son essence ? Deux esquisses contemporaines du manuscrit de 1942 sur Anaximandre le laissent clairement ressortir. La première dit : « "Être" – c.-à-d. vérité, c.-à-d. éclaircie de l' "être" est la *différenciation* (Unterscheidung) de l'étant et de l'être »[3]. Et dans la seconde, intitulée *Ereignis et la différenciation*, il est dit : « Être "est", étant "est" ; le "est" [ne provient] ni de l'être ni de l'étant mais de la *différenciation* »[4]. L'éclaircie de la différence *en tant que* différence est donc celle de l'être lui-même et se confond avec sa vérité. Elle ne va donc pas sans l'*Ereignis*.

1. Cf. *Der Spruch des Anaximander*, GA, Bd. 78, p. 316.

2. « Der Spruch des Anaximander », in *Holzwege*, GA, Bd. 5, p. 364, note *d*. Cette note est postérieure à 1950. Écrivant *Unter-Schied* et non *Unter-schied*, Heidegger entend la différence comme une entre-séparation.

3. *Der Spruch des Anaximander*, GA, Bd. 78, p. 329, n° 47.

4. *Ibid.*, p. 33, n.° 52.

CHAPITRE XII

LA SIMPLICITÉ

§ 1. DU SÉJOURNANT À LA CHOSE

Au point où nous en sommes, il est nécessaire de revenir sur le chemin parcouru dans l'élucidation du rapport entre le nom qui appelle et l'appelé qu'il nomme. Va-et-vient entre absence et présance, la nomination « qui ouvre ce en tant que quoi et comment quelque chose est à éprouver et à maintenir dans sa présance », la nomination qui « dévoile, décèle »[1], n'appelle pas des étants mais des choses. En quoi les unes se distinguent-elles des autres? À cette question, il était impossible de répondre sans déterminer d'abord le sens initial de l'étant et de l'être dont il sourd, sans remonter ensuite à la différenciation de l'être et de l'étant, pour accéder enfin à la chose qui, demeurant tout autrement que l'étant ou le présant, n'est plus passible du même titre ou nom.

Or, si l'expérience initiale de l'être et de l'étant est celle du séjour et du séjournant – l'élucidation de l'ἄπειρον, dit par exemple Heidegger, « doit partir de l'explication de l'être comme présance et de la présance comme séjour de ce-qui-à-chaque-fois-séjourne-en-passant »[2] –, et que la différence ontologique s'accomplit par l'insurrection des séjournants contre le séjour et son caractère transitoire, nous n'avons pas encore proprement accédé à la chose dont nous savons seulement, sans en avoir véritablement fait l'épreuve, qu'elle demeure autrement que l'étant en tant que séjournant persistant à part, ce qui veut toujours dire à part de l'être.

1. « Das Gedicht », in *Erläuterungen zu Hölderlins Dichtung*, GA, Bd. 4, p. 188.
2. *Der Spruch des Anaximander*, GA, Bd. 78, p. 218.

Est-il donc possible d'atteindre la chose depuis le rapport entre le séjour et le séjournant laissant séjourner, entre le séjour et *les* séjournants, depuis le rapport des séjournants entre eux ? Et comment répondre sans revenir à la parole d'Anaximandre ?

Que dit-elle ? D'une part que, « lâché dans le discord sans déférence »[1], le séjournant, de passage dans le non-retrait, s'y installe, s'y incruste à demeure, persiste seul, se rengorge dans l'identité à soi sans accorder aux autres séjournants le séjour qui leur revient en propre *et*, d'autre part, que le séjournant ainsi présant « surmonte le discord en laissant avoir lieu accord et déférence de l'un pour l'autre »[2]. La remise en propre de la présance au présant que nomme τὸ χρεών, la différenciation de la présance et du présant, est la tragédie κατ'ἐξοχήν puisque l'appartenance du présant à la présance peut toujours virer en insurrection de celui-là contre celle-ci – « l'ἀδικία règne dans le séjour lui-même comme un pouvoir essentiel »[3] –, puisque, tout en provenant de la présance, le présant peut s'en détourner, en sorte que présance et présant se séparent l'un de l'autre de manière à être chacun pour soi, c'est-à-dire deux présants. L'oubli de l'être est celui de la différence.

Lâché-dans-le-discord-sans-déférence et *surmontant-le-discord-par-la-déférence* sont les deux moments constitutifs du séjour des séjournants tels qu'ils s'offrent à l'expérience grecque initiale. Expérience marquée d'une hésitation essentielle – le verbe *weilen*, séjourner, signifie aussi hésiter – car le séjour du séjournant est tel qu'il peut *ou* accomplir la séparation du présant d'avec la présance dont il sourd et consommer l'oubli de la différence *ou*, laissant avoir lieu l'accord et la déférence, porter l'empreinte de cette différence mais comme surmontée. À nouveau, cette double possibilité appartient au séjour en tant que tel. Dès lors que « l'usage (*Brauch*) impartit au présant la part de son séjour » et que « le séjour du séjournant qui lui est à chaque fois imparti, repose dans l'ajointement qui ordonne de manière transitoire le présant entre la double absance (arrivée et partance) »[4], le présant se déploie selon la présance rassemblant les présants. Mais, différant de celle-ci, le présant *peut toujours*, « lui précisément et lui seulement »[5], *en tant que seul*, se détourner de la présance et des autres présants. Cet *ou... ou...* est un *et... et...* lorsque le discord est

1. « Der Spruch des Anaximander », in *Holzwege*, GA, Bd. 5, p. 362.
2. *Ibid.*
3. *Ibid.*, p. 363.
4. *Ibid.*, p. 368.
5. *Ibid.*, p. 355, déjà cité.

surmonté dans et par la déférence et que ce surmontement est le mode d'accomplissement du séjour ou de la présance.

Ce qui précède signifiant que la τίσις tire son sens de la différence entre présance et présant, séjour et séjournant, différence qui, *en tant que telle*, ressortit à la vérité de l'être, il est alors possible de remonter à celle-ci depuis la déférence. La τίσις, dont l'absence donne lieu à l'ἀδικία et à la persistance, est le «rapport-essentiel»[1] par lequel chaque séjournant transitoire laisse séjourner les autres. Ce rapport ne lie pas des présants dont la présance lui serait préalable et étrangère, il appartient à celle-ci, au séjour des séjournants. Chacun d'entre eux pourrait-il séjourner *avec* les autres si ceux-ci ne séjournaient pas *en* lui, dans le mode d'accomplissement de son séjour? À l'évidence non, mais comment cela? Séjourner, c'est séjourner dans la contrée du non-retrait où se déploie, présentement *et* non-présentement, tout séjournant, puisque «l'absant est aussi un présant et, *en tant qu'*absant du non-retrait, il y vient en présance»[2]. C'est donc cette contrée qui laisse séjourner les séjournants les uns avec les autres, et la déférence relève de «la contrée ouverte où advient tout présant et où se déplie et se délimite la présance les uns vis-à-vis des autres (*Zueinander-Anwesen*) des séjournants à-chaque-fois-en-passant»[3]. Aussi *nul séjournant ne saurait* véritablement *séjourner dans la contrée sans que la contrée elle-même ne séjourne en chaque séjournant.* Ou, pour le dire autrement, dans une langue où l'essentiel est perdu, les étants *sont-les-uns-avec-les-autres* lorsqu'ils ne se différencient pas de l'être.

Pourquoi *véritablement* sinon parce que cette contrée est la vérité de l'être antérieure à la différence ontologique car dire que la contrée qui rassemble les séjournants séjourne en chacun d'eux, c'est dire que *tout étant* est *de manière à laisser être l'être lui-même*. Après avoir rappelé que *Gegnet*, forme ancienne du mot *Gegend*, désignait la libre étendue (*freie Weite*), après avoir défini la contrée comme ce qui «rassemble chaque chose avec chaque chose et toutes les unes avec les autres dans le séjourner par où elles reposent en elles-mêmes»[4], voire comme «l'étendue séjournante qui, rassemblant tout, s'ouvre de sorte qu'en elle l'ouvert est

1. *Der Spruch des Anaximander*, GA, Bd. 78, p. 165.

2. «Der Spruch des Anaximander», in *Holzwege*, GA, Bd. 5, p. 347.

3. *Ibid.*, p. 370.

4. «Ἀγχιβασίη», in *Feldweg-Gespräche*, GA, Bd. 77, p. 114. Une partie de ce dialogue écrit en 1944/1945 a été publié par Heidegger lui-même, en 1959, sous le titre «Zur Erörterung der Gelassenheit»; cf. *Aus der Erfahrung des Denkens*, GA, Bd. 13, p. 47. Nous avons traduit le pronom indéfini substantivé *Jegliches* par *chaque chose* mais les mots *Ding* ou *Anwesende* sont absents de l'original.

retenu et tenu de laisser chaque chose surgir dans son repos »[1], Heidegger y reconnaissait « l'essence celée de la vérité »[2]. En effet, séjourner en passant, c'est séjourner dans le non-retrait en appartenant au retrait et, puisque ce qui vient du retrait dans le non-retrait comme ce qui va du non-retrait dans le retrait viennent en présance *en tant que tels* dans le non-retrait, le retrait *en tant que tel* vient en présance dans le non-retrait, de sorte que *la libre étendue approprie l'un à l'autre retrait et non-retrait.* Unité de la λήθη et de l'ἀλήθεια, la contrée où s'éclaircit le retrait est donc la vérité de l'être : « la vérité n'est pas simplement éclaircie, mais précisément éclaircie pour le se-celer », c'est-à-dire « l'être en tant qu'*Ereignis* »[3]. Partant, si chaque séjournant séjourne au sein de la contrée du non-retrait qui séjourne en lui ou si la vérité de l'être qui ne relève pas de l'être, réside dans l'étant, et celui-ci en celle-là, le rapport du séjournant au séjour n'est plus ou n'est pas encore celui de l'étant à l'être, n'incombe pas à la différence ontologique, et il devient impossible de penser le rapport de la contrée au séjournant, du séjournant à la contrée, en continuant à parler, comme nous venons de le faire, d'être et d'étant.

Comment nommer alors le séjournant où séjourne l'ensemble des séjournants et non pas seulement, comme chez Héraclite, son contraire ou son négatif ? Revenons à la cruche dont le caractère de cruche réside dans le versement tout comme, *mutatis mutandis*, l'être du marteau se découvre dans l'usage qu'on en fait, dans le martèlement. Verser, c'est offrir de l'eau ou du vin, et « dans l'eau offerte, séjourne la source. Dans la source séjourne la roche et, en elle, l'obscur sommeil de la terre qui reçoit du ciel pluie et rosée. Dans l'eau de la source séjourne le mariage du ciel et de la terre. Il séjourne dans le vin que donne le fruit de la vigne dans lequel la terre nourricière et le soleil du ciel sont confiés l'un à l'autre. Dans le versement offrant de l'eau, dans le versement offrant du vin, séjournent à chaque fois ciel et terre. Or, le versement de ce qui est offert est le caractère de cruche de la cruche. Dans le versement de la cruche, séjournent le ciel et la terre »[4], mais aussi les divins et les mortels puisque ce qui est versé peut être offert aux uns ou aux autres, par ceux-ci à ceux-là. Bref, le versement

1. « Ἀγχιβασίη », in *Feldweg-Gespräche*, GA, Bd. 77, p. 114.

2. *Ibid.*, p. 144 et 146.

3. *Beiträge zur Philosophie*, GA, Bd. 65, p. 346 et p. 230. *Cf.* « Aletheia (Heraklit, fragment 16) », in *Vorträge und Aufsätze*, GA, Bd. 7, p. 271 : « Présance est le se-celer éclairci (*Anwesen ist das gelichtete Sichverbergen*) » et p. 278.

4. « Das Ding », in *Vorträge und Aufsätze*, GA, Bd. 7, p. 174.

« est offrande dans la mesure où il laisse demeurer-en-séjour ciel et terre, les divins et les mortels »[1].

Appelée par le nom, la chose n'est donc pas, loin s'en faut, l'étant. En quoi le demeurer-séjournant de la première se distingue-t-il du demeurer-permanent essentiel au second ? Dans le versement où se déploie la cruche en tant que cruche « séjournent *à la fois* terre et ciel, les mortels et les divins »[2]. *À la fois*, c'est-à-dire ensemble et puisque le vieil haut-allemand *thing* signifiait rassemblement, il est permis de nommer chose (*Ding*) ce séjournant qui, demeurant séjournant, séjourne en laissant séjourner de concert ciel et terre, divins et mortels. Mais comment ce demeurer-séjournant-rassemblant s'accomplit-il ? « Demeurer-en-séjour » a-t-il déjà été dit, « laisse paraître (*ereignet*). Demeurer-en-séjour porte les quatre à la clarté de leur propre. À partir de la simplicité de ce propre, ils sont confiés les uns aux autres. Unis dans ce l'un-à-l'égard-de-l'autre, ils sont non-celés »[3]. À proprement parler, il n'est donc pas de séjour hors de la vérité de l'être.

§ 2. La transpropriation dépropriante

Que signifie cette simplicité ? À la suite d'un poème intitulé *Cézanne*, laissant résonner le latin *res* dans le français *réalisation*, Heidegger précisait : « Ce que Cézanne nomme réalisation est l'apparaître du présant dans l'éclaircie de la présance – en sorte que la duplicité des deux est surmontée dans la simplicité du pur paraître de ses tableaux. Pour la pensée, c'est la question du surmontement de la différence ontologique entre être et étant »[4]. Surmontant la duplicité de l'être et de l'étant, le pli de l'ἐόν, la simplicité est « la simplicité du quadrat des quatre »[5] que rassemble la chose. En quel sens faut-il entendre cette simplicité ? Elle ne signifie pas ce qui est sans parties. À propos d'un autre poème où il est question de la duplicité et de la simplicité, Heidegger notait : « "Simplicité" : au sens littéral : simplifier, rassembler près de soi dans l'Un, c.-à-d. abriter »[6]. Est simple ce qui repose dans la vérité de l'être et si le versement

1. *Ibid.*, p. 175, déjà cité.

2. *Ibid.*

3. *Ibid.*, déjà cité.

4. « Cézanne (spätere Fassung 1974) », in *Gedachtes*, GA, Bd. 81, p. 347-348. Sur le mot *res*, *cf.* « Das Ding », in *Vorträge und Aufsätze*, GA, Bd. 7, p. 178 *sq.*

5. « Das Ding », in *Vorträge und Aufsätze*, GA, Bd. 7, p. 175 ; *cf.* p. 179.

6. « Gelassenheit », in *Gedachtes*, GA, Bd. 81, p. 319.

qui déploie l'essence de la cruche est « multiplement simple »[1], c'est parce que, pour le dire dans une langue dédite avant d'être dite, loin d'être un étant prenant le pas sur l'être et sur sa vérité, la chose est un étant qui, abritant et déployant la vérité de l'être, est à la fois être et étant ou ni l'un ni l'autre. La simplicité ne ressortit pas à la différence ontologique mais celle-ci relève de celle-là qui est éclaircie de la présance ou vérité de l'être et souligner la simplicité de la pensée de l'être n'est jamais qu'une autre façon de le dire[2].

Comment cette simplicité s'accomplit-elle ou comment ciel et terre, divins et mortels, sont-ils abrités les uns par les autres? Entend-on par « propre » la vérité de ce que la métaphysique tenait pour l'essence et si chacun des quatre ne va sans les trois autres, y séjourne, alors le propre de chacun réside dans le rapport aux autres voire en ceux-ci et « aucun des quatre ne se raidit sur sa particularité séparée. Bien plutôt, au sein de leur transpropriation, chacun des quatre est déproprié vers un propre. Ce transproprier dépropriant (*enteignende Vereignen*) est le jeu de miroir du quadrat. C'est d'elle que la simplicité des quatre tire sa confiance »[3].

Excluant tout raidissement sur la constance du perdurer par lequel l'étant se disjoint de l'être, par lequel s'accomplit l'ἀδικία et se consomme le retrait de l'être, le jeu spéculaire du ciel et de la terre, des mortels et des divins, ce jeu ou « monde »[4] est ce dont la τίσις en tant que rapport essentiel portait la trace, à savoir la contrée au sein de laquelle séjourne chaque séjournant et qui séjourne en chaque séjournant. Contrée, quadrat, monde, sont alors autant de noms pour la vérité de l'être. Là où il avait d'abord écrit que « le monde, pour autant qu'il mondanise, rassemble toutes choses (*alles*) les unes à l'égard des autres et les laisse revenir à elles mêmes, à leur propre repos dans le même », Heidegger écrira ensuite : « la contrée, laissant toutes choses venir à l'encontre, rassemble... »[5], la suite de la phrase demeurant inchangée.

Ouvrons une parenthèse. Nommant *monde* le jeu spéculaire qui approprie les uns aux autres ciel et terre, divins et mortels, Heidegger fait tacitement écho à un passage du *Gorgias* où Socrate, opposant la manière d'agir du sage à celle de l'intempérant incapable de prendre part à une communauté hors laquelle il n'est pas d'amitié, dit à Calliclès :

1. « Das Ding », in *Vorträge und Aufsätze*, GA, Bd. 7, p. 175.

2. *Cf.* « Brief über den "Humanismus" », in *Wegmarken*, GA, Bd. 9, p. 362.

3. « Das Ding », in *Vorträge und Aufsätze*, GA, Bd. 7, p. 181.

4. *Ibid.*

5. « Ἀγχιβασίη », in *Feldweg-Gespräche*, GA, Bd. 77, p. 149 et « Zur Erörterung der Gelassenheit », in *Aus der Erfahrung des Denkens*, GA, Bd. 13, p. 70.

« À ce qu'assurent les doctes, le ciel et la terre, les dieux et les hommes, sont liés en une communauté par l'amitié, le bon arrangement, la sagesse et la justice (τὴν κοινωνίαν συνέχειν καὶ φιλίαν καὶ κοσμιότητα καὶ σωφροσύνην καὶ δικαιότητα), et c'est pourquoi, à cet univers (τὸ ὅλον), ils donnent, mon camarade, le nom de *cosmos*, d'arrangement, et non celui de dérangement, non plus que de dérèglement (οὐκ ἀκοσμίαν οὐδὲ ἀκολασίαν). Or toi qui pourtant es un docte, tu me sembles n'être pas attentif à ces considérations : il t'a échappé (λέληθέν) au contraire, que l'égalité géométrique possède un grand pouvoir chez les dieux aussi bien que chez les hommes. Mais toi, c'est à avoir plus (πλεονεξίαν) que l'on doit, penses-tu, travailler, et tu ne te soucies pas de la géométrie »[1].

Au rassemblement ordonné du ciel et de la terre, des dieux et des mortels que lie en un *cosmos* l'égalité géométrique où se laisse entendre la δίκη[2], s'oppose la πλεονεξία. Ce mot dérive de πλείων qui, comparatif de πολύς, marque le surplus : plus abondant, plus nombreux, etc. Si le verbe πλεονάζω signifie être-plus-qu'assez, en excès, le substantif πλεονεξία désigne l'avoir-plus et, au livre II de la *République*, Glaucon fait de la πλεονεξία le ressort de ce qui détourne de l'égalité, attente à la δίκη[3]. Dès l'instant toutefois où la δίκη est le mode de déploiement de l'être des étants en leur conjonction, ce n'est pas la πλεονεξία humaine, *trop* humaine, qui entraîne celle des étants, mais celle de l'étant dans son ensemble qui suscite ou appelle la nôtre. La πλεονεξία est un trait du présant relatif à la présance comprise comme séjour, à savoir ce « rester-plus-présant » par lequel les séjournants divergent les uns des autres et du commun séjour qui les rassemble, par lequel « ils se repoussent les uns les autres hors du présant présent »[4], par lequel le séjournant passager s'étale aux dépens des autres et, se raidissant sur sa constance, contrevient à la δίκη, à l'accord du séjour. Inversement et si la πλεονεξία qui accomplit l'ἀδικία, est une possibilité essentielle du séjour lui-même, la transpropriation-dépropriante dont, pour une part, la déférence tire son sens, ne conduit-elle pas à caractériser le séjour comme *monde* où la différence entre l'être et l'étant, qui est à l'origine de la πλεονεξία en tant que rengorgement dans l'entêtement à persister, n'aurait plus ou pas encore lieu d'être ?

1. *Gorgias*, 57 *e* 6 – 508 *a* 8. Nous citons, légèrement modifiée, la traduction de L. Robin, *in* Platon, *Œuvres complètes*, « Bibliothèque de la Pléiade », Paris, Gallimard, 1971.

2. Cf. *Lois*, VI, 757 *a sq.*

3. Cf. *République*, II, 359 *c*. L. Robin, trad. cit., traduit πλεονεξία par « convoitise du plus » et Schleiermacher par *das Mehrhaben*.

4. « Der Spruch des Anaximander », in *Holzwege*, GA, Bd. 5, p. 370.

Refermons cette parenthèse destinée à accréditer positivement *et* négativement la détermination du quadrat comme monde, pour revenir à la chose même. De quelle manière le monde, la contrée, qui désignent la vérité de l'être, se déploient-ils ? Ou, pour reposer la question, comment ciel et terre, divins et mortels se rapportent-ils les uns aux autres ? Par la confiance. Confier, c'est en effet remettre ce qu'on a de propre à la garde d'un autre et la confiance qui unit les quatre autrement que la négativité les contraires héraclitéens, signifie que le propre de chacun est abrité ou celé par les trois autres. « Chacun des quatre reflète à sa manière l'essence des autres »[1], proposition où la réflexion ne désigne pas la production d'une image mais le séjourner laissant séjourner. La confiance de l'un dans l'autre est, pour l'un, le se-mettre-à-l'abri dans l'autre – c'est le sens de la transpropriation dépropriante où se scelle l'appartenance de l'*Enteignis* à l'*Ereignis* –, en sorte que le rapport de l'un à l'autre, c'est-à-dire le jeu des quatre, « la ronde du laisser-paraître appropriant (*der Reigen des Ereignens*) »[2], accomplit l'unité du cèlement et du décèlement et, ce faisant, déploie la vérité ou l'éclaircie de l'être. Et puisque le paraître est la présance pour autant qu'elle surgit dans le non-retrait[3], chacun des quatre paraît dans les autres et le *demeurer-en-séjour qui approprie* les quatre les uns aux autres, *laisse-paraître* les quatre les uns dans et par les autres. En deux mots : *Verweilen ereignet*, « demeurer-en-séjour laisse paraître »[4]. Mais comment le quadrat pourrait-il laisser-paraître ou, cela revient au même, « prévenir tout présant »[5], sans éclaircir si « éclaircir » est « octroyer la présance »[6] ou l'être. C'est pourquoi « demeurer-en-séjour porte les quatre à la clarté de leur propre »[7], c'est pourquoi « l'appropriation (*Ereignis*) de l'éclaircie est le monde »[8].

1 « Das Ding », in *Vorträge und Aufsätze*, GA, Bd. 7, p. 180 ; cf. *Parmenides*, GA, Bd. 54, p. 19, où la remise en propre est comprise comme un mode du cèlement.

2. *Ibid.* p. 181.

3. *Cf.* « Aus einem Gespräch von der Sprache », in *Unterwegs zur Sprache*, GA, Bd. 12, p. 125.

4. « Das Ding », in *Vorträge und Aufsätze*, GA, Bd. 7, p. 175, déjà cité.

5. *Ibid.*

6. « Aletheia (Heraklit, fragment 16) », in *Vorträge und Aufsätze*, GA, Bd. 7, p. 283.

7. « Das Ding », in *Vorträge und Aufsätze*, GA, Bd. 7, p. 175, déjà cité.

8. « Aletheia (Heraklit, fragment 16) », in *Vorträge und Aufsätze*, GA, Bd. 7, p. 283.

CHAPITRE XIII

DONATEUR JAMAIS DONNÉ

§ 1. LA CHOSIFIANCE

La distinction de la chose et du présant laisse certes entrevoir l'*Ereignis* mais ne saurait permettre d'atteindre le rapport de la chose au nom qui l'appelle, ni de comprendre comment le mot de λόγος peut, tout à la fois, nommer l'être et le dire. Toutefois si celui-là s'est initialement donné dans celui-ci, la langue doit en elle-même se rapporter à l'être, lui appartenir. Est-il alors possible de faire l'expérience de ce rapport *depuis la langue elle-même*, de faire l'expérience de la langue comme langue de l'être et ce au double sens du génitif ?

Bien que, d'une manière ou d'une autre, nous ne cessions de parler, il nous arrive parfois de ne pas trouver le mot qu'il faudrait, de l'avoir sur le bout de la langue, de rester muet, interdit. Semblable à la défaillance d'un ustensile intra-mondain à partir de laquelle s'annonce le monde, ce défaut de mot, silencieux murmure de la langue où celle-ci, retenant son essence, y donne toutefois furtivement accès. N'est-ce pas sur ce mode que la langue vient à se dire en nous appelant à lui répondre ? Et n'est-ce pas surtout le cas de ce pur parlé qu'est la poésie, de sorte qu'un poète est toujours, d'une manière ou d'une autre, appelé à dire poétiquement l'expérience poétique du mot et de la langue ? Un poème tardif de Stefan George répond à une telle vocation :

Das Wort

Wunder von ferne oder traum
Bracht ich an meines landes saum

Und harrte bis die graue norn
Den namen fand in ihrem born –

Drauf konnt ichs greifen dicht und stark
Nun blüht und glänzt es durch die mark...

Einst langt ich an nach guter fahrt
Mit einem kleinod reich und zart

Sie suchte lang und gab mir kund :
« So schläft hier nichts auf tiefem grund »

Worauf es meiner hand entrann
Und nie mein land den schatz gewann...

So lernt ich traurig den verzicht :
Kein ding sei wo das wort gebricht[1].

Le Mot

Merveille du lointain ou rêve
Je le portais à la lisière de mon pays

Et attendais jusqu'à ce que la grise norne
Trouvât le nom dans son puits –

Après quoi je pouvais le saisir dense et fort
Maintenant il fleurit et brille dans la marche...

Une fois j'arrivais après un bon voyage
Avec un riche et tendre joyau

Elle chercha longtemps et me fit savoir :
« De tel rien ne dort ici dans les profondeurs »

Sur ce il s'échappa de ma main
Et jamais mon pays ne remporta le trésor...

Ainsi appris-je triste le renoncement :
Aucune chose ne soit où le mot fait défaut.

1. *Cf.* « Das neue Reich », in *Sämtliche Werke*, Stuttgart, Klett-Cotta, 1982-2013, Bd. IX, p. 107.

Ce poème relate un apprentissage. Il est composé de sept strophes de deux vers. Si les trois premières parlent de ce qui précède l'expérience, les trois suivantes, introduites par *Une fois*, rapportent l'expérience elle-même dont la dernière tire la leçon, à savoir et pour le dire sous forme de thèse, qu'aucune chose n'est là où le mot fait défaut. L'expérience que fait le poète est donc celle d'un bouleversement du rapport entre mot et chose. Mais que faut-il entendre par *mot* et par *chose*, quel était leur rapport avant l'expérience et quel autre rapport impose cette dernière ?

Dès lors que la Norne trouve le nom au fond du puits du destin, le mot est compris comme nom et celui-ci ne saurait être une pure et simple désignation puisque la divinité le destine au poète appelé à s'en saisir[1]. Mais si le nom ne va pas sans appel, que signifie chose? « Chose nomme ici tout ce qui de manière quelconque est, l'étant du moment »[2]. À la différence du poème de Trakl qui, nommant la fenêtre, la cloche du soir, la table mise et la maison bien pourvue, appelle des choses qui, à chaque fois, rassemblent ciel et terre, divins et mortels, l'expérience de George porte sur le mot dans sa relation à l'étant et à l'être. « À proprement parler, c'est avec le mot que le poète a fait une expérience, à savoir avec le mot dans la mesure où, seul, il peut accorder une relation à une chose. Plus précisément : le poète a éprouvé que seul le mot laisse apparaître, et donc venir en présance, une chose en tant que la chose qu'elle est. Le mot se dit au poète comme ce qui tient et maintient une chose dans son être »[3]. Il faut y insister, l'expérience ne concerne pas le rapport entre le mot d'un côté et la chose ou l'étant de l'autre mais le mot en tant qu'il est ce rapport qu'Aristote visait sous le titre de σύμβολον, – « le mot, c-à-d. aussi la langue »[4].

Une fois déterminé le sens que revêtent ici *mot* et *chose*, tentons de penser ladite expérience. Selon le dictionnaire Grimm que reprend Heidegger en y ajoutant la référence au chemin, *erfahren*, faire une expérience, « signifie précisément : *eundo assequi :* en allant, atteindre en chemin quelque chose, y parvenir en marchant sur un chemin »[5]. Ajout requis par le poème puisque le poète se rend à la lisière du pays de sa poésie

1. *Cf.* « Das Wesen der Sprache », in *Unterwegs zur Sprache*, GA, Bd. 12, p. 154 et *Was heißt Denken ?*, GA, Bd. 8, p. 120 *sq.* et 128 *sq.*

2. « Das Wesen der Sprache », *ibid.*, p. 177 ; *cf.* p. 154 et 174.

3. *Ibid.*, p. 158.

4. *Ibid.*, p. 157. « La langue, dit Humboldt, peut être comparée à un immense tissu dont chaque partie est liée aux autres et toutes à l'ensemble, de manière plus ou moins clairement connaissable », in « Über die Verschiedenheit des menschlichen Sprachbaues und ihren Einfluss auf die geistige Entwicklung des Menschengeschlechts (1830-1835) », in *Gesammelte Werke, op. cit.*, Bd. VII, 1, p. 70.

5. « Das Wesen der Sprache », in *Unterwegs zur Sprache*, GA, Bd. 12, p. 159.

où se tient la Norne et la source des noms. « Expérience est marche sur un chemin. Il traverse un paysage »[1]. Mais si tout chemin va de… à… au sein d'une contrée, faire une expérience, c'est aussi se laisser atteindre par quelque chose en sorte d'en être changé, et toute expérience ainsi entendue est une crise séparant un avant d'un après. Quel lien le poète entretenait-il aux mots et aux choses avant d'apprendre que, et toujours pour le dire sur le mode d'un énoncé, « seul le mot procure l'être à la chose »[2] ?

À cette question répondent les trois premières strophes qui disent la poétique à laquelle renonce le poète et selon laquelle un nom vient s'ajuster à la *merveille du lointain ou rêve*, bref à ce qui « déjà tient par soi bien assuré de soi dans l'être »[3]. S'accomplissant comme « lyrisme de la réalité »[4], la poésie est alors le bonheur de l'expression et les mots, « des prises qui saisissent ce qui est déjà étant et tenu pour étant, le rendent dense, l'expriment et ainsi lui confèrent de la beauté »[5]. Le mot est subordonné et postérieur à l'être. Comment le poète renonça-t-il à cette poétique ? *Une fois, après un long voyage*, il se rendit, *avec un riche et tendre joyau*, auprès de la divinité afin que celle-ci lui en fasse connaître le nom. *Elle chercha longtemps* et finit par déclarer : « *De tel rien ne dort ici dans les profondeurs* ». À la suite de cette réponse, le joyau *s'échappa de ma main / et*, poursuit le poète, *jamais mon pays ne remporta le trésor.* Le joyau n'est donc pas une chose en attente d'un nom puisque, sans celui-ci, celui-là échappe à toute prise, échappement qui laisse discrètement apparaître que l'un ne va pas sans l'autre. L'expérience n'est donc pas celle du simple anonymat d'un étant par ailleurs déjà assuré de sa présance, non, « quelque chose d'autre a lieu, quelque chose de bouleversant. Ni le manque du nom, ni l'évanouissement du joyau ne sont toutefois bouleversants. Ce qui est bouleversant, c'est que le joyau s'évanouisse *avec* le manque du nom. C'est donc le mot qui seul tient en présance le joyau, c'est même lui seul qui va l'y chercher, l'y porte et l'y garde. Soudainement, le mot montre un autre et plus haut règne »[6].

1. « Das Wesen der Sprache », in *Unterwegs zur Sprache*, GA, Bd. 12, p. 160.

2. *Ibid.*, p. 154.

3. *Ibid.*, p. 161.

4. Mallarmé, « Les poésies parisiennes », in *Œuvres complètes*, « Bibliothèque de la Pléiade », Paris, Gallimard, 2003, t. 2, p. 353.

5. « Das Wesen der Sprache », in *Unterwegs zur Sprache*, GA, Bd. 12, p. 161 ; *cf.* « Das Wort », *ibid.*, p. 212 : « les mots offrent à la représentation ce qui est déjà. »

6. « Das Wort », in *Unterwegs zur Sprache*, GA, Bd. 12, p. 214; *cf.* « Das Wesen der Sprache », *ibid.*, p. 158-159.

Quel est-il et, pour poser la question depuis le mot sur lequel la septième et dernière strophe porte l'accent, comment le renoncement l'annonce-t-il? *Verzicht* signifie l'abandon d'un droit et le verbe *verzichten*, renoncer à réclamer quelque chose, rompre un contrat en excipant d'une clause de dédit, s'interdire ou se priver de quelque chose. La signification de *verzichten* recoupe celle du verbe *verzeihen* formé à partir de *zeihen* qui « est le même mot que le latin *dicere*, dire, le grec δείκνυμι, montrer, le vieil haut-allemand *sagan*, dire. Le renoncement est un dédire (*Entsagen*). Par son renoncement le poète révoque (*absagt*) son rapport antérieur au mot. Est-ce tout? Non, dans la révocation quelque chose lui est annoncé (*zugesagt*), un appel (*Geheiß*) auquel il ne peut plus se dérober (*sich versagt*) » [1].

Se refusant à user des mots pour laisser resplendir ce qui, d'une manière ou d'une autre, se trouve déjà posé dans l'être, le poète ne renonce pas à tout rapport au mot puisqu'il dit ce renoncement dans un poème intitulé *Le mot*. Et comme celui-ci « s'est montré en un autre et plus haut règne, le rapport au mot doit avoir subi une mutation. Le dire s'élève à une autre articulation, à un autre μέλος, à un autre ton. Que le renoncement du poète soit éprouvé en ce sens, le poème l'atteste qui dit le renoncement en le chantant. Car ce poème est un chant » [2].

Si la poésie reçoit son caractère de chant du nouveau règne du mot, qu'est ce dernier? Dire : *Aucune chose ne soit où le mot fait défaut*, c'est dire, après conversion de la double négation en affirmation, que la chose *est* grâce au mot ou encore – mais cela ne revient nullement au même – que « le mot est ce qui chosifie une chose en chose (*das Wort bedingt das Ding zum Ding*). Nous souhaiterions nommer *Bedingnis*, chosifiance, ce règne du mot » [3], dit alors Heidegger. Faisant appel au vieux mot de *Bedingnis* qui avait initialement la même signification que *Bedingung :* condition, il distingue celle-ci en tant que fondement de l'étant, de la chosifiance qui, loin de toute fondation, du principe de raison et de la détermination de l'être comme fondement, laisse venir en présance. Renonçant au mode expressif

1. « Das Wesen der Sprache », in *Unterwegs zur Sprache*, GA, Bd. 12, p. 158.

2. « Das Wort », in *Unterwegs zur Sprache*, GA, Bd. 12, p. 216. Μέλος désigne d'abord et au pluriel les membres et ensuite la phrase musicale, le chant accompagné de musique. Par ailleurs, le poème *Das Wort* appartient à la dernière partie du recueil *Das Neue Reich*, partie intitulée *Das Lied*, le chant; *cf.* « Das Wesen der Sprache », in *Unterwegs zur Sprache*, GA, Bd. 12, p. 171.

3. « Das Wort », *ibid.*, p. 220. Traduisant le mot *Bedingnis* par chosifiance, nous reprenons, dans un tout autre contexte et avec un tout autre sens, le verbe *chosifier* qui, comme le verbe *réifier*, signifie l'assimilation à une chose de ce qui n'en a pas le mode d'être.

de la parole et disant ce renoncement, le poète ordonne du même coup son dire à la chosifiance. « Que dorénavant le mot soit : la chosifiance de la chose. Ce "soit" laisse être ce que proprement et comment proprement *est* le rapport du mot et de la chose : aucune chose n'est sans le mot. Le renoncement se dit-et-s'annonce le "est" dans le "soit" (*Dieses "ist" sagt sich der Verzicht im "es sei" zu*) »[1]. En termes grammaticaux, l'indicatif *est* sourd de l'impératif *soit*, et le poème laisse résonner l'un dans l'autre.

§ 2. Il, le mot, donne

En quoi cela éclaire-t-il le nouveau règne du mot? Certes, « le poète n'explique pas ce qu'est cette chosifiance »[2] mais si le *joyau* dont parle le poème est le mot en tant qu'il offre la chose *comme* chose, si ce joyau est, pour le poète, le plus mémorable et digne de pensée, alors nous ne saurions entendre le chant du poème et le poème comme chant sans que l'expérience poétique du mot n'en requiert l'expérience pensante. « Écoutant le poème, nous pensons à sa suite. Sur un tel mode *est :* poésie et pensée »[3].

Distinguer *Bedingung* et *Bedingnis*, c'est aussi, pour Heidegger, passer d'un sens de la chose (*Ding*) à un autre, cesser d'assimiler, comme le fait George, chose et étant car, si le mot laisse venir en présance la chose sans la fonder – tel est le sens de la chosifiance –, le rapport entre mot et chose n'est pas, en quelque sens qu'on l'entende, un rapport de fondation qui, en tant que tel, appartient au domaine de la différence entre être et étant et où le premier se retire en se destinant au second, quand il n'est pas lui-même compris comme l'étant suprême. En outre, si l'étant comme tel est toujours fondé par l'être, la chose que laisse être le mot « qui "est" lui-même ce qui tient et maintient (*verhält*) la chose en tant que chose, qui est en tant que cette maintenance : le rapport (*Verhältnis*) même »[4], cette chose ne saurait être à proprement parler un étant.

Et le mot qui la laisse venir en présance encore moins. Le *laisser*-être n'est pas l'*être*-laissé. Dire *Aucune chose ne soit où le mot fait défaut*, c'est mettre le mot à part de toutes les choses et donc du mot en tant que chose. Le mot n'est pas une chose ou un étant, et c'est pourquoi le nom du riche et tendre joyau ne dort pas dans les profondeurs du puit de la Norne. Mais si le

1. « Das Wort », in *Unterwegs zur Sprache*, GA, Bd. 12, p. 220; *cf.* « Das Wesen der Sprache », in *Unterwegs zur Sprache*, GA, Bd. 12, p. 157-158.

2. « Das Wort », in *Unterwegs zur Sprache*, GA, Bd. 12, p. 220.

3. *Ibid.*, p. 224.

4. « Das Wesen der Sprache », in *Unterwegs zur Sprache*, GA, Bd. 12, p. 177.

mot n'est pas un étant, il n'a pas d'être et « lorsque la pensée tente de méditer le mot poétique, il ressort ceci : le mot, le dire, n'a pas d'être »[1].

Qu'est-ce à dire ? Sans être, le nom fait cependant paraître la chose et, par lui, elle *est*. À l'instar du mot, ce *est* n'est pas lui-même une chose qui est. « Dans ce que l'expérience poétique de la langue dit du mot, joue le rapport entre le "est" qui lui-même n'est pas, et le mot qui se trouve dans le même cas, c.-à-d. qui n'est rien d'étant »[2]. À quel domaine ressortit ce rapport entre le mot et le *est* qui, l'un et l'autre, s'exceptent de l'étant et de l'être ? « Que montre l'expérience poétique du mot lorsque la pensée la repense ? Elle montre ce mémorable qui, de tout temps quoique de manière voilée, est imparti à la pensée. Elle montre quelque chose de tel qu'il y a (*was es gibt*) et qui néanmoins n' "est" pas. À ce qu'il y a, appartient aussi le mot et peut-être pas seulement aussi mais avant tout, et ce de telle sorte que dans le mot, dans son essence, se cèle ce qui donne. Pensant la chose même, nous ne pourrions alors jamais dire du mot : il est mais : il donne (*es gibt*) – non pas au sens où "il" y a des mots ("*es" Worte gibt*), mais au sens où le mot lui-même donne (*das Wort selber gibt*). Le mot : le donateur (*das Gebende*). De quoi ? Selon l'expérience poétique et la plus ancienne tradition de la pensée, le mot donne : l'être. Alors, pensant, nous aurions à chercher dans ce "il, qui donne" le mot comme le donateur lui-même mais jamais donné »[3]. Le mot, c'est-à-dire la langue, donne l'être et, pour le donner, n'en relève pas.

L'expérience poétique reconduit ainsi la pensée à son commencement, c'est-à-dire à ce qui y demeure réservé. *À son commencement* puisque l'être s'est initialement donné dans la parole, *à ce qui y demeure réservé* puisque ni le rapport entre l'être et la langue, le double sens du mot λόγος, ni le ἔστι γὰρ εἶναι de Parménide, c'est-à-dire le *Il donne* comme tel, n'ont été proprement et initialement pensés. Or, nommant « quelque chose de très ancien qui a déjà touché la pensée et, depuis, la tient captive »[4], l'expérience poétique de George laisse entrevoir que le *Il donne* s'accomplit dans le rapport de la langue à l'être, c'est-à-dire à elle-même, et que penser l'une, c'est penser l'autre. « Il, le mot, donne… Ainsi se dissipe toute la chimère qui entoure le "Il" et qui, à bon droit, en alarme plus d'un ; mais le mémorable demeure, ne fait que paraître. Ce simple et insaisissable état-de-chose que nous nommons par la tournure : Il, le mot, donne – se dévoile comme ce qui est proprement digne de pensée, et pour la

1. *Ibid.*, p. 181.
2. *Ibid.*, p. 182.
3. *Ibid.*
4. *Ibid.*, p. 175.

détermination duquel les mesures manquent encore »[1]. Quel est alors le lien entre le *Il* en tant que mot ou langue, et le *Il* qui, donnant l'être et le temps, s'atteste comme *Ereignis* ? Si nous ne sommes pas encore en mesure de répondre à cette question autour de laquelle gravite le présent travail, nous pouvons néanmoins rappeler que si la *langue* et l'*Ereignis* sont l'une et l'autre déterminés comme « rapport des rapports »[2], ils ne se confondent pas car, dès l'instant où la langue est « le plus propre des modes du laisser-paraître-appropriant (*Ereignens*) »[3], elle n'est pas le seul.

À l'occasion de ce rappel, une remarque s'impose. Sans cesse, nous avons été conduit à porter l'accent sur les rapports plutôt que sur ce qui, à chaque fois, est en rapport, admettant du même coup que l'être est rapport. Mais en quel sens ? Si « présance signifie : hors du cèlement, demeurer devant dans le décèlement »[4], cette détermination repose sur le rapport du décèlement au cèlement, de celui-ci à celui-là, *rapport tel que chacun « est » le rapport*, ce qui veut dire ici que l'être *lui-même* « est » ce rapport. L'unité de la λήθη et de l'ἀλήθεια, la vérité de l'être, est pur rapport en tant que transpropriation dépropriante, et c'est bien de l'*Ereignis* auquel appartient essentiellement l'*Enteignis* qu'il s'agit lorsqu'à propos de ce qu'il nomme « un vieil embarras de grande portée où se trouvent partout et constamment notre pensée et notre dire », Heidegger observe ou avertit que « nous ne sommes pas en état et si jamais, ce n'est que rarement et à peine, de faire purement, à partir d'elle-même, l'expérience d'une relation qui règne entre deux choses, entre deux êtres. Nous nous représentons aussitôt la relation depuis ce qui chaque fois se tient en relation. Nous comprenons peu comment, par quoi et d'où se donne la relation, et comment elle est en tant que cette relation »[5]. Faite au moment précis où l'expérience poétique reconduit la pensée à ce qui lui est initialement imparti, cette observation concerne tout particulièrement le rapport entre poésie et pensée, rapport au sein duquel nous ne cessons de nous mouvoir et sans la détermination duquel il demeurera impossible de comprendre en quel sens la langue peut être le plus propre des modes de l'*Ereignis*.

1. « Das Wesen der Sprache », in *Unterwegs zur Sprache*, GA, Bd. 12, p. 183.

2. « Das Wesen der Sprache » et « Der Weg zur Sprache », in *Unterwegs zur Sprache*, GA, Bd. 12, p. 203 et 256, déjà cités.

3. « Der Weg zur Sprache », in *Unterwegs zur Sprache*, GA, Bd. 12, p. 255.

4. « Aletheia (Heraklit, fragment 16) », in *Vorträge und Aufsätze*, GA, Bd. 7, p. 284, déjà cité.

5. « Das Wesen der Sprache », in *Unterwegs zur Sprache*, GA, Bd. 12, p. 177 ; *cf.* « Aus einem Gespräch von der Sprache », *ibid.*, p. 118 *sq.* et « Der Weg zur Sprache », *ibid.*, p. 256.

QUATRIÈME PARTIE

L'OR

CHAPITRE XIV

BRILLER-PARAÎTRE

§ 1. CHOSE ET MONDE

Si le poète n'explique pas comment le mot laisse être la chose en tant que chose – ce que le penseur nomme *Bedingnis*, chosifiance, et qui relève de l'*Ereignis* –, il revient au second de le faire en se rapportant au premier. Mais n'est-ce pas soumettre la pensée à la poésie ? Outre qu'il y a toujours de la pensée dans la poésie, le rapport entre l'une et l'autre est un trait du commencement grec. Faut-il rappeler la parole de Xénophane : ἐξ ἀρχῆς καθ' Ὅμηρον ἐπεὶ μεμαθήκασι πάντες... « car, dès le commencement tous ont appris d'Homère... », ou celle de Platon évoquant « l'ancien différend (διαφορά) », « l'ancienne opposition (ἐναντιώσις) » [1], entre poésie et philosophie, enseignement, différend et opposition qui requièrent une dimension commune à l'une et l'autre. Aussi, lorsque Heidegger caractérise le premier commencement par la relation que les penseurs grecs entretenaient avec Homère et l'autre commencement, proprement initial, par celle que les penseurs à venir devront entretenir avec Hölderlin, aussi définit-il la tâche de la pensée par son rapport à la poésie, en sorte que penser l'*Ereignis* dont la langue est le mode le plus propre, revient à penser le mode sur lequel *est :* poésie *et* pensée [2], le *est* tirant ici son sens du *et*.

Comment cela ? Nous ne saurions nous tourner vers l'essence de la langue pour l'interroger sans que cette dernière ne nous soit déjà accessible, *c'est-à-dire parlante*, sans que nous ne soyons à son écoute en la parlant ou en la taisant. « Si nous devons repenser (*nachdenken*) l'essence

1. Xénophane, DK 10 et *République*, X, 607 *b* 5 et 607 *c* 3. *Cf.* Héraclite, DK 42 et DK 56. Que la relation de Xénophane, d'Héraclite ou de Platon à Homère soit polémique est ici sans importance.

2. Cf. *Über den Anfang*, GA, Bd. 70, p. 159 et *Hölderlins Hymnen « Germanien » und « Der Rhein »*, GA, Bd. 39, p. 184.

de la langue », dit Heidegger en écho à Héraclite, « la langue doit d'abord se dire à nous ou même avoir été déjà dite. À sa manière, la langue doit elle-même s'adresser à nous, elle-même – son essence. Elle s'essencifie comme cette adresse »[1]. Mais où se dit-elle le plus purement sinon dans le poème et comme poème ? Dès lors, penser la langue revient nécessairement à penser la poésie en lui répondant comme à la pure adresse de la langue, à penser en lui faisant suite, – toutes significations que rassemble le verbe *nachdenken* – et, du même mouvement, à penser la dimension ou contrée au sein de laquelle poésie et pensée s'entr'appartiennent comme modes du dire. C'est donc exclusivement de l'*Ereignis* en tant que vérité de l'être que le rapport *poésie-et-pensée* doit recevoir son sens.

Comment le mot chosifie-t-il la chose en chose ou sur quel mode ladite chosifiance s'accomplit-elle ? Une fois encore, le rapport du mot à la chose n'est pas un rapport entre des termes dont la présance lui serait préalable : « le mot lui-même est le rapport qui, à chaque fois, retient en soi la chose de telle sorte qu'elle "est" une chose »[2]. Sans doute, *chose* équivaut-il ici à *étant*, mais si le mot est en lui-même ce qui donne l'être, il relève de sa vérité et doit, par conséquent, se rapporter à l'étant pour autant que s'y abrite la vérité de l'être. Dès les *Contributions à la philosophie*, Heidegger s'est fixé pour tâche de « *restituer l'étant depuis la vérité de l'être* », de « mettre en place la vérité de l'être et de l'abriter dans "l'étant" lui-même », vérité de l'être qui est donc à l'origine de « la mise à l'abri du vrai dans l'étant par quoi seulement celui-ci devient étant »[3]. Abritant la vérité de l'être, "l'étant" n'est plus alors l'étant qui diffère de l'être en prenant le pas sur lui et la précédente mise entre guillemets du mot "*étant*" annonce, par delà le séjournant laissant séjourner, la chose dont le rassemblement ne ressortit pas à la différence ontologique.

Si la chose que le mot chosifie en chose est bien celle qui rassemble ciel et terre, divins et mortels, elle est celle qu'appelle le nom et il est désormais possible de reprendre la lecture du poème de Trakl au point où elle a été interrompue, non sans avoir rappelé que le choix de ce poème s'est imposé à l'instant de « repenser le parler *de la langue* »[4], à l'instant de la laisser seule se dire elle-même et, *pour cette raison*, dire les choses que ses mots retiennent en eux, non sans avoir rappelé que ce poème est, à l'instar de tout véritable poème, celui de la langue elle-même. En voici à nouveau le début :

1. « Das Wesen der Sprache », in *Unterwegs zur Sprache*, GA, Bd. 12, p. 170.
2. *Ibid.*, p. 159.
3. *Beiträge zur Philosophie*, GA, Bd. 65, p. 11, p. 241 et p. 348.
4. « Die Sprache », in *Unterwegs zur Sprache*, GA, Bd. 12, p. 14.

Quand à la fenêtre tombe la neige,
Que longuement sonne la cloche du soir,
Pour beaucoup la table est mise
Et la maison est bien pourvue.

Ces vers appellent les choses à venir en appelant simultanément le lieu où elles sont appelées à venir puisqu'elles ne sauraient faire nombre avec ce qui se trouve déjà là. Comment s'y déploient-elles ? Appeler signifiant aussi inviter, l'appel invite les choses à regarder les hommes. « La chute de neige les porte sous le ciel s'obscurcissant dans la nuit. Le son de la cloche du soir les porte comme mortels face au divin. La maison et la table lient les mortels à la terre »[1]. Appelées, chacune de ces choses rassemble les quatre dans l'unité d'un vis-à-vis-l'un-de-l'autre, les laisse séjourner à même soi. « Ce laisser-demeurer-en-séjour rassemblant est le choser des choses », dit Heidegger qui ajoute aussitôt : « Le quadrat uni du ciel et de la terre, des mortels et des divins, qui demeure-en-séjour dans le choser des choses, nous le nommons : le monde »[2].

Dès lors que le monde appartient au choser de la chose, celle-ci déploie celui-là où elle séjourne en laissant séjourner les autres. Chosant, « les choses délivrent (*austragen*) le monde. Notre vieille langue nomme cet *Austragen : bern*, *bären*, d'où viennent les mots *gebären* [*ferre, parere*, *gignere*, porter, paraître, engendrer] et *Gebärde* [geste, attitude, contenance]. Chosant, les choses sont choses. Chosant, elles portent à terme (*gebären*) le monde »[3].

L'intimité de la chose et du monde est alors telle qu'appeler l'une, c'est appeler l'autre, telle par conséquent que chaque nom appelle d'autres noms et ainsi la langue. Mais appeler le monde, c'est encore appeler les mortels qui font face aux dieux. Partant, la première strophe appelle les choses, le monde « depuis lequel elles apparaissent »[4], ceux auxquels elles apparaissent et qui y apparaissent les uns aux autres. En tant que chose, chaque chose offre les choses qui rassemblent le monde et que le monde rassemble. « Les choses dotent de choses (*die Dinge bedingen*) les mortels » – le pluriel est essentiel car il est propre à chaque chose d'en laisser séjourner d'autres – et « c'est proprement avec le monde que les choses rendent visite aux mortels »[5].

1. *Ibid.*, p. 19, déjà cité.

2. *Ibid.*

3. *Ibid. Cf.* « Aus einem Gespräch von der Sprache », in *Unterwegs zur Sprache*, GA, Bd. 12, p. 102.

4. « Die Sprache », in *Unterwegs zur Sprache*, GA, Bd. 12, p. 19-20.

5. *Ibid.*, p. 20.

§ 2. L'OR DU MONDE

Si ce que dit la première strophe doit être compris comme ce que dit la langue elle-même, qu'en est-il de la suivante ? Rappelons-la :

Plus d'un, en voyage,
Arrive à la porte par de sombres sentiers.
D'or fleurit l'arbre des grâces
Tirant de la terre sève fraîche.

Nommant encore des choses : la porte de la maison, les sentiers qui y mènent, la deuxième strophe n'appelle plus tous les mortels mais seulement ceux qui voyagent par de sombres sentiers. Qui sont-ils? À propos de ce que Trakl entend par « *ein blaues Wild* », « un bleu gibier », Heidegger explique que ces mots désignent ceux d'entre les mortels qui « souhaitent atteindre l'essence native de l'homme ». Il poursuit : « Qui sont-ils ceux qui entreprennent un tel voyage ? Sans doute, sont-ils peu et inconnus, si toutefois l'essentiel advient (*sich ereignet*) silencieusement, soudainement et rarement. Dans le poème *Un soir d'hiver*, le poète nomme de tels voyageurs… » [1], étrangers en chemin vers la maison bien pourvue, où la table est mise, en chemin vers ce par quoi choses et habitation il y a. N'est-ce pas ce que disent les vers suivants qui « appellent proprement le monde » et « nomment soudain quelque chose de tout autre » [2] :

D'or fleurit l'arbre des grâces
Tirant de la terre sève fraîche.

Enraciné dans la terre, l'arbre se dresse vers le ciel et, pour être celle des grâces, sa floraison accomplit l'entr'appartenance des quatre. Nommant l'arbre des grâces, ces deux vers appellent le monde et, après avoir invité les choses à venir au monde, le poème invite le monde à venir aux choses. Ce double appel est le dire même du poème ou, une fois de plus, ce que, par essence, dit la langue en tant que langue. « De même que l'appel nommant les choses appelle à venir auprès en appelant au loin, de même et en soi le dire qui nomme le monde appelle à venir auprès en appelant au loin. Il confie le monde aux choses et, en même temps, abrite les choses dans l'éclat du monde. Celui-ci offre aux choses leur essence. Les choses portent à terme le monde. Le monde offre les choses » [3].

1. « Die Sprache im Gedicht », in *Unterwegs zur Sprache*, GA, Bd. 12, p. 42.
2. « Die Sprache », in *Unterwegs zur Sprache*, GA, Bd. 12, p. 20.
3. *Ibid.*, p. 21.

Comment penser alors le rapport entre monde et chose en tant qu'ils sont l'un et l'autre ainsi appelés et dits ? Ou, pour poser la question dans la langue du poète, que signifie l'or qui caractérise la floraison de l'arbre où règne le quadrat ? Et sur quelle expérience de l'or prendre ici appui sinon sur celle d'un autre poète, Pindare, qui parle « des fleurs d'or [qui] s'enflamment, les unes à terre, sur des arbres éclatants, les autres, gorgées d'eau » [1], et qui, surtout, « nomme l'or περιώσιον πάντων, ce qui avant tout resplendit sur et autour de tout, πάντα, de chaque présant » [2].

Quelle est la portée de cette détermination et comment l'or dont « l'éclat abrite tout présant dans le non-celé de son apparaître » [3], avère-t-il le rapport de la chose et du monde ? C'est au début de la cinquième *Isthmique* que Pindare confère à l'or un tel titre. En voici les trois premiers vers :

> Μᾶτερ Ἀελίου πολυώνυμε Θεία,
> σέο ἕκατι καὶ μεγασθενῆ νόμισαν
> χρυσὸν ἄνθρωποι περιώσιον ἄλλων·
>
> Mère du soleil, riche de noms, [la] divinité [même des dieux],
> eu égard à toi, en son ample règne considèrent
> les hommes l'or plus présant autour de tout autre chose [4].

L'or est περιώσιον ἄλλων. Περιώσιος signifie *excessif, très puissant* et, suivi d'un génitif, vaut comparatif de supériorité. Forme ionienne de περιούσιος, cet adjectif appartient au même domaine d'expérience que περιουσία, *excédent, richesse*. À la lettre, περιουσία désigne ce qui est autour et au-delà (περί) d'une propriété foncière (οὐσία, *Anwesen*). Et si οὐσία est devenu un mot pour l'étant en tant que tel, περί « est relatif à ce qui concerne "l'étant". Ce qui concerne l'étant, c'est l'être » [5]. Περιούσιος désigne alors ce qui, en "l'être" d'un étant, "est" tout autour et ainsi, au-delà. En quoi l'or est-il passible d'un tel qualificatif ? Il est περιώσιον

1. *Olympiques*, II, v. 130-132 : ἄνθεμα δὲ χρυσοῦ φλέγει, / τὰ μὲν χερσόθεν ἀπ' ἀγλαῶν δενδρέων / ὕδωρ δ' ἄλλα φέρβει. *Cf.* fragment 129, *in* Pindare, *Œuvres complètes*, trad. fr. J.-P. Savignac, d'après le texte reproduit de l'édition Snell-Maehler, Paris, La Différence, 2004, p. 556-557.

2. « Die Sprache », in *Unterwegs zur Sprache*, GA, Bd. 12, p. 21.

3. *Ibid.*

4. *Isthmiques*, V, v. 1-3 et *Der Spruch des Anaximander*, GA, Bd. 78, p. 65-66. Nous traduisons la traduction de Heidegger qui, dans la conférence *Die Sprache* précédemment citée, ne s'attardant pas sur la parole de Pindare, substitue περιώσιον πάντων à περιώσιον ἄλλων.

5. *Der Spruch des Anaximander*, GA, Bd. 78, p. 286.

ἄλλων, plus présant que les autres présants, plus étant que les autres étants parce qu'il nimbe et auréole de son éclat ce qui est à l'entour.

Si, comme on dit, tout ce qui brille n'est pas or, l'or, métal noble, est par excellence ce qui brille et fait briller. Mais l'or est-il tantôt brillant, tantôt terne, ou l'éclat lui est-il essentiel ? L'éclat de l'or, son paraître, c'est l'or même puisque, brut ou mat, il brille déjà de ne pas briller plus encore. Et « si le pur briller qui ne s'éteint pas et qui, prenant source en soi, s'y reporte, est la noblesse même »[1], alors celle-ci accomplit celui-là, et l'éclat de l'or en constitue l'être. Fût-elle voilée comme le soleil peut l'être sans pourtant cesser de rayonner, la brillance est le mode sur lequel l'or vient en présance. « "L'or" – c'est d'une certaine façon cette pure présance elle-même, de sorte qu'en lui l'étant est "plus étant", mais simultanément et à nouveau sur un mode tel que le briller (*Scheinen*) ne s'impose pas séparément du paraissant, et demeure entièrement retenu en lui »[2].

Plus étant que les autres étants, l'or ne doit cependant pas être assimilé au dieu de l'onto-théo-logie qui, étant suprême, fonde tout les autres et en est séparé puisque le resplendissement de l'or est tel que le paraissant ne se sépare pas, et en ce sens ne diffère pas, du paraître. Paraissant en laissant paraître le paraître tout comme le λέγειν de l'ὁμολογεῖν accomplit le Λέγειν du Λόγος, *l'or paraît sans ressortir à la différence ontologique*, différence en vertu de laquelle le paraissant prend le pas sur le paraître, en vertu de laquelle celui-ci se retire devant celui-là. Qui plus est, paraissant comme le paraître même, l'or ne saurait être plus présant que les autres présants sans que la présance n'advienne elle-même comme paraître. *Scheinen* signifiant paraître mais d'abord briller, il est alors permis de dire que *das Scheinen ist Anwesen*, « le briller-paraître est présance » et « désigne l'εἶναι de l'ὄν »[3], l'être de l'étant. Il faut toutefois y insister, l'éclat de l'or surgit de l'or où il repose, la source de l'éclat est l'éclat retenu de la source, et « le paraître de l'or a cette noblesse qu'il se tient en réserve dans l'éclat reposant en lui et, malgré toute la splendeur à partir de laquelle il apparaît, ce paraître demeure un éclat au repos »[4]. À l'inverse, *la πλεονεξία* de l'étant dont l'essence de la technique est l'achèvement, recouvre la noblesse de l'être et *n'est jamais en repos*.

1. *Der Spruch des Anaximander*, GA, Bd. 78, p. 68.

2. *Ibid.*

3. *Ibid. Die Sonne scheint* signifie : le soleil brille et *im Sonnenschein :* au soleil. Cf. *Einführung in die Metaphysik*, GA, Bd. 40, p. 106 *sq.*

4. *Der Spruch des Anaximander*, GA, Bd. 78, p. 69.

L'or est περιώσιον ἄλλων, plus présant que les autres présants, et présant autour et au delà du seul présant qu'il est, parce que le pur briller-paraître qui est son être même *est* en tant que laissant briller-paraître d'autres présants. Comprend-on le mot κόσμος depuis sa signification initiale de *parure*[1] et celle-ci comme « l'éclat qui porte quelque chose au paraître, qui laisse le présant venir en présance dans la lumière »[2], alors il est possible d'entendre en quel sens Héraclite peut penser « ce monde », κόσμον τόνδε, comme πῦρ ἀείζωον, ἁπτόμενον μέτρα καὶ ἀποσβεννύμενον μέτρα, « feu toujours vivant, enflammant les mesures (les faisant briller et apparaître), éteignant (retirant) les mesures »[3], comme feu donnant lieu à « l'antagonisme continu du mesuré et du démesuré : échange mutuel et réciproque de toutes choses contre le feu et du feu contre les choses, tel l'or contre les marchandises et les marchandises contre l'or, πυρός τε ἀνταμοιβὴ τὰ πάντα καὶ πῦρ ἁπάτων ὅκωσπερ χρυσοῦ χρήματα καὶ χρημάτων χρυσός »[4].

Aussi, selon cette détermination du κόσμος et à l'instar de la chose, l'or brille et paraît en tant que monde.

1. Cf. *Iliade*, XIV, v. 187.

2. « Aufenhalte » [1962], in *Zu Hölderlin – Griechenlandreisen*, GA, Bd. 75, p. 229.

3. *Ibid.* et DK 30.

4. *Ibid.* et DK 90. Heidegger traduit ici τὰ χρήματα par *die Waren*, les marchandises.

CHAPITRE XV

LA MONNAIE DE L'ÊTRE

§ 1. LA TRANSMUTATION DE L'OR

Métal noble, l'or est aussi ἐριτίμος, de grande valeur[1]. « L'or qui brille dans les mains » peut être « un splendide salaire »[2], dit Pindare qui, tout comme Héraclite, n'ignore pas la fonction monétaire du précieux métal. N'est-ce pas au numéraire que pense le poète en disant que les hommes tiennent l'or pour μεγασθενής, très fort ou très puissant ? Mais comment cette détermination s'accorde-t-elle avec celle qui conclut le vers suivant selon lequel l'or est plus étant que les autres étants ? Ou, pour poser la question plus précisément, « l'or est-il περιώσιος, "plus étant", parce qu'il est μεγασθενής, très puissant, ou est-il μεγασθενής parce qu'il est περιώσιος ἄλλων »[3], plus présant que les autres présants ?

Si, comme le dit encore un proverbe, monnaie fait tout, l'or possède effectivement une puissance supérieure à celle des autres étants. Ainsi compris, il est pensé dans l'horizon d'une efficience susceptible d'être évaluée, mesurée, calculée. La monnaie « mesure toutes choses », constate Aristote qui définit les χρήματα, les marchandises, comme « tout ce dont la valeur est mesurée par la monnaie »[4]. Toutefois, la fonction monétaire de

1. Cf. *Iliade*, IX, v. 126 et v. 268.

2. *Pythiques*, III, v. 97 *sq.*

3. *Der Spruch des Anaximander*, GA, Bd. 78, p. 71.

4. *Éthique à Nicomaque*, V, 1133 *a* 21 et IV, 1119 *b* 27-28. Cf. *Die Frage nach dem Ding*, GA, Bd. 41, p. 70 où Heidegger entend par τὰ χρήματα « les choses dans la mesure où elles sont en usage et se tiennent ainsi à constante disposition – qu'il s'agisse des φυσικά, pierres et choses semblables ou des ποιούμενα, choses proprement fabriquées. » Rappelons que, pour

l'or ne tient pas à l'éclat de ce qui laisse briller et paraître le paraître lui-même puisque, d'après Aristote toujours, la monnaie est « une sorte de substitut du besoin, et ce par convention. Aussi est-elle nommée νόμισμα car elle est par loi (νόμῳ) et non par nature (φύσει) et que nous pouvons la changer et la rendre hors d'usage »[1]. Partant, que signifie le caractère conventionnel du rapport entre l'or et la monnaie, sinon que la valeur du premier, si grande soit-elle, ne relève pas de son resplendissement propre mais tire son origine de l'institution de la seconde. « La valeur de l'or, peut donc dire Heidegger, se détermine à partir de la "valeur-or (*Goldwert*, le pesant d'or)" dont le caractère de valeur provient d'estimations et d'évaluations tout autre. La valeur est valeur en tant que *monnaie* (valuta). La valeur elle-même se fonde dans l'efficace de ce qui est donc évalué en tant qu'un moyen de paiement »[2].

Monnaie, l'or n'est plus ce qui brille de laisser briller tout autour, n'est plus ce présant qui laisse venir en présance la présance sans prendre le pas sur elle, il est l'étant en lequel tous les autres peuvent s'évaluer, par lequel tous les autres peuvent s'échanger, l'équivalent général et, à ce titre, l'étant suprême. Une telle mutation serait toutefois impossible si l'or n'avait cessé de resplendir, sans le retrait de l'être. Bref, dès l'instant où « l'or, dans son essence poétiquement dite, est l'exemple de la signification inexprimée de l'εἶναι »[3], de l'être, seule la différence ontologique qui s'accomplit comme onto-théo-logie, peut opérer la transmutation de l'or en monnaie. « Effroyable rire de l'or »[4], dit Trakl. Et quand, à la suite du déplacement de l'être hors de sa vérité, « le regard essentiel pour l'or vient à s'éteindre, l'or devient une chose "effective" parmi d'autres au sein de "l'effectivité" en tant que laquelle, dans l'intervalle, l'être a destiné son essence et l'a abandonné à son histoire »[5].

Aristote, échanger une marchandise contre une autre est une des deux manières d'en faire usage ; cf. *Politiques*, I, 1257 *a* 5 *sq*.

1. *Éthique à Nicomaque*, V, 1133 *a* 29 *sq*.

2. *Der Spruch des Anaximander*, GA, Bd. 78, p. 70.

3. *Ibid.*, p. 290. Pour Trakl aussi, l'or et le vrai se montrent ensemble, cf. *Winkel am Wald*, [Coin de forêt], v. 14 : « *Auch zeigt sich sanftem Wahsinn oft das Goldne, Wahre*. Aussi se montre à douce démence souvent, l'or, le vrai », vers cité in « Die Sprache im Gedicht », *Unterwegs zur Sprache*, GA, Bd. 12, p. 52. *Cf.* G. Trakl, *Sämtliche Werke und Briefwechsel*, *op. cit.*, Bd. 1, *op. cit.*, p. 579.

4. *An die Verstummten*, [Aux muets], G. Trakl, *Sämtliche Werke und Briefwechsel*, *op. cit.*, Bd. 3, p. 351, cité *in* « Die Sprache im Gedicht », *Unterwegs zur Sprache*, GA, Bd. 12, p. 71.

5. *Der Spruch des Anaximander*, GA, Bd. 78, p. 82.

À l'inverse, l'or est exemplaire parce qu'il illustre l'essence, la vérité, de l'être. En ce sens, il est un nom de l'*Ereignis* et c'est pourquoi, à la fin des *Essais et conférences* dont le dernier texte, consacré à l'ἀλήθεια, fait écho au premier portant sur l'essence de la technique puisque celle-ci sourd de celle-là, et après avoir rappelé avec Héraclite que « les ânes prennent la paille plutôt que l'or », Heidegger peut dire que « l'or du briller-paraître inapparent de l'éclaircie ne se laisse pas prendre car lui-même n'est rien qui prend mais le pur laisser-paraître-appropriant (*Ereignen*) »[1], la trans-propriation dépropriante même.

Sommes-nous désormais en mesure de répondre à la question de savoir si l'or est περιώσιος, plus présant, parce que, permettant de tout faire, il est d'une grande efficacité, μεγασθενής, ou si, au contraire, il tire l'étendue de son règne du seul resplendissement de l'être. La valorisation monétaire de l'or supposant l'extinction de sa brillance, celle-ci est antérieure à celle-là, et c'est parce que l'or est περιώσιος ἄλλων qu'il est μεγασθενής. La deuxième *Isthmique* l'atteste. « La muse nous enjoint", y déclare Pindare, "d'avoir en garde / ce mot de l'Argien qui côtoie de si près le vrai (ἀλαθείας) : / "Argent, argent que l'homme !" / disait-il, ayant perdu biens et amis »[2]. En quel sens ce proverbe avoisine-t-il le vrai ? L'homme ne saurait être ainsi mis à nu sans que l'apparence qui le dissimule ne soit reconnue en tant que telle et ce depuis le non-retrait, le pur paraître, de ce même homme dans la vérité de son être et de l'être. Il est donc impossible de dire que l'argent fait l'homme ou, cela revient au même, qu'avec de l'or on peut tout faire, si ce « faire » ne reposait pas « dans le "briller-paraître", que ce soit dans la présance qui vient à paraître ou dans la simple apparence »[3]. C'est donc bien parce que l'or est περιώσιος ἄλλων qu'il est μεγασθενής.

1. « Aletheia (Heraklit, fragment 16) », in *Vorträge und Aufsätze*, GA, Bd. 7, p. 288 et Héraclite DK 9.

2. *Isthmiques*, II, v. 17 *sq.*, trad. fr. J.-P. Savignac, *in* Pindare, *Œuvres complètes*, *op. cit.*, p. 358.

3. *Der Spruch des Anaximander*, GA, Bd. 78, p. 72.

§ 2. La transparence

Sur quel mode cette grande force ou puissance de l'or s'accomplit-elle sitôt qu'elle est rapportée à son resplendissement et comment faut-il ici traduire μεγασθενής ? La première *Olympique* débute ainsi :

Ἄριστον μὲν ὕδωρ, ὁ δὲ
χρυςὸς αἰθόμενον πῦρ
ἅτε διαπρέπει
νυκτὶ μεγάνορος ἔξοχα πλούτου.

Meilleure certes [est] l'eau
mais l'or, feu enflammé,
brille à travers la nuit
au comble de la richesse altière [1].

Si l'eau est la meilleure des choses dont nous puissions jouir parce qu'elle en est la plus limpide, l'or est la plus éclatante car il resplendit de la manière la plus pure et la plus simple si la simplicité rassemble et abrite. Sur quel mode ce resplendissement sans lequel nous ne pourrions finalement jouir de l'eau, se déploie-t-il? L'or brille (διαπρέπει) éminemment (ἔξοχα). Πρέπω signifie apparaître distinctement, διαπρέπω, apparaître de manière insigne en captant le regard et διαπρέπεια, magnificence. Aussi, « dit de l'or, διαπρέπει en nomme-t-il l'irradiante brillance (*Hervorleuchten*) qui se déploie à travers autre chose dans la mesure où elle la "traverse", en tant que cet autre chose laisse d'une certaine façon derrière soi la brillance qui néanmoins rayonne simultanément autour et au-delà : ἅτε αἰθόμενον πῦρ νυκτὶ, "tel un feu ignescent dans la nuit". Celui-ci n'est pas seulement jaillissant ni quelque chose de séparé, visible pour soi mais le feu enflammé qui, tout à la fois, s'éclaire lui-même, éclaire la nuit en la traversant et éclaire ce qui est autre » [2]. À l'instar du séjournant laissant séjourner, l'or est ce paraissant qui brille et paraît en laissant paraître d'autres paraissants, qui brille de laisser paraître, resplendit de faire resplendir, et ce sans se rengorger ou se gaver de soi, sans πλεονεξία. En un mot où l'absence de trait d'union signifie exception à la différence ontologique, l'or est « êtreétant » [3].

1. *Olympiques*, I, v. 1-2 ; *cf.* III, v. 75-76. Pour traduire les derniers mots de la traduction de Heidegger, nous reprenons ceux par lesquels J.-P. Savignac traduit μεγάνορος ἔξοχα πλούτου ; *cf.* Pindare, *Œuvres complètes*, *op. cit.*, p. 65.

2. *Der Spruch des Anaximander*, GA, Bd. 78, p. 288.

3. *Ibid.*, p. 72.

À l'eau qui reflète en elle ce qui est autre qu'elle répond donc l'or qui paraît au delà de soi, transparaît. Heidegger y insiste, διαπρέπει, qu'il traduit par **hervor***leuchten* ou **hervor***kommen*, c'est répandre l'éclat en s'avançant éminemment au-delà et autour de soi, resplendir sur ou à travers autre chose, par et depuis son propre retrait[1], sur le mode de la transpropriation dépropriante qui est ainsi la noblesse même. Brillant de et par son être, l'or brille de telle sorte qu'il montre ou laisse briller-paraître les autres choses tout en s'éloignant de soi. Ce mode de resplendissement est celui de tout ornement et de toute parure, celui du monde en son sens le plus ancien, ornement, parure et monde qui, selon leur essence propre, ne sont pas tels « qu'ils brillent pour soi, attirant à soi le regard et le soustraient aux autres choses »[2]. Rien n'est donc plus contraire à l'or que le phénomène car si le premier cède le pas aux autres présants, le second qui se montre en soi même et de soi-même prend le pas sur eux.

Pensé depuis sa brillance dont la rayonnante splendeur laisse paraître ce qu'elle concerne, l'or, περιώσιος ἄλλων, plus présant que les autres présants pour les laisser co-apparaître, est μεγασθενής. Μέγας signifiant grand, vaste et σθένος, la force dans toute l'étendue rassemblée de son domaine d'exercice, de sa portée, l'ample règne de l'or sourd de son mode de présance et c'est bien parce qu'il est περιώσιος que l'or est μεγασθενής[3].

Mais Pindare parle-t-il de l'or lui-même, ou seulement de la manière dont nous avons coutume d'en faire cas ? Dire que les hommes « considèrent (νόμισαν) l'or… », n'est-ce pas porter l'accent sur notre intérêt pour celui-ci plutôt que sur l'essence de l'être dont il resplendit puisque le verbe νομίζειν signifie *avoir en usage, tenir pour…, croire* ? Rien n'est moins sûr car le sens usuel d'un mot ne se confond pas nécessairement avec celui qu'il reçoit d'un poème et, en outre, le rapport de l'homme grec à tel ou tel étant est prescrit par l'être de celui-ci. Νόμισαν est le dernier mot d'un vers qui commence par σέο ἕκατι : « *eu égard à toi* [*scil.* la Mère du soleil], en son ample règne considèrent / les hommes l'or plus présant autour de toute autre chose ». C'est par conséquent cette divinité qui permet aux hommes de tenir l'or pour plus présant que les autres présants, c'est elle qui leur octroie de pouvoir regarder l'or comme l'être et d'être, en ce regard, proprement ce qu'ils sont. Reconduit à νόμος dont il dérive et qui désigne ce qui est imparti, le verbe νομίζειν signifie prendre en considération quelque chose en le laissant être tel qu'il se donne en partage. Du coup, « νόμισαν ἄνθρωποι peut seulement vouloir dire : "les hommes

1. Cf. *Der Spruch des Anaximander*, GA, Bd. 78, p. 323 et surtout p. 325.
2. *Ibid.*, p. 73.
3. Cf. *ibid.* et p. 295.

considèrent l'or en tant que ceci et cela qu'il est". Par ce "considérer", ils laissent l'or être purement l'or »[1].

À nouveau, l'or n'est pas un étant plus brillant que les autres mais l'étant dont l'être est de laisser paraître l'être lui-même, de laisser briller-paraître le briller-paraître en tant qu'être de l'étant. « Cet étant que nous nommons "or" est lui-même d'une certaine façon l'être de l'étant. En l'or, l'essence de l'être est rassemblée de telle sorte que, dans l'être de cet étant, l'être peut apparaître en tant que lui-même »[2]. Mais – et que la question soit ici déposée en pierre d'attente – ne peut-on dire la même chose de la langue ?

1. *Ibid.*, p. 293.
2. *Ibid.*, p. 74.

CHAPITRE XVI

L'ÊTRE ET LE DÉMONIQUE

§ 1. LE BRILLER-PARAÎTRE DU DIEU

L'or brille dans la lumière et nous ne saurions le considérer ou le laisser être comme tel, accomplir notre être, sans égard pour la Mère du soleil, Μᾶτερ Ἀελίου, divinité riche de noms, πολυώνυμε Θεία, sous l'invocation de laquelle s'ouvre le poème. Qui ou quelle est cette divinité? Selon Hésiode, à qui Pindare seul reprend ce nom, Θεία, séduite par Hypérion, enfanta le soleil, la lune et l'aurore, soleil qui donne sa lumière aux mortels sur terre comme aux immortels habitant le ciel. Hélios, le soleil, est le dieu qui éclaire et « son éclatant regard (*Blicken*) resplendit en tant que lumière du jour »[1] où le présant en tant que présant vient paraître. Le jour naissant de la nuit comme le décèlement du cèlement, « porter au jour signifie : laisser surgir hors du celé dans la brillance (*Scheinen*) de ce qui est apparu en brillant »[2]. Et puisque le laisser-surgir hors du retrait dans le non-retrait est la présance même, « le pur briller-paraître est comme le surgissement d'un unique regard éclairant qui ne saisit pas seulement quelque chose mais qui, au préalable, rayonne purement et, rayonnant, donne la pure présance

1. *Der Spruch des Anaximander*, GA, Bd. 78, p. 77. Cf. *Théogonie*, v. 371 *sq.*, v. 760 et *Hymnes homériques*, II, v. 62. Il faut rappeler ici que *Blicken* signifie d'abord éclairer, briller (*fulgere*, *nitere*) et, du même coup, apparaître, se montrer. *Es blickt* équivaut à *es scheint*. *Blicken* signifie ensuite regarder, mais d'un regard qui brille, étincelle, pénètre et ainsi capte le regard; *cf.* J. u. W. Grimm, *Deutsches Wörterbuch*, *s. v.*

2. *Der Spruch des Anaximander*, *ibid.* Cf. *Théogonie*, v. 124 et v. 748 *sq.* Heidegger reconduit la nuit, le jour et la lumière au cèlement et au décèlement; cf. *Parmenides*, GA, Bd. 54, p. 89 *sq.*, 108 et 130.

et se pose purement en elle. En ce sens», poursuit Heidegger, remontant du dieu soleil à la divinité de tout dieu, «le briller-regarder (*Blicken*), θεᾶσθαι, est l'essence de ceux qui brillent-et-pénètrent-du-regard (*Hereinblickenden*), les θεοί. Le pur briller-paraître (*Scheinen*) est le dieu lui-même»[1].

Depuis quelle expérience le briller-paraître se laisse-t-il décrire comme un regard, et sur quel mode les dieux l'accomplissent-ils comme leur essence?

Le verbe θεάομαι dont θεᾶσθαι est l'infinitif, veut dire contempler avec admiration et étonnement ce qui s'offre en spectacle – il y a, pour les Grecs, un lien de sens entre θέα, vue offerte, et θαῦμα, merveille – ou encore, comme au théâtre, saisir du regard le regard qui nous vise et nous est adressé. Θέα, *der Blick*, le regard fulgurant, n'est pas initialement une vision dont nous serions l'origine mais cette vue (*Anblick:* la vue qui s'offre) où quelque chose surgit du retrait et se montre comme regardant. Aux yeux des Grecs, cela est essentiel pour ce qui va suivre mais aussi pour ce qui précède, toute source de lumière, à commencer par le soleil, est un regard, et le regard une source de lumière. À propos d'Ajax, Athéna dit à Ulysse: ἐγὼ γὰρ ὀμμάτων ἀποστρόφους αὐγὰς ἀπείρξω, «je détournerai de toi les brillants rayons de ses yeux»[2]. Agamemnon dont, tels ceux d'Achille, les yeux brillent de feu[3], nomme le soleil: ὃς πάντ' ἐφορᾷς καὶ ἐπακούεις, celui «qui voit et entend tout», le chœur d'*Antigone* salue l'aurore par ces mots: ἐφανθης ποτ', ὦ χρυσέας ἁμέρας βλέφαρον, «tu as enfin brillé, regard doré du jour»[4]. À supposer un instant qu'il soit légitime de parler ici de sujet et d'objet, le regard en question n'est pas l'acte de celui-là mais la vue en tant qu'émergence et venue à l'encontre de celui-ci[5]. Nous ne saurions donc regarder quoi que ce soit sans en avoir été d'abord regardé, et c'est en tant que regardé que le regardant second que nous sommes «se montre lui-même, apparaît et "est là"»[6], vient en présance dans le non-retrait. Acte de vision, notre regard est déterminé par le regard qui vient à notre encontre, dont nous sommes destinataires et, «au sein du domaine d'essence de l'ἀλήθεια, ce regard a la priorité. Selon l'optique de celui-ci, l'homme est "seulement" le regardé; ce "seulement" est toutefois

1. *Der Spruch des Anaximander*, GA, Bd. 78, p. 77.

2. Sophocle, *Ajax*, v. 69-70.

3. Cf. *Iliade*, I, v. 104 et XIX, v. 365-366.

4. *Iliade*, III v. 277, *cf.* XIV, v. 345, *Odyssée*, XI, v. 109 et XII, v. 323; Sophocle, *Antigone*, v. 103-104; *cf.* Eschyle, *Prométhée*, v. 91.

5. Cf. *Parmenides*, GA, Bd. 54, p. 153.

6. *Ibid.*, p. 152.

si essentiel que l'homme, à titre de regardé, est d'abord admis et intégré dans le rapport de l'être à l'homme et ainsi apte à percevoir »[1]. Et puisque nous pouvons nous tenir dans le regard de l'être sans que notre regard se tourne vers l'être, nous ne saurions nous détourner de l'étant et nous retourner vers l'être sans y être incité par ce dernier, sans que le regard ou la brillance de l'être lui-même, ne survienne au sein (*herein*) de l'étant. Comment cela ? Grâce au briller-regarder (*blicken*) des dieux si, face à ce regardé que nous sommes, « le brillant-regardant est celui qui brille-et-pénètre-du-regard dans le non-retrait : τὸ θεᾶον est τὸ θεῖον »[2]. De quelle expérience cette détermination des dieux est-elle alors issue ?

Le dieu, ce n'est pas seulement θεός, c'est aussi δαίμων. Hésitant à reconnaître son père dans l'étranger auquel Athéna vient de rendre sa stature et sa jeunesse, Télémaque dit à celui-ci : « Non ! Tu n'es pas mon père, tu n'es pas Ulysse. Un dieu (δαίμων) m'ensorcelle pour que je pleure encore davantage. Nul mortel en effet n'aurait pu machiner cela par sa seule pensée, à moins qu'un dieu (θεός) ne survenant en ait fait un jeune homme ou un vieillard selon son gré… »[3]. Si les mots θεός et δαίμων sont ici quasiment substituables et que, dans la langue homérique, il est souvent difficile de les distinguer[4], il doit alors être possible d'accéder au sens de l'un – θεός – en partant de l'autre – δαίμων.

1. *Parmenides*, GA, Bd. 54, p. 160. *Cf.* « Hölderlins Erde und Himmel », in *Erläuterungen zu Hölderlins Dichtung*, GA, Bd. 4, p. 161 : « Les yeux portent le regard sur le brillant-paraissant dans la mesure où ils sont d'avance déjà éclairés et regardés par celui-ci. »

2. *Ibid. Cf.* p. 153-154 : « Briller-regarder, θεᾶον, c'est : offrir la vue (*Anblick*), à savoir la vue de l'être de l'étant que les regardants sont eux-mêmes. L'homme est distingué par un tel briller-regarder et il ne peut être ainsi distingué que parce que ce regard, le briller-regarder montrant l'être lui-même, n'est rien d'humain mais appartient à l'essence de l'être lui-même en tant qu'apparaître dans le non-retrait. »

3. *Odyssée*, XVI, v. 194-198, trad. fr. Ph. Jaccottet, Paris, La Découverte, 2004.

4. Après avoir compris le δαίμων comme « la divinité ou plus généralement une puissance qui intervient dans les affaires humaines », P. Chantraine comprend le θεός comme « la puissance dont mille événements surprenants ou mystérieux dénoncent la présence dans le monde. » Et il poursuit : « Le terme, avouons-le, ne se distingue pas toujours franchement de δαίμων. Il s'emploie de façon vague. Cela d'abord pour la raison que nous avons définie à propos de l'emploi de δαίμων : l'homme ignore à quelle divinité il a affaire. En α 384 [*Odyssée*, I] Antinoos constate que ce sont les dieux qui inspirent les paroles de Télémaque, mais le poète et ses auditeurs savent qu'il s'agit d'Athéné. D'une manière générale, des expressions comme θεὸς, θεὸς τις, θεοί […] semblent parfois équivaloir à δαίμων », in « Le divin et les dieux chez Homère », *Entretiens sur l'antiquité classique*, t. 1, Genève, Fondation Hardt, 1954, p. 52 et p. 54.

À la fin du troisième chant de l'*Iliade*, Homère raconte qu'après avoir déposé Pâris dans une chambre « aux senteurs suaves et chaudes », Aphrodite invite Hélène à s'y rendre. « Ces paroles émurent son âme dans sa poitrine. / Elle avait reconnu la déesse (θεᾶς) à sa gorge splendide, / à sa poitrine brûlante, à ses yeux éclatants de lumière. / Saisie d'effroi (θάμβησέν), invoquant son nom, elle dit ces paroles : / "Folle déesse (Δαιμονίη) ! Pourquoi vouloir toujours me convaincre ?" »[1]. Si Hélène reconnaît la déesse (θεᾶς) à sa rayonnante beauté, frappée d'effroi ou d'étonnement, elle l'invoque comme δαιμονίη, la « démonique ». Le δαίμων apparaît donc dans l'effroi et l'étonnement, apparaît avec ce qui surprend et rompt nos assises, comme ce qui inquiète. Mais alors, qu'est-ce qui, par excellence, donne lieu à une telle rupture ?

Vouée à ce qui détient la plus haute dignité, la sagesse (σοφία), rapporte Aristote, passe pour concerner des choses étonnantes (θαυμαστά), difficiles (χαλεπά), démoniques (δαιμόνια), mais inutiles (ἄχρηστα) tant elles sont éloignées des biens humains, c'est-à-dire de la préoccupation quotidienne selon laquelle se détermine l'utilité[2]. L'ordre selon lequel s'enchaînent ces trois déterminations n'étant pas fortuit, la dernière inclut et rassemble les deux premières. Quel est alors le rapport entre le thème de la sagesse : l'être, et le démonique ?

Familier de l'étant qui nous préoccupe, nous sommes détournés de l'être. Si celui-là n'est pas sans celui-ci, l'être ne peut manquer de luire au sein de l'étant, de s'y produire comme ce qui, de toujours, par avance, déroute ou désarçonne, d'une manière ou d'une autre, la tranquille assurance avec laquelle nous comptons sur et avec l'étant. « Là où l'être vient au regard, là s'annonce le non-familier, ce qui excède et passe "au-delà" du familier (*Geheure*) en l'écartant, inexplicable à l'aune de toute explication par l'étant, à la lettre : l'in-quiétant (*Ungeheure*)... »[3]. Ainsi entendu, l'in-quiétant n'est autre que l'être « qui brille au cœur de tout ce qui est familier, c'est-à-dire de l'étant, et qui, dans son éclat, ne fait souvent qu'effleurer l'étant comme l'ombre silencieuse d'un nuage qui se retire »[4], merveilleux nuage qui apparaît sans apparaître, qui apparaît comme l'inapparent dès lors que l'apparaître reçoit sa mesure du familier. Peut-on alors traduire τὸ δαιμόνιον par l'in-quiétant ? Oui, à condition de préciser que

1. *Iliade*, III, v. 382 et v. 395-400. Nous avons modifié la traduction de Ph. Brunet, *Iliade, op. cit.*

2. Cf. *Éthique à Nicomaque*, VI, 1141 *b* 7 *sq.*, cité in *Parmenides*, GA, Bd. 54, p. 148.

3. *Parmenides*, GA, Bd. 54, p. 149.

4. *Ibid.*, p. 150. *Cf.* Pindare, *Olympiques*, VII, v. 81.

« le δαιμόνιον n'est pas le démonique parce qu'il est l'in-quiétant mais est l'in-quiétant parce qu'il possède l'essence du δαιμόνιον »[1].

Quelle est cette dernière ? À l'instar de l'or qui, « "plus étant" qu'autre chose, à savoir que "l'étant" »[2], brille en laissant briller autour et au delà, τὸ δαιμόνιον, l'in-quiétant, « se montre en faisant voir le familier, et ainsi en quelque façon déploie partout son être comme le familier même, sans se confondre jamais avec lui »[3]. Présant dans tout ce qui est familier sans l'être, l'in-quiétant, le démonique, est le mode sur lequel, au sein du familier, apparaît ce dont celui-ci surgit. Τὸ δαιμόνιον désigne alors ce qui, venant en présance sous la figure du familier, le laisse paraître comme étonnant, l'offre à l'étonnement : à la philosophie. Si le δαίμων, le démon, est, au dire de Socrate, celui qui sait et fait savoir, le δαήμων, alors les δαίμονες, les divins, « sont ceux qui font signe et montrent au cœur du familier, déterminant d'avance tout ce qui est familier sans eux-mêmes en provenir »[4].

Or, qu'est-ce qui prédétermine l'étant sans en dériver sauf l'être. Si ce dernier est, en tout étant, ce dont le regard ou la vue, θέα, s'offre d'avance, alors « ce qui brille-et-pénètre du regard (*Hereinblickende*) au sein de tout ce qui est familier, l'in-quiétant en tant que ce qui se montre au préalable, est ce qui originairement regarde en un sens insigne : τὸ θεᾶον, c'est-à-dire τὸ θεῖον ; ce que l'on traduit, sans penser de manière grecque mais "correctement", par "le divin". Οἱ θεοί, ceux qu'on nomme les dieux, qui lancent le regard brillant au cœur du familier et partout étendent le regard sur lui, sont οἱ δαίμονες, ceux qui indiquent et font signe »[5]. Mais vers quoi font-ils signe, sinon vers l'être lui-même et comment le font-ils sinon par un regard et une parole qui tout à la fois décèlent et cèlent. « Le signe (*Wink*) est

1. *Parmenides*, GA, Bd. 54, p. 150. *Cf.* « Brief über den "Humanismus" », in *Wegmarken*, GA, Bd. 9, p. 356 et Héraclite, DK 119.

2. *Der Spruch des Anaximander*, GA, Bd. 78, p. 290. Cf. *Beiträge zur Philosophie*, GA, Bd. 65, p. 344 : « Plus étant que chaque étant est l'être même. Le plus étant n' "est" plus, mais se déploie comme l'essence (appropriation) », et *Zum Wesen der Sprache und Zur Frage nach dem Kunst*, GA, Bd. 74, p. 22 : « L'être (*Seyn*, l'être lui-même) est le plus étant ; mais le plus étant n'est aucun étant, mais l'être en tant qu'ap-propriation. »

3. *Parmenides*, GA, Bd. 54, p. 151 ; *cf.* p. 156 où il est dit que l'inquiétant « brille à travers et autour (*durch- und umscheint*) » de tout ce qui est familier.

4. *Ibid. Cf.* Platon, *Cratyle*, 397 *e sq.* et Hésiode, *Les travaux et les jours*, v. 109 *sq.*

5. *Parmenides*, GA, Bd. 54, p. 154 ; *cf.* p. 160 : « Les θεάοντες sont ceux qui regardent dans le non-retrait. Θέα, le regard, comme essence du se-tenir-là émergeant, et θεά, la déesse, sont un seul et même "mot", si nous considérons que les Grecs n'écrivaient pas d'accent, si nous savons que les Grecs prêtaient une attention primordiale à cette homophonie essentielle des mots, et à l'équivocité cachée de leur dire. *Cf.* à ce propos le fragment 48 d'Héraclite ».

l'annonce du voiler éclairant »[1] ou « le montrer simultanément découvrant et recouvrant »[2], le seul montrer qui soit à la mesure de l'ἀλήθεια. Le démonique dit encore Aristote, est un dieu ou l'œuvre d'un dieu[3] sans lequel il n'y aurait donc ni étonnement ni philosophie. Aussi faut-il que le dieu appartienne à ce qui requiert la pensée, à l'être, à l'ἀλήθεια, – « la philosophie est l'être-appelé par l'être lui-même »[4] – et le dieu ne saurait être pur briller-paraître si l'être ne l'était lui-même déjà.

§ 2. Le μῦθος

Ainsi compris, les dieux qui tirent leur essence de l'ἀλήθεια et sur lesquels règne la μοῖρα, la dispensation destinale qui impartit à chaque étant l'être qui lui revient, les dieux sont le regard de l'être brillant dans l'étant, l'éclat de l'être dans l'étant où il se donne sans ressortir à la différence ontologique. Les dieux sont proprement angéliques[5]. Comment cela ? Alors que l'homme vient en présance dans le non-retrait en tant que regardé, le dieu, depuis l'être, s'y offre en tant que regardant, – le regard, dans tout l'éclat et la brillance dont il est inséparable, étant, ici et là et au double sens du génitif, celui de l'être. L'inquiétant apparaissant dans le familier et à partir de lui, le dieu regardant en prend l'aspect. Et où pourrait-il le faire, sinon dans le regard du regardé ? Aussi l'homme est-il « cet étant dont le trait distinctif est d'être celui à qui s'adresse l'être lui-même, de telle sorte que, dans le se-montrer de l'homme, dans son regard et sa vue, apparaît l'inquiétant lui-même, le dieu »[6].

Puisque notre regard est ce qu'il est en répondant à celui de l'être, les dieux y paraissent comme autant de figures de l'être ou du monde, figures auxquelles nous nous rapportons, par lesquelles nous sommes disposés. Au regard d'Apollon, le monde est ordre et clarté, au regard de Dionysos, sauvagerie et démence et, à chaque fois, nous en sommes différemment concernés ou disposés. Aussi l'apparaître des dieux en tant qu'ils sont

1. « Aus einem Gespräch von der Sprache », in *Unterwegs zur Sprache*, GA, Bd. 12, p. 133.

2. « Dem Freunde Hans Jantzen zum Andenken », in *Reden und andere Zeugnisse eines Lebensweges*, GA, Bd. 16, p. 687 ; *cf.* Héraclite DK 93. Cf. *Parmenides*, GA, Bd. 54, p. 54.

3. Cf. *Rhétorique*, II, 23, 1398 *a* 16-17.

4. *Parmenides*, GA, Bd. 54, p. 179.

5. Cf. « Heimkunft/ An die Verwandten », in *Erläuterungen zu Höderlins Dichtung*, GA, Bd. 4, p. 20.

6. *Parmenides*, GA, Bd. 54, p. 155. *Cf.* p. 161-162.

« l'être lui-même brillant-et-pénétrant du regard dans l'étant »[1], ne va-t-il jamais sans la retenue et la grâce propres au briller-paraître de l'être même. Originaire de l'être, le caractère inquiétant des dieux « est si pur, en mesure et en munificence, que, lorsqu'ils apparaissent, αἰδώς et χάρις – la pudeur et la faveur de l'être – rayonnent (*hereinscheinen*) d'avance partout, à travers leur éclat font signe et, faisant signe, disposent (*stimmen*). Lorsque nous nommons les dieux grecs ceux qui disposent, nous pensons déjà plus initialement leur essence; mais nous pouvons les nommer ceux qui disposent, parce que la pudeur, la faveur et l'éclat de la munificence appartiennent à l'être, et sont éprouvés poétiquement dans l'αἰδώς et la χάρις, de manière pensante dans le θαυμαστόν [l'étonnant] et le δαιμόνιον. De cette lueur qui dispose et fait signe, provient l'éclat du θεῖον, le briller »[2], de sorte que, pour le redire, « le pur briller-paraître est le dieu lui même »[3].

Mais si le regard du dieu apparaît dans celui de l'homme et que le rapport de l'un à l'autre ressortit à l'être et au domaine de l'ἀλήθεια qui, le dira-t-on jamais assez, « seul éclaire tout »[4], comment ce rapport s'accomplit-il? Compris depuis le regard de l'être, l'homme est l'étant dont l'essence réside dans la parole. Or, cela a déjà été dit sous de multiples formes, le dire et le nom laissent paraître ce qu'ils disent et nomment. Partant *dire l'être en tant qu'il nous regarde, c'est dire le dieu* et, « en tant que nomination de l'être, la parole, le μῦθος, nomme l'être en son briller-et-pénétrer-du-regard initial, en son briller-paraître – nomme τὸ θεῖον, c.-à-d. les dieux »[5].

Dire des dieux, le mythe nomme donc aussi, sinon d'abord, l'être en son briller-paraître initial, il est « le dire initial »[6], le dire *grec* initial. Après avoir rappelé que les Grecs parlent de la nuit et du jour « lorsqu'ils disent l'initialité du tout », Heidegger poursuit : « ce qui est dit (*Gesagte*) ainsi, est ce qui est initialement à dire (*zu Sagende*). C'est proprement *die Sage*, la parole initiale. Le mot grec pour la parole où se dit ce qui est d'abord à dire, est μῦθος. L'essence du μῦθος est elle-même déterminée par l'ἀλήθεια »[7].

1. *Parmenides*, GA, Bd. 54, p. 164.
2. *Ibid. Cf.* p. 157 et sur le sens de l'αἰδώς, *cf.* p. 110 *sq.*
3. *Der Spruch des Anaximander*, GA, Bd. 78, p. 77, déjà cité.
4. *Parmenides*, GA, Bd. 54, p. 162; *cf.* p. 132.
5. *Ibid.*, p. 165.
6. *Ibid.*, p. 131.
7. *Ibid.*, p. 89. *Cf.* W. F. Otto, « Der Mythos und das Wort », in *Das Wort der Antike*, Stuttgart, Klett, 1962, p. 358 : « La vieille langue grecque dispose d'une série de désignations pour la "parole", chacune en un sens particulier, et nous n'en nommerons que trois : ἔπος = *vox* est la "parole" en tant que communication vocale (ἔπεα πτερόεντα; *Iliade*, III, 222, les ἔπεα d'Ulysse semblables à des "flocons de neige en hiver"); λόγος = "parole" en tant que méditée,

Or, qu'est-ce qui est initialement à dire sinon précisément cette dernière ? Faut-il le rappeler, la déesse du *Poème* de Parménide appelle le penseur à prendre garde au μῦθος qu'elle va lui confier et qu'il va entendre, κόμισαι δὲ μῦθον ἀκουσας [1].

sensée ; μῦθος plus ancien et plus antique = "parole" en tant que témoignage immédiat de ce qui fut, est et sera, une auto-révélation de l'être au sens antiquement vénérable qui ne distingue pas entre parole et être. » Comme on l'a remarqué depuis longtemps, le mot ἀληθές est, chez Homère, toujours lié aux verbes du dire. Cf. *Odyssée*, XIII, v. 254, où le verbe est εἰπεῖν, dire, déclarer, *Iliade*, VI, v. 382, où le verbe est μυθέομαι, parler, raconter, et XXIV, v. 407, où le verbe est καταλὲγω, nommer, exposer en détail. Il faut ajouter que, chez Homère toujours, ἔπος et μῦθος sont beaucoup plus fréquents que λόγος, qui apparaît au pluriel une fois dans l'*Iliade* (XV, v. 393) et une autre dans l'*Odyssée* (I, v. 56). Heidegger fait allusion à cet usage homérique en disant que « le non-celé-et-décelant (ἀληθές) se tient dans un rapport insigne à l'ἔπος, au μῦθος, au λόγος, c.-à-d. à la parole », in *Parmenides*, GA, Bd. 54, p. 212 (*cf.* p. 231 et sur la traduction d'ἀληθές par décelant, *cf.* p. 49-50), usage sur lequel il est revenu plusieurs fois ; cf. *Parmenides*, GA, Bd. 54, p. 102-103 ; « Hegel und die Griechen », in *Wegmarken*, GA, Bd. 9, p. 443 ; « Das Ende der Philosophie und die Aufgabe des Denkens », in *Zur Sache des Denkens*, GA, Bd. 14, p. 87. Le ψεῦδος est également lié aux verbes du dire, cf. *Parmenides*, GA, Bd. 54, p. 55.

1. DK 2, v. 1.

CHAPITRE XVII

Θεία ET Ἀλήθεια

§ 1. L'OUVERT DE L'APPARAÎTRE

Pensant le μῦθος et la divinité des dieux depuis l'ἀλήθεια, Heidegger, à la suite de Parménide, nomme celle-ci : θεά, déesse. La vérité n'est certes pas une déesse au sens où Athéna et Aphrodite le sont et, parmi les Grecs, seuls quelques penseurs lui donnèrent ce titre mais, évoquant la déesse au seuil de son *Poème*, Parménide « nomme le lieu essentiel où se tient le penseur en tant que penseur »[1]. Partant, et pour revenir à Pindare, comment Θεία pourrait-elle être mère du soleil, riche de noms, celle à qui nous sommes redevables de notre regard sur l'or en tant qu'il laisse briller-paraître l'être même, comment pourrait-elle être tout cela si, divinité des dieux, Θεία n'était pas le plus haut nom poétique de l'ἀλήθεια[2] ?

Mère du soleil, Θεία l'a porté en son sein, lui a donné naissance, l'a veillé. Aussi brille-t-elle plus encore et autrement que lui et ce, « dans la mesure où, préalablement, elle offre à l'éclairer et au briller, le clair et l'ouvert dont la lumière qui se lève remplit l'amplitude, de telle sorte que l'ouvert de cette amplitude n'est pas rendu impénétrable par le "remplissement" mais demeure précisément ouvert pour laisser venir en présance

1. Cf. *Parmenides*, GA, Bd. 54, p. 188 ; *cf.* p. 7 et 240-241.

2. Interprétant tout autrement les mêmes vers de la cinquième *Isthmique*, auxquels il reconnaît un caractère de « spéculation métaphysique » et dans lesquels il voit une anticipation de la doctrine platonicienne des Idées et du Bien, H. Fränkel fait de Θεία « la valeur des valeurs » ; cf. *Dichtung und Philosophie des frühen Griechentums*, München, C. H. Beck, 2006, p. 554-557.

le présant dans "l'éclaircir" de l'ouvert »[1]. Octroyant au soleil l'ouvert et le clair que traverse son lumineux regard, Θεία est alors la divinité même des dieux qui portent le resplendissant regard de l'être au cœur de l'étant, et c'est en tant que mère du soleil qu'elle est riche de noms. « Le mot πολυώνυμε, "riche de noms" nomme le rapport éclairant de la divinité aux dieux »[2]. Mère du soleil riche de noms, Θεία ne peut toutefois manquer d'abriter l'essence de l'être en tant qu'elle s'accomplit comme pur briller-paraître. Ne se confond-elle pas alors avec l'Ἀλήθεια ? « À supposer », dit Heidegger à propos de ce « poème de la divinité des dieux » que constitue l'introduction de la cinquième *Isthmique*, « à supposer que l'essence de l'être sue par les Grecs, repose dans le briller-paraître bien compris, alors l'essence de l'être est pensée dans le poème de la divinité des dieux. C'est pour cela, et pour cela uniquement, que l'or est nommé »[3]. Nous ne saurions donc élucider le sens de la divinité sans comprendre comment l'essence de l'être repose dans le briller-paraître dont l'or est exemplaire, comment le briller-paraître resplendit dans l'éclaircir de l'ouvert, et comment éclaircir et ouvert il y a.

Revenons à l'ἀλήθεια. Si présance signifie : hors du cèlement, demeurer devant dans le décèlement, l'étant arrivé dans le non-retrait n'en part pas sur le champ. Le décèlement n'est donc pas seulement la levée du cèlement ou du retrait, il est aussi mise à l'abri. « Le non-celé est ce qui ne s'absante pas, ce sur quoi nul cèlement soustrayant ne règne plus. La présance elle-même est une émergence, c.-à-d. une avancée dans le non-retrait, de telle sorte que ce qui a émergé et est hors du retrait, est accueilli dans le hors-retrait, sauvé par lui et abrité en lui »[4]. S'accomplissant contre le cèlement, le décèlement est alors « simultanément "pour" la mise à l'abri du non-celé dans le non-cèlement de la présance, c.-à-d. de l'être. Ce n'est que dans une telle mise à l'abri que le non-celé émerge en tant qu'un étant »[5].

Ce décèlement possède une double portée : à titre de *dé*cèlement, il lève le cèlement en tant que retrait (λήθη), dissimulation ou déformation (ψεῦδος) ; à titre de dé*cèlement*, il abrite et laisse demeurer dans le non-retrait. Bref, « conçu selon la plénitude de son essence, "le décèlement" signifie : la mise à l'abri découvrante, dans le non-retrait, de ce qui est sorti

1. *Der Spruch des Anaximander*, GA, Bd. 78, p. 77.
2. *Ibid.*, p. 79.
3. *Ibid.*, p. 78.
4. *Parmenides*, GA, Bd. 54, p. 197.
5. *Ibid.*, p. 198.

du couvert »[1], mise à l'abri hors de la λήθη qui en tire son sens et n'est autre que l'être même. Cela implique d'abord que l'unité de l'ἀλήθεια est conflictuelle – *contre* le cèlement *pour* la mise à l'abri – cela implique ensuite que cette mise à l'abri est le trait le plus essentiel du décèlement car le *contre* tire toujours son sens du *pour*. Que doit donc être le non-retrait en tant qu'il abrite hors du retrait ce qui en provient et, ainsi, sauve les phénomènes ? Que doit-il être, si sauver les phénomènes, σῴζειν τὰ φαινόμενα, veut dire : « retenir et préserver dans le non-retrait ce qui se montre *en tant que* ce qui se montre, à savoir le préserver de glisser dans le cèlement et la dissimulation »[2] ?

Poser cette question, c'est s'enquérir de l'essence du non-retrait, de l'ἀλήθεια dans son unité avec la λήθη dont relèvent les multiples modes du cèlement au nombre desquels il faut compter le ψεῦδος comme dissimulation. Toutefois, si cette essence n'a jamais été proprement dite, elle n'a pu manquer d'affleurer, d'une manière ou d'une autre, dans ce que les Grecs ont dit. Au deuxième chant de l'*Iliade*, Nestor prévient les Achéens qu'ils ne peuvent retourner à Argos avant de savoir si la promesse de Zeus porte-égide était trompeuse (ψεῦδος) ou non. Au moment où les Grecs embarquèrent pour Troie, lançant un éclair sur la droite, Zeus laissa apparaître des signes favorables, ἀστράπτων ἐπιδέξι' ἐναίσιμα σήματα φαίνων[3]. C'est depuis un tel apparaître commun à ce qui est dissimulé et à ce qui est avéré, qu'il est possible de déterminer le caractère trompeur ou vérace du signe divin et il n'y aurait aucun sens à s'interroger sur ce dernier si Zeus ne laissait rien apparaître. Le non-retrait est un apparaître unique au sein duquel s'opposent le dissimulé, τὸ ψεῦδος, et l'avéré ou le non-celé, τὸ ἀληθές, et il y a « une connexion intime entre le ψεῦδος, la dissimulation en tant qu'un cèlement et par conséquent le décèlement, et le φαίνειν, le montrer en tant que laisser-apparaître. Ce qui est hors-retrait, ce qui s'étend au grand "jour", est ce qui de soi-même apparaît et, apparaissant, se montre, et dans le se-montrer vient en présance, c.-à-d. au sens grec "est". Ainsi se dévoile, dans l'expérience grecque, un rapport originaire entre ce qui est hors-retrait et ce qui apparaît »[4].

1. *Parmenides*, GA, Bd. 54, p. 198.

2. *Ibid.*, p. 178. *Cf.* p. 92 : « Il y a aussi un mode du cèlement à travers lequel ce qui est en retrait n'est aucunement supprimé ou annihilé mais où il est mis à l'abri dans ce qu'il est et demeure sauvé. »

3. *Iliade*, II, v. 348-349 et v. 353 ; cf. *Parmenides*, GA, Bd. 54 p. 45 *sq.* et p. 53 *sq.*

4. *Parmenides*, GA, Bd. 54, p. 202-203. *Cf.* « Aus einem Gespräch von der Sprache », in *Unterwegs zur Sprache*, GA, Bd. 12, p. 125. Sur le sens de ψεῦδος, *cf.* p. 48 *sq.* et p. 98 *sq.*

Originaire, ce rapport ouvre une double possibilité. Apparaître, c'est paraître à…, si bien que l'apparaître (*Erscheinen*) est un pur briller-paraître (*Scheinen*) mais aussi « un se-montrer qui rencontre une perception et un accueil »[1]. Le briller-paraître se distingue du se-montrer-perçu et si celui-ci définit le phénomène, nul phénomène n'est à la mesure du briller-paraître ou, pour le dire et le redire autrement, sauf à titre de monnaie, l'or – et cela signifie aussi la chose – n'est pas un phénomène. Cette ambiguïté rend possible l'éclipse du pur briller-paraître, l'oubli de l'être, car, si l'apparaître comme paraître-perçu suppose le briller-paraître, celui-là peut recouvrir celui-ci dont il tire néanmoins sa possibilité. En d'autres termes, « la perception *peut* désormais saisir ce qui se montre uniquement en tant que perçu de la perception et passer outre, voire finalement oublier comme accessoire, l'apparaître au sens du pur briller et émerger se déployant dans le se-montrer »[2], c'est-à-dire l'apparaître en tant que φύσις, cette dernière nommant ce qui émerge de soi-même. Au livre α de la *Métaphysique*, après avoir déclaré que la considération du non-retrait (τῆς ἀληθείας θεωρία) est tout à la fois difficile et facile, Aristote nous en impute la difficulté en disant que « ce que les yeux des chauves-souris sont à la lumière du jour, la pensée de notre âme l'est à ce qui, émergeant de soi-même, est le plus apparent (τὰ τῇ φύσει φανερώτατα πάντων) »[3], signifiant par là que nous pouvons toujours être aveugles, et être-aveugles toujours, au resplendissement du briller-paraître mais encore et surtout que celui-ci, émergeant de lui-même tel le soleil, est déterminé par la φύσις, ressortit à l'être.

Sommes-nous désormais en mesure d'accéder à l'essence du non-retrait ? Ce qui précède signifie que le celer, le déceler, l'apparaître comme briller et l'émerger, appartiennent à l'ἀλήθεια. Il s'agit par conséquent de déterminer la dimension où s'accomplit la verbalité de ces verbes dont les rapports signifient et constituent le verbe des verbes : l'être lui-même. Mais cela n'a-t-il pas déjà été fait ? Conjuguant ces mêmes verbes, la parole de Sophocle selon laquelle ἅπανθ'ὁ μακρὸς κἀναρίθμητος χρόνος φύει τ'ἄδηλα καὶ φανέντα κρύπτεται, « c'est toutes choses que le temps vaste et qui échappe au compte laisse émerger, ce qui n'est pas manifeste – tout comme il cèle (de nouveau) en lui-même ce qui est apparu »[4], cette parole n'atteste-t-elle pas que l'ouvert, le libre dont la langue est l'ajointement, est l'essence du non-retrait, de l'ἀλήθεια ? Certes, et la philosophie en témoigne aussi qui, selon Aristote, a pour tâche « de rendre manifeste le

1. *Ibid.*, p. 203. Cf. *Der Spruch des Anaximander*, GA, Bd. 78, p. 74.
2. *Ibid.*
3. *Métaphysique*, α, 993 *a* 30 et 993 *b* 9-11 ; cf. *Parmenides*, GA, Bd. 54 p. 206-207.
4. *Ajax*, v. 646-647, déjà cité.

non-retrait de chaque chose (ἀλλὰ δηλοῦν τὴν περὶ ἕκαστον ἀλήθειαν) »[1]. Un tel énoncé aurait-il le moindre sens si τὸ δῆλον, l'ouvertement manifeste, ne se distinguait pas de τὸ ἀληθές, le vrai, et si ce n'était pas dans l'ouvert (*Offene*) du manifeste (*Offenbare*) que s'accomplissait philosophiquement le non-retrait de chaque chose ? Et comment cet accomplissement philosophique appelé par l'être lui-même, pourrait-il jamais avoir lieu si l'ouvert n'était pas l'essence de la vérité ? Aristote encore ne le suggère-t-il pas lorsque, dans un passage des *Seconds analytiques* où il s'agit de montrer que la méthode platoniciennne de division ou diérèse, ne prouve pas l'essence, il explique que, admis que l'homme est le tout que constitue sa définition comme animal terrestre, ce tout peut être vrai de l'homme « sans pourtant en manifester l'essence et l'essentiel de l'essence, τὸ τί ἐστι μηδὲ τὸ τί ἦν εἶναι δηλοῦν »[2], donnant à entendre au passage que la vérité est accomplie quand l'être est ouvertement manifesté mais aussi que l'ouvert de la manifestation est distinct de l'être puisque l'essence et l'essentiel de l'essence peuvent ne pas être ouvertement manifestes.

Dans un fragment où le verbe ἀναπτύσσω : déplier, déployer, découvrir, s'oppose à κρύπτω : celer, couvrir, attribuant au temps ce qu'Homère attribuait au soleil, Sophocle avertissait : πρὸς ταῦτα κρύπτε μηδέν, ὡς ὁ πάνθ' ὁρῶν καὶ πάντ' ἀκούων πάντ' ἀναπτύσσει χρόνος, « ne cèle aucune chose, le temps qui voit tout et entend tout, déploie tout »[3]. Ne faut-il pas en conclure que l'ouvert n'est autre que la lumière ? D'une part en effet, δῆλος signifie manifeste, évident mais d'abord visible – Ithaque est εὐδείελος, bien visible, clairement apparente, radieuse[4] – et provient d'une racine indo-européenne *dei*, briller, à laquelle se rattachent le nom de Zeus et l'adjectif δῖος, divin[5], d'autre part, comprenant l'être en tant qu'émergence qui se décèle, et celle-ci comme un s'éclaircir, les Grecs conçoivent la présance à la lumière de la clarté du jour où elle se déploie. « L'éclairci se montre originairement dans la traversée de la transparence, c.-à-d. en tant que clarté et lumière »[6]. L'ouvert qu'octroie Θεία, la mère du soleil, se confond-il avec la lumière et l'ἀλήθεια avec la clarté, ou ne serait-ce que par le truchement de la lumière dont l'or tire son

1. *Politiques*, III, 7, 1279 *b* 15.

2. *Seconds Analytiques*, II, 5, 91 *b* 24-26.

3. *Tragicorum Graecorum Fragmenta*, vol. IV, *Sophocles*, hrsg. von S. Radt, Göttingen, Vandenhoeck & Ruprecht, 1999, n° 301, p. 269.

4. Cf. *Odyssée*, II, v. 167, IX, v. 21, XIII, v. 212 et Pindare, *Olympiques*, I, v. 179.

5. *Cf.* J. Pokorny, *Indogermanisches etymologisches Wörterbuch*, *op. cit.*, Bd. 1, p. 183 *sq.*

6. *Parmenides*, GA, Bd. 54, p. 158 ; *cf.* p. 214.

resplendissant éclat que les Grecs ont fait l'expérience de l'ouvert et de l'éclaircie ?

§ 2. La lumière

« … de sa lampe d'or, c'est Pallas Athéna qui faisait devant eux la plus belle lumière. À son père, soudain Télémaque dit : ô père, de mes yeux, je vois une grande merveille : partout les murs du palais, les belles niches, les poutres de sapin, et les hautes colonnes brillent-et-paraissent aux yeux comme un feu étincelant… »[1]. Selon ces paroles d'Homère, la merveille de la lumière est de laisser briller-paraître les murs du palais, les belles niches, ou, pour user d'un mot qui n'est pas ici à sa place : l'étant. La lumière éclaircit et, par sa clarté, ouvre accès à l'étant. *Par* signifiant ici *à travers*, la lumière est diaphanéité. Laissant paraître l'étant, elle ouvre également la possibilité du regard, de celui qui vient à nous ou de celui qui vient de nous. La clarté de la lumière ne se réduit cependant pas à la clarté du seul visible puisqu'un son, une voix peuvent être clairs et lumineux, sombres ou ténébreux. « Clair, c.-à-d. résonnant (*Hell, d.h. hallend*) est le son qui appelle depuis l'abri du silence et donc s'éclaire »[2]. Le soleil voit et entend tout et, mère du soleil et de la lumière, Θεία, la divinité des dieux, « octroie d'abord et constamment l'ouvert amplement résonnant de l'éclaircie »[3].

Éclaircissante, la lumière libère le champ du regard. Qu'est-ce à dire sinon que voir dans la lumière, c'est « se comporter par avance envers ce qui donne-le-champ-libre (*was frei-gibt*) »[4], c'est se laisser lier à ce qui libère et ouvre l'accès à l'étant, à ce qui le laisse être ou paraître, à la liberté du libre, à l'ouvert. Tenant l'œil pour un témoin plus précis que l'oreille, appréhendant l'étant par la vue plus que par tout autre sens, les Grecs n'ont évidemment pas manqué de dire et de penser la lumière qui, en tout sens, accorde le regard et le regardé, lumière qu'ils qualifient de sacrée (ἱερὸν), de sainte (ἁγνὸν) en l'opposant à l'obscurité comme ce qui sauve à ce qui perd[5]. Et, « du lumineux, du clair et de la transparence (διαφανές) de la

1. *Odyssée*, XIX, v. 33-39. Nous avons modifié la traduction de V. Bérard, Paris, Les Belles Lettres, 2012.

2. « Die Sprache im Gedicht », in *Unterwegs zur Sprache*, GA, Bd. 12, p. 40.

3. *Der Spruch des Anaximander*, GA, Bd. 78, p. 78.

4. *Vom Wesen der Wahrheit*, (1931-1932), GA, Bd. 34, p. 59.

5. *Cf.* Héraclite, DK, 101 *a* et Platon, *République*, VI, 507 *c* 8-9 ; Hésiode, *Les travaux et les jours*, v. 339 et Sophocle, *Electre*, v. 86.

lumière à l'éclaircie et à l'éclairci, c.-à-d. précisément à l'ouvert, et avec lui au non-celé comme ce qui est essentiel, il n'y a qu'un pas »[1].

Faut-il le franchir et assimiler l'ἀλήθεια à la lumière ? Θεία, la divinité, semble l'interdire car, mère du soleil et de la lumière, elle s'en distingue en octroyant l'ouvert de l'éclaircie. Une chose est la lumière, une autre l'ouvert de l'éclaircie que traverse la lumière et au sein duquel a lieu tout décèlement. Où réside proprement la différence ? Si nombre de vivants ont des yeux pour voir, celui que nous sommes ne saurait voir quoi que ce soit sans le voir *en tant que tel*, et cette possibilité se fonde dans le rapport à l'être qui est notre être même. La lumière dans la clarté de laquelle nous voyons, et qui, selon le mot de Platon, est le joug (ζυγόν)[2] qui lie la vision et le vu, la lumière présuppose alors cet autre joug ou rapport qu'est l'ouverture de l'être à l'homme et de l'homme à l'être, ouverture à défaut de laquelle nous ne verrions pas l'étant *en tant qu'*étant puisque nous ne saurions nous tenir dans le rapport à l'être « si l'être lui-même n'appelait l'homme et ne réclamait son essence pour le rapport à l'être »[3].

Mais qu'est ce rapport de l'être à l'homme et de l'homme à l'être sinon l'éclaircie de l'ouvert qui, abritant ce qui est décelé, l'offre à notre regard ? Il faut y insister, « si une telle éclaircie ne se déployait pas comme l'ouvert de l'être lui-même, jamais œil humain ne pourrait devenir et être ce qu'il est, à savoir le mode sur lequel l'homme saisit du regard l'aspect de l'étant venant à l'encontre comme une vue qui s'offre et dans laquelle l'étant se décèle »[4]. C'est parce qu'éclaircie de l'être il y a, que l'étant peut paraître à la lumière et que le rapport de l'homme à celui-ci peut s'accomplir théoriquement si θεωρία signifie vision, c'est parce que « *l'ouvert est l'être lui-même* »[5] et abrite l'essence de l'homme, que Platon et Aristote peuvent parler d'un « œil de l'âme »[6].

1. *Parmenides*, GA, Bd. 54, p. 215.

2. *République*, VI, 508 *a* 1. Interprétant l'allégorie de la caverne, et après avoir explicité les rapports entre idée, lumière, liberté et étant, rapports où se déploie l'essence du non-retrait, Heidegger comprend l'ἀγαθόν comme « ce qui confère le pouvoir (*Ermächtigung*) de leur essence une et unique à l'être et au non-retrait », et il précise aussitôt que cette *Ermächtigung* n'a encore jamais été interrogée pour elle-même. Ainsi compris, l'ἀγαθόν n'est-il pas alors un prénom de l'*Ereignis ?* Cf. *Vom Wesen der Wahrheit*, GA, Bd. 34, p. 109, p. 111 et plus largement les § § 12 à 14.

3. *Parmenides*, GA, Bd. 54, p. 217.

4. *Ibid.*

5. *Ibid.*, p. 224.

6. *Ibid. Cf.* Platon, *République*, VII, 533 *d* 2, Aristote, *Éthique à Nicomaque*, 1144 *a* 30.

Œil qui n'appartient pas à toute âme en général, mais à la seule âme humaine. Essentiellement ouvert sur l'être de l'étant, il ressortit exclusivement à l'âme qui se rapporte à tout étant, possède le λόγος, à l'âme dont l'essence est coextensive à celle du λόγος dès lors qu'on entend par pensée « le λόγος que l'âme poursuit avec elle-même sur les étants qu'elle examine », ou « le dialogue de l'âme avec elle-même, en son dedans, sans voix »[1]. Qu'est-ce qui justifie une telle détermination, pourquoi est-il possible d'affirmer que « pensée (διάνοια) et λόγος, c'est le même »[2]? Si penser est percevoir ce qui se montre comme tel ou tel, en le parcourant d'un regard éclairant, penser ne saurait avoir lieu sans que ce qui se montre ne soit préalablement décelé : posé dans l'ouvert. Et comment l'est-il sinon par la parole dont l'essence ne réside ni dans la voix ni dans l'expression qui peuvent en être séparées sans lui porter atteinte mais, au double sens du mot, dans le décèlement. Co-appartenant ainsi l'un à l'autre au sein de l'ἀλήθεια, pensée et parole, ou plus exactement διάνοια et λόγος, sont « le même » et notre âme est redevable de son œil à la parole, œil qui parle en écoutant puisque c'est à l'écoute du Λόγος qu'il doit d'être l'œil qu'il est. « C'est dans la parole (*Wort*), et en elle seule, que se déploie la vue qui s'offre (*Anblick*) dans le hors-retrait. La vue ne brille (*blickt*) et n'est le se-montrer apparaissant qu'elle est, que dans le domaine de décèlement de la parole, de l'appréhension disante »[3]. Ou, pour le dire autrement, la lumière ne va pas sans la langue.

§ 3. DIEUX GRECS ET DIEU DU COMMENCEMENT

Déesse, l'ἀλήθεια est « le briller-et-pénétrer-du-regard de l'être dans l'ouvert qu'il éclaircit de lui-même et en tant que lui-même, ouvert pour le non-retrait de tout apparaître »[4] puisque, d'une part, le pur briller-paraître est la divinité même des dieux et que, de l'autre, là où, comme dans l'introduction de la cinquième *Isthmique*, la différence ontologique ne règne pas encore, *la* divinité peut être *une* déesse, *une* déesse *la* divinité. À l'ἀλήθεια ainsi entendue répond le μῦθος « dont l'essence, tout aussi essentiellement que le θεῖον et le δαιμόνιον, se détermine à partir du décèlement » et « qui

1. *Thééthète*, 189 *e* 6-7, *Sophiste*, 263 *e* 4 *sq.* *Cf.* Heidegger, *Platons : Sophistes*, GA, Bd. 19, p. 581 *sq.* et p. 608 ; *Vom Wesen der Wahrheit*, GA, Bd. 34, p. 280 *sq.*

2. *Sophiste*, 263 *e* 3.

3. *Parmenides*, GA, Bd. 54, p. 169. Cf. *Der Satz vom Grund*, GA, Bd. 10, p. 69 : « la pensée est une saisie par l'ouïe qui saisit du regard ».

4. *Parmenides*, GA, Bd. 54, p. 240.

est l'unique mode de rapport à l'être apparaissant qui soit à sa mesure. C'est pourquoi », explique Heidegger, « le divin en tant qu'apparaître et en tant que ce qui est perçu dans l'apparaître, est ce qui est à dire et le dit du dire. C'est pourquoi le divin est le "mythique". C'est pourquoi le dire des dieux est "mythos". Et pourquoi l'homme éprouvé de manière grecque, et lui seulement, est en son essence, et conformément à l'essence de l'ἀλήθεια, celui qui dit le dieu. Qu'il en soit ainsi ne se laisse saisir et repenser qu'à partir de l'essence de l'ἀλήθεια, pour autant qu'elle règne d'avance et de part en part sur l'essence de l'être lui-même, sur l'essence du divin, sur l'essence de l'humain, et sur l'essence du rapport de l'être à l'homme et de l'homme à l'étant »[1].

Or, les Grecs n'ont jamais proprement pensé l'unité ou l'intimité du rapport entre la λήθη et l'ἀλήθεια puisque « l'ἀλήθεια est pour eux le simple commencement de tout ce qui vient en présance »[2]. Et faute d'avoir ainsi pensé l'ἀλήθεια, ils n'ont jamais été en mesure de penser en propre l'ensemble des rapports de l'être à l'homme, de l'homme à l'étant, divin ou non, tous rapports qui reposent dans l'ἀλήθεια. *Mais que sont ces rapports sinon l'être lui-même*? La proposition selon laquelle l'*Ereignis* – l'essence de l'ἀλήθεια – est « le rapport de tous les rapports »[3], ne prend-elle pas alors un sens plus ample et plus riche? Sans doute, à condition cependant de préciser que, par « rapport de tous les rapports », il ne faut pas entendre un rapport au principe de tout rapport, un rapport fondamental mais le mode d'accomplissement propre à tous les rapports constitutifs de l'être, mode que décrit la transpropriation dépropriante où advient la co-appartenance de l'*Enteignis* à l'*Ereignis*, de la dépropriation à l'appropriation, c'est-à-dire de la λήθη et de l'ἀλήθεια. Qui plus est, si chacun de ces rapports s'accomplit dans et par la parole, la proposition selon laquelle la langue est « le rapport de tous les rapports »[4], ne reçoit-elle pas également un sens plus ample et plus riche? Comment la langue pourrait-elle alors relever de la vérité de l'être sans en être le plus haut mode d'accomplissement? N'est-ce pas, sous une autre forme, la question de savoir si la parole n'est pas d'or, si dire n'est pas dire l'or, si le dire n'est pas le paraître de l'être même : sa vérité?

Parlant de l'ἀλήθεια comme du « simple commencement de tout ce qui vient en présance », Heidegger signifie du même coup qu'à l'instar du pur briller-paraître qui peut être éclipsé par ce qui nous en apparaît, le commencement grec ressortit à la seule lumière de ce à quoi il donne lieu et,

1. *Parmenides*, GA, Bd. 54, p. 166.
2. *Ibid.*, p. 199.
3. « Der Weg zur Sprache », in *Unterwegs zur Sprache*, GA, Bd. 12, p. 256, déjà cité.
4. « Das Wesen der Sprache », in *ibid.*, p. 203, déjà cité.

ce faisant, cèle son essence propre. « L'expérience de l'initial elle-même ne garantit encore nullement la possibilité de penser le commencement lui-même en son essence », dit-il qui ajoute, décrivant au passage la tâche qui lui échoit, « le premier commencement est bien ce qui décide de tout, il n'est cependant pas le *commencement initial*, c.-à-d. le commencement qui à la fois s'éclaircit et éclaircit son domaine d'essence et, sur un tel mode, commence. L'initialité du commencement initial advient (*sich ereignet*) en dernier lieu »[1]. Aussi est-ce pour dire le regard de l'être dans l'ouvert et non cet ouvert même, que le μῦθος est initial. « "Mythos" est le mot qui doit nommer le domaine *pré*-initial dans lequel l'être n'est pas encore arrivé dans l'ouvert »[2]. Telle est la raison pour laquelle *die Sage*, la disance, est plus et autre chose que la seule traduction de μῦθος.

Disant l'être en tant qu'il nous regarde, le μῦθος repose sur les rapports entre l'être et la parole et, plus encore, entre la vérité de l'être et la langue. Et c'est donc « seulement si nous connaissons le rapport originaire entre l'essence de l'être et la parole que nous pourrons saisir pourquoi, en Grèce, et là seulement, au divin (τὸ θεῖον) doit correspondre (*Entsprechen*) ce qui a nature de dire (*das Sagenhafte* [ὁ μῦθος]). Ce correspondre est de manière générale l'essence initiale de toute correspondance (homologie), le mot "correspondance" étant pris de façon littérale et essentielle »[3]. Mais si le divin appelle le μῦθος tout comme l'ὁμολογεῖν (l'homologie) appelle le Λέγειν, il demeure que la co-appartenance des uns aux autres repose dans la vérité de l'être, dans l'*Ereignis* dont la langue est le mode le plus propre. Dès lors, puisque « la divinité initiale surgit de l'essence de l'être » – et la divinité initiale n'est pas la divinité de l'initialité –, l'oubli de l'être en sa vérité propre ne « serait-il pas la raison pour laquelle, depuis que le commencement de la vérité de l'être s'est retiré dans le cèlement, nul dieu surgissant de l'être lui-même ne pouvait plus apparaître ? »[4]

Comprenant les dieux grecs, « à la différence de tous les autres – et donc aussi du dieu chrétien »[5], depuis l'ἀλήθεια, comprenant l'absence de ceux-là depuis l'oubli de l'être et en écho à l'exclamation nietzschéenne : « Près de deux millénaires et pas un seul nouveau dieu ! »[6], Heidegger soulève une question qui, sans se confondre avec celle de la vérité de l'être, lui est

1. *Parmenides*, GA, Bd. 54, p. 202.

2. *Zur Wesen der Sprache und Zur Frage nach der Kunst*, GA, Bd. 74, p. 34.

3. *Parmenides*, GA, Bd. 54, p. 169.

4. *Ibid.*, p. 166.

5. *Ibid.*, p. 163.

6. *L'Antéchrist*, § 19. Cette phrase est l'épigraphe du cours sur « La volonté de puissance en tant qu'art » ; cf. *Nietzsche*, GA, Bd. 6. 1, p. 1.

néanmoins liée de manière singulière. En effet, nous ne saurions poser la question de la vérité de l'être et accéder à la vérité de notre rapport à ce dernier si un dieu n'avait préalablement porté le resplendissant et inquiétant regard de l'être au cœur de l'étant, si son regard n'apparaissait pas au fond du nôtre comme ce dont il tire son origine, en un mot si l'Ἀλήθεια n'était pas θεά et θέα, déesse et regard, et l'homme, celui qui, à l'écoute du regard de l'être, dit le dieu.

Il serait toutefois impossible d'assigner l'absence des dieux à l'oubli de l'être sans penser depuis la vérité de celui-ci, depuis l'*Ereignis* auquel ressortissent les rapports entre dieux et hommes. Dès les *Contributions à la philosophie*, à propos du « dernier dieu » qui vient après tous les autres car il vient avant tous les autres puisqu'il appartient au commencement proprement initial advenant en dernier lieu, dès ce moment Heidegger prévenait : « le dernier dieu n'est pas l'*Ereignis* même, mais il a certes besoin de lui en tant que ce à quoi appartient ce qui fonde le là »[1]. Et si ce dieu requiert l'*Ereignis* auquel nous appartenons en tant que nous sommes regardés par l'être, regard qui est le dieu même, alors « l'homme appartient à l'être par le dieu »[2]. Aussi, penser l'*Ereignis* qui est l'essence de l'ἀλήθεια dont proviennent les dieux « mythiques », c'est « préparer l'apparition du dernier dieu, c'est courir la chance ultime de la vérité de l'être par laquelle seule réussit la restitution de l'étant à l'homme »[3], restitution de « l'étant » *dans* la vérité de l'être où il repose en tant que chose offrant le monde aux mortels ou, pour le dire négativement, hors de la différence ontologique. Si tel n'était pas le cas, la parole selon laquelle « seul un dieu peut encore nous sauver »[4], c'est-à-dire nous reconduire à la vérité de notre essence, n'aurait aucun sens, parole inintelligible, tant que, d'une manière ou d'une autre, on persiste à ignorer que le domaine de l'ἀλήθεια est le domaine des domaines, domaine dont l'essence de la technique ou le nihilisme, qui viennent le recouvrir, tirent néanmoins leur origine.

1. *Beiträge zur Philosophie*, GA, Bd. 65, p. 409. Cf. *Über den Anfang*, GA, Bd. 70, p. 151 : « Le "dernier dieu" est le dieu du commencement (*Anfängnis*). »

2. *Beiträge zur Philosophie*, GA, Bd. 65, p. 413. *Cf.* p. 26 : « L'*Ereignis* remet en propre le dieu aux hommes tout en appropriant les hommes au dieu » et « *Heimkunft / An die Verwandten* », in *Erlaüterungen zu Hölderlins Dichtung*, GA, Bd. 4, p. 20 : « La clarté [*die Heitere*, qui désigne ici l'éclaircie même] est le fondement d'être du salut c.-à-d. de l'angélité en laquelle consiste le plus propre des dieux. Alors que le poète est économe du mot "dieux", hésite à en dire le nom, le propre des dieux luit plus encore, à savoir qu'ils sont les saluants en lesquels la clarté salue. »

3. *Beiträge zur Philosophie*, GA, Bd. 65, p. 411 ; *cf.* p. 11.

4. « Spiegel-Gespräch mit Martin Heidegger », in *Reden und andere Zeugnisse eines Lebensweges*, GA, Bd. 16, p. 671.

CHAPITRE XVIII

DIRE : L'OR

§ 1. MÈRE DES DIEUX ET DES HOMMES

Après avoir élucidé l'essence du divin, ne convient-il pas désormais d'éclaircir les rapports entre Θεία et les dieux, entre Θεία et les hommes qui lui sont redevables du regard qu'ils portent sur l'or : sur l'être, et d'éclaircir le mode sur lequel le dire laisse paraître en les rassemblant ces mêmes rapports.

Mère du soleil, Θεία ne saurait l'être sans pouvoir lui conférer son caractère divin et si les dieux sont le briller-paraître de l'être au sein de l'étant, Θεία laisse briller-paraître l'essence de l'être en tant qu'elle repose dans le pur briller-paraître. Mère de la lumière et du jour, divinité plus divine que les dieux dans la mesure où son brillant éclat surpasse le leur pour en être l'origine, Θεία ouvre la dimension où briller-paraître à la lumière il y a, où le présant, quel qu'il soit, vient en présance, Θεία ouvre « l'ouvert amplement résonnant de l'éclaircie » [1]. Ouvert de l'éclaircie où resplendissent les dieux – « le mot πολυώνυμε, riche de noms, nomme le rapport éclaircissant de la divinité aux dieux » [2] –, ouvert de l'éclaircie qui dote les hommes d'un regard sur l'or, ouvert de l'éclaircie comme rapport de l'être aux dieux et aux hommes et de ces derniers aux dieux et à l'être. Et si la mère des uns est aussi celle des autres – Ἓν ἀνδρῶν, ἓν θεῶν γένος· ἐκ μιᾶς δὲ πνέομεν / ματρὸς ἀμφότεροι, « une des hommes, une des dieux est la race; et de mère une eux et nous respirons » [3], est-il dit au début de la

1. *Der Spruch des Anaximander*, GA, Bd. 78, p. 78, déjà cité.

2. *Ibid.*, p. 79.

3. *Néméennes*, VI, v. 1-2, trad. fr. J.-P. Savignac, *Œuvres complètes, op. cit.*, p. 305.

sixième *Néméenne* –, alors Θεία nomme l'essence de l'ἀλήθεια puisque la divinité tire sa maternité de l'ouvert et que ce n'est pas la maternité qui donne lieu à l'ouvert mais l'ouvert à la maternité. Partant, « l'essence maternelle de la divinité concerne aussi essentiellement les dieux que les hommes. Les uns et les autres "paraissent" en brillant-regardant dans l'éclaircir de la divinité, les dieux comme ceux qui brillent-et-pénètrent du regard, les hommes comme ceux qui "ont des yeux" pour le pur paraître. L'être leur est alors éclairci. La divinité est à la fois la mère de la lumière et du regard humain pour cette lumière. (Regard pour l'or; ouvert par essence à l'εἶναι) »[1]. Précisant *à la fois*, Heidegger fait silencieusement de la divinité un prénom de l'*Ereignis*.

Au regard de la mère des dieux, qui sommes-nous? À cette question répond la huitième *Pythique :* Ἐπάμεροι· τί δέ τις ; τί δ'οὔ τις ; σκιᾶς ὄναρ ἄνθρωπος, « Éphémères! Être quelqu'un? N'être personne? Rêve d'une ombre, l'homme »[2]. Éphémères, qu'est-ce à dire? Si le mot signifie ce qui ne dure qu'un jour ou ce qui varie d'un jour à l'autre, ce n'est sans doute pas ainsi qu'il faut ici l'entendre. Vivre, au sens grec, c'est voir la lumière[3], lui appartenir comme ce au sein de quoi l'étant que nous ne sommes pas vient au jour concerner, *en tant que tel*, l'étant que nous sommes, le jour étant alors la dimension où s'éclaircit la venue en présance. Être-du-jour – Hölderlin traduisait Ἐπάμεροι par *Tagwesen*[4] – sont ceux qui reçoivent de la lumière la possibilité de voir ce qui y paraît en tant que tel. La lumière du soleil dont Θεία est la mère, est elle-même la « mère des yeux »[5], et la détermination de l'homme comme être-du-jour ressortit à l'essence maternelle de la divinité, à l'ouvert de l'éclaircie.

Mère du soleil qui, « multiplement voyant »[6], nous regarde, et mère de nos yeux qui, dans la lumière, regardent en réponse ce qui y brille et paraît, la divinité offre au regardé-regardant, à l'être-du-jour, que nous sommes la possibilité de voir l'or. Comment cela? La détermination de l'homme comme regardé-regardant signifie qu'il est, en son essence, rapport à ce pur paraître dont la divinité est la mère. Invoquée par Pindare, Θεία nomme donc poétiquement l'éclaircie de l'être, l'essence de l'ἀλήθεια[7], et si nous

1. *Der Spruch des Anaximander*, GA, Bd. 78, p. 79-80.

2. *Pythiques*, VIII, v. 95-96.

3. Cf. *Iliade*, V, v. 120, XVIII, v. 61, XXIV, v. 558; *Odyssée*, XX, v. 207. *Cf.* « Aletheia (Heraklit, fragment 16) », in *Vorträge und Aufsätze*, GA, Bd. 7, p. 281.

4. « Achte Pythische Ode », in *Sämtliche Werke und Briefe*, *op. cit.*, Bd. 2, p. 750.

5. Pindare, *Péans* IX, v. 2.

6. *Ibid.*, v. 1.

7. Cf. *Olympiques*, VIII, v. 1-2.

n'étions pas regardés par la divinité, nous n'ouvririons jamais les yeux sur l'essence du briller-paraître, regard qui constitue notre être. « L'essence maternelle de la divinité elle-même qui les regarde [*scil.* les hommes] dans un tel briller-paraître, leur octroie de venir en présance en tant que présant de telle manière que, considérant la divinité même des dieux, ils ont l'œil pour la pure essence du briller-paraître comme présance, et ainsi seulement font l'expérience du présant »[1]. Comprend-on l'or comme le présant qui laisse paraître la présance et irradie de son éclat les autres présants alentour, c'est alors à la divinité seule que nous sommes redevables de notre regard sur l'or. Aussi est-ce par égard (σέο ἕκατι) pour la divinité que nous voyons l'or comme περιώσιον ἄλλων, plus présant que les autres présants, et, « considérant la divinité des dieux, les hommes ont déjà en vue ce qu'ils rencontrent dans l'or »[2], à savoir l'éclat du pur paraître qui, source retenue de lui-même, éclaire et apporte ce qu'il éclaire, l'éclat du commencement qui s'éclaircit en éclaircissant le domaine de son resplendissement. Une fois encore, c'est de l'*Ereignis* que l'or tire son éclat.

Octroyant l'ouvert de l'éclaircie, Θεία, la divinité, laisse resplendir les dieux qui portent le regard de l'être au sein de l'étant en ouvrant les yeux de l'étant que nous sommes sur l'être, sur le pur briller-paraître, dont ces dieux rayonnent. La divinité – l'ἀλήθεια – laisse comparaître hommes et dieux au sein de l'éclaircie dont elle est l'ouverture. « La relation d'être entre divinité, dieux et hommes est le paraître l'un-à-l'égard-de-l'autre, la présance brillant en regard de la présance »[3]. Ces rapports où s'accomplit le l'un-à-l'égard-de-l'autre de la transpropriation dépropriante, constituent l'or en tant qu'or dès l'instant où l'or est « le présant qui fait briller-paraître la pure présance et qui, simultanément, rayonne sur l'autre présant »[4], dès l'instant aussi où nous tenons de la divinité les yeux par lesquels nous pouvons le voir. Bref, « pour l'expérience grecque, l'homme est l'être à qui il appartient de porter un regard essentiel sur l'or »[5], et, entendue comme elle doit l'être, cette proposition est relative à la vérité de l'être et à la divinité sous le nom de laquelle elle est poétiquement dite.

1. *Der Spruch des Anaximander*, GA, Bd. 78, p. 80.
2. *Ibid.*
3. *Ibid.*, p. 81.
4. *Ibid.*, p. 80.
5. *Ibid.*, p. 82.

§ 2. RIVALITÉ ET RENOMMÉE

Comment les présants resplendissent-ils dans l'éclat de l'or? Revenons à la cinquième *Isthmique* dont le troisième vers s'achève sur les mots περιώσιον ἄλλων. Que disent les suivants?

καὶ γὰρ ἐριζόμεναι
νᾶες ἐν πόντῳ καὶ [ὑφ'] ἅρμασιν ἵπποι
διὰ τεάν, ὥνασσα, τιμὰν ὠκυδινή-
τοις ἐν ἁμίλλαισι θαυμασταὶ πέλονται·

et ainsi, rivalisants,
les nefs sur les flots et aux chars les chevaux
par le Tien, ô souveraine, à travers l'éclat dans le tourbillon
de la rivalité, se dressent glorieusement admirables [1].

Rattachés à ce qui précède par le «et ainsi», ces vers disent le mode d'apparaître du présant auquel donne lieu le rapport entre la divinité mère du briller-paraître et les mortels qui, «par le Tien, ô souveraine», sont ouverts à l'éclat de l'or ou de l'être, l'un et l'autre plus présant que les présants. Quel est ce mode d'apparaître ou, pour poser la question plus précisément, si «les nefs sur les flots et aux chars les chevaux [...] se dressent glorieusement admirables, θαυμασταὶ πέλονται», quel est le sens de ces deux mots?

Πέλω, πέλομαι, sans préverbe, est, dans la langue poétique, employé pour *être*. Πέλειν signifie alors «se dresser de manière éminente (*Hervorragen*)» [2] ou «se dresser (*ragen*) émergeant dans le non-retrait» [3]. *Hervor* marquant la provenance d'une avancée et *ragen* signifiant *eminere*, s'élever au dessus ou *prominere*, faire saillie, quel est le sens de cette supériorité quand il s'agit de l'être? Un exploit peut être indifféremment qualifié de remarquable (*hervorragend*) ou de brillant (*glänzend*). À quel titre la

1. *Isthmiques*, V, v. 4-7 et *Der Spruch des Anaximander*, GA, Bd. 78, p. 66. Nous traduisons la traduction de Heidegger. J.-P. Savignac traduit ainsi : « et, rivalisantes, / les nefs sur les flots et aux chars les juments, / c'est grâce au Tien, ô Souveraine, à Ton honneur, / que dans les combats virevoltants elles font merveille », *in* Pindare, *Œuvres complètes*, *op. cit.*, p. 371.

2. *Der Spruch des Anaximander*, GA, Bd. 78, p. 83.

3. *Parmenides*, GA, Bd. 54, p. 133. Pour illustrer ce sens du verbe πέλειν qu'il traduit par *ragen* ou *hervorragen*, Heidegger renvoie à la parole de Sophocle selon laquelle πολλὰ τὰ δεινὰ κοὐδὲν ἀνθρώπου δεινότερον πέλει, « multiple l'inquiétant mais rien se dressant ne se dresse, plus inquiétant, au-dessus de l'homme »; cf. *Antigone*, v. 332-333 et *Hölderlins Hymne « Der Ister »*, GA, Bd. 53, p. 63 *sq.*

prééminence est-elle liée à l'éclat? Brillant, remarquable, saillant, est l'étant qui se déploie depuis et selon le pur briller-paraître, l'étant qui « se dresse en retour à son origine d'essence et, paraissant, porte celle-ci à la lumière et l'y laisse tenir »[1]. Et puisque telle est la précellence, la rivalité est relative à l'éclat : est plus brillant ce qui brille en sorte de faire briller et resplendir. Dire que les navires et les chars attelés brillent et luttent pour briller de tout leur éclat dans le tourbillon de la joute, c'est dire que cette dernière est un trait essentiel de leur présance éclatante, voire que la rivalité est le mode sur lequel, s'affrontant les uns aux autres, les uns et les autres brillent-et-paraissent – se dressent – tels qu'en eux-mêmes ils sont : glorieusement admirables. L'or brillant en laissant briller, paraissant en laissant paraître, « les vaisseaux, les chars et les étraves sont des présants qui, lorsque "s'embrase" le "jour affairé" des Grecs, appartiennent sur le mode éminemment saillant à l'apparaissant, c.-à-d. au "doré" »[2], puisque les uns rayonnent sur et avec les autres et que ce mode du paraître est l'or même. « L'un expose l'autre dans l'apparaître »[3]. L'admirable, l'étonnante (θαυμαστός) gloire dans laquelle se dressent nefs et chars, est donc la manière transpropriante-dépropriante dont s'accomplit leur radieuse présance, adjectif et substantif passant ici l'un dans l'autre. Qu'est-ce qui peut alors appeler l'étonnement, le lien entre θέα et θαῦμα l'attestait déjà, sinon le regard préalable de l'être, le se-laisser-éclairer par le briller-paraître qui s'offre à des yeux et dans une lumière dont Θεία, la divinité, est la mère.

§ 3. « CHOSES MORTELLES AUX MORTELS CONVIENNENT »

Chantant le resplendissement aurifère et l'étonnante saillance propre à l'apparaître agonistique des navires et des chars, Pindare invoque la divinité dont la gloire (*Herrlichkeit*) est l'apanage : « διὰ τεάν, ὤνασσα, τιμὰν…, par le Tien, ô souveraine (*Herrin*), à travers l'éclat (*Glanz*)… »[4],

1. *Der Spruch des Anaximander*, GA, Bd. 78, p. 83.

2. *Ibid.*, p. 84. *Cf.* Hölderlin, « Die Titanen », v. 47 *sq.* in *Sämtliche Werke*, Grosse Stuttgarter Ausgabe, Stuttgart, Kolhammer, 1951, Bd. 2.1, p. 218 et Bd. 2.2, p. 850.

3. « "Wie wenn am Feiertage…" », in *Erläuterungen zu Hölderlins Dichtung*, GA, Bd. 4, p. 54.

4. Après avoir affirmé que « le mot pindarique fondamental τιμά est intraduisible », Heidegger ajoute qu'on peut toutefois en restituer quelque chose par le mot *Glanz*, éclat, à condition de l'entendre selon les relations préalablement indiquées entre présance et briller-paraître, lumière et éclaircie, mère de l'éclaircir et Θεία, essence du dieu et apparaître, à condition aussi ne pas donner un sens causal à la préposition διά; cf. *Der Spruch des Anaximander*, GA, Bd. 78, p. 86. À propos du mot τιμή, couramment traduit par honneur,

divinité par qui navires, chars et chevaux peuvent glorieusement apparaître. Si l'introduction de la cinquième *Isthmique* nomme « ce en quoi l'être comme briller-paraître possède sa vérité et son amplitude essentielle »[1], est la vérité de l'être comme poème, Pindare ne saurait manquer d'évoquer celui à qui navires, chars et chevaux, apparaissent, l'être de celui qui, considérant la mère de l'éclaircir, se rapporte aux présants en tant que tels, l'être de l'homme. Comment le fait-il et quels vers suivent ceux dont il vient d'être question ?

ἔν τ' ἀγωνίοις ἀέθλοισι ποθεινόν
κλέος ἔπραξεν, ὅντιν' ἀθρόοι στέφανοι
χερσὶ νικάσαντ' ἀνέδησαν ἔθειραν
ἤ ταχυτᾶτι ποδῶν.
κρίνεται δ' ἀλκὰ διὰ δαίμονας ἀνδρῶν.
δύο δέ τοι ζωᾶς ἄωτον μοῦνα ποιμαί-
νοντι τὸν ἄλπνιστον εὐανθεῖ σὺν ὄλβῳ,
εἴ τις εὖ πάσχων λόγον ἐσλὸν ἀκούῃ.
μὴ μάτευε Ζεὺς γενέσθαι· πάντ' ἔχεις,
εἴ σε τούτων μοῖρ' ἐφίκοιτο καλῶν.
θνατὰ θνατοῖσι πρέπει.

Et que, dans la dispute du prix, renom
désiré obtienne celui dont les couronnes cumulées,
pour avoir vaincu par les bras, ceignent la chevelure,
ou par la vélocité des pieds.
Par les dieux pourtant, des hommes le pouvoir surgit
dans la brillance.
Une chose et une autre gardent seules, de la vie glorieuse
l'aimable, florissant dans le bonheur :
lorsque quelqu'un, convenant à son destin, rassemblé,
appartient

dignité, valeur, prix, cf. *Le vocabulaire des institutions indo-européennes*, Paris, Minuit, 1969, t. 2, p. 50-55, et particulièrement p. 52 où, à la question : « Quelle est donc l'origine de la *timē ?* », Benveniste répond : « Le poète le dit en termes exprès : "La *timē* (du roi) vient de Zeus et Zeus l'a pris en amitié" (*Iliade*, II, v. 197). La *timē* est d'origine divine. On retrouverait cette affirmation ailleurs encore. Il faut aussi remarquer que les verbes qui régissent *timē* sont des verbes de don : διδόναι "donner", ὀπάζειν "accorder", φέρειν "conférer", ou de retrait : on a privé Achille d'une part de sa *timē* en lui enlevant sa captive. Cette notion de *timē* se définit comme une dignité d'origine divine, conférée par le sort à un personnage royal, et qui comprend non seulement le pouvoir, mais des privilèges de respect et des redevances matérielles. »

1. *Der Spruch des Anaximander*, GA, Bd. 78, p. 86.

tout ouïe au renom de la noblesse.
Jamais n'aspire à t'élever au rang du plus haut dieu.
Tout t'est propre
quand t'est dévolue la part de ces beautés.
Choses mortelles aux mortels conviennent[1].

Opposant un renom à l'autre, Pindare oppose deux modes d'être de l'homme. Selon les quatre premiers de ces vers, l'homme obtient le renom par ses seules forces, d'après les six derniers, il en est redevable aux dieux. Le cinquième vers qui marque la transition, constitue le centre de gravité de l'ensemble. Comment l'athlète en vient-il à s'attribuer les couronnes de la victoire et le renom qui l'entoure? Prenant en considération la mère de l'éclaircir, l'homme est, en son essence, « éclairé (*beschienen*) »[2] et cet éclairement signifie que les présants auxquels il se rapporte lui apparaissent depuis le briller-paraître (*Scheinen*) même. À proprement parler, il n'y a d'apparaissant que là où l'être est pur briller-paraître, là où l'homme tient de la mère du soleil le regard essentiel qu'il porte sur l'or. *À proprement parler*, car « le rapport de la mère de l'éclaircir à "l'être-du-jour" homme, implique toutefois que celui-ci, dans son rapport au briller-paraître de l'apparaissant, puisse cesser de témoigner considération à la divinité et oublier, ou dédaigner, le briller-paraître »[3]. Qu'advient-il en cas d'inconsidération? Le pur briller-paraître depuis lequel paraît l'apparaissant, choit en pure et simple apparence qui, opposée à l'être, en signifie la vacance[4].

Si « tout briller-paraître se déploie dans l'ouvert de l'éclaircir »[5] où la lumière et le visible se produisent, il n'est pas permis de restreindre le briller-paraître à ce qui relève, au sens le plus large, de l'optique. Une voix pouvant être, une fois encore, sombre ou claire, « la clarté à travers l'ampleur ouverte de laquelle apparaît "le présant" peut aussi être celle du son et de l'appel, c.-à-d. ce qui, de part en part, les laisse retentir et les

1. *Isthmiques*, V, v. 8-18 et *Der Spruch des Anaximander*, GA, Bd. 78, p. 66. Nous traduisons la traduction de Heidegger. Celle de J.-P. Savignac se poursuit ainsi : « et que dans les Jeux jouteurs gloire / désirée gagne celui dont les couronnes à foison, / pour avoir vaincu par ses mains, ceignent la chevelure, / ou par la vitesse de ses pieds. / Les Démons jugent la bravoure des hommes. / Et deux choses seules font épanouir la chamarre / la plus exaltante de la vie avec le bonheur efflorescent : / réussir et entendre parole insigne. / N'essaie pas d'être Zeus, tu as tout / si la part de ces biens t'est dévolue. / Choses mortelles aux mortels conviennent. », in Pindare, *Œuvres complètes*, *op. cit.*, p. 371-373.

2. *Der Spruch des Anaximander*, GA, Bd. 78, p. 86.

3. *Ibid.*, p. 87.

4. Cf. *ibid.* et *Einführung in die Metaphysik*, GA, Bd. 40, p. 105 *sq.*

5. *Der Spruch des Anaximander*, GA, Bd. 78, p. 87.

diffuse »[1]. Dès l'instant où l'ouvert de l'éclaircie est amplement résonnant – et comment ne le serait-il pas si le soleil déjà voit et entend tout –, le nom et le renom, la clameur de la renommée doivent être compris comme des modes du pur briller-paraître susceptibles, eux aussi, de virer en apparences. Qu'entendre alors par « apparence » sinon l'éclipse et le défaut de considération pour la mère de l'éclaircir, défaillance en raison de laquelle les athlètes peuvent attribuer leur victoire à la seule vigueur de leur corps, peuvent s'attribuer un éclat qui ne leur est pas propre.

En effet, κρίνεται δ'ἀλκὰ διὰ δαίμονας ἀνδρῶν, « par les dieux pourtant, des hommes le pouvoir surgit dans la brillance ». Κρίνω signifie séparer une chose d'une autre, laisser ressortir par différence ce qui lui importe. Or, qu'est-ce qui importe à l'être des hommes fors l'apparaître de ce que, par contraste, il revient à chacun d'être pour satisfaire à son être et à l'essence de l'être. Et si être signifie « resplendir dans l'éclat de la mère de l'éclaircir »[2], n'est-ce pas de cette dernière que, par essence, chaque homme tire la force (ἀλκή) d'accomplir l'essentiel qui lui incombe ?

Toutefois, ce n'est pas grâce à la divinité mais grâce aux dieux, διὰ δαίμονας, que le pouvoir humain brille et paraît. Pourquoi ? Chaque dieu se caractérisant par un domaine et un mode de présance, l'homme ne saurait se rapporter à quoi que ce soit sans se tenir sous le regard du dieu dont le rayonnement éclaire ce qui est à chaque fois présant. Athéna éclaire Ulysse en lui présentant toutes choses dans la lumière dont elle brille et qui la caractérise. Le même adjectif, πολύμητις, très habile et avisé, qualifie la déesse et son protégé[3]. Mais un dieu ne saurait porter le regard de l'être au cœur de l'étant sans venir en présance depuis l'éclaircir de la divinité riche de noms. Aussi « est-ce seulement lorsque Θεία, la divinité, à travers toujours la splendeur de l'un des dieux, resplendit tel l'or, autour et au-delà de l'être de l'homme, que, par sa présance, celui-ci se tient dans une provenance essentielle »[4].

De quelle façon l'homme peut-il se tenir dans une telle provenance et accomplir noblement sa présance si est noble ce qui repose dans sa plus haute origine ? La vie glorieuse atteint son épanouissement εἴ τις εὖ πάσχων λόγον ἐσλὸν ἀκούῃ, « lorsque quelqu'un, convenant à son destin, rassemblé, appartient tout ouïe au renom de la noblesse ». Portant

1. *Der Spruch des Anaximander*, GA, Bd. 78, p. 88.

2. *Ibid.*, p. 89.

3. *Cf.* W. F. Otto, *Les dieux de la Grèce*, trad. fr. C.-N. Grimbert et A. Morgant, Paris, Payot, 1981, p. 66 *sq.*, 208 et 211 : « Ce que veut et fait l'homme, c'est lui-même, et c'est la divinité. L'un et l'autre sont vrais et, à la fin des fins, le même. »

4. *Der Spruch des Anaximander*, GA, Bd. 78, p. 90.

considération à la mère de l'éclaircir – et c'est là son essence la plus propre –, l'homme peut alors considérer le rayonnant regard des dieux et l'étant qui, à chaque fois, y resplendit. Nous ne saurions toutefois briller-paraître à la lumière de tel ou tel dieu sans être d'abord tourné vers la mère des dieux et des hommes, vers ce que la divinité nous destine en propre, sans être εὖ πάσχων, en bonne situation et disposition, « convenablement disposé au destin, *geschicklich dem Geschick* » [1], comme notre λέγειν peut être convenablement disposé au Λόγος. En d'autres termes, et si πάσχω signifie éprouver quelque chose et s'en trouver disposé, nous ne saurions nous tourner vers Θεία sans « accepter le destin et, proprement, le portant, y convenir » [2].

Comment? Octroyant l'ouvert amplement résonnant de l'éclaircie, la divinité octroie la clarté au sein de laquelle paraît ce qui s'offre aux regards. Par conséquent, « qui, considératif, habite dans le pur briller-paraître de la mère de l'éclaircir, celui-là possède déjà "œil" et "oreille" pour distinguer "l'éclat" et "l'appel" fondés dans ce qui est tel qu'il rassemble tout dans l'essentiel de l'être » [3]. Considérant la divinité et, ainsi, convenablement disposé à ce qui nous est destiné pour pouvoir le recevoir et l'assumer, nous sommes en mesure d'accorder attention au brillant éclat du regard des dieux dont, à chaque fois, l'étant resplendit, puisque chaque dieu le laisse voir ou entendre sur le mode qui lui est propre. Si, nous n'avons cessé d'y insister, briller-paraître c'est laisser briller-paraître, l'éclat et le renom de chaque étant ne peut manquer de se fonder dans ce qui, au cœur de l'être, rassemble les étants. Or, « ce rassemblant est le λόγος qui nomme tout resplendir venant à la parole selon qu'il provient essentiellement de l'éclaircir de la Θεία et qui, pour cette raison, est noble : ἐσθλός. L'authentique "renommée", c.-à-d. l'apparaître dans l'ouvert de l'éclaircir de la Θεία, se déploie dans un tel λόγος » [4].

Partant, qui convient ou répond à ce qui lui est destiné et accomplit ainsi son être le plus propre, appartient à la dite « renommée », est à son écoute puisque, comme il a déjà été dit à propos du fragment 50 d'Héraclite, écouter, c'est appartenir à ce qu'on écoute, comme regarder, c'est appartenir à ce qu'on regarde. « Une chose et une autre gardent seules,

1. *Ibid.*, p. 91 ; cf. *Pythiques* I, *in fine*.

2. *Der Spruch des Anaximander*, GA, Bd. 78, p. 91.

3. *Ibid.*

4. *Ibid.* Par convention, nous traduisons ici *Ruhm* par « renommée » et *Herrlichkeit* par « gloire ». Selon le dictionnaire Grimm, *Ruhm* dont l'équivalent latin est *gloria*, signifie d'abord cri, jubilation, pour revêtir ensuite quasiment la même signification que *Ruf*, clameur, appel, et plus étroitement, renommée, réputation, voire honneur.

de la vie glorieuse / l'aimable, florissant dans le bonheur : / lorsque quelqu'un, convenant à son destin, rassemblé, appartient tout ouïe au renom de la noblesse ».

Accomplissant son être en appartenant au pur briller-paraître de la présance, l'homme appartient à ce qui lui est destiné, à ce qui lui advient et, par suite ou d'abord, à ce qui lui advient dans tout ce qui advient, à l'extrême advenant : la mort. Il est « celui qui peut soutenir le destin de la mort en tant que telle car, pour considérer le pur briller-paraître, il est, en son essence propre, éclairé pour le destin. Comme tel, il est ὁ θνατός, "le mortel" »[1]. C'est donc à ce seul titre, sur ce seul mode, que nous sommes εὖ πάσχων, convenablement disposé à cela qui nous est destiné.

Laissant alors briller-et-paraître en tout présant le pur briller-et-paraître, nous laissons apparaître le beau si τὸ καλόν, le beau, est « le pur briller-et-paraître comme présance de l'essentiel »[2]. Par ces beautés que nous tenons à chaque fois du destin auquel nous sommes convenablement disposés, tout nous est propre, puisque, mortels, nous nous tenons dans la considération de la mère de l'éclaircir ou, pour le dire autrement, puisque, mortels, nous tenons notre être de la vérité de l'être. Ce auprès de quoi nous sommes, τὰ ὄντα, peut alors recevoir le nom de τὰ θνατά, choses mortelles : πάντ'ἔχεις, / εἴ σε τούτων μοῖρ'ἐφίκοιτο καλῶν. / θνατὰ θνατοῖσι πρέπει, « tout t'est propre / quand t'est dévolue la part de ces beautés. / Choses mortelles aux mortels conviennent »[3].

Mortels, nous le sommes face aux immortels qui, eux aussi, différemment, se tiennent dans l'éclaircir de la divinité dont ils reçoivent leur être, leur pur briller-paraître. Exhortant ceux-là à ne pas s'élever au rang de ceux-ci, de Zeus, μὴ μάτευε Ζεὺς γενέσθαι, Pindare ne prononce donc pas une parole où affleurerait l'essence du péché, il appelle les mortels à accomplir leur essence, à se tenir, convenablement disposés, auprès de la vérité de l'être, en un mot à porter le regard sur l'or dont l'éclat implique une double relation : à la mère de l'éclaircir qui laisse paraître tout éclat, aux autres présants que son éclat laisse resplendir.

1. *Der Spruch des Anaximander*, GA, Bd. 78, p. 92.

2. *Ibid.*, p. 93.

3. *Cf.* M. Theunissen, *Pindar*, München, C.H. Beck, 2008, p. 225 : « La parole θνατὰ θνατοῖσι πρέπει, *Choses mortelles aux mortels conviennent*, et cela veut dire : *seulement* choses mortelles, pourrait servir d'exergue à toute l'œuvre de Pindare. »

§ 4. « LE FONDEMENT D'OR »

Mais cet appel pourrait-il être lancé et entendu si, sur son mode propre, la parole poétique ne relevait pas du regard sur l'or ? Quel est le lien entre celle-là et l'être dont l'or est ici le nom ? Pindare dit souvent, note Heidegger, que « tout ce qui est "beau" et surgit dans le briller-paraître pour et par les hommes, ne devient "étant" que par le chant du poète »[1]. Deux vers de la sixième *Néméenne* l'attestent : παροιχομένων γὰρ ἀνέρων, / ἀοιδαὶ καὶ λόγοι τὰ καλά σφιν ἔργ'ἐκόμισαν, « les hommes disparus, / chants et paroles en préservent les beaux faits et gestes »[2]. Faut-il entendre que le poème confère à ce qui passe l'empreinte de l'être ? Certes, mais à condition de ne pas mésinterpréter ce dernier. Être ne signifie pas ici présance constante mais pur briller-paraître. Or un présant est d'autant plus brillant-paraissant qu'il laisse briller-paraître les autres présants en les rassemblant. « "L'étant" est d'autant "plus étant" qu'il est plus purement rassemblé dans cela qui, lui-même, en tant que le rassemblement, garde le rassemblé afin qu'il puisse apparaître en son temps. L'un unifiant qui fait paraître l'apparaissant est, en tant que le rassemblement, ὁ Λόγος, l'être lui-même où reposent la divinité même des dieux, ceux-ci autant que les hommes, et tout le reste »[3]. Expliciter ainsi le surcroît de présance, l'éclat de l'or περιώσιον ἄλλων, c'est dire que la présance est à son comble lorsqu'elle laisse paraître ce qui rassemble tous les paraissants, divinité, dieux, hommes et tout autre présant, lorsqu'elle laisse paraître, à même le paraissant, le rassemblement des paraissants, lorsqu'elle est : ὁ Λόγος.

Il est désormais possible de comprendre en quel sens chants et paroles préservent ce qui est beau. La parole laissant briller-paraître la présance du présant, le poème qui en est une des plus hautes possibilités ne peut manquer de conférer à ce qu'il chante l'éclat de l'or puisqu'il le confie à l'être lui-même. « C'est parce que le dire poétique fait en soi briller-paraître l'être de l'étant, que tout ce qui est dit, dans un chant véritablement

1. *Ibid.*, p. 95.

2. *Néméennes*, VI, v. 50-51. κομίζω ici traduit par *préserver* signifie prendre soin, emporter pour mettre à l'abri, voire sauver de la mort (*Pythiques*, III, v. 98.) Cf. *Néméennes*, IV, v. 6 : ῥῆμα δ' ἐργμάτων χρονιώτερον βιοτεύει, « la parole vit plus longtemps que les faits et gestes », et fragment 121 : … πρέπει δ' ἐσλοῖσιν ὑμνεῖσθαι … /… καλλίσταις ἀοιδαῖς. / τοῦτο γὰρ ἀθανάτοις τιμαῖς ποτιψαύει μόνον, / θνᾴσκει δὲ σιγαθὲν καλὸν ἔργον, « … il sied aux preux d'être hymnés … / en superbes chansons. / Car cela touche à d'immortels honneurs seul, / mais meurt quand il est tu, le beau fait… », trad. fr. J.-P. Savignac, *in* Pindare, *Œuvres complètes*, *op. cit.*, p. 543.

3. *Der Spruch des Anaximander*, GA, Bd. 78, p. 96.

disant, “est plus étant”, et cela signifie plus paraissant, plus resplendissant»[1]. Ce n'est pas seulement la cinquième *Isthmique* mais le dire poétique lui-même qui est placé sous l'invocation de la mère du soleil, de Θεία, divinité des dieux dont cette ode est le pur poème. Mais si la beauté des faits et gestes auquel le poème confère l'éclat du briller-paraître le plus resplendissant est, aux yeux des Grecs, l'expérience de la vérité[2], ou si, cela revient essentiellement au même, le Λόγος tel que le pense Héraclite est l'Ἀλήθεια, alors les chants du poète qui « nomme le sacré de la Θεία »[3], sont ἱεραὶ ἀοδαί, des « chants sacrés » qui « nomment le pur briller-paraître et disent leur à-dire (*ihr Zu-Sagendes*) dans la lumière de ce briller-paraître. Le λόγος des chants est λόγος ἐσθλός »[4], le noble dire qui dit le présant dans l'ascendance de la présance.

Ce noble λόγος qui, littéralement, exalte l'étant dans l'apparaître, a donc pour “fondement” le pur briller-paraître et ce “fondement” peut recevoir le nom de “fondement d'or”. L'or, le pur approprier, est à la fois ce qui est à dire et le dire lui-même. Dire : L'or. «Le dire poétique forge en quelque sorte ce “fondement d'or” dans la langue. Et c'est en retour à ce “fondement” comme ce d'où provient tout ce qui éminemment brille-et-paraît, que la poésie bâtit tout son à-dire»[5]. Un fragment de Pindare en témoigne qui évoque le domaine où prend place le dire poétique et où se dit poétiquement l'appartenance du dire à la vérité de l'être :

κεκρότηται χρυσέα χρη-
πὶς ἱεραῖσιν ἀοιδαῖς·
εἶα τειχίζωμεν ἤδη ποικίλον
κόσμον αὐδάεντα λόγων.

Est forgé le fondement doré
des chants sacrés ;
allons, ajointons lui la multiplement éclairante
parure, le résonnant dire rassemblant-poétisant[6].

1. *Der Spruch des Anaximander*, GA, Bd. 78, p. 96.

2. *Cf.* « Hölderlins Erde und Himmel », in *Erläuterungen zu Hölderlins Dichtung*, GA, Bd. 4, p. 161

3. *Der Spruch des Anaximander*, GA, Bd. 78, p. 96.

4. *Ibid.*, p. 97.

5. *Ibid.*, p. 97.

6. *Ibid.* Tel qu'il est reproduit dans le volume 78, le texte du fragment 194 est fautif qui omet l'adverbe ἤδη, *maintenant, désormais*. Nous traduisons la traduction de Heidegger.

CINQUIÈME PARTIE

« HORS DU JUDAÏSME C.-À-D. DU CHRISTIANISME »

CHAPITRE XIX

OCCIDENT ET EUROPE

§ 1. LE DERNIER DIEU ET LE DIEU CHRÉTIEN

Explicitant les relations entre Θεία, la mère du soleil, et l'or, entre l'or, l'étant et l'être, « nous avons pris connaissance, fut-ce approximativement, du rapport entre le λόγος ἐσθλός, le noble dire de la poésie, et la pure présance (εἶναι), le "plus présant que tout autre chose". » Et, pour clore l'interprétation du début de la cinquième *Isthmique*, Heidegger ajoute ceci qui en fait ressortir la portée : « Les trois premiers vers du chant (*Lied*) qui nomme l'or en considération de [la] Θεία, répandent leur éclat sur toute l'introduction du chant, répandent leur éclat sur toute l'ode (*Gesang*), répandent leur éclat sur toute la poésie de Pindare, éclairent le rapport de l'être à la parole et à la langue » [1].

Comment l'éclairent-ils sinon poétiquement et comment la pensée pourrait-elle s'en trouver éclairée sans avoisiner la poésie au sein d'une même dimension ou contrée. Alors que « le dire des odes nomme le sacré de Θεία » [2], explicitant l'or comme « êtreétant » – et « êtreétant » est le prénom de la chose –, le penseur est appelé par l'être à dire l'être au sens où l'ὁμολογεῖν est requis par le Λέγειν dont il est l'accomplissement. En d'autres termes et si la pensée de l'être est « le souci pour l'usage de la langue » [3], dire pensant et dire poétique sont de même provenance, en sorte que penser la langue dans son rapport à la vérité de l'être requiert de *penser* le rapport entre poésie et pensée. « Et puisque le semblable n'est semblable qu'au titre du différencié, le dire poétique et le penser qui se ressemblent le plus purement dans le souci de la parole, sont simultanément et dans leur

1. *Der Spruch des Anaximander*, GA, Bd. 78, p. 97.
2. *Ibid.*, p. 96.
3. « Nachwort zu : "Was ist Metaphysik ?" » [1943], in *Wegmarken*, GA, Bd. 9, p. 311.

essence, le plus largement séparés l'un de l'autre. Le penseur dit l'être. Le poète nomme le sacré »[1].

Laissons provisoirement de côté le rapport de l'être à la langue et la question de savoir où et comment le dire poétique et celui de la pensée peuvent être semblables et différents, la question aussi de savoir comment identité et différence s'entr'appartiennent, pour en poser une autre qui leur est liée puisque le divin l'est à l'être, et l'un comme l'autre à la parole. Heidegger l'a dit à maintes reprises, la pensée de la vérité de l'être « se tient dans une incontournable relation à la poésie de Hölderlin » qui est « le poète qui indique l'avenir, le poète qui attend le dieu »[2]. Depuis où l'attend-il sinon depuis le temps de détresse où nous sommes aujourd'hui plus encore ? Quel en est alors le trait essentiel ? « Selon l'expérience historique de Hölderlin, la fin du jour des dieux a commencé avec l'apparition et le sacrifice du Christ. C'est le soir. Depuis que les "uniques trois", Héraclès, Dionysos et Christ, ont délaissé le monde, le soir de cet âge du monde touche à sa nuit. La nuit du monde étend son obscurité. L'époque du monde est déterminée par l'éloignement du dieu, par le "défaut de dieu" »[3].

Éprouvé en tant que tel, ce défaut des dieux ne peut manquer de receler une trace susceptible d'indiquer, fût-ce indirectement, la dimension au sein de laquelle un autre dieu, le dernier, pourrait, ne fût que passagèrement, apparaître. Et où rechercher une telle trace, si ce n'est dans ce que Hölderlin entend par « fraternité » quand il confie : *Denn zu sehr, / O Christus! häng' ich an dir, / Wiewohl Herakles Bruder / Und kühn bekenn'ich, du / Bist Bruder auch des Eviers* … « Car trop, / Ô Christ ! je tiens à toi, / Quoique frère d'Héraclès / Et j'ose le confesser, tu / Es frère aussi de l'Évir… »[4].

1. « Nachwort zu: "Was ist Metaphysik?" » [1943], in *Wegmarken*, GA, Bd. 9, p. 311-312.

2. « Spiegel-Gespräch mit Martin Heidegger », in *Reden und andere Zeugnisse eines Lebensweges*, GA, Bd. 16, p. 678. Cf. *Anmerkungen I-V* (*Schwarze Hefte 1942-1948*), GA, Bd. 97, p. 12 : « La compréhension de la poésie de Hölderlin et de l'essence de la poésie m'est venue de l'expérience de la pensée de l'unique question de la pensée : la question de la vérité de l'être. »

3. « Wozu Dichter ? », in *Holzwege*, GA, Bd. 5, p. 269. Les expressions « uniques trois » et « défaut de dieu » proviennent de l'élégie *Der Wanderer* [Le voyageur], v. 99, et du poème *Dichterberuf* [Vocation du poète], v. 64 ; *cf.* Hölderlin, *Sämtliche Werke und Briefe*, *op. cit.*, Bd. 1, p. 275 et 307.

4. Hölderlin, « Der Einzige », *op. cit.*, p. 345, v. 49 *sq.* Nous citons la traduction de B. Pautrat, « L'unique », *in* Hölderlin, *Hymnes et autres poèmes*, Paris, Rivages, 2004, p. 161. *Evier* est formé d'après Εὔιος, nom par lequel les Bacchantes acclamaient Dionysos, leur dieu ; *cf.* Euripide, *Les Bacchantes*, v. 157-158. On peut sans doute entendre un lointain écho de cette « fraternité » dans un singulier passage du *Journal* de G. Scholem qui, en 1918-1919,

C'est depuis ce qui apparente ces trois demi-dieux que sont Christ, Héraclès et Dionysos, dont le rassemblement en une commune absence – l'absence a-t-elle en chaque cas le même sens ? – caractérise la détresse du temps, c'est donc depuis ladite fraternité que doit être attendu le dieu à venir qu'indique le poète. Et Hölderlin nomme le Christ car, « sans conteste », celui-ci demeure pour celui-là, « dans la présente nuit du monde et l'absence de dieu, un signe qui renvoie effectivement au sacré »[1]. Aussi le dernier dieu doit-il, en tant que dernier, rassembler, à *sa* manière et à *sa* manière seulement, ceux qui l'auront précédé, grecs ou chrétien, grecs et chrétien. En effet, il « n'est pas le dieu “résiduel”, laissé de reste, et la simple fin, mais le dieu le plus initial et le plus haut », celui « avec qui tous les ayant-étés se déploient tandis qu'il “est” », un dieu qui n'est « en rien initialement efficient »[2], bref, il est aux dieux ayant-étés ce que la vérité de l'être est à son oubli. Et si le dernier dieu est le dieu le plus initial, le dieu de l'initialité, en retour les dieux qui furent et demeurent *en tant qu*'ils furent, doivent, d'une manière ou d'une autre, appartenir au déploiement onto-théo-logique du retrait de l'être.

Comment le dernier dieu peut-il *ainsi* rassembler les dieux grecs et le dieu chrétien qui est aussi celui d'Israël ? Paraissant depuis l'*Ereignis* qui lui offre « l'espace-temps de son apparaître »[3], le dernier dieu laisse être les dieux grecs en tant qu'absants puisqu'ils tirent leur origine de l'ἀλήθεια au

écrit : « Friedrich Hölderlin a vécu, au sein du peuple allemand, *la* vie sioniste. L'existence (*Dasein*) de Hölderlin est le canon de toute vie historique. C'est sur cela que repose l'autorité absolue de Hölderlin, sa position à côté de la Bible. La Bible est le canon de l'*Écriture*, Hölderlin : canon, qui est *existence*. Hölderlin et la Bible sont les deux seules choses au monde qui ne peuvent jamais se contredire. Il faut définir le canonique comme pure intelligibilité. », *in* G. Scholem, *Tagebücher 1917-1923*, Frankfurt am Main, Jüdischer Verlag/Suhrkamp, 2000, p. 347 ; *cf.* p. 344. Ces lignes s'opposent par avance « à un propos qui, » rapporte A. du Bouchet dans un texte intitulé *Tübingen, le 22 mai 1986*, « le matin de mon premier passage ici, dans l'île qui scinde la rivière, sous cette fenêtre, de l'autre côté de l'eau, m'a laissé sans réplique. / un propos de Celan qu'à ce jour, il m'aura paru préférable de passer sous silence, parce que sur l'instant incapable alors de le relever. / un mot, subitement, à quoi, conversant de choses et d'autres, rien n'avait préparé – et articulé avec détermination : “*il y a quelque chose de pourri dans la poésie de Hölderlin.*” oui, dans l'œuvre qui, entre toutes, en appelle à une pureté – ou puissance autonome – de la parole : et pour cela, je crois », *in* A. du Bouchet, *...désaccordée comme par de la neige*, Paris, Mercure de France, 1989, p. 75-76. La dimension au sein de laquelle peuvent s'opposer ce que disent Scholem et Celan, est précisément celle dont il va être question dans les pages qui suivent. Est-elle aussi celle où la parole peut se voir conférer « une pureté – ou puissance autonome », rien n'est moins sûr, tant puissance et autonomie sont étrangères à l'*Ereignis*.

1. « Zu den Inseln der Ägäis », in *Zu Hölderlin – Griechenlandreisen*, GA, Bd. 75, p. 264.
2. *Das Ereignis*, GA, Bd. 71, p. 230.
3. *Ibid.*, p. 229. Cf. *Über den Anfang*, GA, Bd. 70, p. 131.

retrait de laquelle leur absance fait suite, ἀλήθεια dont l'*Ereignis* est l'essence propre. L'oubli de l'être s'accomplissant comme différence ontologique, seul l'étant peut recouvrir l'être en prenant le pas sur lui et c'est à l'instant où l'être se retire de la vérité de son essence que le dieu par qui l'être nous ouvre à lui, cessant d'en porter radieusement le regard dans l'ἀλήθεια dont l'ouvert est l'essence, devient, à défaut d'être proprement divin, étant suprême. N'était-ce pas déjà le sens du fragment 32 d'Héraclite d'après lequel l'Un-la-Chose-Sage-et-Elle-Seule – où se laisse pressentir l'*Ereignis* –, ne consent pas et consent à paraître sous le nom de Zeus. Et si « la fuite des dieux grecs se fonde dans le bouleversement de l'essence à peine dévoilée de l'ἀλήθεια » ou, pour le dire autrement, si « la prédominance de l'être comme ἰδέα est la fin du règne divin » [1], le dernier dieu, sans être grec, – l'*Ereignis* ne l'est pas – est néanmoins un dieu en qui peuvent demeurer rassemblés comme ayant-étés les dieux grecs. Autre que grec pour en être la vérité, l'*Ereignis* et le dernier dieu laissent donc encore à ce qui est grec, mais sur le mode de l'absance, une signification essentielle.

En va-t-il de même avec le dieu chrétien auquel s'oppose le dernier dieu qui, selon l'épigraphe placée au seuil de la section des *Contributions à la philosophie* qui lui est consacré, est « le tout autre à l'encontre des ayant-étés, particulièrement à l'encontre du [dieu] chrétien » [2] ? Si les dieux grecs sourdent de l'être dont ils portent le brillant regard au cœur de l'étant, le dieu chrétien, auquel s'oppose particulièrement le dernier dieu, relève-t-il aussi, fût-ce lointainement, du domaine de l'ἀλήθεια dont l'*Ereignis* est l'essence ? Est-il possible, telle est la question annoncée qu'impose aussi la relation de la pensée à la poésie de Hölderlin, est-il possible de rassembler dans « la présance de la plénitude celée de l'ayant-été [...] le divin chez les Grecs, dans le prophétisme juif et dans la prédication de Jésus » [3], en sorte que le dernier dieu puisse recevoir ce titre ?

1. *Das Ereignis*, GA, Bd. 71, p. 229.
2. *Beiträge zur Philosophie*, GA, Bd. 65, p. 403.
3. « Nachwort » zu « Das Ding », in *Vorträge und Aufsätze*, GA, Bd. 7, p. 185.

§ 2. AMBIGUÏTÉ DE LA MÉTAPHYSIQUE

Et d'abord, le prophétisme juif et la prédication de Jésus peuvent-ils être tenus pour des expériences du divin, et d'un divin partagé avec celui des Grecs ? À rigoureusement parler, rien n'est moins sûr. Lorsque, par la voix d'Isaïe, Dieu dit : « Je suis le premier et je suis le dernier, à part moi, il n'y a pas de dieu », ou lorsque Jésus proclame : « Car, voici, le Royaume de Dieu est parmi vous »[1], l'un et l'autre, si tant est qu'on puisse ainsi dire, n'ont d'autre expérience que celle de Dieu qui, unique, est l'unique mesure du divin dont il ne se distingue pas. L'opposition du dernier dieu au dieu chrétien qui, comme toute opposition, requiert la communauté de la dimension où elle prend place, cette opposition implique toutefois que le dieu chrétien puisse être compris dans et par l'histoire de l'être, faute de quoi le dieu dont l'*Ereignis* réserve l'apparaître perdrait son caractère ultime. L'histoire *de* l'être est celle de *son* retrait, de *ses* destinations – les unes ne vont pas sans l'autre –, consomme la différence ontologique, et appartenir à cette histoire, c'est s'inscrire dans le pli de cette différence. Qui plus est, l'histoire de l'être est grecque, elle l'est au commencement : être et parole : Λόγος, elle l'est à la fin : être et *ratio :* science de la logique. Cela signifie d'abord que « seuls les Grecs sont les gardiens du commencement de l'Occident »[2] – ils sont grecs pour être de tels gardiens –, cela signifie ensuite que le domaine originaire de l'ἀλήθεια ne peut être recouvert que par ce qui en dérive. Une tradition n'est pas l'oubli des origines en général mais de la sienne propre, et si ce qui recouvre n'était pas originairement issu de ce qu'il recouvre, rien n'assurerait que le premier puisse occulter le second. Sans cela, la question de la vérité de l'être ne saurait être posée, la destruction phénoménologique de la métaphysique n'aurait aucun sens, sans cela encore, après avoir nommé *monde* la vérité de l'essence de l'être et *dispositif* l'essence de la technique où se parachève l'oubli de cette vérité, Heidegger ne pourrait dire qu'ils « sont le même jusque dans la plus grande extériorité de leurs essences opposées l'une à l'autre »[3].

Si l'histoire grecque de l'être est celle de son retrait, celui-ci n'a-t-il pas cependant été corroboré *par ailleurs* ? En 1932, amorçant l'interprétation de la pensée grecque initiale à travers laquelle les rapports constitutifs de l'être seront pas à pas dégagés, rapports dont l'*Ereignis* est la loi, en 1932 Heidegger ouvre le cours sur *Le commencement de la pensée occidentale*

1. *Isaïe*, XLIV, v. 6, traduction *Bible de Jérusalem*, et *Luc*, XVII, v. 21.
2. *Parmenides*, GA, Bd. 54, p. 220.
3. « Die Gefahr », in *Bremer und Freiburger Vorträge*, GA, Bd. 79, p. 52.

en déterminant la tâche qui lui incombe : « Notre mission : mettre un terme au philosopher. *C.-à-d. la fin de la métaphysique* depuis la question originaire du “sens” (vérité) de l’être. Nous voulons rechercher le *commencement* de la philosophie occidentale. – La philosophie occidentale débute au VIe siècle avant Jésus-Christ chez le peuple des Grecs, petit peuple relativement isolé et purement indépendant (??) Les Grecs ne savaient évidemment rien de “l’Occident (*Abendland*)” et de “l’occidental”. L’expression désigne d’abord un concept géographique, une délimitation par rapport à l’Orient (*Morgenland*), l’oriental (*Orientalische*), l’asiatique. Mais le titre “occidental” est simultanément un concept historique et désigne l’histoire et la culture de l’Europe d’aujourd’hui, débutant avec les Grecs et surtout les Romains, et qui est essentiellement déterminée et portée par le christianisme juif. Si les Grecs avaient su quelque chose de cet avenir occidental, un commencement de la philosophie n’aurait jamais eu lieu. Romanité, judaïsme, christianisme ont complètement altéré et falsifié la philosophie initiale – c’est-à-dire la philosophie grecque »[1]. Mais comment judaïsme et christianisme qui, à la différence de la romanité, ne sont pas issus du grec, auraient-ils pu altérer et falsifier la philosophie grecque initiale sans appartenir à une dimension commune, à une même histoire, celle de l’Europe ?

La quête du commencement grec de la métaphysique, métaphysique désormais parvenue à sa fin et, du même coup, de l’autre commencement, cette quête concerne « notre histoire européenne-occidentale » dans son ensemble, puisque la philosophie en est « le trait fondamental le plus intérieur »[2]. Affirmer que « la philosophie est, en son essence, grecque », revient donc à dire que « l’Occident et l’Europe sont les seuls à être, au plus intérieur du cours de leur histoire, originairement “philosophiques” »[3]. Il ne faut cependant pas assimiler l’Occident et l’Europe, car si la seconde inclut la romanité et le « christianisme juif », le premier est exclusivement grec, sans rapport à la latinité et au judéo-christianisme. À l’instant où il accède au commencement – « j’ai trouvé le “commencement” »[4], écrit-il le 1er mai 1942 – à cet instant même, Heidegger distingue Occident et Europe : « Le concept d’Occident propre à l’histoire de l’être n’a rien à

1. *Der Anfang der abendländischen philosophie*, GA, Bd. 35, p. 1; *cf.* p. 99. Cf. *Überlegungen II-IV*, (*Schwarze Hefte 1931-1938*), GA, Bd 94, p. 66.

2. « Was ist das – die Philosophie ? », in *Identität und Differenz*, GA, Bd. 11, p. 9.

3. *Ibid.*, p. 10.

4. Martin Heidegger/Kurt Bauch, *Briefwechsel 1932-1975*, Freiburg, Karl Alber, 2010, p. 80. Il s’agit de l’interprétation des deux paroles d’Anaximandre avec laquelle se confond le commencement, cf. *ibid.*, p. 67.

faire avec le concept moderne d' "Europe". L'européen est la préforme du planétaire. Le nouvel ordre de l'Europe prédispose la domination planétaire qui, bien sûr, ne peut plus être un impérialisme, puisque des empereurs sont impossibles dans le domaine d'essence de la machination (*Machenschaft*). L'européen et planétaire est fin et achèvement. L'Occident est commencement. L'un ne peut pas connaître l'autre »[1].

Opposant Europe et Occident au point que l'une et l'autre sont exclusifs l'une de l'autre, puisque, si l'Europe reçoit ses traits essentiels de l'*imperium romanum* repris par l'Église catholique romaine, est « la mise en ordre calculante et inconditionnée de la réalisation du déclin de l'Occident »[2], celui-ci est par contre « l'avenir de l'histoire, dès lors que son essence est fondée dans l'appropriation (*Ereignis*) de la vérité de l'être »[3]. Opposant ainsi l'Europe à l'Occident qui, « éprouvé *de manière initiale* »[4], n'est rien d'oc-cidental (*occidentalisch*), donc rien de chrétien, de romain ou de moderne, Heidegger réaffirme qu'on ne saurait accéder au domaine grec de l'ἀλήθεια, à l'essence de la vérité de l'être, et à l'*Ereignis* en tant qu'autre commencement, sans se dégager de la romanité, du judaïsme et du christianisme qui les rassemble. Mais simultanément, il fait ressortir une ambiguïté de l'expression *métaphysique* « *occidentale* » qui désigne : « 1) la métaphysique en tant qu'elle porte l'oc-cidental et détermine son histoire; 2) la même métaphysique dans la mesure où, surmontée, elle est remémorée depuis la reprise-surmontante (*Verwindung*) de l'être dans le commencement *occidental* (abendländischen) »[5]. Ces deux concepts, dont la distinction procède finalement de l'*Ereignis*, n'ont pas le même rang, car la métaphysique ne saurait porter l'oc-cidental si, cédant initialement le pas à l'étant, l'être lui-même n'avait pas préalablement donné lieu à la différence ontologique, à la métaphysique comme telle, c'est-à-dire avant qu'elle n'assume cette charge oc-cidentale que constituent la romanité, le judaïsme et le christianisme. Inversement, seule

1. *Das Ereignis*, GA, Bd. 71, p. 95. Cf. *Besinnung*, GA, Bd. 66, p. 16 *sq*. *Cf.* « Die Sprache im Gedicht », in *Unterwegs zur Sprache*, GA, Bd. 12, p. 73.

2. *Ibid.* Sur la romanité impériale et ecclésiale, cf. *Nietzsche II*, GA, Bd. 6.2, p. 376 et *Parmenides*, GA, Bd. 54, p. 58 *sq*.

3. *Ibid.*, p. 96. C'est à partir de là que prend sens la proposition selon laquelle « l'essence de la patrie est l'Occident », in *Anmerkungen I-V* (*Schwarze Hefte 1942-1948*), GA, Bd. 97, p. 52.

4. *Das Ereignis*, GA, Bd. 71, p. 98.

5. *Ibid.*, p. 99. Selon une indication de Heidegger rapportée par A. Préau, distingué du verbe *überwinden* (surmonter), le verbe *verwinden* signifie « faire sienne une chose en entrant plus profondément en elle et en la transposant à un niveau supérieur »; cf. *Essais et conférences*, trad. fr. A. Préau, *op. cit.*, p. 80 n. 3.

la fin de la métaphysique occidentale où se rassemblent par voie d'absolutisation et de retournement les ultimes possibilités ouvertes par la différence ontologique, seule cette fin offre l'éventualité d'un retour au commencement grec dont l'initialité même, dès lors qu'elle est pensée en tant que telle, peut donner lieu à l'autre commencement si l'*Ereignis* est « l'initialité du commencement-initial s'éclairant en propre »[1].

Mais la fin de la métaphysique occidentale concerne aussi le christianisme. En effet, si « Hegel est le platonisme subjectif-objectif absolu des temps modernes qui a absorbé la dogmatique chrétienne », et Nietzsche, « le renversement de *ce* platonisme avec la mise à l'écart ou le renversement de tout ce qui est chrétien », l'un et l'autre « constituent, en leur co-appartenance adverse, l'achèvement de la métaphysique occidentale »[2]. Cette détermination de la fin de la métaphysique requiert, entre autres, que le dieu chrétien, dont l'origine n'est pas grecque, ressortisse, en tant que chrétien, à l'histoire de l'être, faute de quoi il ne saurait être celui auquel s'oppose le dernier dieu. Comment le dieu chrétien peut-il alors relever de l'histoire de l'être ou comment la métaphysique occidentale est-elle devenue européenne sans l'être devenue *par ailleurs* ?

1. *Das Ereignis*, GA, Bd. 71, p. 147.

2. *Überlegungen VII-XI*, (*Schwarze Hefte 1938/1939*), GA, Bd 95, p. 310. *Cf.* « Die gegenwärtige Lage und die künftige Aufgabe der deutschen Philosophie (30. November 1934) », in *Reden und andere Zeugnisse eines Lebensweges*, GA, Bd. 16, p. 317 ; *Nietzsche II*, GA, Bd. 6.2, p. 177 *sq.*, et *Der Satz vom Grund*, GA, Bd. 10, p. 105 où il est dit que les penseurs des Temps modernes « sont partout engagés dans une explication avec le christianisme. »

CHAPITRE XX

LA LANGUE DONT L'ÊTRE S'EST RETIRÉ

§ 1. LA LANGUE DE L'ÊTRE

Domaine des domaines, le domaine de l'ἀλήθεια est celui du Λέγειν et de l'ὁμολογεῖν, celui de la langue, puisque, « impensable secret, le parler de la langue advient (*sich ereignet*) à partir du non-retrait de ce qui est présant »[1]. *Et de la langue grecque.* Sans doute est-il possible d'affirmer que, « sur les modes les plus divers, l'être parle toujours et partout à travers toute langue »[2]. Mais si cette proposition, énoncée dans une langue que la philosophie a, pour finir, investie, n'empêche pas de soutenir qu'il n'y a pas de philosophie chinoise ou indienne[3], c'est que, de manière insigne, l'être auquel répond la philosophie, parle grec. Qu'est-ce qui confère à la langue grecque un tel privilège, sinon que l'être, au double sens du génitif, y parle de lui-même, souverainement, librement, sinon que, λέγειν signifiant étendre et parler, dit et dire sont le même: ὁ Λόγος λέγει. « La langue grecque et elle seule est λόγος », *elle seule* car, leçon de l'interprétation du Λόγος héraclitéen, « ce qui est dit en elle est, en même temps, de manière insigne ce que nomme le dit. Quand nous entendons un mot grec de manière grecque, alors nous accompagnons son λέγειν, ce qu'il

1. « Logos (Heraklit, Fragment 50) », in *Vorträge und Aufsätze*, GA, Bd. 7, p. 218, déjà cité.

2. « Der Spruch des Anaximander », in *Holzwege*, GA, Bd. 5, p. 366.

3. Cf. *Was heißt Denken?*, GA, Bd. 8, p. 228. *Cf.* « Aus einem Gespräch von der Sprache », in *Unterwegs zur Sprache*, GA, Bd. 12, p. 85 et p. 107 où il est dit que les langues européennes et celles d'Extrême-Orient « sont, depuis leur fond, essentiellement autres », que « leur *essence* de langue demeure de part en part autre. »

expose immédiatement. Ce qu'il expose est ce qui s'étend-devant. Par le mot entendu de manière grecque, nous sommes immédiatement auprès de la chose même qui s'étend-devant, et non d'abord auprès d'une simple signification de mot »[1]. La langue grecque initiale qui est le paraître de l'être, langue où parle la chose même et non la signification, au regard de laquelle la distinction entre sens et référence est dénuée de pertinence, cette langue n'est donc pas tant celle de la phénoménologie que la phénoménologie faite langue, à supposer qu'il soit possible de maintenir un tel titre, à supposer ensuite surtout et partout que *grec* « ne désigne aucune caractéristique populaire ou nationale, culturelle et anthropologique », mais « le matin du destin par lequel l'être lui-même s'éclaircit dans l'étant et revendique une essence de l'homme qui, en tant que destinale, y a le cours de son histoire comme maintenue dans "l'être" ou délaissée par lui, sans en être néanmoins jamais séparée »[2]. Initialement, le λόγος ne signifie pas, mais, tel l'or, montre ce qui est en montrant l'éclaircie où l'être se donne ouvertement. C'est pourquoi le mot ἀλήθεια est « la plus haute dot reçue par la langue des Grecs, dans laquelle le présant comme tel est parvenu au non-retrait et à la mise à l'abri »[3], c'est pourquoi seul peut offusquer l'être ce qui n'est plus initialement grec, ce qui en dérive, en est traduit, puisque le grec est initialement, au double sens du génitif encore et toujours, la langue de l'être et l'être comme langue.

Le grec n'est pas seulement la langue où l'être se donne initialement, il est aussi celle de son retrait, celle de la métaphysique où l'être est signifié depuis l'étant, voire comme étant suprême. Ce n'est qu'une fois désertée par l'être que la langue grecque a pu dire ou traduire en elle ce qui, *venant d'ailleurs*, ne pouvait alors *et alors seulement* manquer de corroborer le retrait de l'être. N'est-ce pas le cas du grec des Septante, des évangélistes et des apôtres ? Le mot λόγος – ce n'est pas un simple exemple – qui, chez Héraclite, « désigne l'être de l'étant, le rassemblement des contraires », désigne, dans l'évangile de Jean, « *un* étant particulier, à savoir le Fils de Dieu. Et celui-ci dans le rôle du médiateur entre Dieu et les hommes »[4]. Cette conception néo-testamentaire du logos, poursuit Heidegger, « est celle de la philosophie de la religion juive que *Philon* a élaborée, et dans la doctrine de la création de laquelle le logos reçoit la détermination de μεσίτης, de médiateur » Il est λόγος « parce que dans la traduction grecque

1. « Was ist das – die Philosophie ? », in *Identität und Differenz*, GA, Bd. 11, p. 13.

2. « Der Spruch des Anaximander », in *Holzwege*, GA, Bd. 5, p. 336.

3. « Ein Vorwort. Brief an Pater William J. Richardson (1962) », in *Identität und Differenz*, GA, Bd. 11, p. 152. Cf. *Der Satz vom Grund*, GA, Bd. 10, p. 125.

4. *Einführung in die Metaphysik*, GA, Bd. 40, p. 143.

de l'*Ancien Testament* (la *Septante*), λόγος est le nom de la parole, et "parole" dans la signification déterminée de recommandation, de commandement; οἱ δέκα λόγοι désignent les dix commandements (le Décalogue). Ainsi λόγος signifie : κῆρυξ ἄγγελος, celui qui annonce, le messager qui transmet commandements et recommandations ; λόγος τοῦ σταυροῦ est la parole de la croix. La proclamation de la croix est le *Christ* lui-même ; il est le logos de la rédemption, de la vie éternelle, λόγος ζωῆς. Un monde sépare tout cela d'*Héraclite* »[1].

Abstraction faite des questions concernant les relations entre l'évangile de Jean et la pensée de Philon, sur lesquelles il n'est pas ici nécessaire de s'arrêter, le λόγος johannique appartient sans nul doute à une autre dimension que le Λόγος héraclitéen. Il en va de même pour l'ἀλήθεια car, lorsque le Christ dit : ἐγώ εἰμι ἡ ὁδὸς καὶ ἡ ἀλήθεια καὶ ἡ ζωή, je suis la voie et la vérité et la vie, « cette parole n'a plus de grec que les termes »[2], proposition qui signifie que le grec évangélique est un grec dont l'être s'est retiré et qui, pour cette raison, relève de la métaphysique.

Quel « monde » sépare ces deux acceptions du λόγος et de l'ἀλήθεια, sinon la différence ontologique puisqu'après avoir nommé l'être, les mots λόγος et ἀλήθεια ne désignent plus qu'un étant particulier, le fils de Dieu. Ainsi proclamée dans la langue de l'être *mais dont l'être s'est retiré*, – et dans ce dernier énoncé, le *est* nécessairement hors de lui-même – proclamé dans un grec d'abord détourné de lui-même par lui-même, la parole de la croix accomplit et corrobore ensuite le recouvrement de l'être par un unique étant, se plie à l'onto-théo-logie. Si tel n'était le cas, il serait impossible de comprendre pourquoi « ce qui obstrue et égare la question fondamentale de l'être du *Dasein* est l'orientation constante sur l'anthropologie antique-chrétienne »[3], impossible de comprendre pourquoi « la domination polymorphe de la pensée "chrétienne" à l'époque post- et *anti*-chrétienne [...] rend difficile toute tentative de s'écarter de ce sol [*scil.* la pensée grecque sur laquelle repose la métaphysique médiévale et moderne], et de penser initialement, à partir d'une expérience plus originaire, la relation fondamentale de l'être et de la vérité »[4], impossible enfin de comprendre pourquoi le dernier dieu paraissant depuis l'*Ereignis*, est tout autre que le dieu chrétien dont la révélation comme λόγος est, par sa

1. *Ibid.*

2. *Parmenides*, GA, Bd. 54, p. 68 ; cf. *Jean*, XIV, v. 6.

3. *Sein und Zeit*, GA, Bd. 2, § 10, p. 65. *Cf.* « Phänomenologie und Theologie », in *Wegmarken*, GA, Bd. 9, p. 66 où il est dit qu'à titre de possibilité d'existence, la foi est « l'ennemie mortelle » de la philosophie.

4. *Beiträge zur Philosophie*, GA, Bd. 65, p. 350 ; *cf.* p. 110 *sq.*, 115, 132, 483.

langue, solidaire du retrait de l'être et de la différence ontologique qui, nous y reviendrons, tire son origine de l'*Ereignis*.

En faut-il une confirmation? Immédiatement avant d'examiner la détermination aristotélicienne de la langue, Heidegger fait appel aux versets 3 et 4 du deuxième chapitre des *Actes des Apôtres* qui relatent le miracle de la Pentecôte, et où il est dit: καὶ ὤφθησαν αὐτοῖς διαμεριζόμεναι γλῶσσαι ὡσεὶ πυρός [...] καὶ ἤρξαντο λαλεῖν ἑτέραις γλώσσαις, « et leur apparurent comme des langues de feu qui se partageaient [...] et ils se mirent à parler d'autres langues ». Après avoir cité les traductions de Jérôme et de Luther qui rendent γλῶσσα par *lingua* et *Zunge*, Heidegger poursuit : « toutefois ce parler n'est pas compris comme pur et simple volubilité de la langue (*Zungenfertigkeit*) mais rempli par l'esprit saint, πνεῦμα ἅγιον. Cette représentation biblique de la langue (*Sprache*) est précédée par la caractérisation grecque de l'essence de la langue circonscrite par Aristote, et qui fait norme »[1]. Qu'en conclure sinon que la conception chrétienne de la langue – la langue n'est pas la parole – est, pour l'essentiel, identique à celle de la métaphysique grecque. Ici et là, la langue est comprise à partir de la phonation, comme voix qui signifie, en un mot comme γλῶσσα, *lingua*, *Zunge*. Et remplie ou non par l'Esprit, la langue demeure « expression »[2], le verbe *remplir* (πίμπλεμι) suffit à l'attester. *Que ce soit par sa langue ou par sa conception de la langue, la révélation chrétienne ne va pas sans le retrait de l'être.*

Ladite révélation ne saurait toutefois être comprise dans l'histoire de l'être, si le Fils de Dieu n'était pas lui-même compris comme un étant particulier. Toutefois, comment peut-il être « étant » *et* « Fils de Dieu », si *Fils de Dieu* est un nom pour Israël[3] dont la langue n'est en rien celle de l'être, si *Fils de Dieu* est un titre messianique que le *Nouveau Testament* reprend à l'*Ancien*, reprise par laquelle s'articulent la loi et l'évangile, titre qui reçoit son sens du Dieu d'Israël[4]? Bref, dès lors que la révélation de Dieu en Christ accomplit celle de Dieu au Sinaï, celle du Décalogue, la première ne saurait être incluse dans l'histoire de l'être et de son retrait sans que la

1. « Das Wesen der Sprache », in *Unterwegs zur Sprache*, GA, Bd. 12, p. 192.

2 « Die Sprache », in *Unterwegs zur Sprache*, GA, Bd. 12, p. 28, et la note *a*, où Heidegger renvoie à la définition mallarméenne de la poésie : « La Poésie est l'expression, par le langage humain ramené à son rythme essentiel, du sens mystérieux des aspects de l'existence : elle doue ainsi d'authenticité notre séjour et constitue la seule tâche spirituelle », lettre du 27 juin 1884 à Léo d'Orfer, *in* Mallarmé, *Œuvres complètes, op. cit.*, t. 1, p. 782.

3. Cf. *Osée*, XI, v. 1 ; *Exode*, IV, v. 22 et *Matthieu*, II, v. 15.

4. Cf. *Isaïe*, VII, v. 14; *Psaume* II, v. 7; *Matthieu*, XVI, v. 16; *Marc*, XIV, v. 61; *Luc*, XXII, v. 70; *Jean*, III, v. 18, XX, v. 31; *II Corinthiens*, I, v. 19.

seconde le soit aussi. Mais est-ce possible si le grec n'est pas la langue de la *Torah* ?

Revenons sur ce que Heidegger nomme après bien d'autres, « la traduction grecque de l'*Ancien Testament* », la *Septante*. Si celle-ci est une traduction, elle n'est pas d'abord celle de l'*Ancien Testament* mais celle de la תּוֹרָה, de la Torah. Intituler *Ancien Testament* la Loi, les Prophètes et les Écrits que réunit la « Bible » hébraïque, c'est interpréter cette dernière dans une lumière qu'Israël n'a jamais reconnue. Et, sauf en le faisant précéder d'un article indéfini, Heidegger n'a jamais remis en cause ce titre, alors qu'il a toujours refusé de qualifier Anaximandre, Héraclite et Parménide de *pré*-socratiques ou de lire Aristote en fonction de commentaires latins.[1].

Traduction grecque de la *Torah*, la *Septante* est ensuite *et aussi* la forme canonique originale de l'*Ancien Testament* en tant que premier moment de la révélation chrétienne, premier moment constitué et reconnu comme tel depuis le second qui s'en proclame « l'accomplissement ». Jusqu'à Jérôme et pour Augustin encore, la traduction des Septante était tenue pour inspirée. « Suivant à ma mesure, dit ce dernier, les traces des apôtres qui ont eux-mêmes exposé leurs témoignages prophétiques à partir des Hébreux et des Septante, j'ai cru pouvoir faire usage de l'une et l'autre autorité car elles sont une et divines »[2]. Le grec – mais dont l'être s'est retiré – peut alors être tenu pour la langue originale de l'*Ancien Testament*. « C'est une subtilité de Dieu que d'avoir appris le grec lorsqu'il voulut se faire écrivain – et de ne pas l'avoir mieux appris »[3], disait déjà Nietzsche.

Grecque ou latine, la *Bible chrétienne*, « le livre des livres »[4], dit une fois Heidegger, ressortit à l'histoire de l'être et à son oubli. Preuve en est qu'au moment de poser la question de l'être, et pour caractériser la détermination théologique de l'homme à laquelle s'opposent l'analytique existentiale et l'ontologie fondamentale, il ne cite que les versions grecque et latine du verset de la *Genèse* où Dieu dit créer l'homme à son image, sans mentionner l'hébreu dont elles sont traduites, et donc comme si elles ne l'étaient pas[5]. Mais pourquoi cela, sinon parce que les traditions d'Israël,

1. *Cf.* « Der Spruch des Anaximander », in *Holzwege*, GA, Bd. 5, p. 322 et, pour « *un* ancien testament », *cf.* « Wer ist Nietzsches Zarathustra ? », in *Vorträge und Aufsätze*, GA, Bd. 7, p. 106.

2. *De civitate Dei*, l. XVIII, c. XLIV. Sur la traduction des Septante, *cf.* D. Barthélemy, *Études d'histoire du texte de l'Ancien Testament*, Fribourg/Göttingen, Vandenhoeck & Ruprecht, 1978, études 9, 10 et 21.

3. *Par delà bien et mal*, § 121 ; cf. *Fragments posthumes*, 1882, 3 (1), n° 445.

4. « Aus einem Gespräch von der Sprache », in *Unterwegs zur Sprache*, GA, Bd. 12, p. 92.

5. Cf. *Sein und Zeit*, GA; Bd. 2, § 10, p. 65 et *Genèse* I, v. 26 ; *cf.* aussi *Phänomenologie des religiösen Lebens*, (1920/1921) GA, Bd. 60, p. 102 où, sans référence à l'hébreu,

considérées en elles-mêmes, ne concernent en rien le destin de l'être. Bref, si la langue de la révélation chrétienne dans son ensemble n'avait pas été celle dont l'être s'est retiré, jamais l'histoire de l'être n'aurait pu finalement se rapporter à la révélation chrétienne, que ce soit pour l'absorber dans le savoir absolu ou la renverser par la transvaluation de toutes les valeurs.

§ 2. La romanité

Une chose est la manière dont, par sa langue, la révélation chrétienne relève de l'histoire de l'être et de son retrait, une autre le sens que revêt celle-là lorsqu'elle s'inscrit dans celle-ci, au titre de ce qui obstrue le domaine initial de l'ἀλήθεια. En d'autres termes, et pour revenir à l'introduction du cours sur *Le commencement de la pensée occidentale* où Heidegger définit sa tâche, après avoir établi que la langue grecque en tant que langue de l'être dont l'être s'est retiré, constitue la dimension où doivent prendre place la romanité, le judaïsme et le christianisme pour être en mesure d'altérer et de falsifier la philosophie grecque initiale, il convient de préciser la manière dont sont pensés romanité, judaïsme et christianisme quand ils recouvrent la philosophie grecque initiale dont Aristote marque l'ultime sommet. Il n'y a là rien de secondaire, car le dieu requis par l'*Ereignis* ne saurait être le dernier et s'opposer au dieu chrétien, si celui-ci n'était pas proprement compris, dernier dieu qui, faut-il le rappeler, peut seul nous sauver du danger auquel nous expose l'essence de la technique et ce en nous laissant appartenir à l'*Ereignis*.

Plus proche peut-être de Nietzsche que jamais, Heidegger a une fois confié : « Je suis et demeure quelqu'un qui cherche, et qui cherche, pour l'homme, une appartenance depuis laquelle non pas *lui*, mais un dieu à venir fonde de nouvelles injonctions et de nouveaux liens. – Une telle recherche paraît présomptueuse, elle est pourtant la chose la plus provisoire et la plus retenue que puisse la pensée d'aujourd'hui »[1]. Penser la vérité de l'être, l'*Ereignis*, c'est en effet accéder à l'espace-temps où, dans « la soudaineté imprépensable de sa proximité »[2], est susceptible de

Heidegger rappelle le sens que prend le mot παρουσία dans la *Septante* et pour le judaïsme tardif, et *Ontologie* (*Hermeneutik der Faktizität*), (1923), GA, Bd. 63, p. 22.

1. Lettre du 18 avril 1956, in « *Mein liebes Seelchen!* », *op. cit.*, p. 312.

2. *Besinnung*, GA, Bd. 66, p. 253. Schelling à qui Heidegger est redevable du terme d'*imprépensable*, en use pour qualifier le Dieu d'Abraham, cf. *Einleitung in die Philosophie der Mythologie*, Erstes Buch, *Werke*, hrsg. M. Schröter, München, C. H. Beck, 1959 *sq.*, Bd. VI, p. 168.

paraître le dernier dieu selon le regard de qui nous pouvons être transpropriés à la vérité de l'être, car, dès l'instant « où l'homme appartient à l'être par le dieu »[1], il appartiendra à l'*Ereignis* par le dieu qui y paraît, appartenance salvatrice si *sauver* signifie : « ramener à l'essence pour porter d'abord l'essence à son propre paraître »[2].

Afin de déterminer la manière dont judaïsme et christianisme sont compris dès lors qu'ils appartiennent à l'histoire de l'être, il est nécessaire de s'arrêter sur la romanité. Heidegger y a insisté, la traduction du grec en latin « n'est nullement cet événement sans portée pour lequel il est aujourd'hui encore tenu. Au contraire, derrière la traduction apparemment littérale et ainsi fidèle, se dissimule une *tra*duction de l'expérience grecque en un autre mode de pensée. *La pensée romaine reprend les mots grecs sans l'expérience originaire correspondant à ce qu'ils disent, sans la parole grecque*. L'absence de sol de la pensée occidentale débute avec cette traduction »[3].

Dans quel domaine d'expérience la pensée romaine traduit-elle l'expérience grecque de l'être et de l'ἀλήθεια ? « Le rapport romain fondamental à l'étant en général est régi par le règne de l'*imperium. Imperium* signifie *im-parare*, organiser, prendre des dispositions ; *prae-cipere*, occuper d'avance quelque chose, et par cette occupation, y commander et posséder ainsi ce qui est occupé à titre de territoire. L'*imperium* est le commandement. C'est de ce domaine de l'impérial, du commandement et de l'obéissance, que provient le droit romain, *ius* – *iubeo*, je commande »[4]. L'expérience romaine de l'étant et de la vérité doit donc être comprise depuis l'*imperium*. Mais comment ? Après avoir explicité la mutation subie par l'essence et la contre-essence de la vérité lors de la traduction des mots ἀληθές et ψεῦδος par *verum* et *falsum*, Heidegger concluait : 1) que tout en étant issu d'une racine indo-européenne *ver*, marquant la fermeture et le recouvrement, le latin *verum* qui ressortit au domaine du grec ἀληθές signifie néanmoins le contraire : le renfermé, et 2) qu'à partir du moment où le *verum*, le *falsum* et leur opposition, sont pensés depuis l'*imperium*, *ver* prend le sens d'une couverture qui assure contre..., et signifie

1. *Beiträge zur Philosophie*, GA, Bd. 65, p. 413 ; déjà cité.

2. « Die Frage nach der Technik », in *Vorträge und Aufsätze*, GA, Bd. 7, p. 29.

3. « Der Urspung des Kunstwerkes », in *Holzwege*, GA, Bd. 5, p. 8.

4. *Parmenides*, GA, Bd. 54, p. 65. À la différence des Grecs pour qui la terre « tient son essence du domaine du cèlement et du décèlement », pour qui « elle est l'entre, à savoir entre le cèlement de ce qui est sous terre et la clarté, le décèlement de ce qui est au-dessus (la voute céleste, οὐρανός) », pour les Romains, la terre (*tellus*, *terra*) est le *territorium*, « le territoire colonisé comme domaine de commandement. Dans la *terra* romaine, il y a un accent impérial que le grec γαῖα et γῆ ne possède pas. », *ibid.* p. 88 et p. 89.

dorénavant « l'auto-affirmation, le demeurer au-dessus ; "*ver*" est le contraire de tomber ; *verum* est ce qui se tient debout, droit, dirigé vers le haut car dirigeant d'en haut : *verum* est *rectum* (*regere*, le "régime"), le droit, *iustum* »[1]. Affleurant encore dans le *verum*, cèlement et décèlement ne constituent plus pour les Romains le domaine où se détermine l'essence de la vérité et, « à la lumière de l'impérial, le *verum* devient aussitôt le demeurer-au-dessus dictant le droit ; *veritas* est *rectitudo*, "rectitude." »[2].

Cette détermination romaine de la vérité tranche définitivement une ambiguïté inhérente à sa détermination grecque. En effet, nous ne saurions nous rapporter au non-celé, à l'ἀληθές, sans nous y tenir et y convenir. Autrement dit, le λόγος, qui laisse paraître l'étant en tant que tel, doit lui être semblable, ὅμοιος, lui correspondre. Et si cette correspondance, ὁμοίωσις, consiste à prendre ce qui est pour ou en tant que ce qu'il est, elle a lieu au sein de l'ἀλήθεια. Toutefois, avec le retrait de l'être, l'ὁμοίωσις, la correspondance entre le dire montrant et l'étant montré, cesse d'être subordonnée à l'ἀλήθεια pour s'imposer à elle, en sorte que l'ἀλήθεια se réduit à l'ὁμοίωσις. « Ayant une autre origine, la *veritas* comme *rectitudo* est néanmoins comme faite pour absorber l'essence de l'ἀλήθεια sous la figure dorénavant "représentative" de l'ὁμοίωσις. La rectitude de l'énoncé est un se-régler-sur ce qui est érigé, tenu-ferme, droit. L'ὁμοίωσις grecque en tant que correspondance décelante, et la *rectitudo* romaine en tant que se-régler sur…, ont toutes deux le caractère d'une assimilation de l'énoncé et de la pensée à l'état-de-chose présent et fermement établi. Assimilation se dit *adaequatio* »[3].

Quelle est la dimension où l'ὁμοίωσις vient se résorber dans la *rectitudo*, sinon la métaphysique européenne dont l'essence gît dans la détermination de la vérité comme rectitude, métaphysique romaine-judéo-chrétienne où « "l'impérial" a pris la forme du curial de la curie du pape romain », où « la domination de celui-ci, se fonde également dans le commandement », et où « le caractère de commandement [est] inhérent au dogme ecclésial »[4]. Un peu plus tard, après avoir redit que l'Europe est « la forme moderne dans laquelle est retenu l'Occident (*Abend-Land*, le pays du soir) », Heidegger ajoutait : « le *christianisme* c.-à-d. l'organisation hellénistique-romaine-gnostique-paulinienne de la vie évangélique

1. *Parmenides*, GA, Bd. 54, p. 71.
2. *Ibid.*
3. *Ibid.*, p. 73.
4. *Ibid.*, p. 67.

de Jésus est la pré-forme de l'Europe. Il n'a rien à faire avec l'Occident parce qu'il dénie le grec de la plus captieuse des manières en le réinterprétant pour en user à ses propres fins ; c'est pourquoi le grec passe pour le païen »[1]. Bref, l'Europe peut bien avoir des racines chrétiennes, l'essentiel n'est pas là.

1. *Anmerkungen I-V* (*Schwarze Hefte 1942-1948*), GA, Bd. 97, p. 144. La note date de 1946. Cf. *Überlegungen II-IV* (*Schwarze Hefte 1931-1938*), GA, Bd. 94, p. 186 où il est dit que la lutte contre le catholicisme est une « exigence fondamentale. »

CHAPITRE XXI

« UNE SI GRANDE MÉCOMPRÉHENSION »

§ 1. LE PROPHÉTISME

Consommant le retrait du commencement occidental et laissant place à celui de l'Europe, la traduction du grec en latin, langues étroitement apparentées, translate le grec hors de lui-même en l'exposant du même coup à être recouvert par ce qui est traduit. *Le latin devient alors le retrait de l'être fait langue* et la romanité forme l'horizon depuis lequel christianisme et judaïsme reçoivent leur sens lorsqu'ils s'inscrivent dans l'histoire de l'être.

Après avoir défini l'*imperium* par le commandement et fait de celui-ci « le fondement d'essence de la domination », Heidegger ajoutait : « Le dieu vétéro-testamentaire est bien aussi un dieu qui "commande" : "tu ne dois pas", "tu dois", telle est sa parole. Ce devoir est inscrit sur les tables de la loi. Jamais un dieu grec ne commande, mais il montre, il indique. Le "numen" romain, par quoi se distinguent les dieux romains, signifie au contraire "ordre" et "volonté" et possède le caractère de commandement »[1]. Est-il toutefois possible d'identifier ainsi le Décalogue à l'*imperium* et au *numen*? Évidemment non. D'une part, dans l'*Ancien Testament*, les commandements ne portent jamais ce titre, et sont nommés « les dix paroles »[2], d'autre part, accomplissant l'élection et l'alliance, ils ont avant tout une signification salvatrice puisque la révélation du

1. *Parmenides*, GA, Bd. 54, p. 59.
2. *Exode*, XXXIV, v. 28; *Deutéronome*, IV, v. 13, X, v. 4.

Décalogue s'ouvre sur cette déclaration divine : « Je suis Yahweh ton dieu qui t'ai fait sortir du pays d'Égypte, de la maison de servitude »[1].

C'est dans le même horizon romano-chrétien qu'est compris le prophétisme juif. Si la parole des poètes est « prédisante au sens rigoureux du προφητεύειν » et si, par essence, ils sont « *prophétiques* », ce n'est évidemment pas « selon la signification judéo-chrétienne du nom » car, affirme Heidegger, « les "prophètes" de ces religions ne disent pas d'abord et seulement d'avance la parole préfondatrice du sacré. Ils annoncent à l'instant le dieu sur qui compte l'assurance du salut dans la béatitude supra-terrestre »[2].

Distinguant les significations grecque et judéo-chrétienne du mot προφήτης sans toutefois la rapporter à la différence entre Zeus et le Saint d'Israël dont Tirésias et Isaïe sont respectivement les prophètes[3], opposant ces deux acceptions du même mot προφήτης sans rappeler que, dans la *Septante*, il traduit l'hébreu נביא, *nabi*, et signifie depuis un domaine d'expérience étranger à l'ἀλήθεια, Heidegger mécomprend les prophètes d'Israël. Le prophétisme n'est pas judéo-chrétien mais juif, – Jésus ne saurait être « le prophète, celui qui doit venir dans le monde »[4], s'il n'était né juif –, le salut annoncé n'est pas supra-terrestre, – Heidegger l'avait noté vingt ans plus tôt[5] – et le dieu dont témoigne ceux qui l'annoncent prophétiquement en est si peu le garant que leur parole ne suscite que refus et endurcissement. Or, l'appel est inséparable de la réponse, en reçoit son sens puisque c'est dans la seconde que le premier est entendu. Le récit de la vocation d'Isaïe l'atteste et la situation paradoxale de sa prophétie ressort de ce qu'il est appelé à écrire pour l'avenir, à titre de perpétuel témoignage : « Parce que vous avez rejeté cette parole et que vous vous êtes fiés à la fraude et à la déloyauté pour vous y appuyer, à cause de cela, cette faute sera pour vous comme une brèche qui se produit, une saillie en haut d'un rempart qui, soudain, d'un seul coup, vient à s'écrouler. [...] Car ainsi parle le Seigneur Yahvé, le Saint d'Israël : dans la conversion et le calme était votre salut, dans la sérénité et la confiance était votre force, mais vous n'avez pas voulu ! »[6]

1. *Exode*, XX, v. 2-3 ; *Deutéronome*, V, v. 6-7.

2. « Andenken », in *Erläuterungen zu Hölderlins Dichtung*, GA, Bd. 4, p. 114. Ce texte a été publié en 1943, à l'occasion du centième anniversaire de la mort de Hölderlin.

3. *Cf.* Pindare, *Néméennes*, I, v. 60 et *Isaïe*, I, v. 4.

4. *Jean*, VI, v. 14.

5. Cf. *Phänomenologie des religiösen Lebens*, GA, Bd. 60, p. 153 : « Dans le judaïsme tardif : le temps du Messie est encore terrestre mais achèvement terrestre de la "théocratie" vétéro-testamentaire. »

6. *Isaïe*, XXX, 12-15, traduction de la *Bible de Jérusalem* ; *cf.* VI, 8-13,.

Le salut annoncé est donc d'autant moins assuré qu'il est refusé et le prophète, plaçant ceux auxquels il s'adresse face à une décision, y appelant, ruine toute certitude. Le refus que suscite la parole prophétique est un moment essentiel de cette dernière. « En notre temps et à cette hauteur philosophique, observait Buber à propos de Heidegger, je n'ai jamais rencontré une si grande mécompréhension des prophètes d'Israël. » Ceux-ci, objectait-il, « n'ont jamais annoncé le dieu sur lequel comptait la quête d'assurance de leurs auditeurs. Ils ont toujours cherché à briser toute assurance et à proclamer, dans l'abîme déchiré de l'ultime défaut d'assurance, le dieu indésiré qui demande aux hommes dont il est le créateur, de devenir effectivement humains et qui réduit à néant ceux qui, dans l'assurance, prétendent pouvoir éluder que le temple de dieu est auprès d'eux. Tel est le dieu dont l'appel s'accomplit historiquement et c'est ainsi que le virent les prophètes d'Israël »[1].

Quelle est l'origine de cette mécompréhension qui ne peut manquer de s'étendre à tout Israël ? Parlant de salut supra-terrestre assuré, Heidegger se réfère implicitement à ce qu'il nomme « la certitude chrétienne et supramondaine du salut »[2], laissant entrevoir qu'il conçoit le prophétisme juif à l'aune de l'interprétation luthérienne de la foi comme certitude du salut[3], conception par conséquent chrétienne et romaine, au sens que ces adjectifs reçoivent de l'histoire de l'être et de la vérité. En effet, au regard de cette histoire, « la romanité, sous la forme de la dogmatique ecclésiale de la foi chrétienne, a essentiellement contribué à la consolidation de l'essence de la vérité au sens de la *rectitudo*. C'est à partir du domaine de la foi chrétienne que s'est préparée et introduite la nouvelle mutation de l'essence de la vérité, celle du *verum* en *certum*. Luther pose la question de savoir si et comment l'homme peut être assuré et certain du salut éternel c.-à-d. de la “vérité”, si et comment il peut être un “vrai” chrétien, c.-à-d. un juste, capable de ce qui est juste, justifié. La question de la *veritas* chrétienne devient, en ce sens, la question de la *iustitia* et de la *iustificatio* »[4].

1. M. Buber, *Gottesfinsternis* [L'obscurité de Dieu], Gerlingen, L. Schneider Verlag, 1994, p. 76.

2. *Nietzsche II*, GA, Bd. 6.2, p. 288 ; *cf.* p. 385 *sq.*

3. Luther, « Thesen *De Fide* » (1535), n° 18 et n° 19, in *Werke*, Weimar Ausgabe, Bd. 39. 1, p. 45 : « Mais la vraie foi dit : je crois que le fils de Dieu est mort et ressuscité, mais entièrement pour moi, pour mes péchés de quoi je suis certain. Il est en effet mort pour tous les péchés du monde. Il est absolument certain que je suis une partie de ce monde, donc il est absolument certain qu'il est aussi mort pour mes péchés. »

4. *Parmenides*, GA, Bd. 54, p. 75.

La mécompréhension heideggerienne de la révélation de la *Torah* et du prophétisme juif, repose-t-elle alors sur l'interprétation chrétienne d'Israël? Sans doute, mais par quel trait cette dernière ressortit-elle à l'histoire de l'être? Il convient d'autant plus de le déterminer que, si le christianisme demeure un judaïsme – et Heidegger y insistera –, il est impossible d'expliciter la manière dont est compris le dieu chrétien auquel s'oppose le dernier dieu, sans revenir sur celui d'Israël tel qu'il se révèle dans et par le Christ. Une fois encore, c'est principalement pour répondre à la question de savoir si et comment le dieu de l'*Ereignis* est le dernier qu'il est ici nécessaire de préciser le sens que prend la révélation chrétienne dans l'histoire de l'être.

§ 2. LE DIEU QUI COMPTE

Les prophètes, dit donc Heidegger, annoncent le dieu sur qui compte le salut. Or, celui-ci est l'acte de la justice divine : « C'est moi qui parle de justice, qui récrimine pour sauver »[1]. Être sauvé, c'est être réconcilié avec Dieu devant qui nous sommes comptables de nos péchés : « ce sont vos fautes qui forment une séparation entre vous et votre Dieu, et vos péchés l'ont poussé à cacher sa face devant vous, pour ne pas entendre »[2]. Comment pouvons-nous alors être acquittés de ces fautes et être déclarés justes par Dieu, comment nos péchés peuvent-ils nous être décomptés, selon quelle comptabilité, et y a-t-il, à cet égard, une opposition entre les deux testaments ?

Issue de la révélation chrétienne, une telle opposition repose sur la substitution d'un mode de justification à un autre. « Nous comptons (λογιζόμεθα), écrit l'apôtre Paul, que l'homme est justifié par la foi sans les œuvres de la loi »[3]. Et pour établir que la justification par la foi précède en tout sens la justification par les œuvres de la loi, Paul recourt à une preuve scripturaire : « Si Abraham a été justifié par ses œuvres, il peut s'en vanter, mais pas devant Dieu. Car que dit l'écriture ? Abraham eut foi en Dieu, et ce lui a été compté pour justice (ἐλογίσθη αὐτῷ εἰς δικαιοσύνην). À qui œuvre, salaire n'est pas compté comme grâce mais comme dû (οὐ λογίζεται κατὰ χάριν ἀλλὰ κατὰ ὀφείλημα) ; par contre, si, sans œuvrer, on

1. *Isaïe*, LXIII, v. 1, trad. fr. J. Koenig, *L'Ancien Testament*, II, « Bibliothèque de la Pléiade », Paris, Gallimard, 1959 ; *cf.* XLVI, v. 13 ; LVI, v. 1 ; LXI, v. 10 ; LXII, v. 1.

2. *Ibid.*, LIX, v. 2.

3. *Romains*, III, v. 28.

a foi en celui qui justifie l'impie, alors la foi est comptée pour justice (λογίζεται ἡ πίστις αὐτοῦ εἰς δικαιοσύνην) »[1].

Si les œuvres *et* la foi peuvent être comptées pour justice, le salut par les premières ou par la seconde est toujours une manière de compter. Qu'est-ce à dire, et quel est le sens grec du verbe λογίζεσθαι que Luther traduit par *rechnen:* compter? Issu de λέγειν, le verbe λογίζεσθαι signifie calculer à l'aide de nombres, par exemple les intérêts d'un prêt, faire le calcul, prendre en compte, penser. À plusieurs reprises, Platon assimile λογίζεσθαι et ἀριθμεῖν, compter, dénombrer[2]. Dans la *Septante*, où il traduit חָשַׁב, *hasab*, le verbe λογίζεσθαι peut aussi désigner l'acte par lequel Dieu tient compte ou compte pour, reconnaît comme tel ou tel.

Comment Paul use-t-il du verbe λογίζεσθαι pour caractériser l'action salvatrice de Dieu? Opposant la justification par la foi à la justification par les œuvres, il oppose deux modes de comptabilité entre l'homme et Dieu. Selon celui que Paul impute aux Juifs, Dieu rend à chaque homme selon ses œuvres ou ses mérites, et cette juste rétribution sur laquelle nous pouvons compter, ne manque pas de placer l'homme et Dieu sur un même plan car l'un ne saurait être en compte avec l'autre sans une commune mesure. Or, Barth le souligne en commentant les versets de Paul précédemment cités, « du "point de vue" de Jésus, il faut "compter" autrement: par principe, il n'y a pas d' "œuvre" humaine qui, à raison de son importance dans le monde, puisse provoquer la satisfaction de Dieu ou qui puisse revendiquer une importance mondaine en tant qu'elle satisfait à Dieu »[3]. Opposant ce qui est compté comme dû à ce qui est compté comme grâce, Paul rompt avec ce qu'il tient pour la justice légale en substituant à la rétribution comptable le solde gracieux de tout compte par le Fils. À cet égard, compter comme grâce, c'est compter de manière à mettre fin à toute comptabilité commune aux hommes et à Dieu. Et qu'est cette foi que seul Dieu peut gracieusement compter pour justice? Rien que l'obéissance par laquelle l'homme renonce à soi en s'abandonnant à Dieu qui seul compte: « ce n'est plus moi qui vis mais Christ qui vit en moi »[4].

C'est donc en deux sens que Paul use du verbe λογίζεσθαι, celui qu'il tient de la langue grecque et celui qu'il tient de l'hébreu חָשַׁב, *hasab*, dont il est la traduction en grec, et ce double sens est solidaire de l'articulation

1. *Romains*, IV, v. 2-5. Cf. *Genèse*, XV, v. 6.

2. Cf. *Ménon*, 82 *d* 6 et 84 *a* 1; *République*, VII, 522 *e* 2 et 522 *e* 4 où il est dit qu'on ne saurait être homme sans être capable de calculer et de dénombrer (λογίζεσθαι τε καὶ ἀριθμεῖν).

3. K. Barth, *Der Römerbrief* (Zweite Fassung, 1922), Gesamtausgabe, Bd. 47, Zürich, Theologischer Verlag, 2010, p. 155; *cf.* p. 91 à propos de *Romains*, II, v. 6.

4. *Galates*, II, v. 20.

des deux alliances ou testaments qu'institue le Christ. Selon Paul, les Juifs comptent et calculent avec et sur Dieu mais, révélé en Christ, Dieu compte seulement selon qu'Il lui plaît car, c'est l'essentiel, « une chose est et demeure ce que Dieu est et fait, une autre l'être et le faire de l'homme. Infranchissable est la ligne de mort tracée entre ici et là – ligne de mort qui, bien sûr, est ligne de vie, fin qui est commencement, non qui est oui. *Dieu* déclare, *Dieu* parle, *Dieu* paye comptant (*bezahlt*), le plaisir de *Dieu* choisit et évalue »[1]. Ce qui est écrit *aux Romains* l'était déjà *aux Galates* et ici comme partout, Paul s'oppose aux Juifs tels qu'ils lui apparaissent depuis le Christ.

Abordant la seconde de ces épîtres, Heidegger relève que l'apôtre est contraint « d'affirmer l'expérience chrétienne de la vie contre le monde ambiant » et, à cette fin, « de recourir aux moyens insuffisants de la doctrine rabbinique »[2]. Au sujet de la substitution de la justification par la foi à la justification par les œuvres de la loi, substitution où réside l'essentiel du kérygme paulinien, il note encore : « l'argumentation de Paul est ici théologique-juive-rabbinique. Cette représentation doit être distinguée de sa propre position originelle. L'argumentation selon l'Ancien Testament est caractéristique de la manière rabbinique »[3]. Sans compter que le mode d'argumentation des rabbins n'en appelle pas à l'*Ancien Testament* et ne se réduit pas, loin s'en faut, à un art de la citation scripturaire, sans compter que le *Nouveau Testament* en fournit de multiples exemples et que, tenant Israël pour « l'ombre de ce qui est à venir »[4], Paul en fait un moment de l'économie chrétienne du salut, comment Heidegger peut-il ici affirmer « l'insuffisance » de la pensée juive sans le faire depuis la détermination paulinienne de la loi, depuis la révélation du Christ comme fin de la loi, révélation à laquelle les rabbins demeurent sciemment étrangers. Contrairement à Nietzsche, Heidegger n'assume-t-il pas alors l'anti-judaïsme chrétien, et ce sans soupçonner un instant que celui-ci a pu « altérer et falsifier » la loi d'Israël comme le christianisme a « altéré et falsifié » la philosophie grecque ? Et reprenant à son compte l'interprétation paulinienne d'Israël, *face aux Juifs, Heidegger ne demeure-t-il pas chrétien, et n'est-ce pas en chrétien qu'il parle des Juifs* ?

1. K. Barth, *Der Römerbrief*, *op. cit.*, p. 155. Cf. *Matthieu*, XVIII, v. 23 : « le royaume des cieux est semblable à un roi qui a voulu régler ses comptes (συνᾶραι λόγον) avec ses serviteurs. »

2. *Phänomenologie des religiösen Lebens* [1920-1921], GA, Bd. 60, p. 72.

3. *Ibid.*, p. 70 ; cf. *Galates*, II, v. 16.

4. *Colossiens*, II, v. 17.

Comment cela ? Après avoir rappelé que la loi, en son sens « rituel et cérémonial », est « ce qui fait du Juif un juif »[1] et que l'opposition de la foi et de la loi est au cœur du troisième chapitre de l'*Épître aux Galates* qui « contient une argumentation dialectique assurée », Heidegger poursuit : « il ne s'agit tout de même pas d'un mode de raisonnement logique mais la démonstration jaillit de la conscience croyante de cette explication elle-même. Relativement à cette articulation de la conscience croyante, l'expression λογίζεσθαι est caractéristique au sens où elle permet à l'individu lui-même en tant que tel, de se rendre intelligible l'attitude croyante et de pouvoir s'en approprier le sens en son intelligibilité spécifiquement religieuse. Avec solennité, Paul présente aussitôt son argument théologique capital : Abraham lui-même n'est justifié que par la foi »[2].

Pourquoi Heidegger insiste-t-il sur cet usage du verbe λογίζεσθαι dont il ne peut entendre que le sens grec puisque, tenant la *Septante* pour le texte original de l'*Ancien Testament* et non *aussi* pour une traduction de la *Torah*, il ignore l'hébreu ? Outre l'importance du contexte – en marge du verset de l'*Épître aux Galates* où Paul déclare : « moi, c'est par la loi que je suis mort à la loi afin de vivre pour Dieu », Heidegger note : « Très important ! Forme concentrée de toute la dogmatique paulinienne »[3] –, outre cela, assurant que le raisonnement paulinien n'est pas de nature logique, Heidegger laisse poindre quelque réticence à voir l'action salvatrice de Dieu désignée par le verbe λογίζεσθαι qui, *dérivé* de λέγειν, ne signifie cependant plus que compter, et ce indépendamment de l'opposition entre les œuvres et la foi, puisque les unes et l'autre sont comptées – passif divin – pour justice. Or, qu'implique cette caractérisation de l'action divine sinon que le dieu d'Israël tel qu'il est révélé en Christ est un dieu qui, rétribuant, compte.

1. *Phänomenologie des religiösen Lebens* [1920-1921], GA, Bd. 60, p. 72.
2. *Ibid.*, p. 73.
3. *Ibid.*, p. 70 et *Galates*, II, v. 19.

§ 3. Le peuple qui calcule

C'est bien ainsi que Heidegger ne cessera de le comprendre et la détermination paulinienne d'Israël, de la loi et des œuvres, est la condition de possibilité de ce que Heidegger peut dire des Juifs mais aussi finalement du christianisme. En 1939, il écrit: «Qu'à l'époque de la machination (*Machenschaft*) la race soit érigée en "principe" déclaré et proprement institué de l'histoire (ou seulement de l'histoire-enquête), n'est pas invention arbitraire de "doctrinaires" mais une *conséquence* de la puissance de la machination qui doit contraindre à un calcul (*Berechnung*) planifié l'étant en tous ses domaines. Par la pensée de la race, "la vie" revêt la forme de l'élevage qui représente une forme de calcul. *Avec leur don prononcé pour le calcul*, les Juifs "vivent" depuis longtemps déjà selon le principe racial, raison pour laquelle ils se défendent aussi violemment contre son application illimitée. L'institution de l'élevage n'est pas issu de la "vie" elle-même mais de la surdomination de la vie par la machination. Ce que celle-ci poursuit par une telle planification, est une *déracialisation complète* des peuples par l'agglomération de ceux-ci dans l'institution uniformément bâtie et découpée de tout étant. La déracialisation va de pair avec une auto-aliénation des peuples – la perte de l'histoire – c.-à-d. des domaines de décision relatifs à l'être »[1].

Que dit exactement Heidegger dans ce texte qui, avant de porter sur les Juifs, porte sur le rapport entre la vie et la machination ? D'abord que le « principe racial » selon lequel l'être de l'homme réside dans la race, est fondé dans l'essence de la technique où règne le calcul qui n'opère pas toujours avec des nombres, mais qui toujours planifie l'étant sans égard pour l'être. Ensuite, et pour confirmer cette thèse, qu'à raison de « leur don prononcé pour le calcul», les Juifs «"vivent" selon le principe racial» contre l'application illimitée duquel ils s'élèvent. Enfin que

1. *Überlegungen XII-XV* (*Schwarze Hefte 1939-1941*), GA, Bd. 96, p. 56. Tentant de répondre à la question : *Qu'est-ce qu'un peuple ?,* Heidegger notait en 1934 : « Souvent, nous usons du mot "peuple" dans le sens de "race" (par exemple dans l'expression *völkische Bewegung* [mouvement racial- ou national-populaire]). Ce que nous nommons "race" a une relation avec les liens corporels et de sang qu'entretiennent les membres du peuple, leurs lignées. Le mot et le concept de "race" ne sont pas moins plurivoques que ceux de "peuple". Il n'y a pas de hasard à cela car les deux sont liés. », in *Logik als die Frage nach dem Wesen der Sprache*, GA, Bd. 38, p. 65. *De manière générale*, Heidegger comprend la race comme une figure de la subjectivité et de son époque ; *cf.* « Die Zeit des Weltbildes », in *Holzwege*, GA, Bd. 5, p. 111 et *Die Geschichte des Seyns*, Bd. 69, p. 70-71 et p. 223. Si le « principe racial » est fondé dans l'histoire de l'être et de son retrait, celle-ci ne saurait donc être déterminée par celui-là.

l'assujettissement de la vie à la technique signifie l'uniformisation des peuples par voie de «déracialisation» et l'impossibilité d'accéder au domaine de la décision entre être et étant[1].

L'affirmation selon laquelle les Juifs ont «un don prononcé pour le calcul» fait certes immédiatement écho à la propagande antisémite – «l'expression: *art de mentir* offre la traduction appropriée du mot étranger "propagande"»[2], note pourtant Heidegger qui n'est pas, loin s'en faut, le premier à tenir les Juifs pour aptes au calcul. En un autre temps, en un autre lieu, répondant aux critiques dont avait fait l'objet son opuscule sur les Juifs, Voltaire concluait la polémique en leur adressant cette recommandation : « Vous êtes des animaux calculants; tâchez d'être des animaux pensants »[3]. Mais d'où les Juifs pourraient-ils en fin de compte recevoir un tel « don », sinon de ce rapport à Dieu qui les constitue comme tels et qui, *selon Paul*, relève d'un calcul dès lors que la justification est fonction des œuvres de la loi. Bref, Heidegger reprend un slogan de la propagande antisémite en réactualisant tacitement, dans et par sa langue, l'usage paulinien du verbe λογίζεσθαι, réactualisation grâce à laquelle les Juifs peuvent être comptés au nombre des agents du retrait de l'être.

La détermination du dieu d'Israël comme dieu qui compte est également à l'arrière-plan de la proposition d'après laquelle les Juifs « vivent selon le principe racial » et « se défendent contre son application illimitée ». À quoi Heidegger fait-il ici allusion? Les Juifs « vivent selon le principe racial » lorsqu'ils interdisent les mariages mixtes et tiennent pour juif quiconque est né de mère juive, ils « se défendent contre son application illimitée » dès lors qu'ils s'opposent aux lois de Nuremberg qui, visant à les exclure du *Reich,* interdisent les mariages entre Juifs et Allemands, au motif que la «pureté du sang allemand est nécessaire à la pérennité du

1. Sur cette uniformisation, *cf.* «Überwindung der Metaphysik», in *Vorträge und Aufsätze*, GA, Bd. 7, p. 95-96.

2. *Überlegungen XII-XV* (*Schwarze Hefte 1939-1941*), GA, Bd. 96, p. 229. Cf. *Überlegungen II-VI* (*Schwarze Hefte 1931-1938*), GA, Bd. 94, p. 508 : «La propagande est le verso d'une "diffamation" qui n'est pas assurée d'elle-même. » Le mot *antisémitisme* étant apparu à la fin du XIXe siècle lorsque l'anti-judaïsme a pris pour fondement la doctrine de l'inégalité des races humaines, nous parlerons d'antisémitisme là où et seulement là où racisme il y a, sans ignorer pour autant que l'anti-judaïsme, dont les formes furent et demeurent multiples, a été et peut être aussi violent que l'antisémitisme.

3. Voltaire, *Questions sur l'Encyclopédie* (VI), *Les œuvres complètes de Voltaire*, Oxford, Voltaire Foundation, volume 42 A, 2011, p. 493; cf. *Des Juifs*, in *Mélanges de 1756*, volume 45 B, 2010, p. 113 *sq.*

peuple allemand », et réservent la citoyenneté « aux seuls ressortissants de l'État allemand de sang allemand ou apparenté »[1].

Une telle interprétation « raciale » de la loi juive est irrecevable puisque, formulée dans le *Deutéronome*, l'interdiction des mariages mixtes repose uniquement sur le premier commandement, et par conséquent sur l'élection et l'alliance : « Tu ne contracteras pas de mariage avec elles [*scil.* les nations qui occupent la terre promise], tu ne donneras pas ta fille à leur fils, et tu ne prendras pas leur fille pour ton fils, car cela détournerait ton fils de me suivre, et il servirait d'autres dieux ; la colère du Seigneur s'enflammerait contre vous et il t'exterminerait aussitôt »[2]. Quant au sang, il appartient à Dieu seul, puisque « la vie de toute créature, c'est son sang »[3]. Heidegger ne saurait donc reconduire les législations d'Israël et des nazis concernant le mariage et la filiation à un seul et même « principe racial » fondé sur la machination, le délaissement de l'étant par l'être et l'oubli de celui-ci, sans avoir préalablement fait du dieu d'Israël une figure de la machination, un dieu qui calcule, sans reprendre à son compte, en le traduisant dans sa langue, ce que Paul dit des Juifs qui, quant à eux et selon leur loi propre, « rituelle et cérémoniale », celle qui fait du Juif un juif, n'ont jamais vécu ni pensé selon « le principe racial » fondé dans l'histoire de l'être qui n'est en rien la leur.

Qui plus est et il faut y insister, l'interprétation paulinienne de la loi et de ses œuvres, « loi du péché et de la mort », est déjà une mécompréhension d'Israël, n'est pas proprement juive puisqu'elle sourd de la « loi de l'esprit et de la vie en Jésus-Christ »[4]. Le psaume 119 suffit à l'attester qui dit : « Béni sois-tu, Iahvé, apprends-moi tes préceptes ! De mes lèvres j'ai énuméré tous les jugements de ta bouche. Dans la voie de tes témoignages j'ai pris plaisir, plus que pour toute une fortune. Je méditerai sur tes ordonnances, et je regarderai vers tes voies ; de tes préceptes je me délecterai, je n'oublierai pas ta parole »[5]. À la différence de Paul qui oppose

1. *Loi pour la protection du sang allemand et de l'honneur allemand*, déclaration liminaire et *Loi sur la citoyenneté du* Reich, article 2, alinéa 1. Ces deux lois datent du 15 septembre 1935.

2. *Deutéronome*, VII, v. 3-4, traduction TOB, Paris, Cerf, 2010. Sur le passage de la patrilinéarité biblique à la matrilinéarité michnaïque, *cf.* J. Mélèze-Modrzejewski, « "*Mutilare genitalia*", Les fondements historiques de la matrilinéarité juive », in *Un peuple de philosophes. Aux origines de la condition juive*, Paris, Fayard, 2011, p. 355 *sq.*

3. *Lévitique*, XVII, v. 14. Cf. *Genèse*, IX, v. 4-6 et *Deutéronome*, XII, v. 23.

4. *Romains*, VIII, v. 2.

5. *Psaume* CXIX, v. 12-16, trad. fr. É. Dhorme, *L'Ancien Testament*, II, *op. cit.*

absolument foi et œuvres, Israël a toujours lié celles-ci à celle-là : « en tes commandements, j'ai foi »[1], dit le même psaume, liant ainsi les œuvres à la foi, en sorte qu'elles ne sont nullement pour Israël ce qu'elles sont pour l'apôtre des nations[2].

1. *Psaume* CXIX, v. 66.

2. Déterminant l'œuvre comme « *un mouvement du Même vers l'Autre qui ne retourne jamais au Même* », détermination dont la pointe anti-paulinienne ne doit pas être ignorée, Levinas en explicite le sens proprement juif; *cf.* Levinas, « La signification et le sens », in *Humanisme de l'autre homme*, Montpellier, Fata Morgana, 1972, p. 41.

CHAPITRE XXII

SERVITEUR DE L'ÊTRE – SEIGNEUR DE L'ÊTRE

§ 1. JUIF-CHRÉTIEN ET CHRÉTIEN-JUIF

Après avoir repris la détermination paulinienne d'Israël et des Juifs, Heidegger la retourne ensuite contre les chrétiens. Un groupe de notes de 1942 le laisse clairement apparaître. Une fois rappelé que ce qui est grec doit toujours être reconduit à l'ἀλήθεια, après avoir dit qu'il faut « chaque jour laisser à nouveau le regard reposer dans l'indestructible (*Unzerstörbaren*) » et que, « de ce repos, sourd tout mouvement » [1], *indestructible* qui désigne alors l'ἀλήθεια, Heidegger poursuit : « L'antichrétien doit, comme tout anti-, provenir du même fondement d'essence que ce à l'égard de quoi il est anti- – à savoir du "chrétien". Celui-ci provient de ce qui est juif (*Judenschaft*). À l'âge de l'occident chrétien, c.-à-d. de la métaphysique, ce qui est juif est le principe de la destruction (*Zerstörung*). Le destructeur dans le renversement de l'achèvement de la métaphysique – c.-à-d. de la métaphysique de Hegel par Marx. L'esprit et la culture deviennent superstructure de la "vie" – c.-à-d. de l'économie, c.-à-d. de l'organisation – c.-à-d. du biologique – c.-à-d. du "peuple" » [2].

À nouveau, que dit exactement Heidegger ? Il dit d'abord que ce qui est anti-chrétien demeure chrétien puisque, règle générale, toute opposition maintient ce à quoi elle s'oppose et que les termes d'une opposition importent toujours moins que la dimension commune où ils s'opposent. Il dit ensuite que, nonobstant la substitution de l'Israël de Dieu à l'Israël

1. *Anmerkungen I-V* (*Schwarze Hefte 1942-1948*), GA, Bd. 97, p. 20.
2. *Ibid.*

« selon la chair »[1], et en vertu de la même règle, ce qui est chrétien demeure juif et donc que toute opposition à ce qui est chrétien est, à ce titre, une opposition à ce qui est juif. Il dit encore qu'au sein de l'Occident chrétien ou de la métaphysique européenne telle qu'elle a été précédemment définie, ce qui est juif, *au sens que ce mot reçoit des épîtres de Paul et de la réactualisation ontologique du verbe λογίζεσθαι*, se confond avec le principe de destruction pour autant que le calcul et la machination, l'essence de la technique, constituent ce qui est le plus contraire à l'indestructible ἀλήθεια. Un peu plus loin, après avoir affirmé que « *la volonté* est la plus dangereuse de toutes les armes, le plus destructeur de tous les instruments d'anéantissement » car elle atteint l'indestructible vérité de l'être, Heidegger demande : « Qu'en est-il lorsque la volonté de volonté apparaît comme être de l'étant ? » Et il répond : « À la non-essence (*Unwesen*) de l'être *c.-à-d. à la volonté de volonté*, correspond l'équipement en tant que mise en sûreté du fond de sûreté et de ses moyens, et cela veut dire les "armes", la sécurisation armée de la "paix", le nouvel ordre du "monde" »[2]. Enfin, la note affirme que le principe de destruction au sens indiqué, est à l'œuvre dans le renversement de la dialectique hégélienne par Marx, renversement dont il résulte, rappelons-le, que « l'idéel n'est autre que le matériel transposé et traduit dans la tête de l'homme »[3] et qui, subordonnant ainsi « l'esprit et la culture » à l'économique, au biologique, au populaire, voire au racial, ne peut manquer de leur porter atteinte.

Abstraction faite des questions que soulève l'interprétation de la volonté de puissance sous-jacente à la détermination de l'être comme volonté de volonté et dont la forme fondamentale est la technique[4], il convient de souligner qu'en reconduisant ainsi ce qui est chrétien à ce qui est juif, Heidegger admet certes que le christianisme est toujours un judaïsme *mais comprend toujours celui-ci à la lumière exclusive de celui-là*. L'opposition du chrétien au juif peut alors, *et alors seulement*, apparaître comme une opposition du juif à lui-même. Au regard de cette logique qui traduit à sa manière la thèse chrétienne selon laquelle les Juifs

1. Cf. *I Corinthiens*, X, v. 18, *Galates*, VI, v. 16, *Romains*, IX, v. 6.

2. *Anmerkungen I-V* (*Schwarze Hefte 1942-1948*), GA, Bd. 97, p. 23. *Cf.* « Überwindung der Metaphysik », in *Vorträge und Aufsätze*, GA, Bd. 7, p. 78-79, p. 85-87, où il est dit que « la volonté de volonté est la conscience suprême et inconditionnée de l'auto-mise en sûreté calculante du calcul », et p. 90-96.

3. K. Marx, *Le capital*, « Postface à la seconde édition allemande », trad. fr. J. Roy rev. par M. Rubel, *Œuvres*, « Bibliothèque de la Pléiade », Paris, Gallimard, 1965, t. 1, p. 558 (trad. mod.).

4. *Cf.* « Überwindung der Metaphysik », in *Vorträge und Aufsätze*, GA, Bd. 7, p. 78.

témoignent contre eux-mêmes et, ainsi, de la vérité du Christ[1], au regard aussi de l'assimilation paulinienne du dieu d'Israël à un dieu qui compte et dès l'instant où, « dans la sûreté de soi de la volonté de volonté, l'essence initiale de la vérité est perdue »[2], où la volonté de volonté est « l'anarchie des catastrophes »[3], Heidegger, à la suite immédiate de la note où il est question de la dialectique matérialiste, peut alors écrire : « C'est seulement quand ce qui est essentiellement "juif" (*das Jüdische*) au sens métaphysique combat contre ce qui est juif, qu'est atteint dans l'histoire le sommet de l'auto-anéantissement; en admettant que le "juif" se soit partout complètement emparé de la domination de telle sorte que le combat contre le "juif" et la domination relève en tout premier lieu de son ressort »[4]. Passant à la ligne et resaisissant sa propre tâche, il conclut : « C'est d'ici qu'il faut mesurer ce que signifie pour la pensée et dans l'essence initiale celée de l'histoire de l'Occident, la remémoration pensante du premier commencement grec qui demeure hors du judaïsme c.-à-d. du christianisme »[5].

Ces notes furent écrites en 1942, au moment où l'extermination des Juifs d'Europe était engagée. Heidegger en ignorait sans doute l'étendue et les modalités mais il connaissait le discours du 30 janvier 1939 où, se qualifiant de « prophète », Hitler annonçait « l'anéantissement de la race juive en Europe »[6]. Ces notes n'ont cependant pas pour thème l'anéantissement des Juifs par les nazis mais celui de l'Europe et de la machination par elles-mêmes. Si tel n'était pas le cas, leur enchaînement serait inintelligible : la remémoration de l'initialité de l'Occident tire sa nécessité du nihilisme européen. À nouveau, l'Occident est exclusivement grec, exclusivité constitutive de la philosophie, et l'Europe est judéo-chrétienne ou chrétienne-juive, – expressions qui ne se recouvrent pas, puisque si la première signifie que le christianisme est « la fin de la loi »[7], la seconde signifie au contraire qu'il corrobore le règne de la loi, c'est-à-dire ici du calcul. Et si le dieu chrétien demeure celui d'Israël parce qu'il compte et appartient à la machination, il devient alors possible de dire que ce qui est « métaphysiquement juif » *au sens précédemment indiqué*, se retourne contre les Juifs eux-mêmes, et possible encore de voir dans

1. *Cf.* par exemple Augustin, *La cité de Dieu*, livre XVIII, chap. XLVI.
2. « Überwindung der Metaphysik », in *Vorträge und Aufsätze*, GA, Bd. 7, p. 86.
3. *Ibid.*, p. 88.
4. *Anmerkungen I-V* (*Schwarze Hefte 1942-1948*), GA, Bd. 97, p. 20.
5. *Ibid.*
6. Heidegger mentionne ce discours, in *Besinnung*, GA, Bd. 66, p. 122.
7. *Romains*, X, v. 4.

ce retournement un mode de l'autodestruction de l'Europe clairement avérée depuis Nietzsche et la première guerre mondiale.

Toute cette argumentation suppose que le dieu biblique s'inscrive dans la machination[1]. Comment cela? Par le calcul, certes, mais le calcul est fondé dans l'essence de la technique. À quel titre le dieu judéo-chrétien appartient-il à celle-ci? Le dernier dieu, a-t-il été dit, n'est « en rien efficient »[2]. N'est-ce pas désigner négativement le trait essentiel de celui auquel s'oppose tout particulièrement le dieu de l'*Ereignis*? Quelle est alors l'efficience du dieu juif-chrétien? Le verset de la *Genèse* qui définit l'homme donne la réponse : ce dieu est créateur, la création est « le propre du dieu biblique »[3] et, pour dire cette création, l'*Ancien Testament* grec, il n'y en a finalement pas d'autre, recourt au verbe ποιέω.

Comment la métaphysique a-t-elle déterminé la ποίησις divine? Expliquant que la machination (*Machenschaft*) doit être ontologiquement pensée à partir du faire (*das Machen*), de la ποίησις et de la τέχνη, après avoir noté qu'au temps du commencement grec, la machination demeure dissimulée dans la présance constante en tant qu'ἐντελέχεια, Heidegger poursuit : « Le concept médiéval d'*actus* recouvre déjà l'essence grecque initiale de l'explication de l'étantité. Cela est lié au fait que le caractère de machination ressort avec une clarté croissante et que l'*ens* devient *ens creatum* par la mise en jeu de la pensée chrétienne-juive de la création et de la représentation correspondante de Dieu. Quand bien même s'interdirait-on une interprétation grossière de l'idée de création, l'être-causé de l'étant reste essentiel. La relation cause-effet devient omni-dominante (Dieu en tant que *causa sui*). Il y a là et un éloignement essentiel par rapport à la φύσις, et une transition vers l'émergence de la *machination* en tant qu'essence de l'étantité pour la pensée moderne »[4]. Plus tranchant encore, Heidegger affirme que « l'interprétation *biblique-chrétienne* de l'étant comme *ens creatum* est incluse dans la machination »[5]. L'efficience n'est donc pas une propriété divine parmi d'autres, elle se confond avec l'être du créateur, car « le dieu judéo-chrétien n'est pas la divinisation d'une

1. Tel est le sens de la note de 1946 où, après avoir pris acte du caractère juif des grands prophètes, Heidegger ajoute qu'il y a là un « secret qui n'a pas été encore pensé », in *Anmerkungen I-V* (*Schwarze Hefte 1942-1948*), GA, Bd. 97, p. 159.

2. *Das Ereignis*, GA, Bd. 71, p. 230, déjà cité.

3. « Nietzsches Wort "Gott ist tot" », in *Holzwege*, GA, Bd. 5, p. 220.

4. *Beiträge zur Philosophie*, GA, Bd. 65, p. 126-127.

5. *Ibid.*, p. 132. Cf. *Heraklit*, GA, Bd. 55, p. 209 où la pensée de la création est qualifiée de « technicienne (*τέχνη-haft*) ».

quelconque cause particulière, mais la divinisation de l'être-cause en tant que tel, le fondement de toute représentation explicative en général »[1].

Est-il légitime, au regard de ce que la révélation dit d'elle-même, de tenir la création ainsi conçue pour « le propre du dieu biblique »[2]? Rien n'est moins sûr. D'une part, celui-ci, le dieu d'Israël, n'est pas créateur de l'étant mais, c'est tout à fait différent, du ciel, de la terre, de la lumière, des végétaux, des animaux, de l'homme, d'autre part et surtout, la causalité n'est pas une « catégorie » biblique. Dieu est salvateur avant d'être créateur. Certes la *Genèse* s'ouvre sur le récit sacerdotal de la création mais ce récit ne vise pas à poser le fondement de toute représentation explicative en général. La création a lieu par la parole, ce que Heidegger ne relève pas, et cette parole est originairement salvatrice. « Je suis Yahweh ton dieu qui t'ai fait sortir du pays d'Égypte, de la maison de servitude »[3], est-il dit en prélude à la révélation des commandements, et si, dans l'*Exode*, le sabbat est destiné à commémorer la création, dans le *Deutéronome*, plus ancien, il commémore la sortie d'Égypte[4]. Par le truchement d'Isaïe, Yahweh parle en tant que celui « qui te rachète, qui t'a formé dès le sein maternel »[5]. La priorité du salut sur la création ressort également de la fin de l'*Épître aux Galates* où il est dit que le Sauveur inaugure une nouvelle création. « Pour moi, écrit Paul, il n'y a rien dont je puisse me vanter sinon la croix de notre seigneur Jésus-Christ par laquelle le monde est crucifié pour moi, et moi pour le monde. Car la circoncision n'est rien ni le prépuce mais la création nouvelle »[6].

La détermination de la création divine comme efficience, qui renverse subrepticement la subordination de la théologie philosophique à ce que Thomas d'Aquin nommait la « doctrine sacrée »[7] puisque tenir le dieu

1. *Besinnung*, GA, Bd. 66, p. 240.

2. « Nietzsches Wort "Gott ist tot" », in *Holzwege*, GA, Bd. 5, p. 220.

3. *Exode*, XX, v. 2 et *Deutéronome*, V, v. 6, déjà cité.

4. Cf. *Exode*, XX, v. 8-11 et *Deutéronome*, V, v. 13-15.

5. *Isaïe*, XLIV, v. 24. G. von Rad remarque que « le deutéro-Isaïe peut employer comme simplement synonymes "créer" et "racheter". Quand, dans des prédications hymniques, il se représente Yahweh en tant que Créateur et Rédempteur d'Israël, il ne fait pas allusion à deux activités séparées l'une de l'autre, mais à une seule, à savoir le rachat historico-salvateur qui libère d'Égypte (*Isaïe*, XLIV, v. 24; LIV, v. 5) », in *Theologie des Alten Testaments*, München, C. Kaiser, 1965, Bd. 2, p. 251.

6. *Galates*, VI, v. 14-15. Et il s'agit de toute la création, cf. *Romains*, VIII, v. 19-22.

7. Cf. *Somme théologique*, I, Q. 1, art. 1, *in fine* et *Nietzsche II*, GA, Bd. 6.2, p. 48-49 où Heidegger dit encore que « la théologie naturelle ne trouve le fondement de sa vérité que dans la doctrine biblique selon laquelle l'homme a été formé par un dieu créateur et doté par lui d'un savoir de son créateur. Mais comme la théologie naturelle ne peut, à titre de discipline philosophique, laisser valoir l'Ancien Testament comme source de ses vérités, il faut que le

judéo-chrétien pour la divinisation de l'être-cause, c'est poser la causalité avant Dieu, cette détermination ne saurait avoir d'autre origine qu'une mécompréhension du dieu d'Israël. À la question : « Qui est le dieu ? », Heidegger a une fois répondu : « le plus vieux, le plus ancien, serviteur de l'être »[1], inversant ainsi le titre de *Seigneur de l'être* par lequel Schelling désigne Yahweh, et titre qui résulte de l'interprétation du verset de l'*Exode* où Dieu révèle son nom : « Je serai qui je serai ». En effet, expliquait Schelling, on peut le traduire ainsi : « [je serai] qui je *veux* être – je ne suis pas le *nécessairement* étant [...] mais *Seigneur* de l'être »[2]. Et, comme Schelling le dit encore, « le concept de *Seigneur* inclut nécessairement le concept de quelque chose *dont* il est Seigneur ; cela dont il est Seigneur est son corrélat nécessaire »[3]. Partant, si Dieu est le Seigneur de l'être, l'être lui est relatif, Dieu est libre de l'être, et l'être ne parle plus souverainement. Or, au regard de l'initialité de l'être, une telle seigneurie n'a pas lieu d'être et ce dès l'instant où « un dieu qui voudrait s'élever au-dessus de l'être voire y être élevé et fait source (cause) de l'être (et non seulement de l'étant), n'"*est*" pas un dieu et ne saurait *être* un dieu. Car plus initial que *tout* dieu est l'être »[4].

§ 2. Doctrine de Dieu – doctrine des dieux

Mais le dieu d'Israël révélé en Christ peut-il prendre place dans un tout ou un ensemble ? N'est-il pas au contraire le seul à s'en excepter ? Faut-il en conclure qu'il n'*est* pas et ne saurait *être* un dieu ? Et comment répondre sans revenir au dieu d'Israël lui-même ? « Jehova », écrit Heidegger dans une note de 1947-1948 intitulée *Doctrine des dieux*, « est celui des dieux qui prétend se faire dieu élu et qui ne tolère plus aucun autre dieu à son côté. Les très-rares devinent comment ce dieu doit ainsi se compter nécessairement encore parmi les dieux ; pourrait-il sinon s'en séparer. De là vient le seul dieu unique à l'exception duquel (*praeter quem*) il n'en est aucun. Qu'est-ce qu'un dieu qui, contre les autres, s'élève à l'élection ? En tout cas

contenu de cette théologie se réduise à énoncer que le monde doit avoir une cause première. Cela ne prouve pas que celle-ci soit un "dieu", si tant est qu'un dieu puisse être rabaissé en objet de preuve. »

1. *Anmerkungen I-V*, (*Schwarze Hefte 1942-1948*), GA, Bd. 97, p. 118.

2. *Exode*, III, v. 14, et Schelling, *Philosophie der Mythologie*, Erstes Buch, *Der Monotheismus*, *Werke*, *op. cit.*, Bd. VI, p. 289.

3. *Darstellung des philosophischen Empirismus*, *Werke*, *op. cit.*, Bd. V, p. 306.

4. *Die Geschichte des Seyns*, GA, Bd. 69, p. 132.

il n'est jamais purement et simplement "le" dieu, à supposer que ce qui est ainsi visé puisse jamais être divin. Comment le pourrait-il si la divinité (*Göttlichkeit*) du dieu repose dans le grand repos depuis lequel il reconnaît les autres dieux. "Dieu est" – parler ainsi est absence de pensée, et qui plus est dissimulation de celle-ci, pour ne rien dire de la prétention que trahit un tel bavardage au cas où il se voudrait le discours d'un homme pensant. L'angoisse devant le divin fuit vers "dieu" qui n'est ni *un* dieu et qui ne peut jamais être "le" dieu ; ou on ne fuit que vers la théologie »[1].

Que dit cette note portant sur l'unicité de Dieu ? Heidegger affirme d'abord que Jehovah est un dieu « à côté » duquel il n'y en a pas ou plus d'autres. Il soutient ensuite que la jalousie de Dieu – « tu n'auras pas d'autres dieux face à moi »[2] – implique le décompte préalable des autres dieux par rapport auxquels Jehovah « s'élève à l'élection ». Il en infère que l'unicité de Dieu ne saurait être absolue et que Jehovah n'est pas « le » dieu, à supposer qu'une telle unicité soit divine. Tel n'est d'ailleurs pas le cas puisque la divinité depuis laquelle un dieu peut en reconnaître un autre et s'en distinguer, repose dans l'être. Heidegger finit alors par conclure que si la divinité des dieux réside dans l'être, on ne saurait dire, sauf à bavarder sans penser, que « Dieu est » dès lors que cette proposition signifie « Dieu est un ».

À quel « bavardage » s'opposent ainsi les « très-rares », ceux qui, pensant la vérité de l'être – et penser la vérité de l'être, c'est véritablement penser –, se tiennent dans la proximité du dernier dieu[3] ? Sous le titre de *Doctrine des dieux*, Heidegger répond sans le nommer mais de manière très précise, à Barth[4] qui, dans *La Doctrine de Dieu* de sa *Dogmatique ecclésiale*, examine successivement les propositions *Dieu est* et *Dieu est un*. La note de Heidegger s'inscrit en marge de l'examen de l'unité de Dieu. Affirmant d'abord que la proposition « Dieu est un » exprime « tout ce que Dieu est »[5] et soulignant ensuite que l'unité de Dieu signifie autant l'unicité (*singularitas*) que la simplicité (*simplicitas*), Barth écrit : « Dieu seul est Dieu. Dieu est unique en son genre. Il n'est pas d'autre dieu, ni un second, ni plusieurs. Il ne faut surtout pas méconnaître le caractère principiel de la proposition "Dieu est un", quand elle est comprise en ce

1. *Anmerkungen I-V*, (*Schwarze Hefte 1942-1948*), GA, Bd 97, p. 369.

2. *Exode*, XX, v. 3.

3. Cf. *Beiträge zur Philosophie*, GA, Bd. 65, p. 11 *sq.*

4. Cf. *Überlegungen VII-XI*, (*Schwarze Hefte 1938/1939*), GA, Bd. 95, p. 395-396 où, de manière à plus d'un titre étrange et violente, Heidegger reproche à Barth son « pharisaïsme ».

5. *Die Kirchliche Dogmatik*, Zürich, Theologischer Verlag, II/1, § 31, 1, p. 498. Nous citons la quatrième édition de 1958, identique à la première publiée en 1940.

premier sens »[1]. Et, après avoir rappelé que celui que prophètes ou apôtres nomment Dieu, est un, il ajoute ceci à quoi, reprenant la locution adverbiale *à côté*, Heidegger directement fait écho : « Tout prétendu ou soi-disant dieu qui en a un autre à côté de lui peut, pour cette raison déjà, n'être qu'un faux dieu, un non-dieu »[2]. Une fois établi que l'unicité de Dieu se fonde dans sa simplicité par laquelle il est absolument, et donc librement, lui-même en tout ce qu'il est et fait, Barth réitère : « en tant que le Simple, Dieu ne pourrait évidemment pas sans se contredire lui-même – et il n'y a pas pareille contradiction – avoir à côté de lui un deuxième ou un troisième Tout-puissant également simple et donc également éternel. Que dans la divinité (*Göttlichkeit*) il n'y ait ni juxtaposition ni succession et donc aucun Dieu à côté de Dieu, que tout ce qui est déité (*Gottheit*) et divin, soit toujours Dieu lui-même et donc toujours l'Un, cela constitue justement la simplicité de Dieu »[3].

Mais comment pourrions-nous reconnaître un tel dieu s'il ne se révélait pas librement et gracieusement lui-même, en sorte que cette révélation soit aussi celle du néant des autres dieux ? Aussi est-ce dans et par son amour électif qu'il manifeste son unicité et sa simplicité : son unité. Choisissant l'homme pour se révéler à lui, Dieu se choisit lui même pour être, en tant que tel, manifeste à l'homme, et ce double choix, cette « double élection »[4], est le contenu de la révélation. Les hommes font donc l'expérience de l'amour de Dieu « en tant que choix de la liberté de Dieu, en tant qu'un choix par lequel il ne les élit pas seulement pour lui mais par lequel il *s*'élit précisément ainsi *pour eux* et se distingue comme le seul dieu effectif, l'unique, choix qui décide pour finir de qui et de ce qui est et n'est pas divin : y est décidé que ce dieu qui les élit est seul Dieu, que toutes les autres déités et divinités prétendues ou supposées ne sont pas ce qu'elles revendiquent d'être »[5].

Là où Barth, selon qui « la doctrine de l'élection appartient à la pointe de toutes les autres propositions chrétiennes »[6] puisque le Christ est le Dieu qui élit et l'homme élu, là où Barth soutient que l'élection implique l'unité de Dieu et décide de ce qui est divin, Heidegger objecte en retour que l'élection suppose la pluralité des dieux et la détermination préalable du

1. *Die Kirchliche Dogmatik*, *op. cit.*, II/1, § 31, 1, p. 498.

2. *Ibid.*

3. *Ibid.*, p. 501-502.

4. *Ibid.*, p. 507.

5. *Ibid.*, p. 499. *Cf.* p. 508.

6. *Die Kirchliche Dogmatik*, *op. cit.*, II/2, § 32, 3, p. 82 ; *cf.* § 33, 1, p. 101 *sq.* Ce volume a été publié en 1942.

divin. En effet explique-t-il, s'élisant pour les hommes, Dieu s'élit contre les autres dieux et ne saurait le faire sans se compter parmi eux, et les reconnaître *en tant que tels*, dans leur divinité commune ou partagée. À Barth pour qui Dieu ne saurait sans contradiction se tenir « à côté » d'un autre dieu, Heidegger, sans s'arrêter sur l'affirmation barthienne selon laquelle il est impossible à Dieu de se contredire lui-même, thèse qui implique la subordination de Dieu à un principe ontologique, Heidegger répond donc qu'il ne saurait sans contradiction y avoir de dieu unique dès lors que la divinité relève de l'être.

L'objection est-elle recevable, et le discours de Barth n'est-il que « bavardage » ? Derechef, rien n'est moins sûr. Indépendamment du fait que Barth conçoit l'élection à partir du Christ, Heidegger mécomprend autant cette dernière que la création car, avant de s'étendre aux nations comme le proclamera Isaïe [1], l'élection est relative à Israël. « Si Yahvé s'est attaché à vous et vous a choisis, ce n'est pas que vous soyez le plus nombreux de tous les peuples : car vous êtes le moins nombreux d'entre tous les peuples. Mais c'est par amour pour vous, et pour garder le serment juré à vos pères, que Yahvé vous a fait sortir à main forte et t'a délivré de la maison de servitude, du pouvoir de Pharaon, roi d'Égypte. Tu sauras donc que Yahvé ton dieu est le vrai Dieu, le Dieu fidèle qui garde son alliance et son amour pour mille générations à ceux qui l'aiment et gardent ses commandements mais qui punit en leur propre personne ceux qui le haïssent » [2].

De l'ordre de ces versets, il ressort que c'est depuis l'élection qu'Israël reconnaît l'unité de Dieu, et donc que celle-ci est la source de celle-là. Une fois encore, selon l'*Exode* ou le *Deutéronome*, le premier commandement – « Tu n'auras pas d'autres dieux face à moi » – suit immédiatement la parole où Dieu dit : « Je suis Yahweh ton dieu qui t'ai fait sortir du pays d'Égypte, de la maison de servitude » [3]. Insistant sur le caractère doublement électif de la révélation, Barth explicite le sens du double possessif par lequel Dieu scelle l'alliance. L'élection a pour contenu l'unicité de Dieu : « Écoute Israël : Yahvé est notre Dieu, Yahvé est un » [4]. Si c'est à partir de l'élection salvatrice dont Dieu seul a l'initiative, qu'Israël confesse que Yahvé est un, si l'élection recèle la signification de l'unicité, cette dernière, au double sens d'une singularité et d'une

1. Cf. *Isaïe*, XLIX, v. 6. Il convient de rappeler que l'élection est une responsabilité, cf. *Amos*, III, v. 2, et que la création est liée à l'élection, cf. *Deutéronome*, X, v. 14-17.

2. *Deutéronome*, VII, v. 7-10, traduction de la *Bible de Jérusalem*.

3. Cf. *Exode*, XX, v. 2-3 ; *Deutéronome*, V, v. 6-7, déjà cités.

4. *Deutéronome*, VI, v. 4, TOB, note *ad. locum*.

simplicité absolues en vertu desquelles « tout ce qui est déité et divin est toujours Dieu lui-même, et donc toujours l'unique »[1], cette dernière ne saurait résulter d'une quelconque séparation d'avec d'autres dieux préalablement dénombrés. À supposer un instant qu'il soit légitime de recourir à un terme très tardif puisqu'il date du XVIIe siècle, le monothéisme n'a jamais eu de signification comptable[2] et le mot *dieu* n'a absolument pas le même sens selon qu'il s'agit de celui d'Israël, fût-il révélé en Christ, ou de ceux de ce que la Bible nomme les nations.

Pourquoi Heidegger mécomprend-il ainsi l'unicité du dieu biblique et comment vient-il à en dénier la divinité ? À la fin de l'interprétation de l'ἀλήθεια au fil conducteur du fragment 16 d'Héraclite, interprétation qui, « montrant dans l'*Ereignis* »[3], en tire son origine, et après avoir déterminé les dieux (δαίμονες, θεάοντες) comme « ceux qui brillent-et-pénètrent du regard dans l'éclaircie du présant »[4], qui portent le rayonnant éclat de l'être au sein de l'étant, Heidegger explique que les dieux et les hommes ne sont pas seulement éclairés par l'éclaircie, mais que, selon leurs modes respectifs, ils portent cette dernière à la plénitude de son essence[5]. Partant, si la divinité où repose l'être-dieu des dieux, appartient à la vérité de l'être et que les rapports entre l'être, les dieux et les hommes sont constitutifs de l'être en sa vérité, alors nul dieu ne saurait se distinguer ou se séparer des autres sans les reconnaître *en tant que* tels, sans qu'ils soient tous fondés dans l'être. En retour, excluant la divinité des « autres dieux », manquant à la divinité pour ne pas être compris dans et par l'être, « Jéhova », le dieu

1. *Die Kirchliche Dogmatik*, *op. cit.*, II/1, § 31, 1, p. 502.

2. Contre le dieu biblique, Heidegger écrivait dix ans auparavant, que « le dernier dieu possède son unicité la plus unique, et se tient à l'extérieur de cette désignation comptable que signifient les titres "monothéisme", "panthéisme" et "athéisme". C'est seulement depuis "l'apologétique" judéo-chrétienne dont la "métaphysique" est la présupposition pensante, qu'il y a "monothéisme" et "théisme" en tout genre. La mort de ce dieu met fin à tous les théismes. La pluralité des dieux n'est soumise à aucun nombre, mais à la richesse intime des fondements et abîmes à l'instant où luit et se dérobe le signe (*Wink*) du dernier dieu », in *Beiträge zur Philosophie*, GA, Bd. 65, p. 411. Au contraire, et la contrariété n'implique pas ici de dimension commune, après avoir rappelé que « le "monothéisme" vétéro-testamentaire n'a rien à voir avec « la magie équivoque du nombre 1 », Barth ajoutait : « le monothéisme vétéro-testamentaire consiste en ceci que Dieu s'ouvre et s'offre à l'homme comme l'Un qui, désormais, est aussi en vérité l'Unité, qu'il ne peut autrement que vainement rechercher à partir de lui-même. Ce monothéisme n'est donc en vérité ni un -isme ni un système qui, en tant que tel, pourrait être inversé, mais il est l'effectivité divine dans son unicité même », in *Die Kirchliche Dogmatik*, *op. cit.*, II/1, § 31, 1, p. 509.

3. « Aletheia (Heraklit, Fragment 16) », in *Vorträge und Aufsätze*, GA, Bd. 7, p. 269.

4. *Ibid.*, p. 284.

5. Cf. *ibid.*, p. 285.

biblique, ne saurait *être* un dieu ni, à plus forte raison, *le* dieu, et si l'hébreu a pu être traduit *en* grec, il n'a pas été traduit *du* grec. Bref, dès lors que l'être est reconduit à l'ἀλήθεια, le dieu d'Israël n'*est* pas.

§ 3. D'UN DERNIER L'AUTRE

sag, daß Jerusalem ist, « dis que Jérusalem *est* » [1] – cette parole tardive de Celan est un appel auquel Heidegger, à qui il n'était pas et à qui il était adressé, ne pouvait donc répondre. *À qui il n'était pas adressé*, car ce vers prend place au centre d'un poème d'amour destiné à une femme habitant Jérusalem, *à qui il était adressé* puisque, souligné, le *est* n'a pas valeur de copule mais signifie l'être lui-même, *auquel il ne pouvait répondre*, puisque, ce qui précède le montre suffisamment, le retour au commencement grec et le passage à l'autre commencement, à l'*Ereignis*, demeurent « hors du judaïsme c.-à-d. du christianisme » [2].

Hors, qu'est-ce à dire? Judaïsme et christianisme – à nouveau Heidegger n'entend du premier rien d'autre que ce qu'en dit le second – ne sont pas extérieurs à l'oubli de l'être puisque leur langue commune est celle dont l'être s'est retiré mais ils sont extérieurs à la vérité de l'être au point que *l'accès à l'ἀλήθεια frappe de caducité comme jamais auparavant la conjonction entre la Bible chrétienne et la « sagesse » grecque*, conjonction sur laquelle repose la métaphysique européenne. « Dès que nous dirigeons le regard sur les simples domaines d'essence », et cela concerne au premier chef celui du cèlement et du décèlement, « alors et alors seulement », a dit une fois Heidegger, « nous voyons nos représentations habituelles fondamentales, à savoir romaines, chrétiennes et modernes, se briser misérablement sur l'essence initiale du grec » [3].

1. « Die Pole », *Zeitgehöft*, in Paul Celan, *Die Gedichte*, Kommentierte Gesamtausgabe, hrsg. von B. Wiedemann, Frankfurt am Main, Suhrkamp, 2005, p. 362. Ce poème, daté du 21 novembre 1969, fut envoyé le lendemain à I. Shmueli; *cf.* Paul Celan/Ilana Shmueli, *Briefwechsel*, Frankfurt am Main, Suhrkamp, 2004, p. 43, trad. fr. B. Badiou, *Correspondance*, Paris, Seuil, 2006, p. 74 *sq.* Rappelons que Celan rencontra Heidegger le 25 juillet 1967, rencontre au terme de laquelle il écrivit « dans ce livre [*scil.* le livre d'or du chalet de Todtnauberg] la ligne d'un / espoir, aujourd'hui, / en un mot / d'un pensant / à venir / au cœur / *die in dies Buch / geschriebene Zeile von / einer Hoffnung, heute, / auf eines Denkenden / kommendes / Wort / im Herzen* », « Todtnauberg », in *Lichtzwang*, *Die Gedichte*, *op. cit.*, p. 282 et p. 806-807. Nous citons la traduction de B. Badiou et J.-C. Rambach, *Contrainte de lumière*, Paris, Belin, 2000, p. 53.

2. *Anmerkungen I-V* (*Schwarze Hefte 1942-1948*), GA, Bd. 97, p. 20, déjà cité.

3. *Parmenides*, GA, Bd. 54, p. 63.

Est-ce également le cas des « représentations » juives, avant toute reprise chrétienne ? Non, car si ce qui se brise et ce sur quoi il se brise doivent appartenir à une seule et même dimension, ces « représentations » relèvent d'une dimension et d'une langue étrangères à l'ἀλήθεια. Toutefois, dire que ce qui est juif est étranger à ce qui est grec, n'est pas nécessairement dire que ce qui est grec est étranger à ce qui est juif. Y aurait-il alors un sens à affirmer que « l'essence initiale du grec » vient « se briser » sur le rocher d'Israël ? Et n'est-ce pas là une, voire la question que Levinas fit sienne, lorsqu'il tenta de penser l'être depuis *l'autrement qu'être*. Certes. Mais si l'être que l'adverbe vient altérer est compris comme être de l'étant ou présence[1], l'*autrement qu'être* est relatif à un sens de l'être qui n'a rien d'initial, n'en concerne donc pas la vérité où la présance ne va pas sans l'absance, et c'est sans doute la raison pour laquelle, parlant de vérité, Levinas n'a jamais écrit le mot ἀλήθεια.

Affirmant que l'être est plus initial que le dieu unique, Heidegger renoue d'une certaine façon avec ce que les anciens Grecs disaient des anciens Juifs. Un siècle avant Jésus-Christ, Apollonius Molon tenait ces derniers pour ἀθέους καὶ μισανθρώπους, athées et misanthropes[2]. Deux siècles auparavant, Ménéthon dénonçait d'un même mouvement les impiétés (ἀσεβήματα) des Juifs et leur comportement sacrilège (ἀνοσιος)[3]. Plus tôt encore, Hécatée d'Abdère rapporte que Moïse « ne fabriqua aucune statue de dieu parce qu'il croyait (νομίξειν) que Dieu n'a pas de forme humaine »[4]. N'était-ce pas, à chaque fois indirectement, reconnaître qu'au regard de ce que les Grecs entendaient par divinité, au regard de l'ἀλήθεια, le dieu d'Israël n'est pas un dieu ? Écrivant que « ce n'est qu'à partir de la vérité de l'être que se laisse penser l'essence du sacré », que « ce n'est qu'à partir de l'essence du sacré qu'est à penser l'essence de la déité », et que « c'est seulement à la lumière de l'essence de la déité que peut être pensé et dit ce que doit nommer le mot "dieu" »[5], Heidegger ne signifiait en fin de compte rien d'autre.

1. *Cf.* par exemple *Autrement qu'être ou au-delà de l'essence*, p. X et p. 31 ; « Énigme et phénomène », in *En découvrant l'existence avec Husserl et Heidegger*, Paris, Vrin, 1967, p. 203 : « ... l'être est présence au regard et au discours, apparoir, phénomène. »

2. *Cf.* Flavius Josèphe, *Contre Apion*, II, § 148 ; *cf.* II, § 79.

3. *Ibid.*, I, § 248.

4. Diodore de Sicile, *Bibliothèque historique*, *Fragments*, édition et traduction P. Goukowsky, Paris, Les Belles Lettres, 2014, t. IV, fragment 3 du livre XL, p. 297. L'ensemble des textes grecs et latins relatifs aux Juifs et au judaïsme ont été édités, traduits et commentés par M. Stern, *Greek and Latin authors on Jews and Judaism*, Jérusalem, The Israel Academy of Sciences and Humanities, 1974-1984.

5. « Brief über den "Humanismus" », in *Wegmarken*, GA, Bd. 9, p. 351.

Doit-on conclure qu'il est impossible de rassembler au sein d'une même dimension, au sein de la même absance, les dieux grecs, le dieu dont témoignent les prophètes d'Israël et dont Jésus proclame le royaume? Assurément, car si le dieu unique est tenu pour la divinisation de la causalité, il n'est pas celui des prophètes voire du Christ. Certes, distinguant le christianisme – « métaphysique qui propage la foi chrétienne en tant que savoir » – et la christianité – « foi au Christ dans le Christ »[1] –, Heidegger distingue le sens métaphysique du dieu chrétien de son sens salvateur qui n'est pas métaphysique. Mais si le christianisme repose sur la christianité, comment s'opposer à celui-là sans préalablement s'opposer à celle-ci? Dans quelle dimension l'opposition du « dernier dieu » au dieu chrétien pourrait-elle alors avoir lieu? La question est d'autant plus incontournable que c'est précisément en tant que sauveur que ce dieu est unique : « avant moi aucun dieu n'a été formé et après moi il n'y en aura pas. Moi, c'est moi Yahvé, et en dehors de moi il n'y a pas de sauveur »[2]. Comment une telle dimension serait-elle possible si, d'un côté, le dieu juif-chrétien en tant que juif-chrétien *et* en tant que dieu, demeure étranger à l'ἀλήθεια et si, de l'autre, la révélation chrétienne requiert que l'être se soit retiré de la langue grecque ou, pour le dire autrement, requiert que les Grecs aient cessé de tenir leur être de l'être lui-même puisque, à l'instant où « tous, Juifs et Grecs sont soumis au péché », ces derniers cessent d'être grecs pour devenir pécheurs envers Dieu, voire « fils de Dieu par la foi dans le Christ-Jésus »[3].

Faut-il alors renoncer à parler d'un « dernier dieu » ? Oui et non. Oui, si le dieu unique doit y conserver un sens à titre d'ayant-été et ce d'autant plus que, s'affirmant comme « le premier et le dernier »[4], le dieu d'Israël signifie qu'il ne saurait y avoir de dieu après lui. Mais non, car cette impossibilité demeure circonscrite au domaine d'expérience judéo-chrétien, et au sens qu'y revêt le nom de dieu. Elle ne concerne donc pas ce que peut réserver et préserver le domaine de l'ἀλήθεια et plus encore l'*Ereignis*, relativement auquel le titre de « dernier dieu » prend *exclusivement* son sens.

1. *Anmerkungen I-V* (*Schwarze Hefte 1942-1948*), GA, Bd. 97, p. 204 où il est également dit que « croire, c'est se tenir dans la grâce de l'adoption divine », que « la foi ne connaît rien d'autre que la rédemption du péché », et « qu'il n'y a de foi que chrétienne. » *Cf.* « Phänomenologie und Theologie », in *Wegmarken*, GA, Bd. 9, p. 52 *sq.*, 62 *sq.* et « Nietzsches Wort "Gott ist tot" », in *Holzwege*, GA, Bd. 5, p. 219-220.

2. *Isaïe*, XLIII, v. 10-11, traduction *Bible de Jérusalem.*

3. *Romains*, III, v. 9 et *Galates*, III, v. 26 *sq.*

4. *Isaïe*, XLIV, v. 6, déjà cité.

Toutefois, si la révélation judéo-chrétienne s'annonce dans la langue de l'être dont l'être s'est retiré, à l'inverse, le retour au commencement grec et à l'ἀλήθεια eût été impossible sans « la dé-divinisation des Temps modernes »[1] que sanctionne la mort du dieu judéo-chrétien, du dieu de cette métaphysique européenne qui, une fois le grec retiré de lui-même, est venu recouvrir le commencement occidental. Est-il alors possible de penser la mort de ce dieu, mort dont la pensée de la vérité de l'être tire une de ses conditions de possibilité depuis et selon cette pensée même ou ne lui demeure-t-elle pas, tout ce qui précède le suggère, proprement impensable ? Qu'est-ce à dire sinon qu'au regard de l'*Ereignis*, la Bible chrétienne est à jamais perdue. Mais aurait-elle permis de surmonter l'essence de la technique ? Rien n'est moins sûr.

1. « Die Zeit des Weltbildes », in *Holzwege*, GA, Bd. 5, p. 76.

SIXIÈME PARTIE

« LA LANGUE PARLE »

CHAPITRE XXIII

LA DOUCE LOI

§ 1. LA DIF-FÉRENCE

« … et autour de Dieu, tout devient – quoi ? peut-être “monde” ? – »[1]. Ce disant, Nietzsche ne réfléchit-il pas aussi, tardivement, l'éclat aurifère de Θεία, éclat que concentre le rapport de l'être à la parole et à la langue puisque l'or resplendit d'autant plus qu'il est dit. Mais comment penser le « fondement d'or » de la parole sans élucider le rapport entre chose et monde – « ποικίλον κόσμον, multiplement-éclairante parure » – dès lors qu'ils sont appelés par le nom ?

Sur quel mode ces deux appels se conjuguent-ils ou comment monde et chose, chose et monde se rapportent-ils l'un à l'autre ? Laissant séjourner en elles le monde où chacune séjourne, les choses ne sont pas abstraites du monde ni celui-ci de celles là. Une note dit : « Quadrat – c.-à-d. *ne pas* partir des “choses” *isolées* – qu'il n'y a précisément pas – chaque chose = quadrat approprié »[2]. Monde et chose ne sont donc pas juxtaposés, « ils se traversent l'un l'autre »[3]. Mutuellement perméables, ils sont unis (*einig*), intimes (*innig*), et leur milieu est intimité. Elle n'est pas dissolution de l'un dans l'autre mais, intervenant entre monde et chose, l'intimité est, à la lettre, intermédiaire (*inter-medius*). Nomme-t-on *entre* (Zwischen) le milieu où deux termes sont en rapport, mot auquel correspondent le latin *inter* et l'allemand *unter*, il est alors possible de dire que « dans le milieu des deux, dans l'entre monde et chose, dans leur *inter*, dans cet *Unter-*,

1. *Par delà bien et mal*, § 150.

2. *Zum Ereignis-Denken*, GA, Bd. 73.2, p. 1343. *Cf.* « Das Ding », in *Vorträge und Aufsätze*, GA, Bd. 7 p. 182 : « Chaque chose retient à demeure le quadrat dans un séjournant à chaque fois depuis la simplicité du monde. » *Cf.* aussi *Sein und Zeit*, GA, Bd. 2, § 15, p. 92 : « En toute rigueur, *un* ustensile, cela n' “est” pas ».

3. « Die Sprache », in *Unterwegs zur Sprache*, GA, Bd. 12, p. 22.

règne la séparation (*der Schied*) » voire que « l'intimité du monde et de la chose se déploie dans la séparation de l'entre-deux (*west im Schied des Zwischen*), se déploie dans l'entre-séparation (*Unter-Schied*, la différence) »[1].

Soustraite à sa signification ordinaire comme à celle qui fut sienne au moment d'*Être et temps*, la différence est une, unique et, d'elle-même, maintient la séparation au travers de laquelle intimité il y a. Elle ne porte pas sur monde et chose mais porte à terme monde et chose. « L'intimité de la différence est l'unifiant de la Διαφορά, de la différence qui, de part et d'autre, porte à terme (*des durchtragenden Austrags*) »[2]. C'est de cette dernière que sont issus monde et chose et qu'ils reçoivent l'un et l'autre, l'un par l'autre, ce qui leur revient en propre. Il en est alors du monde *et* de la chose ce qu'il en est de l'être *et* du temps, l'*Ereignis* les approprie l'un à l'autre, en sorte qu'ils tiennent ce qui leur est respectivement propre de ce rapport même. Partant, si « la différence pour monde et chose *approprie* les choses dans le porter-à-terme du monde, *approprie* le monde dans l'offrande des choses »[3], si elle est la dimension qui donne lieu à l'intimité-dans-la-séparation et à la séparation-dans-l'intimité de la chose et du monde, elle est le mode d'accomplissement de l'*Ereignis*. « Être est ap-propriation, appropriation *par dif-férence :* différence (*Seyn ist Ereignis*, austragsames *Ereignis : Aus-trag*) »[4]. L'appropriation ne va pas sans la dif-férence, la dif-férence sans l'appropriation, c'est le sens même de l'appropriation dépropriante, et isoler l'une de l'autre, c'est s'interdire de penser l'une et l'autre, voire s'interdire de penser si penser, c'est répondre à la vérité de l'être.

Ce qui est donc proprement appelé par le nom qui appelle chose et monde, c'est la dif-férence, l'être lui-même, la vérité de l'être : l'Ereignis. Aussi et pour revenir au poème de Trakl, *Un soir d'hiver*, après que la première strophe eut appelé les choses qui, en tant que telles, rassemblent le monde, après que la deuxième eut appelé le monde qui, en tant que tel, offre

1. « Die Sprache », in *Unterwegs zur Sprache*, GA, Bd. 12, p. 22.

2. *Ibid.* À nouveau, les mots διαφορά, différence (*disfero*) et *Austrag* signifient « porter à travers, de part et d'autre » et le verbe *austragen* « porter à maturité, à terme ».

3. *Ibid.*

4. *Besinnung*, GA, Bd. 66, p. 15. Cf. *Zum Ereignis-Denken*, GA, Bd. 73. 2 : « L' "être *lui-même*" n'est plus "l'être" (de l'étant), il est la différence comme ce-qui-porte-de-part-et-d'autre (*die Differenz als der Austrag*) », p. 1054 ; « Nous disons : séparation de "l'entre" (*Schied des "Unter"*) – *Austrag* », p. 1112 ; « Dif-férence – comme approprier (*Unter-schied – als Ereignen*) », p. 1410, à quoi il faut ajouter cette remarque : « Les traductions de *Differenz* par "*Austrag*", "*Unterschied*", "*Zwiefalt*" [duplicité] anticipent l'*Ereignis* », *ibid.*, p. 1409.

les choses, la troisième « appelle la venue du milieu pour monde et chose : la dif-férence (*Austrag*) de l'intimité »[1]. Relisons-la :

> Voyageur entre en silence ;
> Douleur pétrifia le seuil.
> Là resplendit en pure clarté
> Sur la table pain et vin.

Le premier de ces quatre vers est un appel qui engage le voyageur à entrer en silence. Au contraire, soudainement, le vers suivant nomme, sans article défini ou indéfini, « douleur » pour dire aussitôt qu'elle « pétrifia le seuil ». Soutenant l'huis, joignant dedans et dehors, « le seuil porte (*trägt*) l'entre »[2]. Le seuil ne saurait toutefois demeurer seuil sans maintenir l'entre-deux à l'encontre des deux. C'est pourquoi « la dif-férence (*Austrag*) de l'entre requiert persistance : dureté. Dif-férence de l'entre, le seuil est dur car douleur l'a pétrifié »[3]. Celle-ci ne s'est pas pétrifiée une fois, dans un lointain passé, « la douleur », dit Heidegger qui fait désormais précéder le mot d'un article, « la douleur se déploie dans le seuil s'endurant comme douleur »[4], en sorte que le passé simple auquel est conjugué le verbe *pétrifier* ne signifie pas un passé révolu, daté, mais un ayant-été qui demeure *en tant qu'*ayant-été, signifie donc la présance en tant qu'elle rassemble ses modes présent et non-présent.

§ 2. La douleur de l'être

Quel est le trait essentiel de la douleur ? « La douleur déchire. Elle est la déchirure (*Riß*) »[5]. Déchirer, c'est entamer, diviser, séparer, mais, s'agissant de la douleur, cette déchirure polarise, focalise : rassemble. « En tant que séparation rassemblante, le déchirement [de la douleur] est simultanément cette traction qui, comme le tracé d'un modèle et d'une élévation (*wie des Vorriß und Aufriß*), dessine et ajointe ce qui est tenu hors l'un de l'autre dans la séparation »[6]. Tel le νοῦς qui prend-ensemble-

1. « Die Sprache », in *Unterwegs zur Sprache*, GA, Bd. 12, p. 23.

2. *Ibid.*, p. 24.

3. *Ibid.*

4. *Ibid.*

5. *Ibid.* Cf. *Zum Wesen der Sprache und Zur Frage nach dem Kunst*, GA, Bd. 74, p. 45 : « La déchirure est l'essence de la douleur ».

6. « Die Sprache », in *Unterwegs zur Sprache*, GA, Bd. 12, p. 24. Selon le dictionnaire Grimm, *Vorriß* signifie *protypum* [modèle], *Aufriß*, *apertura* [ouverture], *delineatio* [tracé, esquisse] et ce que, dans la langue de l'architecture, on nomme une élévation (*Aufriß eines*

en-prenant-séparément, déchirante, la douleur sépare-en-rassemblant, rassemble-en-séparant, accomplit ce qu'accomplit le seuil, de sorte qu'il est possible de dire que « la douleur est le seuil »[1] et, du même coup, « la faveur de l'essentialité de toute essence »[2] voire « la dif-férence (*Unter-Schied*) elle-même »[3], dif-férence qui est bien ce qu'appelle le vers : *Douleur pétrifia le seuil.*

Dire poétiquement n'est cependant pas proprement penser, et nommer *douleur* la différence depuis laquelle monde et chose s'approprient l'un l'autre, n'est-ce pas entendre ladite différence de manière anthropologique ? Quelles qu'elles soient, nos douleurs ne sauraient nous déchirer si cette possibilité n'appartenait pas à notre être qui est rapport à l'être. Comment le font-elles ? Revenant sur le sens que revêt l'existence dans *Être et temps*, Heidegger explique qu'elle ne doit pas être comprise comme un simple se-tenir-hors (*Hinausstehen*) de la subjectivité ou de la substance mais que cet hors-de (*Aus*) doit être entendu comme « le hors-l'un-de-l'autre (*Auseinander*) de l'ouverture de l'être lui-même. » Et il ajoute : « Si étrange que cela puisse paraître, la *stasis* de l'ekstatique repose dans le se-tenir-dans le “hors-de” et le “là” du non-retrait, en tant que quoi l'être lui-même se déploie »[4].

Qu'impliquent ces précisions sinon que la déchirure, le hors-l'un-de-l'autre et la douleur ressortissent à la vérité de l'être en tant qu'elle nous concerne et que c'est à ce titre qu'ils nous sont propres. En effet, si l'être et l'homme s'entr'appartiennent, l'un et l'autre appartiennent à l'entre qui les ouvre l'un à l'autre, les sépare, les dif-férencie et leur intimité ne va pas sans la déchirure de la douleur qui relève de l'*Ereignis*. « L'*origine* (Ursprung, le saut originaire) est [...] la déchirure initiale – l'éclaircie qui arrive dans le non-séparé jusqu'alors fermé et se déploie en soi-même comme cet ouvert (ἀλήθεια) »[5]. C'est donc uniquement depuis l'*Ereignis* voire comme *Ereignis* que peut ressortir la déchirure, le différenciant de la dif-férence, et lorsque Heidegger note que « la douleur est la pure forme de la dif-férence (*Austrag*) de l'essence de l'être »[6], que « nous avons des

Gebäudes), c'est-à-dire la facade d'un bâtiment représentée géométralement en longueur et hauteur. Il peut y avoir aussi une élévation en perspective.

1. « Die Sprache », in *Unterwegs zur Sprache*, GA, Bd. 12, p. 24.

2. « Die Sprache im Gedicht », in *Unterwegs zur Sprache*, GA, Bd. 12, p. 60.

3. « Die Sprache », in *Unterwegs zur Sprache*, GA, Bd. 12, p. 24.

4. « Einleitung zu : “Was ist Metaphysik” » [1949], in *Wegmarken*, GA, Bd. 9, p. 374.

5. *Überlegungen VII-XI* (*Schwarze Hefte 1938/1939*), GA, Bd. 95, p. 305.

6. *Anmerkungen I-V* (*Schwarze Hefte 1942-1948*), GA, Bd. 97, p. 16; cf. *Zum Ereignis-Denken*, GA, Bd. 73.1, p. 175, p. 800 et 887 *sq.* et *Zum Ereignis-Denken*, GA, Bd. 73.2, p. 904 : « le commencement est la douleur en tant que la *déchirure* – sillon – éclaircie. »

douleurs, car la douleur nous a» et qu'elle «nous a parce qu'elle commence en appropriant dans l'ap-propriation »[1], il ne dit pas seulement que penser la dif-férence comme douleur n'est pas humaniser l'être mais penser la douleur humaine depuis l'être qui *est* douleur, il dit encore que si la déchirure appartient à l'*Ereignis*, rien n'est plus propre à ce dernier que l'*Enteignis*[2], la dépropriation. Il n'est pas d'intimité sans séparation déchirante. Et dès l'instant où la vérité de l'être est ce que dit proprement la langue – appelant la dif-férence entre monde et chose, chaque nom est dans la langue et la langue est en chaque nom, car s'il n'est pas de chose isolée, aucun nom ne va seul –, dès cet instant, la dif-férence entre monde et chose implique celle qui rapporte l'être à l'homme et l'homme à l'être et qui est l'éclaircie même. Bref, « c'est uniquement dans la douleur de la dif-férence que l'être est éclairé pour les hommes de l'histoire de l'être »[3] ou, pour le dire encore autrement, « l' "être *lui-même*" n'est plus "l'être" (de l'étant), il est la différence (*Differenz*) comme dif-férence (*Aus-trag*) »[4], et le passage de l'une à l'autre constitue le tournant.

Comment la déchirure éclaircit-elle? *Là resplendit en pure clarté / Sur la table pain et vin*. Là : sur le seuil que pétrifia la douleur, et c'est donc « la déchirure de la dif-férence (*Unter-Schied*) qui laisse resplendir la pure clarté »[5]. En effet, la déchirure ouvre et puisque l'ouvert est l'essence de l'ἀλήθεια, elle ouvre en éclairant l'entre-séparation de l'intimité par laquelle les séparés sont, en ce qui leur est respectivement propre, appropriés l'un à l'autre. « La *dif-férence* (Austrag) signifie [...] ouverture, *éclaircir de l'éclaircie – ap-propriation* en tant que différence »[6]. Ainsi décrite et si le verbe latin *decidere* signifie couper, trancher un différend, alors «la déchirure décide (*ent-scheidet*) l'éclairement du monde en son propre »[7]. Ou, pour le dire autrement, « la décision vient de l'être lui-

1. *Ibid.*, p. 26.

2. Cf. *Zum Ereignis-Denken*, GA, Bd. 73.1, p. 795 *sq.*

3. *Das Ereignis*, GA, Bd. 71, p. 234. Cf. *Zum Ereignis-Denken*, GA, Bd. 73.1, p. 746.

4. *Zum Ereignis-Denken*, GA, Bd. 73.2, p. 1054.

5. « Die Sprache », in *Unterwegs zur Sprache*, GA, Bd. 12, p. 25. *Cf.* « Aus einem Gespräch von der Sprache », p. 119 : « ...la duplicité elle-même déploie d'abord la clarté, c.-à-d. l'éclaircie au sein de laquelle le présant en tant que tel et la présance peuvent être différenciés par l'homme [...] qui, selon son essence se tient dans la relation-à c.-à-d. dans la requête (*im Brauch*) de la duplicité. »

6. *Besinnung*, GA, Bd. 66, p. 84 où il est également dit : «La dif-férence est appropriation. » Soulignons au passage que si, logiquement et grammaticalement, l'une et l'autre peuvent être sujet ou prédicat de l'une ou de l'autre, elles ne sauraient être proprement dite sans une mutation du dire propositionnel. Cf. *Zum Ereignis-Denken*, GA, Bd. 73.2, p. 1432 : « Éclaircie : en tant qu'appropriation de la dif-férence. »

7. « Die Sprache », in *Unterwegs zur Sprache*, GA, Bd. 12, p. 25.

même »[1]. Ce faisant, la déchirure dé- ou ex-proprie, dé- ou ex-porte le monde vers les choses dont il est proprement l'offrande. Mais cette trans-propriation dépropriante ne caractérisait-elle pas l'éclat de l'or, son briller-paraître laissant briller-paraître ? Assurément, et c'est pourquoi, « au travers de l'éclairement du monde en son éclat d'or, pain et vin viennent à resplendir. » Et c'est pourquoi encore, si « la pure clarté du monde et le simple resplendissement des choses mesurent leur entre, la dif-férence »[2], l'or, nom poétique de l'être, est aussi celui de la dif-férence dès lors que cette dernière est, à la lettre, ce qui porte de part et d'autre monde et chose, chose et monde.

§ 3. RECOMMANDER ET APAISER

Appelant la dif-férence, la dernière strophe d'*Un soir d'hiver* rassemble appel du monde et appel des choses. Ce rassemblement n'aurait pas lieu si ces appels ne tiraient pas leur origine de « la simplicité de l'intime appeler (*Heißen*) qui ap-pelle (*ruft*) la dif-férence en la laissant tue (*ungesprochen*) »[3]. C'est donc parce que « l'ap-peler originaire qui appelle à venir l'intimité du monde et de la chose, est proprement l'appeler »[4] que monde et chose peuvent être appelés. « Pur parlé »[5], le poème ne peut manquer d'abriter l'essence du parler et il est permis de tenir l'appel de la dif-férence pour cette essence même, c'est-à-dire pour la disance de la langue qui parle « tandis qu'elle appelle l'appelé, monde-chose et chose-monde, à venir dans l'entre de la dif-férence (*Unter-Schiedes*) »[6], *entre* que marquent les traits d'unions liant les mots *chose* et *monde* et séparant celui de *dif-férence*. La chosifiance, rapport du mot à la chose en tant qu'il est propre au mot, n'en reçoit-elle pas un commencement d'explication ?

Comment l'appel d'un tel appelé, appel qui constitue l'essence du parler de la langue, pourrait-il s'accomplir si ce n'est en accomplissant proprement l'appeler. Que signifie appeler ? Appeler, c'est faire venir auprès mais cette détermination demeure insuffisante tant que ce à quoi est appelé l'appelé reste indéterminé. Pour renouer un instant avec la dif-férence entre présant et présance, appeler, c'est appeler un présant à venir en présance et ainsi le remettre, le confier, le recommander à la présance.

1. *Überlegungen XII-XV* (*Schwarze Hefte 1939-1941*), GA, Bd. 96, p. 171.
2. « Die Sprache », in *Unterwegs zur Sprache*, GA, Bd. 12, p. 25.
3. *Ibid.*
4. *Ibid.*, p. 25-26.
5. *Ibid.*, p. 14, déjà cité.
6. *Ibid.*, p. 26.

En ce sens, ce qui suit en dépend, l'appel confie l'appelé à ce qui lui est propre. Telle est d'ailleurs la signification initiale du verbe *heißen* qui, rapporte Heidegger, signifie *befehlen*, à supposer toutefois que nous entendions aussi ce verbe selon son acception initiale. « Car, au fond, *befehlen* ne veut pas dire commander (*kommandieren*) ou ordonner, mais recommander, confier, mettre à l'abri, abriter [...] *Heißen* signifie : appellant (*zurufend*), laisser accéder à une venue et présance »[1]. Le parler de la langue qui appelle chose et monde à venir en appelant la dif-férence, ce parler « recommande ce qui est ainsi appelé à la dif-férence pour arriver depuis elle », *recommander* ayant ici « le vieux sens que nous connaissons par la parole : *Befiehl dem Herrn deine Wege*, recommande ton chemin au Seigneur »[2]. Que signifie en effet cet appel du psalmiste sinon que Dieu vient à qui vient et s'en remet d'abord à lui, ou qu'Il ne saurait être appelé sans avoir préalablement fait grâce de l'appel qui lui est adressé. La fin du verset et le suivant l'attestent : « espère en lui, il agira, et ta justice se lèvera comme la lumière et ton droit comme le midi. Sois en paix (*stille*) pour le Seigneur et attends de lui »[3]. Recommander, c'est alors mettre en paix et en repos le présant dans la présance.

§ 4. La résonance de la quiescence

Ainsi recommandés par voie d'appel à la dif-férence, monde et chose sont appropriés l'un à l'autre puisque la dif-férence approprie les choses au monde et le monde aux choses ou laisse paraître celles-ci dans celui-là, et celui-là dans celles-ci. Partant, « la dif-férence laisse reposer le choser des choses dans le mondaniser du monde »[4]. Accomplissant la transpropriation dépropriante, la dif-férence déproprie la chose dans le repos du monde, en sorte que la chose soit proprement ce qui laisse demeurer-en-séjour le monde. Et si « abriter dans le repos, c'est apaiser (*Stillen*) », alors, abritant la chose dans le repos du monde, « la dif-férence apaise la chose en tant que chose dans le monde »[5], paix où l'insurrection du séjournant contre la loi

1. *Was heißt Denken?*, GA, Bd. 8, p. 122. Cf. *Anmerkungen I-V* (*Schwarze Hefte 1942-1948*), GA, Bd. 97, p. 398 : « *Befehlen* signifie initialement confier, *abriter*, mettre à l'abri : remettre à la garde de... », et J. u. W. Grimm, *Deutsches Wörterbuch*, *s. v.*

2. « Die Sprache », in *Unterwegs zur Sprache*, GA, Bd. 12, p. 26. *Cf.* J. u. W. Grimm, *Deutsches Wörterbuch*, *s. v.* où se trouve citée ladite parole.

3. *Psaume* XXXVII, v. 5-6. Nous traduisons la traduction de Luther.

4. « Die Sprache », in *Unterwegs zur Sprache*, GA, Bd. 12, p. 26.

5. *Ibid.*

du séjour est impossible. Simultanément, cet apaisement accorde au monde de demeurer-en-séjour dans la chose, à défaut de quoi le séjournant ne saurait séjourner en laissant séjourner, ne saurait être un séjournant mais seulement un persistant à part des autres et de la présance, *à part* c'est-à-dire en toute discordance. Bref, « la dif-férence apaise doublement. Elle apaise en laissant reposer les choses dans la faveur du monde. Elle apaise en laissant le monde se suffire dans la chose. Dans le double apaisement de la dif-férence, advient (*ereignet sich*) proprement : *die Stille* »[1].

Que faut-il entendre par là ? *Die Stille* signifie premièrement le repos et la quiétude mais en second, et inséparablement, le silence. Aussi est-il possible de traduire *Stille* par *quiescence*, mot qui, dérivé du latin *quies*, repos, désigne la qualité des lettres qui, dans certaines langues, ne se prononcent pas. Quiescence, c'est quiétude-et-silence, et elle ne saurait être comprise indépendamment de ce qui précède, à savoir le laisser-reposer-les-choses dans la faveur du monde *et* le laisser-se-suffire-le-monde dans la chose, laisser-reposer *et* laisser-se-suffire par lesquels monde et chose parviennent l'un et l'autre à leur propre. Ou, pour le dire dans la langue la plus étrangère à ce repos, celle de la métaphysique, quiescence il y a, lorsque l'étant est à sa place dans l'être sans usurper celle des autres étants, et donc celle de l'être. En ce sens, la quiescence est ce à quoi la différence ontologique porte atteinte.

De quel repos s'agit-il ? « Le repos, a dit une fois Heidegger, rassemble dans son essence le mouvement de l'approprier (*Ereignens*). Ce qui ménage et épargne en rassemblant est l'essence de la quiescence »[2]. Ressortissant à l'*Ereignis*, celle-ci est le mode d'accomplissement de la dif-férence qui porte chose *et* monde à ce qui leur est propre en abritant le monde dans la chose *et* la chose dans le monde, *dans* signifiant : par voie de transpropriation dépropriante. « Ainsi apaisés (*gestillt*), chose et monde n'échappent jamais à la dif-férence. Au contraire, ils la sauvent dans l'apaiser-quiescent (*das Stillen*) en tant que lequel elle est elle-même la quiescence »[3].

1. « Die Sprache », in *Unterwegs zur Sprache*, GA, Bd. 12, p. 26.

2. *Anmerkungen I-V* (*Schwarze Hefte 1942-1948*), GA, Bd. 97, p. 272. Cf. *Zum Ereignis-Denken*, GA, Bd. 73.1, p. 705 : « Le ménager appropriant est en même temps l'essence de l'épargner (lat. *parcere*). » Rappelons ici que le verbe *weilen* signifie aussi *quiescere*, se reposer.

3. « Die Sprache », in *Unterwegs zur Sprache*, GA, Bd. 12, p. 26-27.

N'échapper jamais à la dif-férence et la sauver, qu'est-ce à dire? Revenons à la différence ontologique comme différence entre l'être et l'étant[1]. Elle peut d'abord apparaître depuis le différencié, l'être et l'étant, et l'être s'y montre alors comme être *de* l'étant, *hors* de sa propre vérité. Elle peut ensuite paraître, c'est ici le cas *et c'est tout autre chose*, depuis le différenciant, depuis l'être *lui-même, en sa propre vérité*. Elle n'est plus alors *Differenz*, mais *Austrag*, *Unter-Schied* ou *Zwiefalt*, et si l'être *lui-même* ne relève pas de l'être *de* l'étant, d'une part il convient de renoncer à parler d'être et d'étant, d'autre part chose et monde ne peuvent manquer de reposer en paix dans la dif-férence et d'en accomplir ainsi proprement l'essence : la sauver.

Laissant reposer chose et monde en leur propre – on ne saurait mesurer la portée de cet énoncé sans souligner que cette double quiescence relève d'un domaine où πλεονεξία et ἀδικία, c'est-à-dire la métaphysique, n'ont pas lieu d'être – laissant ainsi reposer monde et chose, la dif-férence « les appelle au milieu de leur intimité », *appeler* signifiant recommander, confier, abriter, voire laisser accéder à son propre. Et si, jusqu'à présent, la dif-férence était appelée par le nom, désormais « la dif-férence est l'appelant » puisque ce qui est appelé est appelé à venir depuis la dif-férence, puisque la dif-férence « rassemble à partir d'elle les deux [*scil.* monde et chose] en les appelant dans la déchirure qu'elle est elle-même »[2].

La dif-férence ne saurait toutefois appeler chose et monde en les rassemblant sans être l'appel qui rassemble tout appel. Et dès lors que la dif-férence est l'être lui-même en sa vérité propre, il devient possible de dire que « l'ἐὸν ἔμμεναι [la présance du présant ou la duplicité (*Zwiefalt*)] abrite l'appel (*Geheiß*) qui appelle la pensée occidentale »[3] puisque « l'appel (*Geheiß*) de la dif-férence a toujours déjà rassemblé en soi tout appeller (*Heißen*) »[4]. *Et dire cela, c'est voir et entendre la différence ontologique depuis la dif-férence qui appelle monde et chose, c'est entendre et voir l'être depuis sa vérité, depuis* l'Ereignis. *Et pour ainsi voir et entendre, il faut lui appartenir, y être approprié en tant que mortel.*

Quel est le mode d'accomplissement de cet appel de la dif-férence en tant qu'il rassemble monde et chose? Tel la cloche du soir qui appelle les mortels, l'appel rassemblant s'accomplit dans le sonner. « L'appeler (*Rufen*) rassemblé sur soi qui assemble à soi dans l'appeler est le sonner en

1. Cf. *Die Grundprobleme der Phänomenologie*, (1927), GA, Bd. 24, p. 454.

2. « Die Sprache », in *Unterwegs zur Sprache*, GA, Bd. 12, p. 27.

3. *Was heißt Denken ?*, GA, Bd. 8, p. 243. *Cf.* p. 247 et Parménide, D.K 6, v. 1.

4. « Die Sprache », in *Unterwegs zur Sprache*, GA, Bd. 12, p. 27. Il convient de rappeler ici que préfixe *Ge-* marque le rassemblement.

tant que résonance (*das Läuten als das Geläut*) »[1]. Partant, l'appel de la dif-férence s'accomplit comme résonance-rassemblante de la quiescence – *Geläut der Stille* –, résonance de la quiescence qui est, au moins, la δίκη proprement pensée, voire l'accomplissement de l'*Ereignis*. Et si la langue parle en tant que la dif-férence appelle chose et monde, alors « *la langue parle en tant que résonance de la quiescence* »[2].

Cette proposition qui avère la langue en son propre parler et qui, en quelque sorte, dit, *depuis la vérité de l'être*, que l'être du dire est de dire l'être lui-même, cette proposition ne signifie pas que le silence est *à lui seul* l'essence du parler de la langue. Si la quiescence ne va pas sans le silence qui peut toujours être parlant, la première est néanmoins plus que le second. La quiescence, a-t-il été dit, ménage et épargne. Comment cela ? Ménager ou épargner, c'est « tendre (*reichen*) et libérer mais sans volonté ni violence, sans passion (*Sucht*) ni domination »[3], c'est laisser reposer quelque chose dans son propre en le laissant reposer dans « le libre qui ménage quoi que ce soit en son essence »[4], dans le libre où règne la paix[5], dans l'ouvert de l'éclaircie. Portant proprement à terme monde *et* chose, chose *et* monde, la dif-férence – l'*Ereignis* – est la quiescence même ou, pour le dire autrement, la langue parle en tant que vérité de l'être. Doublement quiescente, rassemblante, éclaircir de l'éclaircie et de son « ouvert amplement résonnant »[6], la dif-férence laisse résonner la quiescence de la chose dans celle du monde, celle du monde dans celle de la chose, accomplissant ainsi et proprement le séjourner-laissant-séjourner. Elle concilie ce qu'elle sépare et si le verbe *austragen*, porter de part et d'autre, porter à terme, signifie aussi régler un différend, le substantif *Austrag*, dif-férence, signifie aussi transaction. « La quiescence apaise (*die Stille stillt*) en portant (*austrägt*) monde et chose à leur essence » et ce porter quiescent qui règle le différend entre monde et chose, est « l'appropriation de la dif-férence (*das Ereignis des Unter-Schiedes*) »[7].

1. « Die Sprache », in *Unterwegs zur Sprache*, GA, Bd. 12, p. 27. Selon le dictionnaire Grimm, *läuten* signifie *campana pulsare*, frapper une cloche.

2. « Die Sprache », in *Unterwegs zur Sprache*, GA, Bd. 12, p. 27.

3. « Das Wort », in *Unterwegs zur Sprache*, GA, Bd. 12, p. 223.

4. « Bauen Wohnen Denken », in *Vorträge und Aufsätze*, GA, Bd. 7, p. 151.

5. Cf. *ibid.*, p. 150-151 : « Le mot paix (*Friede*) veut dire le libre (*das Freie*, *das Frye*), et libre (*fry*) signifie : préservé des dommages et de menace, préservé de … c.-à-d. ménagé. » *Cf.* aussi *Gedachtes*, GA, Bd. 81, p. 76 et J. u. W. Grimm, *Deutsches Wörterbuch*, *s.v frei*.

6. *Der Spruch des Anaximander*, GA, Bd. 78, p. 78, déjà cité.

7. « Die Sprache », in *Unterwegs zur Sprache*, GA, Bd. 12, p. 27.

De ce qui précède, il appert à nouveau que l'*Ereignis* et la dif-férence ne vont pas l'un sans l'autre, s'accordent l'un avec l'autre. En d'autres termes, l'*Ereignis* est *identité-et-différence* et non identité, différence et identité de l'identité et de la différence. Sous le titre *Identité et différence*, il convient d'entendre *Appropriation et dif-férence*[1]. Nomme-t-on *douceur* ce qui « assemble en paix »[2], et *loi* « le rassemblement de ce qui laisse quoi que ce soit venir en présance, appartenir à ce à quoi il appartient », alors « l'*Ereignis* est la plus simple et la plus douce de toutes les lois, plus douce encore que celle qu'Adalbert Stifter a reconnu comme "la douce loi". L'*Ereignis* n'est certes pas une loi au sens de norme suspendue quelque part au-dessus de nous, n'est pas un décret ordonnant et réglant un processus. L'*Ereignis* est *la* loi pour autant qu'il rassemble les mortels dans l'appropriation de leur essence et les y tient »[3].

Quelle est la « douce loi » dont parlait Stifter? Elle est d'abord celle de la beauté qui se trouve au fond du cœur[4], elle est ensuite et plus largement, « la loi de justice », « la loi morale », « la loi qui veut que chacun puisse être considéré, respecté, par les autres sans en être menacé »[5]. En quel sens l'*Ereignis* peut-il être alors tenu pour la plus douce de toutes les lois, plus douce, c'est-à-dire, pour conserver un instant le mot, plus « juste » ? À la différence de la loi morale ou de justice qui ne concerne que les hommes, et des hommes dont l'être n'est pas un moment de la vérité de l'être, l'*Ereignis* concerne toute chose ou tout séjournant qui séjourne *avec* les autres séjournants pour leur appartenir comme ils lui appartiennent et ce sur le mode toujours de la transpropriation dépropriante qui assemble en paix. *A contrario*, face au doux rassemblement de l'*Ereignis* et à la quiescence qui en est l'accomplissement, le mal se détermine comme « l'insurrection de l'effrayant, [...] qui déplace (*versetzt*) dans l'inassemblé du non-sauf et menace de consumer l'efflorescence rassemblée de la douceur »[6], détermination où *l'ef-frayant*, pris à la lettre [*ent-setzende*],

1. *Cf.* « Identität und Differenz », in *Identität und Differenz*, GA, Bd. 11, p. 29.

2. « Die Sprache im Gedicht », in *Unterwegs zur Sprache*, GA, Bd. 12, 45; *cf.* J. u. W. Grimm, *Deutsches Wörterbuch*, *s.v. sanft*.

3. « Der Weg zur Sprache », in *Unterwegs zur Sprache*, GA, Bd. 12, p. 248.

4. *Cf.* « Brigitta », *in* A. Stifter, *Werke und Briefe*, Historisch-kritische Ausgabe, Bd. I, 5, Stuttgart, Kolhammer, 1978 *sq.*, p. 473; voir aussi p. 445-446.

5. « Bunte Steine [Pierres de couleurs] », Vorrede [Préface], *in* A. Stifter, *Werke und Briefe*, Bd. 2, 2, *op. cit.*, p. 12 et 13. Heidegger a consacré un texte à Stifter : « Adalbert Stifters "Eisgeschichte" », in *Aus der Erfahrung des Denkens*, GA, Bd. 13, p. 185 *sq.*, et part. p. 196.

6. « Die Sprache im Gedicht », in *Unterwegs zur Sprache*, GA, Bd. 12, p. 56. et p. 46 où il est dit : « L'espèce de "la figure décomposée" de l'homme, le poète la nomme l'espèce "décomposante". Elle est mise hors de son mode d'être (*herausgesetz*) et est ainsi l'espèce

désigne ce qui dépose hors de la vérité de l'être et fait sortir de la double quiescence en laquelle s'accomplit l'appropriation de la différence, détermination où *sauf* signifie ce qui repose en paix dans ladite vérité et non plus dans « le bien », à moins que ce dernier ne soit compris comme « l'insistance à caractère d'existence (*daseinhafte*) dans la liberté depuis l'appartenance à l'être »[1].

"effrayée" (*entsetzte*). » *Cf.* G. Trakl, *Sämtliche Werke und Briefwechsel*, « *Siebengesang des Todes* » [Sept chants de mort], Bd. 4.1, p. 144, « *Der Abend* » [Le soir], *ibid.*, Bd. 4.2, *op. cit.*, p. 248 et « *Traum und Umnachtung* » [Rêve et assombrissement], Bd. 4.1, p. 75.

1. *Überlegungen XII-XV* (*Schwarze Hefte 1939-1941*), GA, Bd. 96, p. 159.

CHAPITRE XXIV

ROMPRE ET GARDER LE SILENCE

§ 1. POÉSIE ET PENSÉE

Résonance de la quiescence appropriant chose et monde à leur essence, « la langue [...] est pour autant que la dif-férence s'approprie »[1], puisque monde et chose qui appartiennent à la langue comme ce qu'elle dit, sourdent de ladite dif-férence. Mais quelle est la relation entre la langue qui, en son parler, n'est rien d'humain, et l'homme à l'être duquel il appartient essentiellement de parler? Comment la résonance de la quiescence en tant que parler de la langue nous permet-elle de parler en articulant des sons retentissants, articulation que Humboldt tenait, Heidegger le rappelle, pour « l'essence propre de la langue »[2]? Portant sur le parlant que nous sommes, sur la langue en tant qu'elle est, selon Humboldt toujours, « une activité (*Energeia*) et non une œuvre (*Ergon*) »[3], la question concerne le rapport de l'homme à l'être, rapport qui est l'homme même, le rapport de l'être à l'homme hors duquel celui de

1. « Die Sprache », in *Unterwegs zur Sprache*, GA, Bd. 12, p. 27.

2. « Über die Verschiedenheiten des menschlischen Sprachbaues (1827-1829) », in *Gesammelte Werke, op. cit.*, Bd. VI, 1, p. 152. Il est vrai que pour Humboldt dont l'œuvre marque selon Heidegger « le sommet » de la réflexion métaphysique sur le langage, l'articulation ne réside pas dans ce qui est « effectivement perçu par l'ouïe » mais dans « la force de l'esprit sur les organes de la parole ». L'articulation du son n'est pas son mais sens. *Cf.* « Der Weg zur Sprache », in *Unterwegs zur Sprache*, GA, Bd. 12, p. 234.

3. « Über die Verschiedenheit des menschlichen Sprachbaues und ihren Einfluss auf die geistige Entwicklung des Menschengeschlechts (1830-1835) », in *Gesammelte Werke, op. cit.*, Bd. VII, 1, p. 46. *Cf.* « Der Weg zur Sprache », in *Unterwegs zur Sprache*, GA, Bd. 12, p. 235.

l'homme à l'être serait impossible, concerne donc l'*Ereignis* qui « transproprie homme et être dans leur conjonction essentielle »[1].

Comment la langue en son parler relève-t-elle de l'*Ereignis*?

C'est par la poésie que, jusqu'à présent, la pensée s'est laissée dire le parler de la langue. Quand même n'y aurait-il pas de poésie sans pensée, l'expérience poétique de la langue n'en recouvre pas l'expérience pensante. Il est par conséquent impossible d'élucider la relation entre le parler de la langue et le nôtre tant que la pensée qui nous est propre et reçoit son essence de l'être lui-même, n'a pas fait l'épreuve de la langue comme *poésie-et-pensée*, tant que le *rapport* entre l'une et l'autre, au sein duquel tout ce qui précède a pris place, n'a pas été lui même enfin interrogé.

Évoquant leur « ancienne différence »[2], Platon signifiait déjà que poésie et philosophie n'étaient pas sans rapport l'une avec l'autre. Abstraction faite de la distinction entre pensée et philosophie, « les deux modes insignes du dire »[3] que sont poésie et pensée se déploient différemment au sein du même dire. Si tel n'était le cas, l'expérience poétique du mot que relate le poème de George n'aurait jamais pu suggérer à la pensée qui la re-pense, « ce mémorable qui, de tout temps quoique de manière voilée, est imparti à la pensée », n'aurait jamais pu laisser clignoter « quelque chose de tel qu'il y a (*es gibt*) et qui néanmoins n' "est" pas »[4], quelque chose où se retient, avec « le secret pressenti du mot »[5], celui de la langue. Appelle-t-on *contrée* ce qui s'offre ouvertement à la pensée, alors, au sein de ladite contrée, la pensée « fait face au voisinage de la poésie »[6]. Comment penser cette proximité qui, régnant entre les deux plus hauts modes du dire, ne saurait manquer d'appartenir à l'essence de ce dernier?

Sans confusion. Certes, poésie et pensée voisinent dans la même contrée mais « en vérité » – et cela signifie au regard de la vérité de l'être – « poésie et pensée sont, depuis leur essence, en leur obscurité propre, tenues l'une hors de l'autre par une tendre mais claire différence : deux parallèles, en grec παρὰ ἀλλήλω, à côté l'une de l'autre, l'une vis-à-vis de

1. « Der Satz der Identität », in *Identität und Differenz*, GA, Bd. 11, p. 47.

2. Platon, *République*, X, 607 *b* 5, déjà cité. À propos de la poésie et de la prose grecques, Humboldt parle à la fois de « différence essentielle » et de « source commune »; *cf.* « Über die Verschiedenheit des menschlichen Sprachbaues und ihren Einfluss auf die geistige Entwicklung des Menschengeschlechts (1830-1835) », in *Gesammelte Werke, op. cit.*, Bd. VII, 1, p. 196 et 202.

3. « Das Wesen der Sprache », in *Unterwegs zur Sprache*, GA, Bd. 12, p. 175.

4. *Ibid.*, p. 182, déjà cité; *cf.* p. 175.

5. *Ibid.*, p. 183.

6. *Ibid.*, p. 171. *Cf.* p. 168 : « … la contrée (*Gegend*) qui s'appelle ainsi parce qu'elle contrarie (*gegnet*), donne le champ libre à ce qui, pour la pensée, donne à penser. »

l'autre se dépassant à leur façon. Poésie et pensée ne sont pas séparées si séparation veut dire : à part sans relation. Les parallèles se coupent à l'infini. Elles s'y coupent d'une coupure qu'elles ne font pas elles-mêmes. Par celle-ci, elles sont d'abord découpées dans la délinéation (*Aufriß*) de leur essence avoisinante, c.-à-d. y sont inscrites. Cette signature est la déchirure (*Riß*). Délinéant, elle ouvre poésie et pensée à leur proximité réciproque »[1]. La déchirure entre-sépare, est dif-férence, et c'est par celle-ci que poésie et pensée se font face comme proches voisines. L'une requiert l'autre, est ce qu'elle est proprement par l'autre, et c'est pourquoi leur dif-férence est claire et tendre. *Claire*, car la dif-férence ouvre et éclaircit ce qu'elle sépare, *tendre*, si cet adjectif signifie « familier, qui réjouit et ménage »[2], et *ménager :* laisser reposer en son essence propre au sein du libre. Clarté et tendresse accomplissent ainsi la transpropriation dépropriante, la douce loi de l'*Ereignis*, et il est possible de dire que « la proximité qui rapproche est elle-même l'*Ereignis* depuis lequel poésie et pensée sont référées au propre de leur essence »[3].

Dif-férence appropriatrice, la langue se déploie comme *poésie-et-pensée* ou *proximité* et tant qu'elle n'est pas comprise depuis l'appropriation différenciatrice dont ces deux modes du dire reçoivent ce qui leur est respectivement propre, la locution « poésie et pensée » n'est qu'une « formule vide et rebattue »[4]. Et puisque c'est « toujours dans une pensée que vibre le haut poétiser de toute grande poésie »[5], l'expérience pensante de la langue qui se déploie comme *poésie-et-pensée* en constitue *proprement* l'expérience. *Elle est donc aussi celle de l'Ereignis*. Dix ans auparavant, Heidegger notait que « plus poétique que tout poétiser et tout chanter est le penser mais *en tant que* le penser. » Il ajoutait : « Le penser demeure l'essence se celant toujours et encore du poétiser, si cela veut dire : porter l'étant à son apparaître depuis un être appelé. Car la différence de l'être à l'égard de l'étant doit préalablement régner – certes inexprimée (*unausgesprochen*) et néanmoins dite dans la disance de l'être. Mais c'est cela le penser. En lui se déploie la langue. Le poétiser en tant que chanter requiert déjà l'élément préparé de la langue »[6]. Bref, *poésie-et-pensée* est un mode d'accomplissement de la dif-férence appropriante et penser l'*Ereignis*, c'est penser *poésie-et-pensée* en tant que proximité. Rien n'est

1. *Ibid.*, p. 184-185.
2. « Das Wort », in *Unterwegs zur Sprache*, GA, Bd. 12, p. 223.
3. « Das Wesen der Sprache », in *Unterwegs zur Sprache*, GA, Bd. 12, p. 185.
4. *Ibid.*, p. 176.
5. *Ibid.*, p. 163.
6. *Anmerkungen I-V* (*Schwarze Hefte 1942-1948*), GA, Bd. 97, p. 416-417.

donc plus étranger à la pensée de l'*Ereignis* que la subordination de la pensée à la poésie et, pour le dire autrement, « dans l'autre commencement, la pensée est plus ancienne que la poésie »[1].

§ 2. Le chemin

L'expérience pensante de la langue étant à nulle autre comparable, il convient d'en expliciter chaque moment. Faire une expérience, c'est atteindre quelque chose en cheminant à travers une contrée en sorte d'en être changé. Dès lors que la pensée est concernée, la contrée est, pour le dire succinctement, « l'éclaircie libératrice au sein de laquelle ce qui est éclairci et ce qui se cèle accèdent simultanément au libre. Libérant-abritant, la contrée est cette mise-en-chemin (*Be-wëgung*) en laquelle s'offrent les chemins qui appartiennent à la contrée »[2]. Toute expérience étant un chemin et celui-ci « ce qui nous laisse parvenir à ce qui vient à nous »[3], la contrée au sein de laquelle paraissent *et* ce qui est éclairci ou présant *et* ce qui se cèle ou absant, la contrée qui, « purement pensée, est le nom pour la vérité de l'être »[4] puisque λήθη et ἀλήθεια y sont unies, cette contrée peut seule donner lieu à la quiescence et à sa résonance car, rapportant les séjournants les uns aux autres, elle laisse reposer chacun dans ce qui, issu de ce rapport même, lui est propre. C'est en ce sens qu'elle est monde.

Si seule la contrée qui « institue »[5] les chemins peut donner lieu à l'expérience pensante de la langue, d'où le chemin vers l'essence de la langue reçoit-il son orientation ? Selon le cercle herméneutique où s'annonce l'*Ereignis*[6], il tient son orient de ce dont il est en quête. Nous ne saurions jamais rien atteindre sauf à en avoir été préalablement atteint – « le chemin est tel qu'il nous laisse parvenir à ce qui nous appelle (*be-langt*) »[7] – et nous ne pourrions jamais parler une langue ou de la langue sans que cette dernière ne se soit elle-même préalablement dite. « Si nous devons repenser l'essence de la langue, la langue doit d'abord se dire à nous

1. *Überlegungen XII-XV* (*Schwarze Hefte 1939-1941*), GA, Bd. 96, p. 94.
2. « Das Wesen der Sprache », in *Unterwegs zur Sprache*, GA, Bd. 12, p. 186.
3. *Ibid.*
4. *Zum Ereignis-Denken*, GA, Bd. 73.1, p. 781.
5. « Das Wesen der Sprache », in *Unterwegs zur Sprache*, GA, Bd. 12, p. 186.
6. *Cf.* « Aus einem Gespräch von der Sprache », in *Unterwegs zur Sprache*, GA, Bd. 12, p. 115 *sq.* et « Der Weg zur Sprache », *ibid.*, p. 231.
7. « Das Wesen der Sprache », in *Unterwegs zur Sprache*, GA, Bd. 12, p. 186. Heidegger donne ici au verbe *be-langen* le sens de : appeler (*be-rufen*), prendre en garde (*be-hüten*). Une note marginale renvoie à l'*Ereignis*.

ou nous avoir été déjà dite. À sa manière, la langue doit nous adresser elle-même la parole – son essence. La langue se déploie comme cette adresse. [...] L'essence de la langue s'annonce comme cette parole, comme la langue de son essence »[1]. Et puisque la langue dit l'être en sa vérité, « l'essence de la langue parle en tant que la langue de l'essence »[2], et l'expérience pensante de la langue doit alors suivre le chemin indiqué par « la parole directrice » suivante : « l'essence de la langue : la langue de l'essence »[3]. Cette parole montre le chemin parce que, disant l'essence de la langue comme langue de l'essence, elle est simultanément conforme à l'essence du chemin qui, institué par la contrée ou vérité de l'être, doit nous faire parvenir là où, en tant que parlant la langue, nous sommes toujours déjà sans y être encore proprement. Aussi le chemin est-il un mode de l'*Ereignis* : « *Chemin*, ὁδός, est l'être même en tant qu'*Ereignis* »[4] ou, pour le dire autrement, « tout est chemin »[5].

Il en va de la parole directrice comme de celle selon laquelle l'essence de la vérité est la vérité de l'essence : ce ne sont pas de simples propositions car elles marquent le saut du domaine prédicatif à un domaine qui ne l'est plus ou pas encore et que le retournement qui s'y produit bouleverse le sens des termes retournés. En effet, pour recourir à une analyse logico-

1. *Ibid.*, p. 170. *Cf.* p. 166.

2. *Ibid.*, p. 174.

3. *Ibid.*, p. 166, p. 170, p. 189 *sq.*

4. *Anmerkungen I-V* (*Schwarze Hefte 1942-1948*), GA, Bd. 97, p. 72. Cf. *Zum Wesen der Sprache und Zur Frage nach dem Kunst*, GA, Bd. 74, p. 46 : « la mise en chemin a son essence dans l'approprier ». Pour mesurer la distance qui sépare l'*Ereignis* de l'ontologie fondamentale, il suffit de rappeler que, selon cette dernière, c'est le *Dasein* qui est toujours « en chemin » ; cf. *Sein und Zeit*, GA, Bd. 2, § 17, p. 106.

5. « Das Wesen der Sprache », in *Unterwegs zur Sprache*, GA, Bd. 12, p. 187. Cette affirmation qui équivaut à celle selon laquelle « l'*Ereignis* est *la* loi » doit aussi être rendue à son contexte. Évoquant « le mot directeur de la pensée poétisante de Lao-Tseu », Heidegger écrit ceci dont la portée ne doit pas être sous-estimée puisqu'un mot *chinois*, alphabétiquement transcrit certes, vient y nommer ce à partir de quoi se déploie la métaphysique occidentale : « Le Tao pourrait être le chemin qui met tout en chemin, ce depuis quoi nous sommes d'abord en mesure de penser ce que pourraient dire proprement, c.-à-d. depuis leur propre essence, raison, esprit, sens, logos. Dans le mot "chemin", Tao, s'abrite peut-être le secret des secrets de tout dire pensant si nous laissons ces noms retourner à ce qui y est tu et sommes capables d'un tel laisser. Le règne énigmatique de la domination qui est aujourd'hui celle de la méthode provient peut-être encore de ceci que les méthodes, nonobstant leur puissance opératoire, ne sont toutefois que les eaux résiduelles d'un grand fleuve caché qui met tout en chemin, le chemin qui ouvre à tout sa voie. Tout est chemin. » Seul l'accès à l'*Ereignis* permettra donc « la rencontre du monde extrême-oriental et du monde européen » ; *cf.* « Aus einem Gespräch von der Sprache », *op. cit.*, p. 83. Sur la différence entre « méthode » et « chemin », *cf.* « Das Wesen der Sprache », *op. cit.*, p. 167 *sq.*

grammaticale, d'une locution à l'autre, le sujet n'est pas le même. Alors que dans la première, c'est la langue, dans la seconde, c'est l'essence. En outre, si dans les mots : « essence de la langue », essence signifie εἶδος, *essentia*, dans les mots : « langue de l'essence », *Wesen* est entendu verbalement et désigne le proprement essencifiant : l'être lui-même. Sans recourir au mot *être* puisqu'il s'agit de sa vérité, Heidegger précise : « "*Wesen*" signifie *währen*, durer, *weilen*, séjourner. Toutefois, la locution "*Es west*" dit plus que : cela dure et demeure. "*Es west*" signifie : cela vient en présance à... (*west an*), cela nous concerne, nous met en chemin et nous intente. Ainsi pensée, l'essence nomme le ce-qui-dure (*Währende*, le durant), ce qui en tout nous concerne parce qu'il met tout en chemin »[1]. Les mots « langue de l'essence » signifient alors que « la langue appartient à cet essencifiant, est propre à ce qui met tout en chemin comme ce qui lui est le plus propre. Ce qui met tout en chemin met en chemin tandis qu'il parle »[2].

§ 3. Χώρα ET CONTRÉE

Laissons provisoirement de côté la question de savoir comment et à quel titre la langue met en chemin, laissons cela pour revenir au Λόγος héraclitéen auquel fait sans cesse écho ce que Heidegger nomme la langue, à Héraclite qui, déjà, comprenait ce Λόγος comme contrée, et comme contrée dont relève l'ὁμολογεῖν, notre parler. En effet, Héraclite ne dit pas seulement que le Λόγος est « le rassemblement sauvegardant qui, en tant que l'un, unit l'étant en totalité et ainsi, en tant que l'être, brille à travers l'étant en totalité et le laisse apparaître dans sa lumière »[3], – le Λόγος est d'or –, il dit aussi qu'il est πάντων κεχωρισμένον, séparé de tout. Ces mots sont les derniers du fragment 108 : ὁκόσων λόγους ἤκουσα, οὐδεὶς ἀφικνεῖται ἐς τοῦτο, ὥστε γινώσκειν ὅτι σοφόν ἐστι πάντων κεχωρισμένον, « de ceux nombreux dont j'ai entendu les paroles, aucun ne parvient à savoir que chose-sage est séparée de tout. »

Peut-on toutefois tenir le Λόγος pour le thème de ce fragment qui, d'évidence, porte sur ce qui distingue en propre ce qui est à savoir ? Assurément, puisque, selon le fragment 50, savoir que le Λόγος est l'un-

1. « Das Wesen der Sprache », in *Unterwegs zur Sprache*, GA, Bd. 12, p. 190. *Cf.* J. u. W. Grimm, *Deutsches Wörterbuch*, *s.v wesen* et *s.v währen* dont les équivalents latins sont *permanere*, *manere*, *durare*, *subsistere*. Cf. *Zum Ereignis-Denken*, GA, Bd. 73.2, p. 1058 : « L'essencifiant : l'être lui-même. »

2. « Das Wesen der Sprache », in *Unterwegs zur Sprache*, GA, Bd. 12, p. 190.

3. *Heraklit*, GA, Bd. 55, p. 333.

unifiant-rassemblant est chose-sage. Mais si le Λόγος se déploie comme Un : Tout, peut-on traduire πάντων κεχωρισμένον par *séparé de tout*? Certainement pas, et comme le sens de πάντων a déjà été élucidé à l'aide du fragment 7, il s'agit de comprendre ce que dit le mot κεχωρισμένον lorsqu'il est relatif à tout étant.

Κεχωρισμένον est le participe parfait de χωρίζειν, séparer, diviser, distinguer, verbe formé d'après ἡ χώρα ou ὁ χῶρος : l'environnement, la région où séjour il y a[1]. « Les noms χώρα, χῶρος renvoient à χάω [engloutir, anéantir] (d'où χάος [chaos]), bailler, béer, se déployer, s'ouvrir ; ἡ χώρα en tant que la contrée environnante et entourante est alors "la contrée". Nous entendons par là le domaine ouvert et l'amplitude où quelque chose fait séjour, d'où il vient, part et fait encontre »[2]. Ne peut-on alors entendre le verbe χωρίζειν depuis la χώρα en sorte qu'il signifie : « porter dans un environnement, dans une contrée, et laisser venir en présance depuis cette contrée »[3] ? Sans doute, à condition toutefois qu'il soit possible de remonter à cette signification depuis le sens obvie auquel droit doit être rendu. Or, tout comme il n'y a pas de diérèse sans synthèse, il n'y a pas de séparation sans que le séparé apparaisse depuis ce dont il est séparé, si bien que, « par essence, un κεχωρισμένον n'est pas d'abord et seulement le posé-à-l'écart mais ce qui apparaît depuis une sienne contrée »[4]. Autrement dit, la séparation tire sa possibilité et son essence de la contrée où elle intervient et faire abstraction de celle-ci, c'est méconnaître celle-là.

Si tout κεχωρισμένον ne peut être pensé indépendamment de la χώρα ou contrée, ce n'est pas un étant quelconque mais le Λόγος, l'être, qui est πάντων κεχωρισμένον. Cette détermination doit donc être un trait du propre déploiement de l'être ou, pour le dire en termes grammaticaux, « le κεχωρισμένον ne peut être entendu au passif, il doit être compris au moyen »[5]. L'être, le Λόγος, se déploie donc *en tant que* πάντων κεχωρισμένον, c'est-à-dire comme la contrée où tout étant peut paraître et disparaître. « Comme rassemblement originairement sauvegardant, le Λόγος, dit Heidegger, est le présent (*Gegenwart*) à caractère de contrée venant à l'encontre, dans lequel ce qui émerge et ce qui sombre vient en

1. « "Espace" fini, propre à un usage, à une fonction, à une activité », dit P. Chantraine dans son *Dictionnaire étymologique de la langue grecque*, *s. v.*

2. *Heraklit*, GA, Bd. 55, p. 335.

3. *Ibid.*, p. 336.

4. *Ibid.*

5. *Ibid.*

présance et s'absante »[1], phrase où le mot *Gegenwart* est pris à la lettre et désigne l'encontre. Le fragment 108 peut alors pour finir être ainsi traduit : « Des nombreux λόγοι [discours] que j'ai (déjà) entendus, aucun n'est parvenu là depuis où il apprend que ce qui est proprement, à savoir relativement à tout étant, se déploie depuis sa (propre) contrée »[2]. Bref, dès lors que le Λόγος se déploie comme contrée, au regard de l'histoire de l'être, il n'y a rien d'arbitraire à ce que la langue parle comme ce qui met tout en chemin, d'autant plus qu'à la différence d'Héraclite qui aurait pu – *mais qui n'a pas* – pensé le Λόγος comme langue, Heidegger s'attache à penser le rapport de l'être lui-même à la langue elle-même – *die Sprache spricht* n'est pas seulement la traduction de ὁ Λόγος λέγει –, s'attache à penser le rapport entre la contrée en tant que vérité de l'être, et la langue, bref « la disance de l'être »[3].

§ 4. « MOTS, COMME FLEURS »

Comment la « disance » appartient-elle à « l'être » ou, pour revenir à la question laissée en suspens, de quelle manière la langue appartient-elle à la contrée, y met-elle tout en chemin et que signifie alors parler ? Selon la tradition qui va d'Aristote à Humboldt – et « la tradition demeure riche de vérité »[4] – parler est indissociable d'un retentissement vocal, fût-ce sur le mode privatif. Les jeux de mots auxquels recourent depuis toujours poètes et penseurs suffisent à l'attester. Mais si la sonorité de la langue est « un phénomène corporel »[5], si « écouter et parler et donc la langue en général, [le] sont toujours *aussi* »[6], doit-on pour autant tenir la sonorité pour la part sensible de ce dont la signification constituerait la part intelligible ? Doit-on nécessairement interpréter métaphysiquement ce que la métaphysique n'a pas manqué de voir et, du même coup, concevoir la langue depuis ce qui ne lui est pas exclusivement propre ? Ne peut-on toutefois soustraire la

1. *Heraklit*, GA, Bd. 55, p. 338. Sur le sens que revêt, dans ce contexte, le mot *Gegenwart*, cf. *ibid.*, p. 320, p. 338, p. 351, p. 371. *Cf.* « Das Wesen der Sprache », in *Unterwegs zur Sprache*, GA, Bd. 12, p. 201 où *die Gegen-Wart* est explicité comme « ce qui nous attend, regarde tourné vers nous (*uns entgegenwartet*) » et *Zum Ereignis-Denken*, GA, Bd. 73.2, p. 902 et p. 906-908 où la contrée (*Gegend*) est assimilée à *Gegenwart* et à la χῶρα.

2. *Heraklit*, GA, Bd. 55, p. 330.

3. *Anmerkungen I-V* (*Schwarze Hefte 1942-1948*), GA, Bd. 97, p. 417, déjà cité.

4. « Das Wesen der Sprache », in *Unterwegs zur Sprache*, GA, Bd. 12, p. 191.

5. *Ibid.*, p. 193.

6. *Zollikoner Seminare*, hrsg. von M. Boss, Frankfurt am Main, Klostermann, 1987, p. 126.

sensibilité et le corps aux déterminations que la tradition leur a conférées, en sorte de pouvoir penser le « sonore » ou le « corporel » de la langue depuis celle-ci et seulement depuis celle-ci ?

En 1945, dans un manuscrit qui constitue une lointaine ébauche d'*En chemin vers la langue*, considérant le sensible depuis l'*Ereignis*, Heidegger notait : « (sensible-insensible, le son – douleur) Le *sensible* est "plus sensible" que la métaphysique ne le pense : plus terrestre – *plus abritant – plus initial*; l'*insensible* est "plus supra-sensible" que la métaphysique ne le pense : plus éclairant – plus décelant – *plus initial* » [1]. Et il déterminait le terrestre comme « abritant l'ouvert, appelant le ciel et avec celui-ci d'abord dans la ronde de l'*Ereignis* » [2], ronde qui n'est autre que la transpropriation dépropriante et le jeu spéculaire des quatre : le monde [3]. Le *plus* impliquant le *moins*, c'est en reconduisant le sensible à la terre qui, en tant que telle, est sous le ciel, terre et ciel ressortissant l'une et l'autre au quadrat-monde, que doit être pensée la sonorité propre de la langue, dès l'instant où la langue se déploie comme dif-férence ou douleur s'appropriant pour monde et chose.

La reconduction du sensible au terrestre, à l'*Ereignis*, prélude à celle du corps et ce par la médiation de la différence sexuelle qui en est une marque essentielle. Dans le même manuscrit, Heidegger écrit : « Être la mémoire de la profondeur est l'essence humaine de la seule femme assurément femme (*inständig einzigen Weibes*). Être la mémoire de la hauteur est l'essence humaine du seul homme assurément homme (*Mannes*). C'est parce que l'être humain est semé dans le giron de l'*Ereignis* qu'est le début » si début (*Beginn*) signifie « l'*Ereignis* dans la mémoire » [4]. De ces singulières thèses qui font sans doute écho au fragment 13 de Parménide

1. *Zum Wesen der Sprache und Zur Frage nach dem Kunst*, GA, Bd. 74, p. 159.

2. *Ibid.*

3. *Cf.* « Das Ding », in *Vorträge und Aufsätze*, GA, Bd. 7, p. 181 *sq.*

4. *Zum Wesen der Sprache und Zur Frage nach dem Kunst*, GA, Bd. 74, p. 48. La mémoire (*Gedächtnis*) doit être ici comprise comme « rassemblement de la pensée », *cf.* « Was heisst Denken ? », in *Vorträge und Aufsätze*, GA, Bd. 7, p. 129. Cf. *Anmerkungen I-V* (*Schwarze Hefte 1942-1948*), GA, Bd. 97, p. 190 : « L'homme (*Mensch*) est le rassemblement de la pensée dans l'*Ereignis* à partir de la parenté dans la différence. » À la question de savoir pourquoi il a été impossible aux psychologues, Freud inclus, de déterminer l'essence de la masculinité et de la féminité, Heidegger répond que « cela vient de la cécité innée de l'homme à son essence », et donc de la cécité à l'égard de la dif-férence; cf. *Zollikoner Seminare*, *op. cit.*, p. 212. Ce n'est donc pas la sexualité qui peut éclairer la dif-férence mais la dif-férence la sexualité. Si tel n'était le cas, celle-ci ne saurait ni *être* humaine ni être *humaine*.

selon lequel Eros est le premier de tous les dieux[1], le premier regard de l'être, seule importe ici la compréhension de la différence sexuelle comme transpropriation dépropriante. Et s'il appartient au corps sexué de séjourner dans le monde, il est alors un mode d'accomplissement de l'*Ereignis*. C'est pourquoi, soit dit au passage, il est possible d'affirmer que « les modes de compréhension qui sont liés au corporel sont quelque chose que, jusques ici, la métaphysique n'a pas encore touché »[2], c'est aussi pourquoi l'analytique existentiale n'en dit rien ou presque[3].

Rendre le corps parlant au lieu propre de son séjour et soustraire la sonorité de la langue à toute explication « physiologique-acoustique-phonétique »[4], ne suffit cependant pas à laisser entendre cette sonorité depuis l'*Ereignis*. Encore faut-il que la langue le dise d'elle-même. Parler, c'est parler avec la bouche (*Mund*) et le mot allemand *Mundart* qui traduit le grec διάλεκτος, dialecte, désigne la manière (*Art*) de parler propre à une région, à une contrée, à un terroir. La diversité des dialectes ne pouvant principalement reposer sur celle des manières d'user des organes de phonation puisqu'elle n'est pas exclusivement phonétique, et conformément à ce que la langue dit d'elle-même, Heidegger peut soutenir que « dans le dialecte, diversement parle toujours le pays, c.-à-d. la terre. La bouche n'est pas seulement une sorte d'organe du corps représenté comme organisme mais corps et bouche appartiennent au flux et à la croissance de la terre où, mortels, nous nous développons et d'où nous recevons la solidité de quelque chose de stable »[5].

À quelle détermination de la langue sommes-nous ainsi acheminé ? Le lien de celle-ci à la terre et au monde comme quadrat est attesté par Hölderlin à qui il est légitime de faire ici appel. Pourquoi ? D'une part, si la proximité dont procède en leur différence appropriante *poésie-et-pensée*, est un mode de l'*Ereignis*, la pensée est en droit de se tourner vers la poésie pour penser la disance puisque l'une et l'autre en sourdent parallèlement. D'autre part, pour la pensée de la vérité de l'être, Hölderlin est le « *poète des poètes* »[6], le poète de l'essence de la poésie qui « doit être conçue

1. Πρώτιστον μὲν Ἔρωτα θεῶν μητίσατο πάντων… « Le premier de tous les dieux, c'est Eros qu'elle conçut… ». Depuis Simplicius, on rapporte le pronom personnel à la divinité (δαίμων) du fragment 12. Cf. *Banquet*, 178 b 10 et *Métaphysique* A, 984 b 25-27.

2. Heidegger/Fink, « Heraklit », in *Seminare*, GA, Bd. 15, p. 237.

3. Cf. *Zollikoner Seminare*, *op. cit.*, p. 292.

4. « Der Weg zur Sprache », in *Unterwegs zur Sprache*, Bd. 12, p. 241 ; *cf.* « Das Wesen der Sprache », *ibid.*, p. 193.

5. « Das Wesen der Sprache », in *Unterwegs zur Sprache*, GA, Bd. 12, p. 194.

6. *Erlaüterungen zu Hölderlins Dichtung*, GA, Bd. 4, p. 34.

depuis l'essence de la langue »[1]. S'agissant de cette dernière, il est alors permis à la pensée pour laquelle la langue est en tant que différence appropriante, de se tourner vers Hölderlin qui ne saurait être le poète de l'essence de la poésie si sa poésie ne disait pas l'essence de la langue.

Comment le fait-elle ? Dans l'hymne *Germanie*, l'aigle de Zeus dit à « la plus silencieuse fille du dieu » : « *Und heimlich, da du träumtest, ließ ich / Am Mittag scheidend dir ein Freundeszeichen, / Die Blume des Mundes zurück und du redetest einsam. / Doch Fülle der goldenen Worte sandtest du auch / Glückselige! mit den Strömen und sie quillen unerschöpflich / In die Gegenden all.* / Et en secret, pendant que tu rêvais, je te laissais / À midi, partant, un signe d'amitié, / La fleur de la bouche, et tu parlas seule. / Mais abondance de mots d'or tu envoyas aussi / Bienheureuse ! avec les fleuves et inépuisables ils coulent / En toutes contrées »[2]. La langue est fleur de la bouche dont sortent des mots d'or qui, en toutes contrées ou régions, fleurissent entre terre et ciel et qui, ainsi envoyés, mettent tout en mouvement.

Sur quel mode la langue appartient-elle au monde-quadrat ou, pour poser la question sous une autre forme, comment Hölderlin entend-il le mot ? À la fin de la cinquième strophe de l'élégie *Pain et vin*, il écrit : « *So ist der Mensch; wenn da ist das Gut, und es sorget mit Gaben / Selber ein Gott für ihn, kennet und sieht er es nicht. / Tragen muß er, zuvor; nun aber nennt er sein Liebstes, / Nun, nun müssen dafür Worte, wie Blumen, entstehn.* / Tel est l'homme ; lorsque là est le bien et que le pourvoit de dons / un dieu lui-même, il ne le sait ni ne le voit. / Porter doit-il, d'abord ; mais maintenant il nomme son plus-aimé, / maintenant, maintenant, pour cela doivent les mots, comme fleurs, éclore »[3]. Dans une autre version, Hölderlin remplaça ces vers par les suivants : « *Lang und schwer ist das Wort von dieser Ankunft aber / Weiss (Hell) ist der Augenblick. Diener der Himmlischen sind / Aber kundig der Erd, ihr Schritt ist gegen den Abgrund / Jugendlich menschlicher doch das in den Tiefen ist alt.* / Long et grave est le mot de cette venue mais / Candide (clair) est l'instant. Serviteurs des Célestes ils sont / Mais connaissant la terre, leur pas va à l'abîme / Juvénilement plus humain pourtant dans les profondeurs ancien est cela »[4].

1. *Ibid.*, p. 43.

2. « Germanien », in Hölderlin, *Sämtliche Werke und Briefe*, *op. cit.*, Bd. 1, *Sämtliche Gedichte*, p. 336, v. 70-75 ; *cf.* v. 42 *sq* et 48.

3. « Brod und Wein », *op. cit.*, p. 288, v. 87-90.

4. *Sämtliche Werke*, Grosse Stuttgarter Ausgabe, *op. cit.*, Bd. 2.2, p. 603, variante citée par Heidegger in « Das Wesen der Sprache », in *Unterwegs zur Sprache*, GA, Bd. 12, p. 195.

Pris ensemble, que disent ces vers ? Convoquant l'homme et le dieu, le ciel et la terre, les mots surgissent comme fleurs. Et si le mot apparaît dans la contrée, il y apparaît « en tant que la contrée laisse le ciel et la terre, le flux de la profondeur et la puissance de la hauteur, venir à l'encontre les uns des autres, détermine terre et ciel en contrées du monde »[1]. Est-il toutefois permis de tirer une telle conclusion à partir d'une image : « fleur de bouche » et d'une métaphore : « mots, comme fleurs » ? S'agit-il d'image et de métaphore ? Rien n'est moins sûr. D'une part, le domaine au sein duquel Hölderlin est invoqué n'est pas celui de la métaphysique dont dépend toute rhétorique, d'autre part, et s'il faut parler d'image, – « la langue du poète est toujours langue d'image. Et pourtant, cela ne suffit pas pour comprendre la poésie de Hölderlin »[2], a dit une fois Heidegger – l'image reçoit ici son sens de l'être ou du paraître dont l'or est le nom. Un poème tardif, *L'automne*, qui commence par *Das Glänzen der Natur ist höheres Erscheinen*, « L'éclat de la nature est plus haut apparaître », s'achève sur ces vers : « *Der ganze Sinn des hellen Bildes lebet / Als wie ein Bild, das goldne Pracht umschwebet* / Tout le sens de la claire image vit / comme une image que nimbe un resplendissement d'or »[3]. Vue s'offrant en laissant paraître, avec le paraissant, le paraître lui-même, l'image dont le caractère d'image vient de l'or, cette « image » est, dans toute « sa force illuminante »[4], un mode d'accomplissement de la vérité de l'être.

« Fleur », le mot n'est donc plus sensible et « nous entendons la sonorité de la langue surgir de manière terrestre »[5], de façon plus *initialement* sensible que le sensible. D'où cette sonorité terrestre du mot pourrait-elle alors retentir sinon depuis la disance qui laisse paraître le monde auquel appartient la terre comme l'un des quatre. Le retentissement du mot tire son origine du sonner-rassemblant qui laisse paraître le monde dans les choses, les choses dans le monde, et la sonorité de la langue relève de l'*Ereignis*, douce loi du quadrat où séjourne le corps. « Le retentissement, le terrestre

1. « Das Wesen der Sprache », in *Unterwegs zur Sprache*, GA, Bd. 12, p. 195. *Cf.* p. 202 : « ... les quatre contrées du monde : terre et ciel, dieu et homme – le jeu du monde. »

2. *Hölderlins Hymnen « Germanien » und « Der Rhein »*, GA, Bd. 39, p. 114.

3. « Der Herbst », in *Sämtliche Werke und Briefe*, *op. cit.*, Bd. 1, p. 470, v. 1 et v. 11-12. *Cf.* « Das Glänzen der Natur ist höheres Erscheinen », in *Zu Hölderlin – Griechenlandreisen*, GA, Bd. 75, p. 203 *sq.* Pindare parlait de ses hymnes comme de fleurs, et du rayonnement de la gloire comme d'une floraison, cf. *Olympiques*, VI, *in fine*, IX, v. 48 et *Pythiques*, I, v. 66.

4. « Zur Seinsfrage », in *Wegmarken*, GA, Bd. 9, p. 422.

5. « Das Wesen der Sprache », in *Unterwegs zur Sprache*, GA, Bd. 12, p. 196. *Cf.* « Hebel – Der Hausfreund », in *Aus der Erfahrung des Denkens*, GA, Bd. 13, p. 150.

de la langue, est retenu dans l'accord qui, par le jeu de passe de l'une à l'autre, accorde les unes aux autres les contrées conjointes en monde »[1].

§ 6. La proximité

Comment la langue qui retentit ainsi appartient-elle au jeu des quatre, aux rapports du ciel et de la terre, des divins et des mortels? Ces rapports s'accomplissent comme transpropriation dépropriante ou encore comme proximité. Celle-ci ne doit pas être conçue à partir de ce qu'elle relie ni en fonction d'une distance mesurable au sein de l'espace-temps physico-mathématique. Elle est un « vis-à-vis-l'un-de-l'autre (*Gegen-einander-über*) »[2] qui n'est pas exclusivement humain puisque, par exemple, l'ustensile à-portée-de-main possède « le caractère de la *proximité* »[3]. Ce caractère lui vient du monde, et c'est à partir du monde voire comme monde que la proximité doit être pensée. En effet, dès l'instant où il s'agit de la vérité de l'être, le monde n'a plus le sens qu'il avait dans l'analytique existentiale. « Le vis-à-vis-l'un-de-l'autre vient de plus loin (*weiter*), à savoir de cette amplitude (*Weite*) en laquelle s'atteignent terre et ciel, le dieu et l'homme »[4]. Partant, le jeu du monde-quadrat accomplit la proximité de toute proximité, est la proximité en tant que transpropriation dépropriante unissant λήθη et ἀλήθεια. « Sous le règne du vis-à-vis-l'un-de-l'autre, chacun est un pour l'autre, est ouvert, ouvert dans son s'abriter (*Sichverbergen*); ainsi l'un s'étend jusqu'à l'autre, l'un s'en remet à l'autre, et chacun demeure ainsi lui-même; l'un est sur (*über*) l'autre en tant qu'il veille sur lui (*darüber*), le garde, l'un est sur l'autre en tant qu'il le voile »[5].

La proximité n'est pas seulement monde, elle est aussi chose puisque celle-ci se déploie en rassemblant ciel et terre, divins et mortels. Sur quel mode? « La chose chose. Chosant, elle retient-en-séjour terre et ciel, divins et mortels; demeurant-en-séjour, la chose porte les quatre auprès les uns des autres en leurs lointains. Ce porter-auprès est le rapprocher. Rapprocher est l'essence de la proximité. La proximité rapproche le lointain et ce en tant que lointain. La proximité préserve le lointain.

1. *Ibid.*
2. *Ibid.*, p. 199.
3. *Sein und Zeit*, GA, Bd. 2, § 22, p. 137.
4. « Das Wesen der Sprache », in *Unterwegs zur Sprache*, GA, Bd. 12, p. 199.
5. *Ibid.* En marge de « *Sichverbergen* », Heidegger a écrit : « les lointains réciproquement confiés. » À propos du sens de *über* dans la locution *Gegen-einander-über*, cf. *Der Satz vom Grund*, GA, Bd. 10, p. 122-123.

Préservant le lointain, la proximité se déploie dans son rapprocher. Rapprochant ainsi, la proximité se cèle elle-même et, à sa manière, demeure au plus proche »[1]. À la différence de l'ustensile qui se tient *à* proximité ou *en* elle, la chose se déploie *en tant que* proximité, et celle-ci n'a pas, dans les deux cas, le même sens. Mais si « la proximité règne dans le rapprochement comme le choser de la chose »[2] et comme le monder du monde-quadrat, la différence entre monde et chose s'accomplit dans et par la proximité qui, ainsi dif-férenciée, est l'*Ereignis* même, *Ereignis* qui se cèle lui-même et qui, à ce titre, « est le plus inapparent de l'inapparent, le plus simple du simple, le plus proche du proche, le plus lointain du lointain, où nous, mortels, séjournons le temps d'une vie »[3].

Telle qu'elle vient d'être décrite, la proximité est ce qui met en chemin les contrées du monde, ce qui les rapporte les unes aux autres, les transporte les unes vers les autres et, pour désigner la proximité (*Nähe*) eu égard à ce qui en elle est, à la lettre, émouvant, à ce qui en elle est le plus proche, Heidegger, conformément à ce que permet la langue allemande, forge le mot *Nahnis :* approchement. « L'essencifiant (*Wesende*) de la proximité n'est pas la distance mais la mise en chemin du vis-à-vis-l'un-de-l'autre des contrées du quadrat du monde. Cette mise en chemin est la proximité en tant que l'approchement »[4], approchement qui est aussi, rappelons-le, « *la première* dimension [du temps] », celle « qui rassemble tout »[5] et « octroie l'ouvert de l'espace-temps »[6], qui appartient à tout voisinage.

1. « Das Ding », in *Vorträge und Aufsätze*, GA, Bd. 7, p. 179.

2. *Ibid.* La version de *La chose* finalement publiée dans les *Essais et conférences* est introduite par une interrogation sur la proximité et ce qui y soustrait, à savoir « l'effrayant (*Entsetzende*) » qui, déposant (*ent-setzende*) ce qui est hors de l'être et l'être hors de sa vérité, se confond avec l'essence de la technique. Avant d'introduire *La chose,* cette même page constituait la « note préliminaire » des quatre conférences de Brême réunies sous le titre *Regard dans ce qui est*, et qui forment l'armature des *Essais et conférences ;* cf. *Bremer und Freiburger Vorträge*, GA. Bd. 79, « Der Hinweis », p. 3-4 et « Das Ding », in *Vorträge und Aufsätze*, GA, Bd. 7, p. 167-168.

3. « Der Weg zur Sprache », in *Unterwegs zur Sprache*, GA, Bd. 12, p. 247.

4. *Ibid.*, p. 200. Cf. *Zum Ereignis-Denken*, GA, Bd. 73.2, p. 1483 : « Le plus-proche parce que l'approchement même. » Le mot *Nahnis* qui, avec d'autres, tel *Verhältnis*, rapport, disent à chaque fois différemment l'*Ereignis*, fait aussi écho à l'unique mot du fragment 122 d'Héraclite. Au terme d'un dialogue qui le porte pour titre, Ἀγχιβασίη est en effet traduit par *In-die-Nähe-gehen*, aller-dans-la proximité, « Ἀγχιβασίη », in *Feldweg-Gespräche*, GA, Bd. 77, p. 156. Sur *Verhältnis*, *cf.* par exemple *Zum Ereignis-Denken*, GA, Bd. 73.1, p. 704.

5. « Einleitung zu : "Was ist Metaphysik" », in *Wegmarken*, GA, Bd. 9, p. 377 note *a*, déjà cité.

6. « Zeit und Sein », in *Zur Sache des Denkens*, GA, Bd. 14, p. 20. Il n'y a aucune différence entre ce que, dans cette conférence, Heidegger nomme *die nähernde Nähe*, « proximité approchante », et *Die Nahnis* ; cf. *ibid.*, p. 20 n. 5.

Que signifie ce qui précède sinon d'abord que l'approchement met en chemin le vis-à-vis-l'un-de-l'autre des quatre dont chaque chose est le rassemblement, sinon ensuite, et dès l'instant où « le repos rassemble dans son essence le mouvement de l'approprier »[1], que l'approchement laisse reposer le monde dans les choses et les choses dans le monde, sinon enfin que l'approchement est l'appropriation de la quiescence. « La mise en chemin du vis-à-vis-l'un-de-l'autre dans le quadrat du monde approprie (*ereignet*) la proximité, *est* la proximité en tant qu'approchement. La mise en chemin elle-même devrait-elle s'appeler l'appropriation de la quiescence (*Ereignis der Stille*) ? »[2]

Certainement, car cette mise en chemin accorde, apaise, monde et chose, chose et monde ou, pour le dire dans la langue de l'ontologie où cet accord ne saurait avoir lieu, être et étant. Il est alors possible de comprendre en quel sens la langue « est propre à ce qui met tout en chemin comme ce qui lui est le plus propre »[3], comment elle appartient au jeu des quatre, et de commencer à en faire l'expérience pensante. Revenons à la manière dont ciel et terre, divins et mortels, s'entr'appartiennent dans la simplicité du monde. Si « chacun des quatre reflète à sa manière l'essence des autres », cette réflexion n'est pas miroitement mais, « éclairant chacun des quatre, elle approprie leur essence propre à la simple transpropriation des uns aux autres. Reflétant de cette manière éclaircissante-appropriante, chacun des quatre se passe aux autres. La réflexion appropriante libère en son propre chacun des quatre mais lie les libérés dans la simplicité de leur essentiel l'un-pour-l'autre (*Zueinander*) »[4]. L'unité des quatre s'accomplit donc de telle sorte que chacun d'eux est abrité dans et par les autres, éclairé dans et par les autres, libéré – confié au libre – dans et par les autres. Aussi, chacun laisse-t-il paraître les autres de manière libérante-abritante-éclairante. Les autres, c'est-à-dire le monde en tant que l'un-pour-l'autre des quatre ou proximité. Mais quel est le mode d'accomplissement d'un tel paraître laissant paraître? Dire signifiant : « montrer, laisser apparaître, offrir le monde de manière libérante-abritante-éclaircissante »[5], il appert aussitôt que « la disance en tant qu'essence de la langue, vibre en arrière-plan

1. *Anmerkungen I-V* (*Schwarze Hefte 1942-1948*), GA, Bd. 97, p. 272, déjà cité.

2. « Das Wesen der Sprache », in *Unterwegs zur Sprache*, GA, Bd. 12, p. 202.

3. *Ibid.*, p. 190, déjà cité.

4. « Das Ding », in *Vorträge und Aufsätze*, GA, Bd. 7, p. 180-181, déjà partiellement cité.

5. « Das Wesen der Sprache », in *Unterwegs zur Sprache*, GA, Bd. 12, p. 202. *Cf.* p. 188 : « dire signifie montrer : laisser apparaître, libérer en éclaircissant-abritant, et ce en tant qu'offrande de ce que nous nommons monde. »

(*zurückschwingt*) dans l'essence de la proximité »[1], approchement qui met en chemin le jeu des quatre. Et puisque le même mode de paraître s'accomplit comme proximité et comme langue, il est permis d'affirmer que « la proximité et la disance comme essence de la langue, sont le même »[2].

L'essence de la langue est donc bien la langue de l'essence puisque la langue appartient, sur le mode qui vient d'être précisé, au quadrat, au monde, c'est-à-dire à la contrée en tant que vérité de l'être. Aussi la langue n'est-elle pas « une simple faculté de l'homme » mais, « en tant que disance émouvant le monde, elle est le rapport de tous les rapports. Elle rapporte, entretient, étend et enrichit le vis-à-vis-l'un-de-l'autre des contrées du monde, les tient et les garde tandis qu'elle-même, la disance, se tient en elle-même »[3]. Déterminant *et* la langue *et* l'*Ereignis* comme « le rapport de tous les rapports »[4] tout en ajoutant que « la disance, reposant dans l'*Ereignis* est, en tant que montrer, le plus propre des modes de l'approprier »[5], Heidegger signifie que la langue montre ou laisse paraître les uns aux autres le ciel, la terre, les divins et les mortels, montre ou laisse paraître l'*Ereignis* dans l'*Ereignis*, accomplit ce dernier au sens où l'ὁμολογεῖν accomplissait le Λέγειν. Et de même que l'ὁμολογεῖν répondait au Λέγειν, le parler de ceux qui, en tant que mortels, appartiennent au quadrat, répond au parler de la langue elle-même, réponse où réside notre essence, puisque c'est à la vérité de l'être que nous sommes redevables de notre être.

Mais si tel est le rapport entre le parler de la langue et le nôtre, comment comprendre le caractère retentissant du parler des mortels ? Ou, plus précisément, comment la sonorité de notre parler répond-elle à celui de la langue qui est résonance de la quiescence, c'est-à-dire aussi silence ? En laissant retentir le silence comme silence à l'instant même où elle le brise. Rompre le silence, c'est en laisser retentir l'écho, et « l'*essence* de la langue, la résonance de la quiescence, *requiert* (braucht) le parler des mortels pour retentir, en tant que résonance de la quiescence, à l'ouïr des mortels. C'est seulement dans la mesure où les hommes appartiennent à la résonance de la quiescence que les mortels sont, à *leur* manière, aptes au parler retentissant »[6]. Et il s'agit du parler des mortels, puisque, Heidegger n'a

1. « Das Wesen der Sprache », in *Unterwegs zur Sprache*, GA, Bd. 12, p. 202.
2. *Ibid.*, p. 202-203.
3. *Ibid.*, p. 203.
4. « Der Weg zur Sprache », in *Unterwegs zur Sprache*, GA, Bd. 12, p. 256, déjà cité.
5. *Ibid.*, p. 255, déjà cité.
6. « Die Sprache », in *Unterwegs zur Sprache*, GA, Bd. 12, p. 27-28.

cessé de le dire sous de multiples formes, « en tant qu'écrin du rien, la mort abrite en elle l'essencifiant de l'être »[1], essencifiant auquel ressortit la disance. Pour nous, parler c'est donc *et* rompre le silence de la quiescence *et* le garder, *le rompre* en articulant des sons – « dans le retentissement, qu'il soit discours ou écrit, le silence (*Stille*) est rompu »[2] –, *le garder* puisque nous sommes par notre être même à l'écoute de la langue en tant que résonance de la quiescence appropriant chose et monde dans la différence. « Se taire répond à l'insonore résonnance de la quiescence de la disance appropriante-montrante »[3]. Aussi, rompre *et* garder le silence de la quiescence, est-ce répondre au parler de la langue et, faisant l'expérience pensante de celle-ci, devenir ainsi l'approprié de l'appropriation : un mortel.

1. « Das Ding », in *Vorträge und Aufsätze*, GA, Bd. 7, p. 180.
2. « Die Sprache », in *Unterwegs zur Sprache*, GA, Bd. 12, p. 28.
3. « Der Weg zur Sprache », in *Unterwegs zur Sprache*, GA, Bd. 12, p. 251.

CHAPITRE XXV

« PORTER À LA LANGUE LA LANGUE EN TANT QUE LANGUE »

§ 1. LA MONTRANCE

À la différence de toute philosophie de la langue qui finit, d'une manière ou d'une autre, par se heurter à la sienne propre, le chemin vers la langue jusques ici suivi a laissé apparaître que, « dans la langue en tant que disance, se déploie quelque chose comme un chemin »[1] puisque, si tout chemin laisse parvenir, c'est à l'écoute du parler de la langue que nous parvenons à parler. Il s'agit alors, en quelque sorte pour finir, de comprendre à quel titre le chemin vers la langue appartient à l'essence de celle-ci. Pour finir, c'est-à-dire en ressaisissant d'une autre manière tout ce qui précède, à savoir « un chemin vers la langue [...] entrelacé à un parler qui souhaiterait précisément libérer la langue pour la représenter en tant que langue, et énoncer le représenté », ce qui, poursuit Heidegger « atteste du même coup que la langue elle même nous a entrelacé dans le parler »[2]. Et dénouer cet entrelacs de relations où réside le propre de la langue et la langue du propre, c'est « *porter à la langue la langue en tant que langue* (die Sprache als die Sprache zur Sprache bringen) »[3], formule où le mot *langue* dit à chaque fois autre chose et la même chose.

Qu'est-ce qui appartient à la langue en tant que telle et comment répondre sans recenser ce qui attient au parler, ce qui parle toujours avec et dans ce parler de chaque fois qui, pris en totalité, est, selon Humboldt

1. « Der Weg zur Sprache », in *Unterwegs zur Sprache*, GA, Bd. 12, p. 245.
2. *Ibid.*, p. 230-231.
3. *Ibid.*, p. 230.

auquel Heidegger ne cesse de prêter attention, la langue elle-même[1]. Parler, c'est venir en présance en tant que parlant auprès de ce dont on parle (les choses et le monde) mais aussi auprès de ceux avec qui on parle (les autres hommes, soi-même, les dieux). Quant au parlé, il peut être énoncé ou adressé, s'évanouir sitôt prononcé ou demeurer comme ce qui est adressé ou destiné par l'être. En faut-il un exemple ? À propos du premier satellite artificiel et pour corroborer la thèse selon laquelle il n'y a pas de chose sans mot, Heidegger écrivait : « Si la hâte, au sens de la plus grande accélération de vitesse techniquement possible, hâte dans le champ de laquelle les machines et appareils modernes peuvent seulement être ce qu'ils sont, si cette hâte ne s'était pas adressée à l'homme en le revendiquant par son appel, si l'appel à une telle hâte n'avait pas provoqué et disposé l'homme, si la parole de ce poser n'avait pas parlé, alors il n'y aurait pas de Spoutnik : aucune chose n'est là où le mot fait défaut »[2].

Qu'est-ce à dire sinon d'abord que ce qui semble être séparé du parler ne manque pas de lui appartenir, sinon ensuite que tout ce qui appartient au parlé tire son origine d'une adresse destinale de l'être et donc, plus encore, de ce non-parlé qu'est la langue elle-même en tant qu'elle relève de la vérité de l'être. Rappelons-le, l'appel de la dif-férence la laisse tue et, entre-tenant les contrées du monde, la langue, en tant que disance montrante, se retient en soi, « détourne de soi pour ainsi libérer le montré dans le propre de son apparaître »[3]. Mais comment accédons-nous à ce non-parlé qu'est la langue elle-même, où cette dernière s'annonce-t-elle ? « Étrangement, là où, pour quelque chose qui nous concerne, nous attire, nous assaille ou nous enflamme, nous ne trouvons pas le mot juste. Nous laissons alors ce que nous visons dans le non-parlé et passons ainsi, sans bien y penser, par des instants où la langue elle-même et son essence nous ont effleurés de loin, fugitivement »[4]. Bref, parlant depuis la langue, nous parlons toujours depuis le non-parlé en et par lequel la langue vient silencieusement au parler en tant que langue.

Il serait impossible de porter à la langue la langue en tant que langue sans unifier « les multiples éléments et relations »[5] qui viennent d'être

1. Cf. *ibid.*, p. 235-236 et W. v. Humboldt, « Über die Verschiedenheit des menschlichen Sprachbaues und ihren Einfluss auf die geistige Entwicklung des Menschengeschlechts (1830-1835) », in *Gesammelte Werke, op. cit.*, Bd. VII, 1, p. 46.

2. « Das Wesen der Sprache », in *Unterwegs zur Sprache*, GA, Bd. 12, p. 155. *Cf.* « Der Satz der Identität », in *Identität und Differenz*, GA, Bd. 11, p. 43 *sq.*

3. « Der Weg zur Sprache », in *Unterwegs zur Sprache*, GA, Bd. 12, p. 251. *Cf.* « Die Sprache » et « Das Wesen der Sprache », *ibid.*, p. 25 et p. 203, déjà cités.

4. « Das Wesen der Sprache », in *Unterwegs zur Sprache*, GA, Bd. 12, p. 151.

5. « Der Weg zur Sprache », in *Unterwegs zur Sprache*, GA, Bd. 12, p. 240.

brièvement recensés. Heidegger nomme *Aufriß* l'unité propre de la langue. Quel est le sens de ce mot et qu'est-ce qui en justifie l'emploi ? *Aufriß*, cela a été dit, est le plan ou la représentation géométrale d'une façade, son aspect. Déterminant l'εἶδος, l'aspect, comme « *der Aufriß und Umriß*, la délinéation et le contour en lesquels le présant en tant que tel ressort-et-paraît, et est ainsi limité et délimité »[1], Heidegger accorde du même coup à *Aufriß* une portée « essentielle » puisque la limite est ce à partir de quoi quelque chose vient en présance. De plus, les verbes *aufreißen* et *umreißen* signifient respectivement ouvrir et tracer. Désignant l'unité propre de la langue, « *Auf-Riß*, la déchirure-ouverture, est [alors] l'ensemble des traits de ce dessin (*Zeichnung*) qui ajointe de part en part ce qui est ouvert, le libre de la langue. La délinéation (*Aufriß*) est le plan-dessin de l'essence de la langue, la conjonction d'un montrer où les parlants et leur parler, le parlé et son non-parlé, sont disposés à partir de l'adressé »[2]. Recourir au mot *Auf-Riß* pour nommer l'unité propre de la langue, c'est la reconduire à ce qui s'ouvre (*Auf*) dans la déchirure (*Riß*), à la dif-férence *et* à l'*Ereignis*, c'est aussi mais secondairement, la soustraire à ce que Humboldt, accomplissant la détermination métaphysique de la langue, nommait sa « forme interne », forme qu'il imputait au « travail de l'esprit »[3] et non à la seule langue.

Si la déchirure qui ouvre – la dif-férence appropriante – rassemble originairement ce qui, sur de multiples modes, concerne le parler, comment décrire celui-ci ? Au regard de ce qui vient d'être dit, « le parler et le parlé se montrent d'emblée comme ce par et en quoi quelque chose vient au langage (*zur Sprache kommt*, est mis sur le tapis) c.-à-d. apparaît *pour autant que quelque chose est dit* »[4]. Ce dernier verbe n'est cependant pas synonyme de *parler* puisqu'on peut parler pour ne rien dire et dire quelque chose d'essentiel sans parler. Que dit alors d'elle-même la langue par le verbe *dire* ? Qu'il s'agisse du grec φημί, du latin *dicere*, de l'allemand *sagen*, dire c'est montrer, faire voir ou faire entendre[5]. Parler les uns avec les autres,

1. *Der Spruch des Anaximander*, GA, Bd. 78, p. 231.

2. « Der Weg zur Sprache », in *Unterwegs zur Sprache*, GA, Bd. 12, p. 240. De même que *Unter-Schied* n'est pas *Unterschied*, *Auf-Riß* n'est pas *Aufriß*.

3. « Dans ce travail de l'esprit qui élève aussi complètement que possible le son articulé à l'expression des pensées, ce qu'il y a de constant et d'uniforme, saisi dans son ensemble et systématiquement présenté, constitue la forme de la langue » dit Humboldt ; *cf.* « Über die Verschiedenheit des menschlichen Sprachbaues und ihren Einfluss auf die geistige Entwicklung des Menschengeschlechts (1830-1835) », in *Gesammelte Werke, op. cit.*, Bd. VII, 1, p. 47 ; *cf.* p. 86 *sq.*

4. « Der Weg zur Sprache », in *Unterwegs zur Sprache*, GA, Bd. 12, p. 241.

5. *Cf.* « Moira (Parmenides, VIII, 34-41) », in *Vorträge und Aufsätze*, GA, Bd. 7, p. 249 : « Φάσις est le dire (*die Sage*) ; dire (*sagen*) signifie : porter à l'apparaître. Φημι, je dis, est, en

c'est apparaître les uns aux autres tout en montrant ce que dits et contredits laissent eux-mêmes apparaître. Quant au non-parlé dont sourd tout parler, il est le non-dit, c'est-à-dire ce qui n'est pas encore montré pour demeurer celé mais dont le cèlement doit, autrement certes, paraître *en tant que* cèlement ou secret puisqu'il est nommé. Dès lors, « en tant que dire, le parler appartient au plan (*Aufriß*) de l'essence de la langue sillonnée par des modes du dire et du dit où s'annoncent, se disent et dédisent : se montrent ou se retirent, le présant et l'absant. Considérant les rapports du dire », poursuit Heidegger, « nous nommons *disance* l'essence de la langue dans son ensemble, en convenant que, pour l'instant, ce qui unifie ces rapports n'est pas encore aperçu »[1]. Cette dénomination s'impose, car c'est depuis le montrer que le dire a été le plus anciennement compris, et c'est la raison pour laquelle *die Sage* (la disance) est également la traduction de μῦθος. Reprenant un mot tombé en désuétude, *die Zeige*, la montre ou la montrance, Heidegger peut alors écrire : « *L'essencifiant de la langue est la disance en tant que montrance* »[2].

Essence de la langue et des rapports qui s'y nouent, cette montrance qui, « dévoilant ou voilant, laisse briller-paraître quelque chose »[3], ne saurait être attribuée au seul parler humain puisque le montrer en tant qu'apparaître concerne l'absence ou la présence de tout présant, quel qu'il soit, puisque le paraître est un trait de l'être. *La montrance* ressortit à l'être, elle *est*, au double sens du génitif, *montrance de l'être* ou, pour le dire autrement, « le mot appartient à l'essencification de l'être lui-même, accomplissant ainsi la suprême fidélité à son unique essence »[4]. Mais si, plus encore que le dieu, la langue appartient à l'être comme la montrance qui lui est propre, c'est aussi de l'être que nous tenons le nôtre dont l'essence repose dans la langue, de sorte que nous ne parlons jamais qu'à l'écoute du parler de la langue qui est la montrance de tout montrer, l'or de l'or. L'ὁμολογεῖν ne répondait-il pas déjà au Λέγειν du Λόγος, n'en était-il pas l'accomplissement? Toutefois, et ici réside ce qui distingue Heidegger d'Héraclite, l'autre commencement du commencement grec où l'être s'est lui-même donné dans la parole, il s'agit dorénavant de penser

son essence, et sans être identique, le même que λέγω : porter à l'apparaître et à s'étendre-devant le présant dans sa présance. »

1. « Der Weg zur Sprache », in *Unterwegs zur Sprache*, GA, Bd. 12, p. p242.
2. *Ibid.*
3. *Ibid.*, p. 233.
4. *Überlegungen VII-XI*, (*Schwarze Hefte 1938/1939*), GA, Bd. 95, p. 288.

« immédiatement »[1] – l'adverbe est décisif qui marque la différence entre les deux commencements – l'essence de la langue depuis celle de l'être dont nous sommes partie prise et prenante.

Si, *en tant qu'il appartient à l'être*, le montrer est l'essence de la langue, alors *la langue disante est autant montrance de l'être que la montrance de l'être langue disante*. Et si « la langue parle dès lors que, comme montrance s'étendant à toutes les régions (*Gegenden*) de la présance, elle laisse, depuis ces dernières et à chaque fois, apparaître et disparaître le présant »[2], rien ne saurait apparaître ou disparaître, être vu et perçu ou cesser de l'être, sans avoir d'abord été dit. En ce sens, « tout est langue »[3], et c'est seulement depuis celle-ci que se montre en *sa* vérité le *est*. « La disance donne le "est" dans le libre éclairci où, simultanément abrité, il est pensable »[4]. En ce sens encore, le nom confère en vérité le *est* à la chose de sorte que si celui-là est « constitutif » de celle-ci, le rapport de l'un à l'autre, la chosifiance, est désormais pleinement élucidé. En écho peut-être à ce qui précède et au titre ambigu des « Phrases sorties du songe », Ponge releva celle-ci : « le raisin n'est pas autre chose que ce mot même »[5].

Mais comment le *est* pourrait-il être pensé – et penser l'être, c'est accomplir proprement le nôtre – si nous n'étions pas proprement à l'écoute du parler-montrant de la langue, si nous ne nous laissions pas d'abord dire la disance elle-même et par elle-même, « disance jusqu'à maintenant encore non-parlée »[6]. Un tel se-laisser-dire-à-l'écoute, un tel se-laisser-montrer qui précède le montrer dont nous pouvons avoir l'initiative, requiert toutefois que notre être soit impliqué dans cette disance-montrante ou montrance-disante. En écho aux premiers mots du fragment 50 d'Héraclite – « Οὐκ ἐμοῦ ἀλλὰ τοῦ Λόγου ἀκούσαντας : si vous ne m'avez pas seulement écouté (moi qui parle) mais si vous vous tenez dans une appartenance-à-l'écoute (*Gehören*), alors proprement est l'entendre (*Hören*) »[7] –, déterminant le rapport entre le parler de la langue et celui qui

1. « Logos (Heraklit, Fragment 50) », in *Vorträge und Aufsätze*, GA, Bd. 7, p. 233, déjà cité.

2. « Der Weg zur Sprache », in *Unterwegs zur Sprache*, GA, Bd. 12, p. 243.

3. *Zum Ereignis-Denken*, GA, Bd. 73. 2, p. 1364. Ici encore, cette affirmation signifie que « l'*Ereignis* est *la* loi ».

4. « Das Wesen der Sprache », in *Unterwegs zur Sprache*, GA, Bd. 12, p. 203.

5. Note du 20 juillet 1977, citée par B. Beugnot et B. Veck, *in* « Le "Scriptorium" de Francis Ponge », *Œuvres complètes*, « Bibliothèque de la Pléiade », t. 1, Paris, Gallimard, 1999, p. XL. Une traduction française de *Unterwegs zur Sprache* a été publiée en 1976.

6. « Der Weg zur Sprache », in *Unterwegs zur Sprache*, GA, Bd. 12, p. 243.

7. « Logos (Heraklit, Fragment 50) », in *Vorträge und Aufsätze*, GA, Bd. 7, p. 222, déjà cité.

nous est propre, Heidegger, remontant du Λόγος à la langue montrante-disante, peut donc dire *à nouveau* que « nous l'entendons (*hören*) uniquement parce que nous lui appartenons (*gehören*). » Et il peut aussi *à nouveau* préciser que « c'est seulement à ceux qui lui appartiennent que la disance octroie d'écouter la langue et ainsi de parler. Un tel octroi perdure dans la disance. Il nous laisse parvenir au pouvoir de parler. L'essencifiant de la langue repose dans la disance ainsi octroyante »[1]. Le *rapport* entre la disance et notre dire n'est-il pas alors la disance même, et celle-ci, le plus propre des modes de l'*Ereignis* ?

§ 2. *EN CHEMIN VERS LA LANGUE*

Dès l'instant où nous ne parlons qu'à l'écoute de la langue, le chemin vers la langue y prend nécessairement place puisqu'il s'accomplit en parlant ladite langue. Aussi le propre de la langue qui requiert le parler des mortels à défaut duquel la quiescence ne pourrait résonner, aussi ce propre doit-il résider dans le chemin par lequel la disance nous laisse parvenir à l'écouter, à parler en réponse, à accomplir notre être dans la vérité de l'être. « Le chemin vers le parler se déploie dans la langue elle-même. Le chemin vers la langue au sens du parler en tant que dire, est la langue en tant que disance. Le propre de la langue se cèle dans le chemin en tant que lequel la disance laisse venir à la langue ceux qui l'écoutent »[2]. Et si écouter, c'est appartenir à l'écouté, la disance ne saurait nous octroyer de parler sans nous laisser lui appartenir, laisser-appartenir qui ne peut par conséquent manquer d'abriter « le proprement essencifiant du chemin vers la langue »[3].

Qu'est la disance en tant qu'elle laisse appartenir à l'écoute et comment répondre sans le faire depuis ce qui en est l'essence, à savoir le montrer ? Sur chacun des éléments, sur chacune des relations que rassemble la langue en tant que déchirure-ouvrante, sur tout cela règne le montrer qui laisse autant apparaître le présant que disparaître l'absant. Il faut le souligner, l'essentiel en dépend, « la disance n'est nullement l'expression linguistique après-coup d'un apparaissant, bien plutôt tout briller-paraître et pâlir-disparaître repose dans la disance montrante. Elle libère le présant dans sa présance de chaque fois, elle relâche l'absant dans son absance de chaque fois. La disance règne de part en part sur le libre de l'éclaircie qu'elle

1. « Der Weg zur Sprache », in *Unterwegs zur Sprache*, GA, Bd. 12, p. 244.
2. *Ibid.*, p. 245.
3. *Ibid.*

ajointe, que recherche tout paraître, que délaisse tout disparaître, éclaircie au sein de laquelle se montre et dans laquelle doit se dire toute présance et toute absance »[1]. Parvenant ainsi à cette contrée où montrer, c'est dire, où le montrer concerne autant le présant présent que le présant non-présent, l'absant, contrée hors laquelle l'être n'aurait jamais pu se donner initialement dans la parole, à laquelle aucun Grec, pas même Héraclite, n'a jamais *proprement* accédé, mais sans laquelle aucun Grec, pas même Héraclite, n'aurait pu penser l'être comme rassemblement ou Λόγος, Heidegger peut alors tenir la langue, la disance, pour « le rassemblement ajointant tout briller-paraître du montrer en lui-même multiple qui, partout, laisse demeurer auprès de lui-même le montré »[2] ou, pour reprendre l'énoncé singulier de la conférence *De l'essence de la vérité*, « l'ajointement bien gardé de la vérité de l'étant en totalité »[3]. C'est donc dans la montrance-disante en tant qu'elle appartient à l'être que le rapport du montrer à son montré trouve son origine, rapport qui, dit Heidegger, « n'a jamais été purement déployé à partir de lui-même et de sa provenance »[4]. En d'autres termes, toute phénoménologie quelle qu'elle soit, dérive de la langue comme disance-montrante et celle-ci n'est pas passible de celle-là. Sans doute Heidegger a-t-il qualifié la pensée de l'*Ereignis* de « phénoménologie de l'inapparent »[5], mais ce titre n'aurait guère de sens si *inapparent* n'y signifiait pas : inapparent pour et à toute phénoménologie.

D'où provient le montrer qui, inséparable de ce qu'il montre et pour cette raison, s'accomplit comme quiescence ? La question ne saurait être posée si le montrer n'avait pas déjà eu lieu. « Nul besoin ici d'une longue enquête. Il suffit du simple, du soudain, de l'inoubliable, et donc toujours nouveau regard dans ce qui, certes, nous est familier, mais que nous ne cherchons même pas à savoir et encore moins à connaître sur le mode qui convient. Ce familier inconnu dont l'incitation incite tout montrer de la disance, est, pour toute présance et absance, le matinier de ce matin avec lequel se lève l'alternance possible du jour et de la nuit : le plus matinal et tout à la fois l'archi-ancien »[6].

1. « Der Weg zur Sprache », in *Unterwegs zur Sprache*, GA, Bd. 12, p. 246.

2. *Ibid.*

3. « Vom Wesen der Wahrheit », in *Wegmarken*, GA, Bd. 9, p. 198-199, déjà cité.

4. « Der Weg zur Sprache », in *Unterwegs zur Sprache*, GA, Bd. 12, p. 233.

5. Lettre à R. Munier du 16 avril 1973, *Cahiers de L'Herne Martin Heidegger*, *op. cit.*, p. 111-112 ; *cf.* « Seminar in Zähringen 1973 », in *Seminare*, GA, Bd. 15, p. 399.

6. « Der Weg zur Sprache », in *Unterwegs zur Sprache*, GA, Bd. 12, p. 246.

De quoi s'agit-il ? Pour être inoubliable, le regard doit porter sur l'inoubliable, c'est-à-dire être porté, éclairé, par lui. Qu'est-ce qui est proprement inoubliable sinon ce qui ouvre la plus haute possibilité de l'oubli, sinon la vérité de l'être elle-même. En outre, dès l'instant où, pour les Grecs, « le jour et la nuit montrent l'appropriation (*Ereignis*) du décélement et du cèlement »[1], le familier inconnu qui les précède ne peut être que le rapport qui leur donne lieu en donnant lieu à l'être lui-même, l'essence de la vérité de l'être en tant qu'unité du cèlement et du décèlement : l'*Ereignis*. Et le mot Ἀλήθεια n'est pas prononcé parce que l'*Ereignis* ne relève pas de l'Ἀλήθεια mais l'Ἀλήθεια de l'*Ereignis*.

C'est l'*Ereignis*, rapport de la λήθη et ἀλήθεια et dont proviennent l'une et l'autre, c'est l'*Ereignis* qui incite le montrer de la langue et dire cela, c'est, dans une certaine mesure, renouer une fois encore avec Héraclite selon qui le Λόγος est l'Ἀλήθεια. Mais d'où cette incitation viendrait-elle si ce n'est de l'appropriation même, et comment l'*Ereignis* mettrait-il en branle le montrer de la langue sans qu'un branle lui appartienne ? Identité-et-différence, domaine de l'entre, l'appropriation est « un domaine en soi oscillant (*schwingende*) »[2], et c'est pourquoi la disance « oscille en arrière-plan (*zurückschwingt*) dans l'essence de la proximité »[3]. Il faut y insister, le domaine de l'appropriation est de part en part oscillant, – « dans l'*Ereignis*, lui-même oscille en contre-oscillant »[4]. C'est par là, et par là seulement, qu'il n'est ni substance ni sujet ni substance comme sujet, c'est à partir de là, et de là seulement, que « la langue peut être détachée de la dialectique »[5], qu'il s'agisse de celle de Platon ou de celle de Hegel.

Si « *ce qui incite dans le montrer de la disance est l'approprier* (das Eignen) »[6], celui-ci apporte au présant ou à l'absant ce qui lui est à chaque fois propre en sorte que chacun puisse se montrer en lui-même et séjourner comme il lui sied. Pour le dire autrement, l'*Ereignis* confie les choses au monde et le monde aux choses. En ce sens, l'appropriation, qui ne va pas sans la déchirure de la dif-férence dont sourdent monde et chose, l'appropriation « donne le libre de l'éclaircie où le présant vient à durer,

1. *Parmenides*, GA, Bd. 54, p. 89.

2. « Der Satz der Identität », in *Identität und Differenz*, GA, Bd. 11, p. 46, déjà cité.

3. « Das Wesen der Sprache », in *Unterwegs zur Sprache*, GA, Bd. 12, p. 202, déjà cité.

4. *Beiträge zur Philosophie*, GA, Bd. 65, p. 262 ; *cf.* p. 57, 251, 261, 351, 383, 387.

5. Lettre du 10 octobre 1954, in Hannah Arendt/Martin Heidegger, *Briefe 1925 bis 1975*, *op. cit.*, p. 148.

6. « Der Weg zur Sprache », in *Unterwegs zur Sprache*, GA, Bd. 12, p. 246. Le verbe *eignen* signifie approprier, qualifier, convenir.

d'où l'absant se retire et, dans le retirement, peut conserver sa durée »[1]. Plus, laissant l'être lui-même, la présance, venir à son propre, l'*Ereignis* est indérivable et, à ce titre, peut seulement s'offrir, inoubliable, au regard et à l'expérience. Cela signifie d'abord que l'appropriation unifie les rapports constitutifs du dire sur lesquels règne le montrer, cela signifie ensuite qu'elle donne lieu au briller-paraître indissociable de l'être lui-même, de son éclaircie. « L'or du briller-paraître inapparent de l'éclaircie [...] est le pur approprier »[2]. La langue allemande le dit d'elle-même puisque le verbe *eignen* signifie aussi apparaître[3]. *Aussi* mais *autrement*, car « le montrer appropriant »[4] de la disance est irréductible au se-montrer du phénomène.

La montrance de la langue reposant dans l'appropriation qui en unifie les multiples moments et rapports, il doit en aller de même de l'écoute de ladite langue, écoute inséparable du parler puisque nous lui en devons le pouvoir, écoute à laquelle nous sommes redevables de notre essence d'être parlant. À l'écoute de la langue, depuis celle-ci et en réponse à son adresse, l'homme appartient en son essence même à cela qui l'approprie à son propre, c'est-à-dire à la vérité de l'être. « La remise en propre de l'homme, en tant qu'écoutant, à la disance, est remarquable en ceci qu'elle remet l'essence de l'homme à son propre, mais uniquement afin que, comme parlant, c.-à-d. disant, l'homme réplique à la disance, et ce à partir de ce qui lui est propre. Cela est : le retentir du mot »[5].

1. « Der Weg zur Sprache », in *Unterwegs zur Sprache*, GA, Bd. 12, p. 247.

2. « Aletheia (Heraklit, fragment 16) », in *Vorträge und Aufsätze*, GA, Bd. 7, p. 288, déjà cité.

3. Cette acception est attestée par Goethe lorsqu'il fait dire à Faust : *Von Aberglauben früh und spät umgarnt : / Es eignet sich, es zeigt sich an, es warnt*, « Encerclé matin et soir de superstitions, / Ça apparaît, ça se montre, ça prévient », ou qui, dans des vers de circonstance, écrit : *Sei auch noch so viel bezeichnet, / Was man fürchtet, was begehrt, / Nur weil es dem Dank sich eignet, / Ist das Leben schätzenwert*, « Que soit autant signalé / le craint que le désiré, / C'est seulement parce qu'elle convient au merci / Que la vie vaut l'estime. » Dans ces occurrences, la signification de *eignen* avoisine celles de *montrer*, de *convenir* et d'*être propre à...* Cf. *Faust*, II, v. 11416-11417, et « Dem Großherzog Carl August zu Neujahr 1828 », in *Werke*, Hamburger Ausgabe, München, C.H. Beck, 1996, Bd. 1, *Gedichte und Epen I*, p. 339. Heidegger emprunte ces citations au dictionnaire Grimm qui rapproche *eignen* de la forme ancienne du verbe *eräugnen*, mettre devant les yeux et où il est également dit que *es eignet sich* équivaut à *es erscheint*. *Cf.* « Der Weg zur Sprache », in *Unterwegs zur Sprache*, GA, Bd. 12, p. 247-248.

4. « Der Weg zur Sprache », in *Unterwegs zur Sprache*, GA, Bd. 12, p. 251.

5. *Ibid.*, p. 249. En marge de « retentir », Heidegger a noté : « Retentir et corporer – corps et écriture ».

L'appropriation en tant que rapport de l'homme à l'être se déployant dans la vérité de celui-ci et où, pour cette raison, l'homme n'est plus l'homme mais le mortel – « la mort est la déchirure de l'*Ereignis* »[1], a dit une fois Heidegger, et cette détermination pourrait aussi bien être celle de la langue –, l'appropriation est donc ce par quoi la langue prend corps dans le parler, « parvient au parler »[2]. Mais comment pourrait-elle parvenir au parler-écoutant-répondant sans qu'un chemin lui appartienne et comment pourrait-il lui appartenir sans qu'elle ressortisse à l'*Ereignis* ? Dès lors, « en ce chemin qui appartient à l'essence de la langue, s'abrite le propre de la langue. Le chemin est appropriant »[3]. Sur quel mode l'est-il? Avant de relier un lieu à un autre, le chemin met en chemin. Laissant la langue prendre corps, retentir, dans la réponse qu'est notre parler, l'appropriation achemine la disance vers le parler et, du même coup, l'homme à la vérité de l'être et de la sienne propre. Ainsi, « la mise en chemin porte la langue (l'essence de la langue) en tant que langue (la disance) à la langue (au mot retentissant) »[4].

Qu'est-ce à dire sinon d'abord que les relations entre ces trois acceptions du mot *langue* déploient celle-ci en tant que mode de l'*Ereignis* et que, rassemblées dans et par la déchirure-ouvrante, ces relations constituent « la forme d'ajointement »[5] de la langue, forme qui, d'une certaine manière, n'est autre que la « forme interne » dont parlait Humboldt mais *en tant qu'elle est pensée depuis le seul parler de la langue,* depuis la vérité de l'être. Et si « le chemin vers la langue a toujours déjà son unique lieu dans l'essence de la langue elle-même »[6], cela signifie ensuite et surtout que l'*Ereignis* dont relève ladite langue rend impossible toute distinction entre celle dont nous parlons et celle par laquelle nous en parlons puisque c'est la langue elle-même qui, en son propre parler, en tant que disance montrante, requiert le parler retentissant au sein duquel *nous* pouvons en réponse dire-montrer la langue en tant que langue disante-montrante. Partant, le recueil *En chemin vers la langue* est lui-même le plus haut mode d'accomplissement de l'*Ereignis* et, disant que le chemin est appropriant, Heidegger ne dit rien d'autre.

1. *Anmerkungen I-V* (*Schwarze Hefte 1942-1948*), GA, Bd. 97, p. 328.
2. « Der Weg zur Sprache », in *Unterwegs zur Sprache*, GA, Bd. 12, p. 249.
3. *Ibid.* C'est parce que tel est le chemin qu'il est aussi « ce qui, dans le penser, demeure » ; *cf.* « Aus einem Gespräch von der Sprache », *ibid.* p. 127.
4. « Der Weg zur Sprache », in *Unterwegs zur Sprache*, GA, Bd. 12, p. 250.
5. *Ibid.*
6. *Ibid.*

Ce qui précède avère que nous sommes toujours déjà impliqué dans le parler de la langue puisqu'il requiert le nôtre qui, par essence, y répond. *À proprement parler*, nous ne pouvons donc jamais nous tenir hors (*aus*) de la disance (*Sage*) et prendre celle-ci pour thème ou sujet d'un énoncé (*Aussage*). « La disance, son propre, ne se laisse pas capturer dans un énoncé »[1], dire l'*Ereignis*, c'est dire depuis et selon l'*Ereignis*. Seul cet état-de-chose permet de comprendre pourquoi la vérité de l'être n'est passible d'aucune proposition, et c'est seulement depuis cet état-de-chose que doit être entendue la formule « la langue parle », formule qui repose sur cette autre : « l'appropriation approprie » et formules qui, ensemble, répondent à celle de Parménide : ἔστι γὰρ εἶναι : il est en effet être.

À proprement parler, c'est-à-dire à condition que nous séjournions là où, proprement, nous sommes : dans le parler de la langue-disance, dans l'*Ereignis*. Montrante, la langue y repose comme le plus propre de ses modes puisque, appropriant les unes aux autres les contrées du monde, les rassemblant, elle vient à la langue par le parler retentissant des mortels qui, avec les divins, le ciel et la terre, constituent le monde. Dès lors, « l'*Ereignis* est disant » et « la langue parle suivant la façon dont l'*Ereignis* en tant que tel se décèle ou se retire »[2].

Mais si l'*Ereignis* – la vérité de l'être – est seul à pouvoir se déceler ou se retirer, comment, ici et maintenant, sous le règne de l'oubli de l'être dont l'essence de la technique ou dispositif (*Gestell*) est la consommation, comment pouvons-nous le pressentir, nous qui tenons notre être de l'être et notre vérité de la sienne ? D'une part, « c'est seulement dans l'extrême retrait de l'être que la pensée perçoit l'essence de l'être » et « nous sommes ainsi faits que c'est seulement dans la perte de ce qui est perdu que luit ce qui nous appartient »[3], d'autre part, le dispositif est lui-même un mode de l'appropriation. Si « la physique théorique est proprement *la* pure technique »[4], un exemple tiré de celle-là doit suffire à le faire voir. En vertu des relations d'indétermination de Heisenberg, « l'homme est finalement expressément inclus dans la technicité des instruments »[5]. Cette inclusion implique « un étrange transproprier et approprier »[6] car le rapport sujet-

1. « Der Weg zur Sprache », in *Unterwegs zur Sprache*, GA, Bd. 12, p. 255.

2. *Ibid.*, p. 251.

3. *Der Satz vom Grund*, GA, Bd. 10, p. 84.

4. « Ἀγχιβασίη », in *Feldweg-Gespräche*, GA, Bd. 77, p. 8.

5. « Wissenschaft und Besinnung », in *Vorträge und Aufsätze*, GA, Bd. 7, p. 57, note marginale.

6. « Der Satz der Identität », in *Identität und Differenz*, GA, Bd. 11, p. 45. *Cf.* « Wissenschaft und Besinnung », in *Vorträge und Aufsätze*, GA, Bd. 7, p. 55. Le dispositif, dit encore Heidegger, « offre un double aspect, il est – si on peut dire – une tête de Janus. D'une certaine

objet ne pourrait y prendre le pas sur l'objet *et* le sujet sans que l'un et l'autre ne soient transpropriés l'un à l'autre en ce même rapport. Et cette transpropriation-appropriation est « étrange » car, s'accomplissant dans l'horizon de l'oubli de l'être et du calcul, de l'oubli de l'être comme calcul, elle recouvre la vérité de l'être dont elle provient. « Dans la mesure où elle [*scil.* l'essence de la technique moderne] impose à l'homme, le provoquant, de préposer tout présant en tant que fonds technique, le dispositif *déploie son essence* sur le mode de l'appropriation, et ce en sorte que celle-ci soit simultanément dissimulée puisque toute mise à disposition se voit assignée à la pensée calculante et, ainsi, parle la langue du dispositif. Le parler est sommé de répondre en tous sens à la mise en disponibilité du présant »[1].

Pourrons-nous alors jamais parler une autre langue que celle de la technique – *et la langue est le site de notre être* – sans penser l'*Ereignis*, sans penser depuis l'*Ereignis*? Assurément non. Si l'être n'est pas à notre disposition, il demeure que l'essence de celui-ci requiert la nôtre sans laquelle il ne saurait se déployer *en tant que* tel au sein de l'étant. Aussi est-ce seulement en pensant ce rapport, l'*Ereignis* en tant que disant, que nous accomplirons ce qui, par ce rapport, nous incombe. « *Avant* la question qui semble toujours première et qui seule apparaît comme urgente : que devons-nous faire?, réfléchissons à celle-ci : *Comment devons-nous penser*? Car penser est proprement agir (*Handeln*) si agir signifie prêter la main (*Hand*) à l'essence de l'être. Cela veut dire : préparer (bâtir) pour l'essence de l'être, au milieu de l'étant, ce lieu où l'être et son essence se porte à la langue. Seule la langue donne chemin et passage à tout vouloir-méditer. Sans la langue, il manque à tout faire cette dimension au sein de laquelle il pourrait se mettre à l'œuvre. La langue n'est jamais d'abord expression du penser, du sentir et du vouloir. La langue est la dimension initiale dans laquelle l'essence de l'homme peut seulement et en général correspondre à l'être et à sa revendication (*Anspruch*), et dans ce correspondre, appartenir à l'être. *Cette correspondance initiale*, proprement accomplie, *est la pensée*. C'est seulement en pensant que nous apprenons à habiter dans le domaine où advient (*sich ereignet*) la reprise-surmontante du destin de l'être, la reprise-surmontante du dispositif »[2].

façon, il peut être encore compris comme une continuation de la volonté de volonté et ainsi comme une empreinte très extérieure de l'être. Mais simultanément, il est une pré-forme de l'*Ereignis* lui-même », in « Protokoll zu einem Seminar über "Zeit und Sein" », in *Zur Sache des Denkens*, GA, Bd. 14, p. 63.

1. « Der Weg zur Sprache », in *Unterwegs zur Sprache*, GA, Bd. 12, p. 251-252.

2. « Die Kehre », in *Identität und Differenz*, GA, Bd. 11, p. 117-118.

TABLE DES MATIÈRES

DEUXIÈME PARTIE
DU λόγος MÉTAPHYSIQUE AU Λόγος PRÉ-MÉTAPHYSIQUE

TROISIÈME PARTIE
ÉTANT, PRÉSANT, SÉJOURNANT, CHOSE

CINQUIÈME PARTIE
« HORS DU JUDAÏSME C.-À-D. DU CHRISTIANISME »

SIXIÈME PARTIE
« LA LANGUE PARLE »

Achevé d'imprimer en janvier 2022 par *La Manufacture - Imprimeur* – 52200 Langres
Imprimé en France – N° d'imprimeur : 211080 – Dépôt légal : novembre 2017